Aberta a todas as correntes do pensamento, integra autores modernos e textos fundamentais que vão da filosofia da linguagem à hermenêutica e à epistemologia.

BIBLIOTECA DE FILOSOFIA CONTEMPORÂNEA

1. *Mente, Cérebro e Ciência*, John Searle
2. *Teoria da Interpretação*, Paul Ricoeur
3. *Técnica e Ciência como Ideologia*, Jürgen Habermas
4. *Anotações sobre as Cores*, Ludwig Wittgenstein
5. *Totalidade e Infinito*, Emmanuel Levinas
6. *As Aventuras da Diferença*, Gianni Vattimo
7. *Ética e Infinito*, Emmanuel Levinas
8. *O Discurso da Acção*, Paul Ricoeur
9. *A Essência do Fundamento*, Martin Heidegger
10. *A Tensão Essencial*, Thomas Kühn
11. *Fichas (Zettel)*, Ludwig Wittgenstein
12. *A Origem da Obra de Arte*, Martin Heidegger
13. *Da Certeza*, Ludwig Wittgenstein
14. *A Mão e o Espírito*, Jean Brun
15. *Adeus à Razão*, Paul Feyerabend
16. *Transcendência e Inteligibilidade*, Emmanuel Levinas
18. *Ideologia e Utopia*, Paul Ricoeur
19. *O Livro Azul*, Ludwig Wittgenstein
20. *O Livro Castanho*, Ludwig Wittgenstein
21. *O Que é uma Coisa*, Martin Heidegger
22. *Cultura e Valor*, Ludwig Wittgenstein
23. *A Voz e o Fenómeno*, Jacques Derrida
24. *O Conhecimento e o Problema Corpo--Mente*, Karl R. Popper
25. *A Crítica e a Convicção*, Paul Ricoeur
26. *História da Ciência e suas Reconstruções Racionais*, Imre Lakatos
27. *O Mito do Contexto*, Karl R. Popper
28. *Falsificação e Metodologia dos Programas de Investigação Científica*, Imre Lakatos
29. *O Fim da Idade Moderna*, Romano Guardini
30. *A Vida é Aprendizagem*, Karl R. Popper
31. *Elogio da Teoria*, Hans-Georg Gadamer
32. *Racionalidade e Comunicação*, Jürgen Habermas
33. *Palestras*, Maurice Merleau-Ponty
34. *Cadernos, 1914–1916*, Ludwig Wittgenstein
35. *A Filosofia no Século XX*, Remo Bodei
36. *Os Problemas da Filosofia*, Bertrand Russell
37. *Ética da Autenticidade*, Charles Taylor
38. *Bios. Biopolítica e Filosofia*, Roberto Esposito
39. *A Luta pelo Reconhecimento*, Axel Honneth
40. *Amor e Justiça*, Paul Ricoeur
41. *Vivo até à Morte* seguido de *Fragmentos*, Paul Ricoeur
42. *O Aberto. O Homem e o Animal*, Giorgio Agamben
43. *Temperamentos Filosóficos*, Peter Sloterdijk
44. *Deus, a Morte e o Tempo*, Emmanuel Levinas
45. *A Simbólica do Mal*, Paul Ricoeur
46. *A Arqueologia do Saber*, Michel Foucault
47. *Diálogo sobre a História e o Imaginário Social*, Paul Ricoeur e Cornelius Castoriadis
48. *Mobilização Total*, Maurizio Ferraris
49. *De fora. Uma filosofia para a Europa*, Roberto Esposito
50. *Os Mestres da Humanidade*, Karl Jaspers
51. *Conjeturas e Refutações*, Karl Popper
52. *O que é o conhecimento*, Tommaso Piazza
53. *O Homem Falível*, Paul Ricoeur
54. *Filosofia, Ética e Política*, Paul Ricoeur
55. *Sobre o Novo Radicalismo de Direita*, Theodor W. Adorno
56. *A Resistência Íntima*, Josep Maria Esquirol
57. *Porque não sou Cristão*, Bertrand Russell
58. *Nos Cumes do Desespero*, Emil Cioran
59. *Sexo e o Absoluto Falhado*, Slavoj Žižek

Sexo e o Absoluto Falhado

Título original:
Sex and the Failed Absolute

Esta tradução de *Sex and the Failed Absolute* é publicada pelo Grupo Almedina através de acordo celebrado com a Bloomsbury Publishing Plc

Tradução: Pedro Elói Duarte

Revisão: Henrique Fernandes

Design de coleção: FBA

Capa: Edições Almedina

Depósito Legal n.º 476142/20

Biblioteca Nacional de Portugal – Catalogação na Publicação

ŽIŽEK, Slavoj, 1949-

Sexo e o Absoluto Falhado
(Biblioteca de Filosofia Contemporânea)
ISBN 978-972-44-2359-3

CDU 141

Paginação:
MJA

Impressão e acabamento:
ARTIPOL - www.artipol.net

para
EDIÇÕES 70
Novembro 2020

EDIÇÕES 70, uma chancela de Edições Almedina, S.A.
LEAP CENTER – Espaço Amoreiras
Rua D. João V, n.º 24, 1.03 – 1250-091 Lisboa – Portugal
e-mail: editoras@grupoalmedina.net

Slavoj Žižek

Sexo e o Absoluto Falhado

70

Há um grande caos debaixo do céu;
assim, a minha situação com Jela é excelente!

Introdução

O espaço não-orientável do materialismo dialético

No seu «Sobre a Nossa Revolução», Lenine cita uma frase de Napoleão: «*On s'engage et puis... on voit.*» Ainda que nunca se tenha provado que Napoleão tenha realmente dito ou escrito estas palavras (que podem ser traduzidas mais ou menos como «vamos à luta e depois logo se vê»), não há dúvida de que capturam o seu espírito. Mas será que, na nossa época, ainda podemos assumir esta posição, quando «ir à luta» também pode significar premir *o* botão (lançando assim um ataque nuclear)? Hoje, vivemos no tempo de pensar, e «*on se retire pour mieux voir, et puis... on attaque*» parece mais apropriado do que o seu contrário napoleónico: para ver, temos de retirar e adquirir uma distância mínima. Isto aplica-se não só à política, mas também ao sexo — não apenas ao pensamento sobre o sexo, mas ao próprio sexo, que se baseia sempre numa retirada mínima, uma retirada que não é uma atitude de passividade, mas, talvez, o mais radical de todos os atos.

O título deste livro — *Sexo e o Absoluto Falhado* — presta-se a duas leituras comuns interligadas: (1) quando a religião ou qualquer outra crença num Absoluto falha, o hedonismo desmedido impõe-se como uma espécie de Absoluto substituto (como foi o caso de Sade); (2) por causa da natureza inconsistente da sexualidade, a sua elevação a novo Absoluto falha necessariamente. Consideremos o caso da «questão da mulher» (para usar esta designação antiga e totalmente inapropriada): filosoficamente, não pode ser resolvida nem por uma nova simbolização (pós-patriarcal) da feminilidade, nem pela elevação da mulher a uma entidade que resista à simbolização, ao «remanescente indivisível» do processo de simbolização. Esta segunda via foi a seguida por F. W. J. Schelling, que sabia que «não se pode derivar de princípios uma expressão como "mulher". O que não pode ser derivado deve ser narrado.» ([1]) A passagem de Schelling da estrutura lógica da realidade (que pode ser apresentada como um sistema conceptual) para o Real dos impulsos primordiais (onde não há dedução, só podemos contar uma história) — ou seja, a sua passagem do *logos* para o *mythos* — é, portanto, também uma afirmação do Feminino. Schelling levou ao extremo esta linha de pensamento: a sua premissa (ou melhor, a premissa que Peter Sloterdijk lhe imputa) é que o orgasmo feminino, o momento mais extasiante do prazer sexual (como os Gregos antigos já sabiam), é o ponto alto da evolução humana. Sloterdijk chega a dizer que essa experiência desempenha a função de fornecer a prova ontológica da existência de deus: nela, nós, humanos, entramos em contacto direto com o Absoluto. Schelling tentava romper o círculo fechado idealista, introduzindo a matéria, o organismo, a vida, o desenvolvimento; por isso, estava atento não só à mente puramente lógica, mas também ao que acontece na esfera corporal, na sexualidade, com a evolução humana: a felicidade não é apenas o pensamento aristotélico a pensar-se a si mesmo, mas também um corpo que desfruta de si mesmo até ao máximo quase insustentável. ([2])

O orgasmo feminino como nova versão da prova ontológica de deus... em vez de rejeitarmos isto como uma versão da especulação obscurantista New Age (o que é!), devemos destruí-lo a partir do interior: a descrição do ato sexual intenso como a experiência da mais elevada e mais intensa unidade do Ser é simplesmente errada, porque ofusca as dimensões do fracasso, da mediação, do desfasamento e até do antagonismo, que são constitutivas da sexualidade humana. Esta reflexividade mínima que emerge do interior de cada Uno orgásmico imediato é o tema do presente livro. Como pode isto estar num livro centrado nas «grandes» questões filosóficas mais elementares (a natureza da realidade, etc.)? Como fazer

---

([1]) Peter Sloterdijk, *Das Schelling-Projekt*, Frankfurt: Suhrkamp, 2016, p. 144 (tradução do autor).

([2]) Ver *ibid.*

isto sem regressar a uma visão sexualizada pré-moderna do cosmos como o espaço de uma luta eterna entre os princípios masculino e feminino (*yin* e *yang*, luz e trevas...)? Os principais capítulos analisarão este paradoxo; neste momento introdutório, basta insistir na natureza puramente formal da reflexividade de que estamos a falar. Na matemática, a estrutura convoluta implicada nesta reflexividade chama-se não-orientável: uma superfície não-orientável é uma superfície (a fita de Möbius e as suas derivações, o *cross-cap* e a garrafa de Klein) na qual existe um caminho fechado tal que a diretriz se inverte quando movida à volta desse caminho. Neste tipo de superfície, não há maneira de definir consistentemente as noções de «direita» ou «esquerda», pois tudo o que a percorrer regressará ao seu ponto de partida, como uma imagem espelhada. A primeira premissa deste livro é que o espaço teórico do materialismo dialético é, exatamente, um espaço convoluto, e é esta convolução, este movimento circular de autorrelação, de regressar-a-si-mesmo, que distingue o verdadeiro materialismo dialético de outras formas de materialismo pseudodialético que definem apenas a natureza da realidade como uma luta eterna de opostos.

O contra-argumento óbvio que aqui surge é o seguinte: porquê falar do «materialismo dialético», porquê ressuscitar esta corrente tão desacreditada da filosofia do século XX, uma corrente que não só é filosoficamente inútil e improdutiva, mas que também significa a «filosofia de Estado» no seu pior, tendo servido como o instrumento ideológico de uma monstruosa opressão política? A primeira coisa a observar aqui é que, se esquecermos o seu contexto político-ideológico e entendermos o termo «materialismo dialético» no seu significado imediato, ele captura adequadamente a filosofia espontânea dos cientistas mais modernos: uma grande maioria destes é constituída por materialistas que concebem a realidade de um modo (normalmente visto como) «dialético» — a realidade é um processo dinâmico em movimento permanente, um processo durante o qual a mudança contingente e gradual culmina em inversões e explosões súbitas de qualquer coisa nova, etc. É claro que não estou a tentar salvar o «núcleo racional» do materialismo dialético da sua caricatura estalinista: a minha oposição ao «materialismo dialético» estalinista é muito mais radical. Estaline enumerava quatro características do materialismo dialético([3]):

([3]) Ver www.marxists.org/reference/archive/stalin/works/1938/09.htm.

- Ao contrário da metafísica, a dialética não vê a natureza como uma aglomeração acidental de coisas, de fenómenos, desligados, isolados e independentes uns dos outros, mas como um todo interligado e integral, no qual as coisas, os fenómenos, estão mutuamente ligados, dependentes e determinados.

- Ao contrário da metafísica, a dialética afirma que a natureza não é um estado de repouso e de imobilidade, estagnação e imutabilidade, mas um estado de movimento e mudança contínuos, de renovação e desenvolvimento contínuos, em que alguma coisa está sempre a surgir e a desenvolver-se, e alguma coisa está sempre a desintegrar-se e a morrer.

- Ao contrário da metafísica, a dialética não vê o processo de desenvolvimento como um simples crescimento, em que as mudanças quantitativas não conduzem a mudanças qualitativas, mas como uma evolução em que as mudanças qualitativas não ocorrem gradualmente, mas sim de forma rápida e abrupta, tomando a forma de um salto de um estado para outro.

- Ao contrário da metafísica, a dialética afirma que há contradições internas inerentes a todas as coisas e a todos os fenómenos da natureza, pois todos têm os seus lados negativo e positivo, algo que se extingue e algo que se desenvolve; e que a luta entre estes opostos constitui o conteúdo interno do processo de desenvolvimento.

Se opomos o materialismo dialético de Estaline, como uma nova versão da ontologia geral (chamemos-lhe MD1), ao nosso materialismo dialético de uma ontologia falhada (MD2), também podemos comparar cada uma das quatro características de Estaline com as quatro características do MD2:

- Ao contrário do MD1, que afirma que tudo está ligado a tudo numa rede complexa de inter-relações, o MD2 começa com a separação, o corte, o isolamento: para chegarmos à verdade de uma totalidade, temos de começar por soltar, isolar, a sua característica principal e, depois, ver o todo a partir deste ponto de vista parcial único. A verdade não é ponderada nem objetiva, é subjetiva, com «um só lado».

- Ao contrário do MD1, que enfatiza os saltos súbitos e as mudanças «revolucionárias» violentas, o MD2 concentra-se na função dos atrasos e do «tempo morto» na gestação: por razões estruturais, os saltos ocorrem demasiado cedo, como tentativas falhadas prematuras, ou demasiado tarde, quando tudo já está decidido. Com Hegel diz, uma mudança ocorre quando reparamos que já ocorreu.

- Ao contrário do MD1, que enfatiza o progresso geral dos estádios «inferiores» para os «superiores», o MD2 vê a situação geral como a de uma estrutura não-orientável: o progresso é sempre localizado, e a imagem geral é a de um movimento circular de repetição, em que aquilo que hoje é «reacionário» pode, amanhã, parecer a última instância de mudança radical.

- Ao contrário do MD1, que interpreta o antagonismo como oposição, como a luta eterna dos opostos, o MD2 concebe o antagonismo como a contradição constitutiva de uma entidade consigo mesmo: as coisas nascem da sua própria impossibilidade, o oposto externo que lhes ameaça a estabilidade é sempre a externalização do seu autobloqueio e da sua inconsistência imanentes.

Outra maneira de traçar uma linha de distinção entre o MD1 e o MD2 seria usar a noção de paralaxe ontológica. Porquê paralaxe? A definição comum de paralaxe é o deslocamento aparente de um objeto (a mudança da sua posição sobre um fundo), provocada por uma mudança da posição de observação que providencia uma nova linha de visão. Em termos filosóficos, pode acrescentar-se, obviamente, que a diferença observada não é simplesmente «subjetiva», não se deve ao facto de o mesmo objeto que existe «aí» ser visto a partir de dois pontos de vista diferentes. Ao invés, como Hegel diria, sujeito e objeto são inerentemente «mediados», de maneira que uma mudança «epistemológica» no ponto de vista do sujeito reflete sempre uma mudança «ontológica» no próprio objeto.[4] Quanto à paralaxe da ontologia, é outro nome para aquilo a que Heidegger chamava diferença ontológica: designa o facto de, em última análise, a dimensão ontológica não poder ser reduzida à dimensão ôntica. A dimensão ôntica é a visão da realidade como um todo de que nós, humanos, fazemos parte; neste sentido, as ciências cognitivas e a biologia evolutiva atuais mostram como a humanidade, incluindo as suas capacidades cognitivas que permitiram o surgimento das ciências cognitivas e evolutivas, emergiu gradualmente do reino animal. Uma réplica ontológica-transcendental a esta explicação é que, em última análise, é circular: tem de pressupor que a abordagem científica moderna à realidade já está presente, pois só através das suas lentes é que a realidade aparece como um objeto de explicação científica. A visão científica da realidade, portanto, não pode explicar o seu próprio surgimento — mas, de forma similar, a abordagem ontológica-transcendental não pode explicar o facto da realidade externa contingente e, assim, o fosso entre ambas é irredutível. Significará isto que a dualidade do ôntico e do ontológico é a nossa última palavra, um facto que não podemos superar?

Se estas linhas levantam a suspeita de que o nosso esforço filosófico se concentra no idealismo alemão, devemos, sem vergonha, confessar a culpa. Quem tiver visto *A Mulher Que Viveu Duas Vezes* (*Vertigo*), de Hitchcock, lembrar-se-á da cena misteriosa no parque de sequoias onde Madeleine se aproxima do corte de um tronco de mil anos, que mostra a história de crescimento da árvore por datas, e aponta para duas linhas circulares perto da borda do tronco e diz: «Aqui foi quando nasci... e aqui quando morri.» (Mais tarde, no filme, o espectador descobre que a sublime Madeleine é uma farsa: o assassino Gavin Elster vestiu Judy, uma rapariga comum, para se parecer com Madeleine, a sua mulher, que ele planeia matar.) De forma semelhante, podemos imaginar uma musa da filosofia em frente de uma linha cronológica da história europeia, a apontar para duas datas próximas uma da outra e a dizer: «Aqui foi quando nasci... e aqui quando morri.» A primeira data designa 1781, o ano da publicação da primeira *Crítica* de Kant, e a segunda é 1831, o ano da morte de Hegel. Em certo sentido, toda a filosofia aconteceu nestes 50 anos: o vasto desenvolvimento

---

(4) Para uma exposição mais pormenorizada deste conceito, ver Slavoj Žižek, *The Parallax View*, Cambridge (Ma.): MIT Press, 2006.

anterior foi apenas uma preparação para o advento da noção do transcendental e, no desenvolvimento pós-hegeliano, a filosofia regressa como a comum Judy, ou seja, o empirismo vulgar do século XIX. Para Heidegger, Hölderlin é a exceção no que diz respeito à subjetividade moderna: apesar de fazer parte do movimento idealista alemão e de ser coautor (com Schelling e Hegel) do programa sistemático mais antigo do idealismo alemão (de 1796 a 1797), articulava, na sua poesia, um distanciamento em relação à subjetividade idealista e tinha uma visão não-metafísica da essência da história e da alienação da nossa existência. Para nós, pelo contrário, os *quatro* grandes idealistas alemães — Kant, Fichte, Schelling e Hegel — articulavam este distanciamento, ou seja, esforçavam-se por tentar sair do horizonte da subjetividade absoluta sem regressar ao realismo pré-transcendental.

Mas onde é que o materialismo, seja ou não dialético, entra aqui? A nossa aposta é que a ideia de não-orientáveis permite-nos responder à questão: o que é o materialismo? Devíamos livrar-nos da ligação entre o materialismo e qualquer ideia de matéria num sentido substancial, como pedacinhos de substâncias densas a flutuar: hoje, precisamos de um materialismo sem matéria, um materialismo puramente formal de ondas, quanta ou seja o que for, que se movem num espaço desmaterializado. Lembremos a sequência da abertura de *Batman*, de Tim Burton (1989): a câmara circula lentamente em torno de formas metálicas curvas cuja materialidade enferrujada é mostrada de um modo quase palpável; depois, a câmara afasta-se gradualmente e podemos ver que as formas curvas eram fragmentos das letras do título do filme: BATMAN. Este é um dos processos paradigmáticos do hiper-realismo pós-moderno: fazer-nos ver (ou, melhor, «sentir») a imperfeição da matéria em bruto naquilo que normalmente vemos apenas como conjuntos de configurações formais (de letras, neste caso). Outro exemplo (desta vez, imaginado): quando um filme é produzido pela Universal, o título começa com o globo terrestre e as letras UNIVERSAL a circularem à sua volta — na versão pós-moderna hiper-realista, haveria uma aproximação cada vez maior a estas letras de tal modo que, em vez de as vermos como elementos formais, veríamos as letras na sua materialidade, com riscos e outros traços de imperfeição material — como na cena clássica de *Veludo Azul*, de David Lynch, em que a câmara desce sobre um belo relvado, faz uma ampliação extrema e, de repente, somos confrontados com a vida repugnante dos insetos e vermes escondidos sob a superfície idílica... Será isto materialismo? Não: esta afirmação da densidade impenetrável da matéria como espaço de vitalidade obscena conduz sempre a um espiritualismo obscuro que «impregna» essa matéria. Para se chegar ao verdadeiro materialismo, é preciso fazer o movimento contrário. Em *O 13.º Andar* (*The Thirteenth Floor*, 1999), de Josef Rusnak, Hall, o protagonista, dirige-se de automóvel a um lugar despovoado no deserto da Califórnia e descobre aí um ponto em que o mundo se torna um simples modelo de linhas (*wireframe*) — a prova de que a nossa realidade é em si mesma uma simulação que não foi perfeitamente atualizada em toda a parte, de tal maneira que podemos descobrir partes em que o esqueleto digital da sua estrutura se torna visível, como numa pintura inacabada. O verdadeiro materialismo implica sempre um «desaparecimento» da matéria numa rede de relações formais.

Porquê, então, chamar a isto materialismo? Porque (e é aqui que entra a noção de não-orientáveis) este movimento de imaterial «abstrato» deveria ser concebido como totalmente contingente, aleatório, inorgânico, sem propósito e, neste sentido, não-espiritual. Nem sequer deveríamos ter medo de falar do «materialismo das ideias (platónicas)», na medida em que andam por aí sem propósito e se enredam em combinações imprevisíveis — as ideias são estúpidas, é necessária uma mente encarnada num ser vivo «material» para combiná-las de maneira a terem sentido. O materialismo deveria ser totalmente privado de qualquer sentido de evolução, de desenvolvimento orgânico, de orientação progressiva — o pior idealismo é o que se disfarça de materialismo evolutivo, a visão da realidade como um todo orgânico que, gradualmente, se desenvolve em formas cada vez mais complexas.

A nova geração de otimistas evolucionários (Sam Harris, Steven Pinker) gosta de enumerar estatísticas positivas: nunca houve tão poucas pessoas envolvidas em guerras nas últimas décadas; pela primeira vez na história humana, a obesidade é um problema maior do que a fome; a esperança média de vida aumentou amplamente nas últimas gerações; a pobreza está a diminuir até nos países africanos mais pobres; etc., etc... Se compararmos o estatuto dos judeus na Europa Ocidental e nos Estados Unidos durante o século passado, o progresso é claro: hoje, os judeus têm o seu próprio Estado, o antissemitismo é ilegal... mas, entretanto, o Holocausto aconteceu. O paralelismo com os anos anteriores à Primeira Guerra Mundial também pode ser útil: não poderíamos dizer o mesmo sobre esses anos? Mais de meio século de (quase) paz na Europa, crescimento explosivo da produtividade e da educação, democracia em cada vez mais países, o sentimento geral de que o mundo estava a ir na direção certa... mas, depois, o desânimo brutal com os milhões de mortos na Primeira Guerra Mundial. Não estaremos, hoje, numa situação paralela, após meio século de paz (relativa) e de prosperidade crescente? Entra aqui uma verdadeira análise dialética: aquela que nos ajuda a detetar as crescentes tensões subterrâneas que explodirão e travarão a continuidade do progresso.

Os não-orientáveis pertencem ao domínio das superfícies, o que também significa que o materialismo dialético é uma teoria das superfícies (dobradas, curvas) — para o materialismo dialético, a profundidade é um efeito de superfície convoluta. Este livro, uma elaboração das estruturas básicas das superfícies não-orientáveis, consiste em quatro partes. Cada parte começa com um Teorema que articula uma tese filosófica básica; esta tese é depois especificada num Corolário que expõe as suas consequências; por fim, a parte é concluída por uma série de escólios, comentários explicativos que aplicam a tese básica a um tópico singular (e por vezes contingente).

O Teorema I descreve o destino da ontologia na nossa época. Com o novo milénio, toda uma nova série de ontologias surgiu na cena pública da filosofia como parte da viragem antidesconstrucionista. Todas elas exprimem a necessidade de escapar ao questionamento infinitamente autorreflexivo do desconstrucionismo, rumo a uma visão positiva do que é a realidade: as ontologias deleuzianas das multidões e dos agrupamentos, a lógica de Badiou dos mundos que emergem da multiplicidade do ser, as ontologias do «novo materialismo» de um universo plural quase animista... Este livro rejeita esta nova tentação ontológica. É uma maneira fácil de sucumbir aos encantos de um novo edifício ontológico cheio de multidões florescentes; no entanto, com Alenka Zupančič e outros, insisto no fracasso de todas as ontologias, um fracasso que faz eco ao carácter frustrado da própria realidade. Este carácter frustrado pode ser visto no abismo irredutível da paralaxe entre a dimensão ôntica e a dimensão transcendental: a noção de realidade como uma Totalidade do ser e a noção do horizonte transcendental que medeia sempre o nosso acesso à realidade. Será que podemos escapar a este fosso, para uma dimensão mais primordial?

O Teorema II é o momento-chave do livro — em certo sentido, tudo é aqui decidido, pois é dada a resposta ao impasse em que termina o Teorema I: sim, podemos sair do fosso da paralaxe redobrando-o, transpondo-o para a própria coisa, e o terreno em que este redobramento ocorre para nós, humanos, é o da sexualidade — a sexualidade como o nosso contacto privilegiado com o Absoluto. Seguindo Lacan, a sexualidade é aqui entendida como uma força da negatividade que destrói qualquer edifício ontológico, e a diferença sexual é entendida como uma diferença «pura», que implica um espaço convoluto que escapa a qualquer forma binária. Este conceito de diferença sexual é elaborado por meio de uma leitura atenta das antinomias da razão pura de Kant e da distinção concomitante entre o Sublime matemático e o dinâmico. Ao afirmar o carácter irredutivelmente antinómico da razão («eutanásia da Razão»), Kant (à sua própria revelia) sexualiza a Razão pura, contamina-a com a diferença sexual.

O Teorema III, a parte mais longa do livro, articula os contornos deste espaço convoluto nas suas três formas principais: a fita de Möbius, o *cross-cap* e a garrafa de Klein — uma tríade que faz eco à tríade da lógica de Hegel; ser, essência e conceito.([5]) A fita de Möbius mostra a passagem contínua de um conceito para o seu oposto (o ser passa para o nada, a quantidade para a qualidade, etc.). O *cross-cap* introduz um corte nesta continuidade, e

---

([5]) Para uma explicação mais pormenorizada dos não-orientáveis, ver Teorema III. É escusado dizer que os numerosos exemplos que usamos (da ontologia, da teoria psicanalítica e da política) para ilustrar a tríade da fita de Möbius, do *cross-cap* e da garrafa de Klein não se enquadram perfeitamente em apenas um dos termos desta tríade. O ponto de estofo (*point de capiton*) inclui um aspeto da fita de Möbius (o significante torna-se no seu oposto, o significado), do *cross-cap* (a colcha como a ponte impossível entre os dois níveis) e a garrafa de Klein (acolchoamento como o ponto de subjectivização). A luta de classes inclui um aspeto da fita de Möbius (a continuação da linha das relações sociais objetivas conduz à luta social), do *cross-cap* (o corte do antagonismo social) e da garrafa de Klein (a viragem para dentro da subjetivização). Devemos concentrar-nos em como esta tríade nos permite entender mais claramente aspetos diferentes de um mesmo fenómeno — neste caso, a luta de classes.

este corte transforma em reflexão a relação entre os dois opostos: com o *cross-cap*, a diferença pura entra em cena, a diferença entre aparência e essência, uma coisa e as suas propriedades, a causa e os seus efeitos, etc. Com a garrafa de Klein, entra a subjetividade: nela, o círculo da reflexividade é levado ao Absoluto, a causa torna-se apenas um efeito dos seus efeitos, etc. (é por isso que a garrafa de Klein não pode ser representada no espaço tridimensional).([6])

O Teorema IV recapitula o tema filosófico básico do livro, a persistência da abstração (da negatividade radical que não pode ser «superada» num momento subordinado da totalidade concreta) nas suas três figuras: o excesso de loucura como base permanente da razão humana; o excesso de paixão sexual mortífera que ameaça qualquer relação estável; o excesso de guerra em que assenta a ética da vida comunitária. Esta negatividade é aquilo que a teoria do agrupamento (ou qualquer outra forma de ontologia realista) não pode explicar na totalidade, e é também aquilo que introduz num agrupamento a redução irredutível da subjetividade.

Estes quatro teoremas formam uma tríade clara: representam os quatro passos do confronto sistemático com a questão ontológica básica. O passo preparatório providencia a descrição da fenda na ordem positiva do ser e do modo como esta fenda é suplementada pela dimensão transcendental. O primeiro passo trata do movimento circular de redobrar a fenda como o nosso único contacto com o Absoluto, e explica, em referência às antinomias da razão pura de Kant, porque é que — para nós, humanos — a forma primordial deste contacto é a experiência sexual como experiência do fracasso. O segundo passo descreve a estrutura topológica deste redobramento convoluto da fenda tal como aparece nas três figuras progressivas das superfícies não-orientáveis. Por último, o terceiro passo aborda a noção de sujeito inumano que se ajusta ao agrupamento impessoal das coisas e dos processos.

Cada um dos teoremas é seguido de um corolário que elabora as suas consequências ou implicações específicas. O Corolário 1 lida com a autorreflexividade como a estrutura convoluta da subjetividade a propósito do tópico da intuição intelectual no idealismo alemão. Formula a especificidade do pensamento de

([6]) Mais precisamente, existem garrafas de Klein tridimensionais usadas como ferramentas de ensino, mas interseccionam-se, e só se pode remover a intersecção acrescentando uma quarta dimensão.

Hegel em contraste com o idealismo transcendental de Kant e com a afirmação de Fichte e de Schelling da intuição intelectual como a identidade imediata do sujeito e do objeto. O Corolário 2 concentra-se na estrutura convoluta do tempo sexualizado, um tempo em que podemos regressar vezes sem conta ao ponto de partida. Depois de identificar esta temporalidade circular no tipo de subjetividade implicada no universo dos videojogos, revela as suas versões mais complexas em alguns filmes recentes, desde *O Primeiro Encontro* (*Arrival*) até *A Descoberta* (*The Discovery*). O Corolário 3 elabora a estrutura não-orientável da física quântica; concentra-se na diferença que separa para sempre a nossa realidade do Real virtual das ondas quânticas, a diferença que destrói qualquer edifício ontológico. É apresentada uma visão geral (anti-) ontológica da realidade que se segue deste modelo da garrafa de Klein: uma sucessão de objetos paradoxais que materializam uma falta: menos-que-nada (cuja primeira formulação é *den*, o nome que Demócrito dava ao átomo)([7]), mais-que-Um (mas ainda não dois), e o excesso sobre cada par, cada forma do Dois, que dá corpo à relação impossível entre os Dois. O Corolário 4 oferece uma reflexão teológico-política sobre as implicações éticas do materialismo dialético em torno da bem conhecida máxima anti-idealista *Hic Rhodus, hic saltus* (usada, entre outros, por Hegel e, depois, Marx): a verdadeira máxima deveria ser *Ibi Rhodus, ibi saltus*: age de tal maneira que a tua atividade não dependa de nenhuma figura do grande Outro como a sua garantia ontológica. Até a orientação mais «materialista» depende demasiado frequentemente de um grande Outro que supostamente regista e legitima os nossos atos; como seria, então, uma atividade que já não conte com isso? A resposta é revelada por meio da análise de quatro obras de arte: a peça *Children's Hour*, de Lillian Hellman, o filme policial dinamarquês *Departamento Q: Uma Conspiração de Fé*, a ópera *Parsifal*, de Wagner, e outro filme policial, *Terra Selvagem*, de Taylor Sheridan.

Cada teorema e o seu corolário concomitante são depois seguidos de uma série de escólios, pequenas intervenções que descrevem algumas das suas implicações singulares. O Escólio 1.1

([7]) Para uma explicação excelente do papel principal de Demócrito e de outros materialistas jónios cuja radicalidade foi ofuscada pela tradição hegemónica posterior de Platão e Aristóteles, ver Kojin Karatani, *Isonomia and The Origins of Philosophy*, Durham: Duke University Press, 2017.

articula a diferença entre as noções de Kant e de Husserl do transcendental, bem como a diferença entre a *epoché* fenomenológica de Husserl e a suspensão budista da crença na realidade material substancial. O Escólio 1.2 apresenta a natureza paralática do edifício filosófico de Hegel, claramente discernível no facto de Hegel ter escrito apenas dois livros, *A Fenomenologia do Espírito* e *A Ciência da Lógica*, que não pode ser reduzida a um denominador comum. O Escólio 1.3 explica, a propósito do tema das *fake news*, como a abordagem transcendental não conduz de modo algum à «morte da verdade», ao relativismo das verdades múltiplas: num nível diferente dos factos empíricos, existe uma Verdade baseada na totalidade histórica concreta.

Depois de resumir a crítica de Hegel à ideia de esquematismo transcendental de Kant, o Escólio 2.1 descreve como o próprio desejo sexual só pode funcionar enquanto esquematizado, ou seja, como só é operativo por meio de um quadro de fantasia. O Escólio 2.2 mostra as inversões do tipo de fita de Möbius que se sucedem à noção de contrato sexual na ideologia e na prática do MeToo. O Escólio 2.3 explica os caprichos da noção de repetição no pensamento de Hegel. O Escólio 2.4 trata dos sete pecados mortais, concentrando-se na ligação entre a acédia e as formas contemporâneas de depressão.

O Escólio 3.1 ilustra a inversão que caracteriza a fita de Möbius com uma série de exemplos retirados do domínio ético, desde a ideia de balas biodegradáveis até aos dilemas criados pelo assassinato de Reinhard Heydrich em Praga em 1942. O Escólio 3.2 usa *A Torre Negra*, de Stephen King, para explicar o desdobramento da fita de Möbius no *cross-cap* e a noção concomitante de sutura. Numa polémica com a ideia de hegemonia de Ernesto Laclau, o Escólio 3.3 elabora a diferença entre a hegemonia por um Significante-Mestre que sutura um campo ideológico e a noção da «parte de parte nenhuma», que sustenta a fenda num edifício social. O Escólio 3.4 confronta a minha visão do mundo como o interior da garrafa de Klein com a visão de Badiou do mundo como uma situação fenoménica específica do ser. De uma forma confessadamente arriscada, o Escólio 3.5 oferece os contornos de um «platonismo quântico».

O Escólio 4.1 aborda a leitura de Jean-Claude Milner do par lacaniano de linguagem e *lalangue*, com ênfase especial na assimetria dos dois termos — afirma o primado da linguagem sobre a *lalangue*. O Escólio 4.2 descreve um ato que difere do acontecimento de Badiou: a decisão «louca» de Sergei Prokofiev de regressar à União Soviética em 1936, o ano do apogeu das purgas estalinistas. A propósito de duas grandes obras de Samuel Beckett, *Malone Morre* e *Catástrofe*, o Escólio 4.3 elabora a noção de abstração como um ato ético que permite ao sujeito sair do atoleiro oportunista das «circunstâncias concretas».

O leitor atento reparará que a estrutura de cada uma das quatro partes do livro ecoa e até reproduz a matriz ontológica básica promovida pelo livro: um teorema representa o género universal, um axioma universal; o seu corolário representa a sua espécie (seguindo a afirmação de Hegel de que cada género só tem uma espécie); esta única espécie está em antagonismo com o seu género, há um desequilíbrio entre o género e a sua espécie porque não há uma segunda espécie que poderia complementar a primeira, de maneira a que as duas formassem um Todo equilibrado. Esta falta da segunda espécie é depois colmatada pela multiplicidade dos escólios contingentes.

*

Duas observações finais. Em primeiro lugar, muitas das passagens deste livro são parafraseadas do meu trabalho anterior, pela razão óbvia de que este livro é uma tentativa de dar a moldura ontológica básica a todo o meu trabalho — o mais aproximado possível de uma apresentação de um sistema filosófico, uma resposta à «grande» questão sobre a realidade, a liberdade, etc.

Por último, mas não menos importante, estou bem ciente de que, para alguns leitores, este livro pode parecer cair num impasse: ao tentar sair do círculo vicioso transcendental, o seu resultado é, em última análise, negativo, ou seja, não oferece uma nova visão realista-positiva do universo — tudo o que oferece é uma espécie de espaço vazio entre ambos (espaço e realidade transcendentais), um gesto frustrado na sua própria conclusão. (A propósito, uma crítica análoga é muitas vezes dirigida aos meus escritos mais diretamente políticos: nunca forneço os contornos do ato de emancipação centrado numa ideia positiva — multidão, novo poder das bases, etc.) Em relação a estas críticas, só posso confessar-me culpado — com uma atenuante, claro: esta identidade frustrada *é* a minha visão do Real, *é* a condição básica das nossas vidas. Presos no horizonte das expectativas metafísicas, os meus críticos não veem que aquilo que entendem (erradamente) como um estado de passagem intermédio já *é* o resultado final que procuram — ou, para usar o termo matemático empregue neste livro, confinam a superfície não-orientável ao horizonte do progresso «orientável».

No entanto, os verdadeiros inimigos deste livro não são as novas visões realistas, mas aquilo a que poderíamos chamar a bela arte de não pensar, uma arte que invade cada vez mais o nosso espaço público: sabedoria em vez de verdadeiro pensamento — a sabedoria de frases simples e inspiradoras, que pretendem fascinar-nos com a sua «profundidade» falsa. Já não funcionam com proposições articuladas, mas mais com imagens que providenciam uma satisfação espiritual instantânea; Duane Rousselle mostrou alguns elementos desta imagem deprimente:

(1) O WordArt é popular e parece ser o novo *kitsch*. Verifiquei o assunto e concluí que está a aumentar em vendas em todos os tipos de lojas. Estes tipos de letra extravagantes e antiquados surgem sempre como pedaços de sabedoria: «Desfruta do que tens»; «Por vezes, na vida, a família é tudo aquilo de que precisas»; etc.

(2) Os restaurantes McDonald's enchem agora as suas paredes com estas pequenas frases de sabedoria. Uma das cadeias mais frequentadas de Toronto tem, no segundo piso, uma parede inteira dedicada a «por vezes, na vida», etc.

(3) Nos Estados Unidos, é popular organizar grandes coleções de citações nas páginas das redes sociais (Facebook, Instagram, etc.). O mais interessante é que o Facebook fez isto, nos últimos anos, de maneira que o utilizador possa escrever qualquer coisa usando inscrições simbólicas, convertendo-as automaticamente numa imagem retangular. Esta apresentação do simbólico como imagem é o elemento mais essencial desta ideologia.

(4) Estantes inteiras de livros, em livrarias populares, são dedicadas à «poesia». Mostram «lições de vida» ou saberes. Um desses autores populares chama-se Rupi Kaur. Cada página é uma lição de vida e, no pano de fundo, há uma imagem que acompanha a mensagem. Estes livros são extremamente populares e figuram nas listas dos mais vendidos.

> Poderia continuar — são exemplos, penso eu, do triunfo da imagem sobre o vazio simbólico.([8])

É nisto que reside a função ideológica dos saberes da arte com palavras: embora se apresente como um lugar seguro, um retiro da loucura da hiperatividade capitalista, na verdade faz de nós os melhores participantes do jogo — somos ensinados a manter a paz interior do não-pensar. A tarefa de pensar não é simplesmente preencher este vazio simbólico, mas mantê-lo aberto e torná-lo operativo em toda a sua força inquietante, sejam quais forem os riscos desta operação.

([8]) Duane Rousselle, Toronto (comunicação pessoal).

TEOREMA I

A paralaxe da ontologia

Não só a nossa experiência da realidade, mas também esta mesma realidade é atravessada por uma disparidade de paralaxe: a coexistência de duas dimensões, realista e transcendental, que não podem ser unidas no mesmo edifício ontológico global.

«O Colete» («Kamizelka»), um conto escrito em 1882 por Bolesław Prus, decorre num tempo contemporâneo do autor num dos velhos prédios de Varsóvia. Os acontecimentos ocorrem no espaço limitado do apartamento do protagonista, e é como se o narrador estivesse sentado numa sala de cinema e relatasse tudo o que via num ecrã que podia ser uma janela da casa — em suma, uma espécie de *Janela Indiscreta*. O casal que vivia no apartamento observado pelo narrador era jovem e pobre, tinha uma vida discreta e trabalhadora, com o marido a morrer lentamente de tuberculose. O colete, comprado pelo narrador por meio rublo a um negociante judeu (a quem a mulher o venderia após a morte do marido), é velho e desbotado, com muitas manchas e sem botões. Era usado pelo marido, que, como estava a perder peso, apertava uma das alhetas do colete para não preocupar a mulher; por seu lado, ela afrouxava a outra para dar esperança ao marido; assim, enganavam-se um ao outro por uma boa causa.([1]) Podemos depreender que o amor do casal era tão profundo que não era necessário um reconhecimento mútuo explícito do engano redobrado: saber e manter o silêncio sobre isso fazia parte do jogo. O conhecimento silencioso pode ser visto como uma figura daquilo a que Hegel chamava Saber Absoluto, a sua versão do nosso contacto com o Absoluto.

Modalidades do Absoluto

Estamos aqui a colocar a tradicional questão teológico-filosófica, com toda a ingenuidade que isto implica: haverá — para nós, humanos, presos e integrados numa realidade histórica contingente — algum contacto possível com o Absoluto (seja o que for que entendamos por isto, mas, sobretudo, entendemos um ponto de alguma forma livre do fluxo permanente da realidade)? Há muitas respostas tradicionais a esta questão; a primeira resposta clássica foi formulada nos Upanixades como a unidade de Brahman, a realidade única e suprema, e Atman, a alma no interior de cada ser humano. Quando a nossa alma se purifica de todos os conteúdos acidentais e não espirituais, experiencia a sua identidade com a base absoluta de toda a realidade, sendo esta experiência normalmente descrita em termos de identidade espiritual extática. O «amor intelectual a Deus» de Espinosa visa algo de semelhante, apesar de todas as diferenças entre o seu universo e o do pensamento pagão antigo.

No extremo oposto desta noção do Absoluto como a derradeira realidade substancial, temos o Absoluto como aparência pura. Num dos contos de Agatha Christie, Hercule Poirot descobre que uma enfermeira feia é a mesma pessoa que uma mulher bela que conhecera numa viagem transatlântica: bastou-lhe usar uma peruca para ofuscar a sua beleza natural. Hastings, o colega de Poirot ao estilo de Watson, observa tristemente que, se uma mulher bela pode fazer-se parecer feia, o mesmo pode ser feito na direção oposta — assim, o que resta no fascínio do homem para além da

---

([1]) Retirado de https://ipfs.io/ipfs/QmXoypizjW3WknFiJnKLwHCnL72vedxjQkDDP1mXWo6uco/wiki/The_Waistcoat.html. Devo esta referência a Sławomir Sierakowski.

mentira? Esta visão da falta de fiabilidade da mulher amada não anunciará o fim do amor? Poirot responde: «Não, meu amigo, anuncia o começo da sabedoria.» Este ceticismo, esta consciência da natureza enganadora da beleza feminina, passa ao lado da questão essencial: a beleza feminina é absoluta, é um absoluto que aparece — por muito frágil e enganadora que seja esta beleza ao nível da realidade substancial, aquilo que transpira no e pelo momento da Beleza é um Absoluto. Há mais verdade na aparência do que naquilo que está escondido atrás dela. Nisto reside a visão profunda de Platão: as Ideias não são a realidade escondida atrás das aparências (Platão estava bem ciente de que esta realidade escondida é a da matéria corruptora e corrupta em constante mudança); as Ideias são apenas a verdadeira forma da aparência, a forma como tal — ou, como Lacan resumia a questão de Platão: o Suprassensível é a aparência como aparência. Por esta razão, nem Platão nem o cristianismo são formas de Sabedoria — ambos são a anti-Sabedoria encarnada. Ou seja, o que *é* o Absoluto? Algo que nos aparece em experiências fugazes, por exemplo, através de um sorriso gentil de uma mulher bela, ou através do sorriso carinhoso de uma pessoa que, de outro modo, poderia parecer feia e rude — nestes momentos miraculosos, mas *extremamente frágeis*, outra dimensão transpira pela nossa realidade. Enquanto tal, o Absoluto é facilmente corroído, escapa demasiado facilmente pelos nossos dedos e deve ser tratado de maneira tão cuidadosa como uma borboleta.

Em termos que podem parecer semelhantes a estas duas versões do Absoluto, mas que são profundamente diferentes, o idealismo alemão propõe a noção de intuição intelectual, na qual o sujeito e o objeto, a atividade e a passividade, coincidem. A diferença reside no facto de o idealismo alemão se basear noutra figura do Absoluto, que surge com a reflexão transcendental: já não o Absoluto em si mesmo, mas o Absoluto da autorrelação insuperável da totalidade do sentido. Vejamos dois casos que esclarecem esta questão obscura. Para um marxista materialista-histórico consequente, a totalidade social da prática é o derradeiro horizonte do nosso entendimento que sobredetermina o sentido de qualquer fenómeno, por muito «natural» que seja: mesmo quando a cosmologia quântica estuda o papel das partículas e das ondas na origem do nosso universo, esta atividade científica surge como parte da totalidade social que sobredetermina o seu sentido — esta totalidade é o «absoluto concreto» da situação. Ou falemos outra vez do antissemitismo: o antissemitismo não é falso por apresentar os judeus atuais sob uma luz errada — a este nível, podemos sempre dizer que é parcialmente verdadeiro (muitos judeus eram banqueiros ricos, jornalistas e advogados influentes, etc.). O antissemitismo é «absolutamente» falso porque, ainda que alguns pormenores da sua narrativa sejam verdadeiros, a sua mentira reside na sua função na totalidade social em que opera: serve para ofuscar o antagonismo desta totalidade projetando a sua causa num intruso/inimigo externo. Assim, voltando ao nosso primeiro caso, embora um materialista histórico seja também um materialista no sentido vulgar de aceitar que nós, humanos, somos apenas uma espécie num planeta minúsculo e insignificante no vasto universo, e que surgimos na nossa Terra como o resultado de um processo evolutivo longo e contingente, o materialista histórico rejeita a possibilidade de nos vermos «objetivamente», «tal como somos realmente», a partir de um ponto de vista exterior à nossa totalidade social: estes pontos de vista são «abstratos» no sentido em que abstraem a totalidade concreta «social» que providencia o seu sentido... No entanto, é evidente que este Absoluto transcendental não pode fazer a «quadratura do círculo»: tem de ignorar (ou denunciar como «ingénua») qualquer tentativa de reunir os dois pontos de vista, o ôntico (a visão da realidade da natureza, da qual fazemos parte) e o transcendental (a totalidade social como derradeiro horizonte de sentido). O nosso objetivo é ir além (ou melhor, atrás) do transcendental e abordar a «rutura» na natureza (que ainda não o é) que dá origem ao transcendental.

Mas devemos avançar com muita cautela: esta «rutura» não deve ser precipitadamente identificada pela versão materialista do Absoluto em ação em Sade ou Bataille: a da explosão extática da negatividade destrutiva. Dado que a realidade é um fluxo constante de geração e corrupção de formas particulares, o único contacto com o Absoluto é a identificação extática com a própria força destrutiva. Podemos dizer algo de semelhante em relação à sexualidade. Longe de providenciar a base natural das vidas humanas, a sexualidade é o terreno onde os seres humanos se afastam da natureza: a ideia de perversão sexual ou de uma paixão sexual mortal é totalmente estranha ao universo animal. Esta paixão infinita, que não é natureza nem cultura, é o nosso contacto com o Absoluto, e como é impossível (autodestrutivo) permanecer nela, fugimos para a simbolização historicizada.

Ainda que esta última versão possa parecer hegeliana-lacaniana, devemos escolher uma via totalmente diferente: não a via de alguma experiência radical ou extrema da qual necessariamente caímos, mas esta própria queda. Enquanto o nosso ponto de partida é, como habitualmente, o fosso que nos separa, a nossa mente finita, do absoluto, a solução, a saída, não é superar de algum modo este fosso, aceder ao Absoluto, mas transformar o fosso no próprio absoluto — ou, como Hegel diz numa passagem fundamental do prefácio de *A Fenomenologia do Espírito*, onde oferece a explicação mais concisa do que significa conceber a Substância também como Sujeito:

> A desigualdade que ocorre na consciência entre o eu e a substância, que é o seu objeto, é a sua diferença, o *negativo* em geral. Ele pode ser considerado como o *defeito* de ambos, mas é a sua alma ou aquilo que os move; é essa a razão por que alguns antigos conceberam o *vazio* como o motor, ao compreenderem o que move certamente como o *negativo*, mas ainda não este como o si mesmo. — Se este negativo aparece agora em primeiro lugar como a desigualdade do eu em relação ao objeto, ele é também a desigualdade da substância em relação a si mesma. O que parece acontecer fora dela, ser uma atividade contra ela, é o seu próprio agir, e ela mostra a si ser essencialmente sujeito.([2])

A última inversão é crucial: a disparidade entre sujeito e substância é, ao mesmo tempo, a disparidade da substância consigo mesma — ou, usando os termos de Lacan, a disparidade significa que a falta do sujeito é, em simultâneo, a falta do Outro: a subjetividade surge quando a substância não pode alcançar a identidade plena consigo mesma, quando a substância está em si mesma «impedida», atravessada por uma impossibilidade ou antagonismo imanentes. Em suma, a ignorância epistemológica do sujeito, a sua incapacidade de entender totalmente o conteúdo substancial oposto, indica ao mesmo tempo uma limitação/fracasso/falta do

---

([2]) G. W. F. Hegel, *Phenomenology of Spirit*, Oxford: Oxford University Press, 1977, p. 21. [*Prefácios*, trad. Manuel J. Carmo Ferreira, Lisboa: INCM, 1990, p. 54.]

próprio conteúdo substancial. A identidade do pensar e do ser, afirmada pela primeira vez por Parménides («pois pensar e ser são o mesmo»), é também a tese básica do idealismo de Hegel: para Hegel, as determinações do pensamento (*Denkbestimmungen*) são, em simultâneo, determinações de ser; não há um fosso que separa a coisa em si mesma e o nosso conhecimento. Mas Hegel acrescenta uma novidade: as limitações (antinomias, fracassos) do pensamento também são, ao mesmo tempo, as limitações do próprio ser.

Aqui reside também a dimensão essencial da revolução teológica do cristianismo: a alienação do homem em relação a deus tem de ser projetada/transferida de volta para o próprio deus, tal como a alienação de deus em relação a si próprio (reside aqui o conteúdo especulativo da ideia de *kenosis* divina) — esta é a versão cristã da ideia de Hegel de como a disparidade do sujeito e da substância implica a disparidade da substância em relação a si mesma. Por isso, a unidade do homem e de deus é promulgada no cristianismo de uma maneira que difere fundamentalmente da das religiões pagãs, em que o homem tem de lutar para superar o seu afastamento de deus por meio do esforço para purificar o seu ser da sujidade material e elevar-se para se juntar a deus. No cristianismo, pelo contrário, deus afasta-se de si próprio, torna-se um humano, mortal e finito, abandonado por deus (na figura de Cristo e no seu lamento na cruz, «Meu Deus, meu Deus, porque me abandonaste?»), e o homem só pode alcançar a unidade com deus identificando-se com *este* deus, o deus abandonado por si mesmo. Aqui reside a experiência básica do cristianismo: um crente cristão não acede diretamente a deus, mas apenas através da mediação de Cristo — quando Cristo se experiencia como abandonado pelo deus-pai, um crente identifica a sua própria alienação em relação a deus com a alienação de deus (Cristo) em relação a si mesmo; assim, a própria diferença que o separa de deus é aquilo que o une a deus.

Esta característica peculiar do cristianismo também lança uma nova luz sobre a relação entre o cristianismo e o marxismo. Normalmente, «marxismo cristão» significa uma mistura espiritualizada em que o projeto revolucionário marxista é concebido segundo as linhas da redenção cristã. Em contraste com esta tendência (visível na teologia da libertação), devemos insistir que o marxismo, sem cristianismo, continua a ser demasiado idealista, sendo apenas outro projeto de libertação humana. O paradoxo é que só a ligação ao cristianismo (ao seu tema central da falta no próprio Outro) torna o marxismo realmente materialista.

Em Hegel, encontramos múltiplas variações deste tema, como quando diz que os segredos dos Egípcios antigos também eram segredos para os próprios Egípcios — o que significa que a sua revelação não é um saber profundo, mas apenas a mudança de localização do mistério, o seu redobramento. Não há um novo conteúdo positivo revelado, apenas uma transposição puramente topológica do fosso que me separa da Coisa para a própria Coisa. Este redobramento do fosso, este momento único de compreensão de como o próprio fosso que me separa da Coisa me inclui nele, é o momento único do meu contacto com o Absoluto. Podemos agora fornecer uma determinação mais precisa do Saber Absoluto: o que está em causa é esta ignorância redobrada, a mudança violenta pela qual percebemos que a nossa ignorância é, ao mesmo tempo, a ignorância que está no centro do próprio Outro. (Como veremos no Capítulo 3, na figura da garrafa de Klein, este redobramento está localizado no «pescoço» pelo qual a garrafa se volta reflexivamente para dentro de si mesma.) Se ignorarmos este aspeto crucial, não perceberemos a minha insistência no desfasamento primordial, etc. Robert Pippin escreveu, a propósito da minha afirmação, que «os desfasamentos no nosso conhecimento em Kant são "ontologizados" pela leitura que Žižek faz de Hegel, são desfasamentos no ser»:

> Isso intrigou-me constantemente. Se o ser «se separa a si mesmo», isto significa: temos de lidar com o facto de o ser incluir sujeitos e objetos, o mundo é mesmo assim, resultou de algum modo desta dualidade, e temos simplesmente de enfrentar todos os nossos problemas. (Como podem os sujeitos conhecer objetos? Como podem os sujeitos mover os objetos, incluindo o corpo do sujeito? Como podem os objetos ser conscientes? Se estes são problemas ilusórios erradamente formulados, como penso que Hegel acredita serem, o acontecimento da separação não nos ajuda a compreender o porquê.) Se o «separar-se» *explica* alguma coisa, o que explica a separação e como é que o acontecimento de separação nos ajuda a compreender esta «imanência», mas não «redutibilidade» (não é o velho problema reformulado?), e como pode isto ajudar nestes problemas? Dizendo apenas: *nada* o explica; o acontecimento

> da separação é pura contingência (um refrão frequente, também; tudo surge do vazio), é certamente forma de acabar a discussão, mas não parece ser filosoficamente útil.([3])

Pippin vai aqui um pouco depressa de mais: a minha tese não é que o ser, de algum modo, «se separa» em sujeito(s) e objeto(s), mas algo mais preciso. A questão é a seguinte: se a realidade «objetiva» é, em certo sentido, «tudo o que há», o cosmos, como seria estruturada de maneira que a subjetividade possa ter emergido dentro e fora dela? (Ou, em termos mais filosóficos: como podemos conciliar a visão ôntica da realidade e a dimensão transcendental? A dimensão transcendental terá, de alguma maneira, «explodido» na realidade que lhe preexistia — como pode ter isto acontecido? Como pensar nisto sem regressar ao realismo pré-crítico ingénuo?) Evito aqui uma abordagem evolutiva simples, bem como qualquer tipo de identidade primordial do Absoluto que «se separa» depois em objeto e sujeito. A divisão de paralaxe é, aqui, radical: por um lado, tudo o que experienciamos como realidade é transcendentalmente constituído; por outro, a subjetividade transcendental teve de surgir de alguma maneira do processo de realidade ôntica. Termos como «recuo absoluto» ou «desfasamento» devem ser localizados neste nível paratranscendental, para descrever a estrutura pré-ôntica e pré-ontológica da (daquilo que, por meio da sua constituição transcendental, se torna a) realidade objetiva. A minha hipótese é que coisas estranhas acontecem (têm de acontecer) a este nível, incluindo ao nível a que chamo, em referência à física quântica, «menos que nada» — assim, estamos longe da simplicidade tautológica da «separação», como Pippin sugere. É significativo que Pippin use repetidamente o verbo «separar», que aparece no famoso «Fragmento de um Sistema», mas que eu tento evitar porque implica que algum tipo de unidade primordial «se separa», se divide de si mesma. Para mim, não há unidade anterior à separação (não só empiricamente, mas também na temporalidade lógica): a unidade perdida pela separação surgiu retroativamente pela própria separação, ou seja, como Beckett diz, uma coisa divide-se em uma. É assim que se deve entender o termo «recuo absoluto» de Hegel: não se trata apenas de uma

---

([3]) Citado de https://ndpr.nd.edu/news/a-new-german-idealism-hegel-zizek-and-dialectical-materialism/.

entidade substancial «recuar» em relação a si mesma, de se dividir de si mesma; esta entidade surge através do recuo, como um efeito retroativo da sua divisão. Assim, o problema não é «Como/porque é que o Um se divide em dois?», mas sim de onde vem este um.

É aqui que até Beckett passa ao lado da questão na sua afirmação muito citada: «Todas as palavras são como manchas desnecessárias sobre o silêncio e o nada.» Aquilo que Beckett não entende é que, quando uma mancha parece desnecessária, supérflua, permanece inevitável — ela cria retroativamente o silêncio que mancha/perturba. Sim, as palavras são, por definição, inadequadas, mas, de forma retroativa, criam o próprio padrão em relação ao qual parecem inadequadas. O círculo autorreferencial fechado do recuo absoluto no qual a causa é um efeito retroativo dos seus efeitos é, pois, uma espécie de concretização da famosa piada sobre o barão de Munchausen, que se salvou a si mesmo e ao seu cavalo de um pântano no qual estava atolado, puxando o seu próprio cabelo com as mãos. Na realidade natural, é claro que esta ação é impossível, um paradoxo sem sentido que só vale como piada; no entanto, isto não só pode acontecer no domínio do espírito, como também é *a* característica que define o espírito. A base material deste círculo de autoafirmação, obviamente, permanece: «não há espírito sem matéria» — se destruirmos o corpo, o espírito desaparece. No entanto, a autoafirmação do espírito não é apenas uma espécie de «ilusão do utilizador»; tem uma atualidade própria, com efeitos atuais. Era por isso que Nietzsche estava duplamente errado na sua referência depreciativa sobre Munchausen em *Para Além do Bem e do Mal*.

> A ânsia de «liberdade da vontade», [...] a ânsia de suportar a responsabilidade definitiva pelas suas próprias ações, [...] envolve nada menos do que [...] agarrar-se a si mesmo pelos cabelos para se arrancar ao pântano do nada (*aus dem Sumpf des Nichts*) e introduzir-se na existência.([4])

Aquilo que Nietzsche rejeita aqui é a autoafirmação que, no idealismo alemão, define o objeto, e devemos observar que esse «arrancar-se ao pântano do nada e introduzir-se na existência»

([4]) Citado de www.marxists.org/reference/archive/nietzsche/1886/beyond-good-evil/.

já se prefigura na natureza — a natureza na medida em que é «pré-natural», ainda não realidade natural, mas a protorrealidade quântica na qual as partículas emergem do vazio. Recordemos o paradoxo do fotão sem massa: imaginamos uma partícula normal (se tal existe) como um objeto com massa e, quando o seu movimento é acelerado, essa massa aumenta; um fotão, porém, não tem massa em si mesmo, toda a sua massa é o resultado da aceleração do seu movimento. O paradoxo, aqui, é o de uma coisa que é sempre (e apenas) um excesso em relação a si mesma: no seu estado «normal», é nada. Podemos ver aqui o limite dos modelos topológicos (como os do espaço curvo): como no caso da garrafa de Klein, designam um paradoxo que não pode ser atualizado no nosso espaço tridimensional: no entanto, isto não os invalida, pois, de uma forma negativa, encarnam uma característica que funciona em pleno no domínio espiritual (ainda mais no universo quântico). A nossa posição aqui não é idealista? Não dizemos que a nossa realidade só pode servir como uma metáfora imperfeita de algo que apenas existe em pleno no domínio espiritual? Não, e por uma razão muito precisa: o fracasso do domínio material em concretizar totalmente o funcionamento do espírito não é exterior ao espírito, mas imanente a ele, ou seja, o espírito *emerge* pelo fracasso do domínio material em realizá-lo totalmente, da mesma maneira que (como veremos no próximo Teorema) o Absoluto é dado no Sublime através do fracasso em ser representado adequadamente. Em suma, um modelo material (como a garrafa de Klein) não representa adequadamente a autorrelação espiritual, e este fracasso não só a evoca, como ela surge através desta evocação fracassada.

Também devemos ter o cuidado de não passar ao lado da diferença subtil entre a noção de falta redobrada e a maneira como Quentin Meillassoux rompe o círculo transcendental transpondo a contingência da nossa perceção da realidade para a própria realidade.([5]) Para Meillassoux, o erro do correlacionismo transcendental não reside na afirmação plena da facticidade (ou seja, da contingência ontológica radical), mas, pelo contrário, na *limitação* (filosoficamente inconsistente e autocontraditória) desta facticidade. O correlacionista vê a facticidade derradeira, o

([5]) Ver Quentin Meillassoux, *After Finitude*, Nova Iorque: Continuum, 2010.

«*ohne Warum*», da nossa realidade como a marca indelével da nossa finitude, pela qual estamos para sempre condenados a ficar presos no Véu de Ignorância que nos separa do Absoluto incognoscível. É aqui que Meillassoux realiza um verdadeiro *tour de force* hegeliano especulativo, demonstrando como a saída deste impasse não é contorná-lo afirmando que podemos penetrar o Véu de Ignorância e aceder ao Absoluto, mas afirmá-lo e extrapolar todas as suas consequências. O problema do agnosticismo transcendental em relação ao Em-si não é o ceticismo demasiado radical deste, este ir «demasiado longe», mas, pelo contrário, ficar preso no meio do caminho. Assim, em que consiste a operação de Meillassoux? Lembro a lógica elementar da inversão dialética hegeliana bem exemplificada pela piada sobre Rabinovitch, da defunta União Soviética, que costumo contar. Rabinovitch quer emigrar da União Soviética por duas razões: «Em primeiro lugar, receio que, se a ordem socialista se desintegrar, toda a culpa dos crimes comunistas recairá sobre nós, judeus.» À exclamação da burocracia estatal de que «nada alguma vez mudará na União Soviética! O socialismo está aqui para ficar!», Rabinovitch responde com calma: «Essa é a minha segunda razão!» O problema — o obstáculo — surge retroativamente como a sua própria solução, pois aquilo que nos impede de aceder diretamente à Coisa é a própria Coisa. E, exatamente da mesma maneira, no caso de Meillassoux, imaginemos um filósofo hegeliano que diz aos estudantes: «Há duas razões por que podemos conhecer a Coisa em si mesma. Em primeiro lugar, a realidade fenoménica que experienciamos é radicalmente contingente, poderia aparecer-nos de uma forma totalmente diferente...» Um dos estudantes interrompe-o: «Mas isso não priva a realidade de qualquer estrutura estável, de tal maneira que não há uma necessidade racional mais profunda para conhecer?» Calmamente, o filósofo responde: «É assim que são realmente as Coisas em si mesmas!» A beleza e a força do argumento de Meillassoux é que a conclusão que retira desta facticidade incondicional não é um relativismo agnóstico universalizado, mas, pelo contrário, a afirmação da acessibilidade cognitiva da realidade em si, tal como ela é independentemente da existência humana: a facticidade não é o signo da nossa limitação epistemológica, mas o elemento ontológico básico da própria realidade, o modo como existe independentemente de nós. Qualquer projeto de ontologia geral que descreva as condições formais mínimas de todos os mundos possíveis está condenado ao fracasso — mas isto não nos condena ao ceticismo agnóstico, pois a sombra da incerteza que se abate sobre cada descrição do real e que lhe confere um carácter experimental é um elemento do real-em-si: o real-em-si é atravessado por uma barra de impossibilidade e «experimenta» consigo mesmo para construir mundos imperfeitos.

Badiou exprime muitas vezes a sua oposição à viragem transcendental de Kant e afirma o seu desejo de um regresso ao realismo pré-kantiano («pré-crítico»). Aquilo que Badiou não tolera em Kant é a sua limitação do alcance do nosso conhecimento, a sua afirmação de que as coisas em si mesmas (a forma como existem independentemente de nós) nos são, em princípio, incognoscíveis. Contra esta perspetiva, Badiou afirma enfaticamente a cognoscibilidade plena da realidade: nada fica, *a priori*, fora do nosso alcance cognitivo; com esforço suficiente, tudo pode ser conhecido... Parece que, aqui, Badiou não percebe como Hegel supera o agnosticismo de Kant: Hegel não afirma apenas, de um modo objetivo-idealista, que tudo pode ser conhecido porque a Razão é a própria substância da realidade. Faz algo muito mais refinado: embora se mantenha no horizonte transcendental kantiano, transpõe a limitação epistemológica de Kant (a incognoscibilidade das coisas em si mesmas) para a impossibilidade ontológica: as coisas são em si mesmas impossibilitadas, marcadas por uma impossibilidade básica, ontologicamente incompletas.

A «finitude» a que o título do livro de Meillassoux se refere é a do sujeito transcendental kantiano que constitui a «realidade objetiva» fenoménica: o seu objetivo é demonstrar — *segundo* Kant, ou seja, levando em conta a revolução kantiana — a possibilidade de cognição do numénico em si mesmo. Reabilita a velha distinção entre propriedades «primárias» dos objetos (que pertencem aos objetos independentemente de serem percecionados pelos seres humanos) e as suas propriedades «secundárias» (cor, sabor), que só existem na perceção humana; o critério básico desta distinção é científico, ou seja, a possibilidade de descrever um objeto em termos matematizados: «Todos os aspetos do objeto que podem ser formulados em termos matemáticos podem ser significativamente concebidos como propriedades do objeto em si mesmo.» (6)

(6) Quentin Meillassoux, *After Finitude.* p. 3.

Do nosso ponto de vista, é aqui que Meillassoux avança demasiado depressa e sucumbe à tentação ontológica: num gesto que repete a transformação da dúvida radical de Descartes num instrumento para aceder ao Absoluto, afirma a facticidade como a característica básica da realidade em si mesma. Mas, e se não «ontologizarmos» a falta (ou negatividade, ou facticidade), se não a usarmos como uma escada que nos permite saltar para uma visão da realidade em si mesma, e se, pelo contrário, concebermos a sobreposição de duas faltas como um desfasamento que impede qualquer ontologia, de maneira que, depois de aceitarmos — ou melhor, atravessarmos — esta sobreposição das duas faltas, tenhamos de assumir que qualquer (visão de) realidade objetiva permanece irredutivelmente normativa, não um facto, mas algo que tem de se basear na normatividade simbólica? (É assim que Lacan lê a ontologia aristotélica, mais precisamente, a sua definição de essência, *tò tì ên eînai*: a sua tradução literal como «o que era para ser» implica o gesto de um Mestre, é «o que tem de ser».) O único facto não normativo é o do desfasamento da própria impossibilidade, do obstáculo que trava qualquer positividade ontológica.

A realidade e o seu complemento transcendental

Na história da filosofia, este desfasamento assume muitas formas, e na medida em que a filosofia é o seu tempo apreendido no pensamento, temos de começar com o desfasamento que determina o nosso momento histórico. Hoje, a sua forma predominante é, sem dúvida, o desfasamento, a paralaxe, entre a realidade num sentido ingénuo e positivo de «tudo o que existe» e o horizonte transcendental no qual a realidade nos aparece. Desde a sua própria origem, a filosofia parece oscilar entre duas abordagens: a transcendental e a ontológica ou ôntica. A primeira diz respeito à estrutura universal de como a realidade nos aparece: que condições devem ser satisfeitas para percecionarmos uma coisa como realmente existente? «Transcendental» é o termo técnico do filósofo para uma estrutura que define as coordenadas da realidade; por exemplo, a abordagem transcendental diz-nos que, para um naturalista científico, só os fenómenos espaciotemporais regidos pelas leis naturais existem realmente, enquanto, para um tradicionalista pré-moderno, os espíritos e os significados também fazem parte da realidade, e não só as nossas projeções humanas. A abordagem ôntica, por outro lado, refere-se à própria realidade, ao seu surgimento e à sua instalação: como se originou o universo? Tem um princípio e um fim? Qual é o nosso lugar nele? No século XX, o desfasamento entre estes dois métodos de pensar extremou-se: a abordagem transcendental alcançou o seu apogeu com Heidegger, enquanto a ontológica, hoje, parece ter sido sequestrada pelas ciências naturais: esperamos que a questão das origens do nosso universo seja respondida pela cosmologia quântica, pelas neurociências, pelo evolucionismo. No início do seu famoso livro, *The Grand Design*, Stephen Hawking proclama triunfalmente que a «filosofia morreu» ([7]): as questões metafísicas sobre a origem do universo, etc., que foram outrora focos de especulações filosóficas, podem ser agora respondidas pela ciência experimental e ser, assim, empiricamente testadas.

É claro que, num olhar mais atento, descobrimos que ainda não chegámos aí — quase, mas ainda não. Além disso, seria fácil rejeitar essa afirmação demonstrando a pertinência constante da filosofia para o próprio Hawking (para não falar do facto de o seu livro definitivamente não ser ciência, mas uma generalização popular problemática): Hawking baseia-se numa série de pressupostos metodológicos e ontológicos que toma por garantidos. A ciência continua presa no círculo hermenêutico, ou seja, o espaço daquilo que descobre é predeterminado pela sua abordagem.

No entanto, se a dimensão transcendental é o quadro ou horizonte irredutível pelo qual percecionamos (e, num sentido kantiano estrito que nada tem que ver com a criação ôntica, constituímos) a realidade, porquê reduzi-la a um complemento da realidade? Aqui reside outra coincidência dialética dos opostos: o quadro todo-abrangente é, ao mesmo tempo, um mero complemento daquilo que enquadra. Privada do seu quadro transcendental, a realidade é uma desordem inconsistente do Real, e a sua consistência depende de um complemento que a constitui como um Todo. Voltamos a ver aqui um exemplo do tema

([7]) Stephen Hawking e Leonard Mlodinow, *The Grand Design*, Nova Iorque: Bantam, 2010, p. 5.

paranoico, nas histórias de ficção científica, do «botão errado» — um elemento pequeno, complementar e até perturbador que, se premirmos acidentalmente, provoca a desintegração da realidade. Aquilo que interpretamos (mal) como uma parte minúscula da realidade é o que conserva a sua integralidade.

Hoje, a opinião predominante está algures na linha de Sellars e McDowell, bem exemplificada pelo título do livro de McDowell, *Mind and World* (*Mente e Mundo*), aquilo a que poderíamos chamar um kantismo dinamizado: insiste-se no realismo, existe um real impenetrável, a nossa mente não se move apenas no seu próprio círculo, mas o nosso acesso a esse real é sempre mediado pelas práticas simbólicas do nosso mundo-da-vida. O problema com que lidamos, portanto, é o seguinte: como ir além (ou aquém) do par formado pela realidade e o seu horizonte transcendental? Haverá um nível zero em que estas duas dimensões se sobrepõem? A busca deste nível é o grande tema do idealismo alemão: Fichte encontrou-o na autoafirmação do Eu absoluto (o Eu transcendental), enquanto Schelling o descobriu na intuição intelectual, na qual sujeito e objeto, atividade e passividade, intelecto e intuição coincidem de forma imediata. Na sequência do fracasso destas tentativas, o nosso ponto de partida deve ser que o nível zero da realidade e o seu horizonte transcendental não devem ser procurados numa síntese dos dois, mas no próprio gesto da rutura entre ambos. Dado que, hoje, o realismo científico é a perspetiva hegemónica, a questão deve ser: poderá a dimensão transcendental ser explicada nestes termos? Como pode a dimensão transcendental surgir/explodir no real? A resposta não é uma redução realista direta, mas outra questão: o que tem de ser constitutivamente excluído (primordialmente reprimido) da nossa noção de realidade? Em suma, e se a dimensão transcendental for o «regresso do reprimido» da nossa noção de realidade?

O que frustra esta abordagem transcendental não é a própria realidade, mas o desfasamento primordial que emerge na ordem do ser, tornando-o não-todo e inconsistente — uma diferença que ainda não é uma diferença entre dois termos positivos, mas diferença «enquanto tal», uma pura diferença entre algo e o Vazio, uma diferença que coincide com este Vazio e que, neste sentido, é ela mesma um dos termos daquilo que ela diferencia (de maneira que temos Algo e a sua Diferença). (Heidegger visava o mesmo paradoxo com a sua «diferença ontológica», que não é uma diferença entre entes, nem sequer a diferença entre entes e Ser como entidades diferentes: o Ser *é* a própria diferença.) Esta fenda no edifício ontológico abre espaço para a chamada dimensão deontológica, para a ordem/nível do que Deve-ser, em contraste com o que simplesmente é, para o normativo em contraste com o factual. A velha questão «como derivar o Deve do É?» (ou: como derivar o Sentido da Realidade?) só pode ser respondida localizando uma fenda original no seio da ordem do próprio Ser.

A respeito desta fenda, todas as tentativas atuais de combinar o pensamento analítico com a tradição continental estão presas na separação kantiana entre realidade positiva bruta e o domínio normativo dos significados, da argumentação e da validade; qualquer tentativa de superar esta dualidade é considerada uma transposição ilegítima das fronteiras da nossa razão. (Há alguns positivistas evolucionistas — Dennett, Pinker, etc. — que tentam superar a divisão com uma explicação evolutiva do desenvolvimento das nossas capacidades normativas ao longo da evolução natural, mas não há idealistas diretos que se arrisquem a explicar a ordem da realidade pela autoimplementação da Razão.) O paradigma foi estabelecido por Habermas, para quem as regras da ação comunicativa funcionam como um *a priori* pragmático que não pode ser reduzido ao conteúdo positivo (realidade natural ou social), pois são sempre-já pressupostos em qualquer abordagem à realidade. Neste paradigma, Pippin e Brandom também afirmam o espaço da razão normativa (argumentação, justificação da validade) como irredutível a qualquer explicação científica positivista. Até Lacan (pelo menos em grande parte das suas aulas) opõe rigidamente o real positivo dos objetos naturais, onde «nada falta», e a ordem simbólica baseada na falta e na negatividade; e, no modo transcendental mais tradicional, insiste que o círculo transcendental é intransponível — estamos presos nele, o que quer que se conceba como o seu fora já está sobredeterminado pela totalidade simbólica (do mesmo modo que, para os marxistas ocidentais, tudo o que conhecemos sobre a natureza externa não-humana já está sobredeterminado pela totalidade da práxis social, ou, como Lukács diz, a natureza é sempre uma categoria social).

Todos estes autores admitem, obviamente, que a humanidade emergiu num planeta minúsculo do nosso universo, que fazemos parte de processos naturais globais, mas insistem que, na nossa abordagem à realidade, estamos presos num círculo de práxis sociossimbólica. Estão, assim, presos numa versão daquilo a que Foucault chamava a parelha empírico-transcendental: empiricamente, fazemos parte da natureza, da realidade natural, mas, transcendentalmente, o nosso derradeiro horizonte é o da práxis simbólica — o que significa que alguma versão da inacessível natureza-*an-sich* kantiana espreita sempre no pano de fundo. Mas será esta a última palavra a ser dita sobre este tema? Será possível decretar aqui a passagem de Kant a Hegel? Brandom é quem vai mais longe nesta direção com a sua versão do «idealismo semântico», que afirma a identidade do subjetivo e do objetivo, ou seja, a identidade conceptual da nossa razão e da realidade objetiva, o que significa a estrutura conceptual da própria realidade — mas, mais uma vez, com uma ressalva essencial: esta identidade é apenas semântica, não é ontológica:

> Falar de «idealismo» é falar de uma conceção de como o subjetivo está relacionado com o objetivo. Tal como entendo Hegel, a ideia a que chamo o seu «idealismo objetivo» é a ideia de que os conceitos e as categorias que utilizamos para compreender o mundo objetivo e os conceitos e as categorias que utilizamos para compreender as práticas discursivas em virtude das quais somos sujeitos são *reciprocamente dependentes de sentido*. Ou seja, não se pode apreender ou compreender categorias objetivas como *objeto*, *facto* e *lei da natureza* se não compreendermos também o que é usar uma expressão como um termo singular (ou seja, alegando referir-se a ou destacar um objeto), afirmar uma proposição (ou seja, alegar afirmar um facto) e pensar de forma contrafactual (sobre o que *deve* ser o caso). O grande equívoco em torno do idealismo (responsável pelo seu estatuto filosófico contemporâneo como «o amor que não se atreve a dizer o seu nome») é confundir-se esta dependência do *sentido* com uma dependência da *referência* — confundir a dependência na ordem do *entendimento* com a dependência na ordem da *existência*. Pois esta perspetiva *não* tem como consequência não ter havido objetos, factos ou leis antes de haver pessoas para usar termos singulares, frases e vocabulário modal como «necessário». O idealismo objetivo é uma tese sobre *sentidos*. É uma espécie de holismo que liga conceitos de relações objetivas com conceitos de práticas ou processos subjetivos — a capacidade de usar vários

tipos de palavras. Neste sentido, o pragmatismo semântico que recomendo é uma espécie de idealismo semântico.([8])

Brandom tem o cuidado de observar que o seu idealismo semântico, ou seja, a sua versão da identidade hegeliana do subjetivo e do objetivo, não implica de modo algum «não ter havido objetos, factos ou leis antes de haver pessoas para usar termos singulares, frases e vocabulário modal como "necessário". O idealismo objetivo é uma tese sobre *sentidos*. É uma espécie de holismo que liga conceitos de relações objetivas com conceitos de práticas ou processos subjetivos». O que o impede de dar o passo fatídico para o idealismo ontológico pleno é, claro, o receio de, neste caso, chegar a uma simples conclusão idealista de que os objetos na nossa realidade são, de algum modo, em si mesmos dependentes do nosso pensamento. É por isso que, quando se sente obrigado a dar uma base ontológica ao seu idealismo semântico, recorre não à própria realidade, mas ao seu segmento que fornece a base do nosso pensamento normativo, as práticas sociais simbolicamente estruturadas:

> O pragmatismo normativo em relação à ontologia transpõe as questões sobre as categorias fundamentais das *coisas* em questões sobre *autoridade* e, depois, entende estas questões em termos de *práticas sociais*.([9])

No entanto, do nosso ponto de vista, a posição de Brandom continua a ser demasiado kantiana, pois deixa em aberto a questão: se havia «objetos, factos ou leis antes de haver pessoas para usar termos singulares, frases e vocabulário modal como "necessário"», ou seja, se existem independentemente do nosso pensamento (da nossa prática social), será que podemos concebê-los *nesse* estado, ou serão «coisas em si mesmas» kantianas? O passo de Kant a Hegel vai para além da identidade do real e do ideal, do objetivo e do subjetivo preconizada por Fichte ou por Schelling; concentra-se,

---

([8]) «Hegelian Pragmatism and Social Emancipation: An Interview with Robert Brandom», *Constellations* 10, n.º 4 (2003), p. 558, acessível em http://www.pitt.edu/~rbrandom/Texts/Interviews/Testa%20Interview%20English.pdf.

([9]) *Ibid.*, p. 559.

antes, na questão de como a realidade tem de ser estruturada para que, nela, a ordem simbólica possa emergir. Por conseguinte, preconiza que a realidade positiva anterior à explosão do Simbólico não é apenas isso (uma realidade positiva), que há uma brecha nela, uma tensão ou fenda protodeontológica: no seu nível mais básico, a realidade não é o que é, mas aquilo que falha em ser o que é, cuja facticidade é atravessada por uma impossibilidade. As coisas «tornam-se o que são» porque não podem ser diretamente o que são. O senso comum materialista impõe a indiferença radical como o derradeiro aspeto da realidade tal como é «em si mesma». A «natureza em si mesma» é um não-Todo caótico no qual toda a tensão e todas as diferenças, todas as nossas lutas, não desaparecem, mas persistem como indiferentes — do ponto de vista global, não importam. No entanto, na perspetiva hegeliana, o Real «em si mesmo» como o não-Uno não está simplesmente para além (ou no substrato) de qualquer forma de Unidade, mas é não-Uno num sentido ativo de «não» como uma negação que pressupõe uma referência ao Uno. O Uno está aqui desde o começo — como frustrado, atravessado por uma impossibilidade de ser o que é, o que significa que, mesmo ao nível mais básico, não há indiferença.

O ponto de vista transcendental está normalmente ligado à subjetividade, mas, hoje, também há posições transcendentais que se apresentam como antissubjetivistas — por exemplo, Claude Lévi-Strauss designava o estruturalismo como transcendentalismo sem sujeito. (Embora Lévi-Strauss caracterizasse o seu estruturalismo como transcendentalismo sem sujeito, aquilo que deveríamos visar é exatamente o oposto: a noção de um sujeito não-transcendental, da subjetividade que precede a dimensão transcendental.) Num caso único de autorreferência, o perfeito acontecimento simbólico de algo que emerge de repente e cria o seu próprio passado é a emergência da própria ordem simbólica. Para o estruturalismo, não se pode pensar a génese do simbólico, ou da ordem simbólica: quando aparece, esta ordem existe sempre-já, não se pode sair dela, tudo o que se pode fazer é narrar mitos sobre a sua génese (o que, por vezes, Lacan faz). Como a inversão do belo título do livro de Alexei Yurchak sobre a última geração soviética, *Tudo Era para Sempre, Até que Deixou de Ser*, nada disso (a ordem simbólica) existia até que tudo isso subitamente estava *sempre-já* aqui. O problema, aqui, é a emergência de um sistema «fechado» de autorreferência que não tem fora: não pode ser explicado a partir de fora porque o seu ato constitutivo é autorreferente, ou seja, o sistema emerge totalmente quando começa a causar-se a si próprio, a postular os seus pressupostos num círculo fechado. Assim, não se trata apenas de a ordem simbólica, de repente, estar plenamente aqui — não havia nada e, de repente, existe na totalidade —, mas de não haver nada e depois, subitamente, é como se a ordem simbólica tivesse estado sempre já aqui, como se nunca tivesse havido um tempo sem ela. A ironia suprema, aqui, é que o próprio Louis Althusser, o grande teórico da subjetividade como um efeito ideológico ilusório, continua a ser transcendental: quando fala da estrutura sobredeterminada, enfatiza que a estrutura está sempre-já aqui, que não pode ser explicada em termos genético-historicistas. (Para evitar um mal-entendido, permitam-me repetir: a nossa posição não é que devemos rebater o transcendentalismo descrevendo a génese evolutiva da estrutura síncrona: a tarefa [muito mais difícil] é indicar o «elo perdido» entre antes e depois, o que teve de ser «primordialmente reprimido» para que uma estrutura síncrona pudesse emergir. Uma estrutura síncrona emerge sempre «do nada», não pode ser reduzida à sua predisposição genética, mas este «nada» pode ser especificado.)

Isto leva-nos ao tema clássico da relação entre eternidade e cortes históricos. A forma óbvia de minar a dualidade metafísica da realidade (natural ou histórica) em constante mudança e da ordem eterna superior é dizer que não há uma ordem eterna superior, que tudo está preso na mudança constante que é a nossa única eternidade. Depois vem a versão derrideana mais elaborada, a do «sempre-já» (que não deve ser confundido com o sempre-já transcendental): há a Queda — um desfasamento, o corte violento da Diferença que perturba a paz eterna, o ato pecaminoso que arruína a inocência, etc. —, mas esta Queda ou desfasamento ocorreu sempre-já, nada a precede, a Paz ou Inocência anteriores são uma ilusão retroativa... Depois, há uma quarta versão (propriamente hegeliana): a transposição «sempre-já» do corte (ou Queda) não basta, existem cortes, mas não são apenas cortes temporais; são, em certo sentido, cortes na própria eternidade: num certo momento temporal (histórico), algo Novo emerge que muda não só o presente e o futuro, mas também o próprio passado, as coisas tornam-se o que foram/são eternamente. Como vimos, esta temporalidade caracteriza o estruturalismo — mas será tudo? Será a própria historicidade (em oposição ao historicismo evolutivo) a de uma sucessão de cortes, cada um dos quais muda retroativamente o passado e cria a sua própria eternidade? Isto não é suficiente porque só acaba com a lógica transcendental — para dar o passo crucial, devemos inverter a perspetiva normal: não «qual é a natureza da linguagem? Podemos apreender adequadamente a natureza na/pela linguagem?», mas «o que é a linguagem para a natureza? Como é que a sua emergência afeta a natureza?» Longe de pertencer ao logocentrismo, esta inversão é a mais forte suspensão do logocentrismo e da teleologia, da mesma maneira que a tese de Marx sobre a anatomia do homem como chave para a anatomia do símio subverte qualquer evolucionismo teleológico. Ou, em termos hegelianos, em vez de perguntarmos o que é a Substância para o Sujeito, como pode o Sujeito apreender a Substância, devemos fazer a pergunta contrária: o que é o (o aparecimento do) Sujeito para a Substância (pré-subjetiva)? G. K. Chesterton propôs uma inversão hegeliana semelhante precisamente a propósito do homem e dos animais: em vez de perguntarmos o que são os animais para os humanos, para a nossa experiência, devemos perguntar o que é o homem para os animais — no seu livro pouco conhecido *O Homem Eterno*, Chesterton faz um exercício intelectual maravilhoso segundo estas linhas, imaginando o monstro que o homem poderá ter parecido inicialmente para os animais meramente naturais em seu redor:

> A verdade mais simples acerca do homem é que se trata de um ser muito estranho: quase como se fosse um estrangeiro na Terra. Para falar com toda a seriedade, tem muito mais a aparência externa de alguém que traz hábitos estrangeiros de outra terra do que a de alguém que nasceu aqui. Tem uma vantagem injusta e uma desvantagem injusta. Não pode dormir ao ar livre; e não pode confiar nos seus próprios instintos. É um criador que movimenta mãos e dedos miraculosos e, ao mesmo tempo, uma espécie de aleijado. Está envolto em ataduras artificiais chamadas roupas; apoia-se em muletas artificiais chamadas mobílias. A sua mente tem as mesmas liberdades dúbias e as mesmas limitações selvagens. Único entre os animais, é abalado pela bela loucura chamada riso; como se tivesse percebido na forma do universo algum segredo escondido do próprio universo. Único entre os animais, sente a necessidade de afastar o seu pensamento das realidades básicas

> do seu próprio ser corpóreo; de escondê-las como se estivesse na presença de alguma possibilidade superior que cria o mistério da vergonha. Quer louvemos estas coisas como naturais do homem ou as critiquemos como artificiais em relação à natureza, são, no mesmo sentido, únicas.(10)

Isto é aquilo a que Chesterton chamava «pensar às avessas»: temos de nos situar no passado, antes de terem sido tomadas as decisões fatídicas ou antes de terem ocorrido os acidentes que geraram o estado que hoje nos parece normal, e a maneira de o fazer, de tornar palpável este momento aberto de decisão, é imaginar como, nesse ponto, a história poderia ter seguido um rumo diferente. Em relação ao cristianismo, em vez de perder tempo a investigar como o cristianismo se relacionava com o judaísmo ou como interpreta erradamente o Antigo Testamento quando admite que este anuncia o advento de Cristo, e de tentar reconstruir como os judeus eram antes do cristianismo, não afetados pela perspetiva cristã retroativa, devíamos inverter a perspetiva e «estranhar» o próprio cristianismo, tratá-lo como cristianismo-em-devir e concentrarmo-nos no modo como Cristo terá parecido um animal estranho, uma monstruosidade escandalosa, ao sistema ideológico judaico. O caso hiperbólico é aqui fornecido pelas raras sociedades que, até agora, conseguiram evitar todos os contactos com a «civilização». Em maio de 2008, a comunicação social relatou a descoberta de uma «tribo isolada» na densa floresta tropical perto da fronteira entre o Brasil e o Peru: nunca tiveram contacto com o «mundo exterior» da civilização global; provavelmente, a vida deles manteve-se igual durante mais de 10 000 anos. Os jornais publicaram fotografias da aldeia da tribo, tiradas a partir de um avião. Quando os antropólogos sobrevoaram a zona pela primeira vez, viram mulheres e crianças ao ar livre e ninguém parecia estar pintado. Só quando o avião regressou, algumas horas depois, é que viram esses indivíduos totalmente pintados de vermelho: «A pele pintada de vermelho vivo, as cabeças parcialmente rapadas, setas armadas nos arcos e apontadas diretamente ao avião que passava por cima deles. O gesto era inequívoco: fiquem longe.» Tinham razão: o contacto é normalmente um desastre para estas

(10) G. K. Chesterton, *The Everlasting Man*, www.dur.ac.uk/martin.ward/gkc/books/everlasting_man.html#chap-L-i.

tribos remotas. Mesmo que os madeireiros não os matem ou os obriguem a abandonar as suas terras, as doenças contra as quais estes humanos isolados não têm resistência costumam dizimar estas tribos isoladas no espaço de um ou dois anos. Para eles, a nossa civilização é literalmente um caldeirão de culturas — onde se fundem e desaparecem, como os antigos frescos subterrâneos em *Roma*, de Fellini, que estavam protegidos enquanto se mantivessem isolados no vácuo subterrâneo; logo que os investigadores (de forma muito cuidada e respeitosa) entraram no seu domínio, os frescos desbotaram e começaram a desaparecer... Com frequência, perguntamo-nos como reagiríamos se nos deparássemos com extraterrestres muito mais desenvolvidos do que nós — nas fotografias da tribo isolada, nós somos os seus extraterrestres. É aqui que reside o horror dessas fotografias: vemos os nativos aterrorizados a observarem um Outro inumano, e nós somos esse Outro... e logo que formulamos assim esta questão, colocamo-nos para além (ou no substrato) da dimensão transcendental.

De forma análoga, o Real na física quântica não é uma oscilação de ondas (em oposição à realidade que emerge com o colapso da função de onda), mas este próprio colapso «no seu devir», como um movimento, antes de se estabilizar em realidade constituída. Da mesma maneira que Chesterton nos desafiava a imaginar como um ser humano é visto por símios, deveríamos imaginar como a constituição da realidade ocorre no interior do espaço de oscilações de onda. E o mesmo se aplica à diferença sexual: o Real da diferença sexual não é a diferença entre identidades masculinas e femininas, mas esta diferença «no seu devir», o movimento de (auto)diferenciação que precede os termos diferenciados.

O corte que visamos (a brecha no próprio Real pela qual explode a subjetividade) não é, pois, algo que possa ser descrito nos termos da biologia evolutiva, da transformação dos símios em humanos. O modo empírico como esta transformação ocorreu é, em última análise, indiferente, e totalmente contingente — não houve um ímpeto teleológico para passar a um nível superior de progresso. Como Stephen Jay Gould insistiu repetidamente, esta passagem ocorreu, muito provavelmente, através do processo a que chamava «exaptação»: um órgão ou uma habilidade que, originalmente, servia uma certa necessidade evolutiva perdeu a sua função, tornando-se até um obstáculo, permaneceu apenas no nosso corpo — um remanescente inútil, como o apêndice —, e inadvertidamente desencadeou o surgimento de uma nova ordem (simbólica), que emergiu não como um elemento, mas como uma estrutura. De um modo aleatório, subitamente, uma nova Ordem, uma «nova harmonia», surge do (daquilo que, retroativamente, aparece como) Caos, e ainda que possamos (retroativamente) determinar um longo período de gestação, um último elemento contingente desencadeia a mudança rápida do caos para a nova ordem. (Gould chega a especular que a fala humana surgiu do mau funcionamento de alguns músculos da garganta de símios humanoides.) Esta nova Ordem não pode ser explicada em termos de «adaptação» — falta aqui um *ad quem* unívoco (adaptação *a quê*?). Mas essa descrição naturalista não pode dar conta da explosão da subjetividade no Real: permanece ao nível da realidade positiva (transcendentalmente constituída), enquanto o corte (explosão) de que estamos a falar designa o processo arquitranscendental do surgimento da dimensão transcendental constitutiva da nossa realidade.

Isto significa que o verdadeiro Em-si não é como as coisas eram antes do Corte simbólico, mas, antes, este mesmo corte ser visto da perspetiva do Antes, ou, para usar termos de Kierkegaard, no seu devir, não da sua perspetiva depois de estabelecida como a nova ordem. Pode ser aqui útil uma clarificação que trace uma linha de separação entre esta posição e a crítica do correlacionismo por Meillassoux. Na sua rejeição do correlacionismo transcendental (a ideia de que, para pensar a realidade, tem de já haver um sujeito a quem essa realidade aparece), Meillassoux permanece nos limites da oposição kantiana-transcendental entre a realidade tal como nos aparece e o transcendente para lá da própria realidade, independente de nós; de uma forma leninista (o Lenine do *Materialismo e Empiriocriticismo*), afirma que podemos aceder à realidade em si mesma e pensá-la. Mas algo se perde neste mesmo campo do dilema transcendental, algo que diz respeito ao núcleo da descoberta freudiana (do modo como esta descoberta foi formulada por Lacan): a dobra/curvatura inerente que é constitutiva do próprio sujeito. Aquilo que Lacan afirma é precisamente o desacordo irredutível (constitutivo), a não-correlação, entre o sujeito e a realidade: para que o sujeito apareça, o impossível objeto-que-é-sujeito tem de ser excluído da realidade, pois é a sua própria exclusão que abre o espaço para o sujeito. O problema não é pensar o real fora da correlação transcendental, independentemente do sujeito; o problema é pensar o real *dentro* do sujeito, o núcleo duro do real no centro do sujeito, o seu centro ex-timado. O verdadeiro problema do correlacionismo não é se podemos aceder ao em si mesmo tal como é fora da correlação ao sujeito (ou como o Velho — «fósseis» como lembranças da natureza tal como era antes do aparecimento da humanidade — está fora da sua perceção a partir do ponto de vista do Novo), mas o próprio Novo «em devir». O fóssil não é o Velho tal como era/é em si mesmo, o verdadeiro fóssil é o próprio sujeito no seu estatuto objetal impossível — o fóssil sou eu mesmo, ou seja, a forma como o gato aterrorizado me vê quando olha para mim. É isto que escapa realmente à correlação, não o em-si do objeto, mas o sujeito como objeto.

Normalmente, temos a divisão no objeto (entre o que é para nós e o modo como é em si mesmo), mas o pensamento, o sujeito, é concebido como homogéneo: aquilo que Lacan faz é introduzir uma divisão também no sujeito, entre o seu pensar e o seu (não o ser vivente de facto, mas o seu) pensamento não pensado, o seu não-não-pensamento, entre o discurso e o real (não a realidade). Assim, a questão não é apenas superar o em-si inacessível, afirmando que «não há nada para além do véu das aparências senão aquilo que o próprio sujeito aí coloca», mas relacionar o em-si com a divisão no próprio sujeito. Meillassoux refere ironicamente a engenhosa resposta cristã ao desafio darwinista: um contemporâneo de Darwin propôs uma conciliação ridiculamente clara entre a Bíblia e a teoria da evolução: a Bíblia é literalmente verdadeira, o mundo foi criado por volta de 4000 a.C. — então, como explicar os fósseis? *Foram diretamente criados por deus como fósseis*, para dar à humanidade um falso sentido de abertura, de viver num universo mais antigo — em suma, quando deus criou o universo, criou vestígios do seu passado imaginado… A questão de Meillassoux é que o transcendentalismo pós-kantiano responde ao desafio da ciência objetiva de uma forma similar: se, para os literalistas teológicos, deus criou diretamente os fósseis para expor o homem à tentação de negar a criação divina, ou seja, para testar a sua fé, os transcendentalistas pós-kantianos concebem a noção «ingénua», espontânea e quotidiana, de realidade objetiva que existe independentemente de nós como uma armadilha similar, que expõe os humanos ao teste, desafiando-os a ver através deste «vestígio» e apreender como a realidade é constituída pelo sujeito transcendental...([11]) No entanto, devemos insistir que a solução cristã, obviamente absurda como teoria científica, contém uma porção de verdade: aquilo a que Lacan chama *objet a*, a contraparte objetal impossível-real do sujeito, é precisamente um objeto «imaginado» (fantasmático, virtual) que nunca existiu positivamente na realidade — emerge através da sua perda, é diretamente criado como um fóssil.

De um modo diferente, a ontologia orientada para o objeto também continua a ser transcendental: embora apresente a sua visão da realidade como «objetiva», não enraizada em qualquer ponto de vista subjetivo, mas abrangendo o sujeito como um entre outros objetos, esta visão baseia-se claramente num certo desvelamento da realidade (para parafrasear Heidegger), que só pode emergir no horizonte do entendimento humano. A minha crítica à ontologia orientada para o objeto não é, portanto, que é demasiado objetivista, mas que se baseia num regresso antropomórfico do mundo encantado pré-moderno. Veja-se como Jane Bennett formula o seu «Credo Niceno para os alegados materialistas»:

> Acredito numa matéria-energia, o criador das coisas vistas e não vistas... Acredito que é errado negar a vitalidade aos corpos, às forças e formas não–humanos, e que um programa cuidadoso de antropomorfização pode ajudar a revelar essa vitalidade, ainda que resista a uma tradução plena e exceda o meu extenso entendimento. Acredito que os encontros com a matéria viva podem reprimir as minhas fantasias de domínio humano, sublinhar a materialidade comum de tudo o que existe, expor uma distribuição mais ampla da ação e remodelar o eu e os seus interesses.([12])

Aquilo que vibra na matéria vibrante é a sua força vital imanente ou a sua alma (no sentido aristotélico preciso de princípio ativo imanente à matéria), e não a subjetividade. O novo materialismo, portanto, rejeita a divisão radical matéria/vida e vida/ /pensamento: os si-mesmos ou agentes múltiplos estão em toda a parte em diferentes formas. Contudo, há aqui uma ambiguidade básica: serão estas qualidades vitais dos corpos materiais o resultado do nosso (do observador humano) «antropomorfismo

---

([11]) Meillassoux, *op. cit.*, p. 62.

([12]) Jane Bennett, *Vibrant Matter*, Durham: Duke University Press, 2010.

benigno», de tal maneira que a vitalidade da matéria significa que «tudo está, em certo sentido, vivo» ([13]), ou estaremos efetivamente a lidar com a afirmação ontológica forte de uma espécie de espiritualismo sem deuses, ou seja, com uma maneira de restaurar a sacralidade na mundanidade? Assim, se «um programa cuidadoso de antropomorfização pode ajudar a revelar essa vitalidade» ([14]), não é claro se a vitalidade dos corpos materiais é um resultado de a nossa perceção ser animista, ou de um poder vital assubjetivo — uma ambiguidade que é profundamente kantiana.

A desconstrução de Derrida também está presa neste impasse do transcendental. A sua famosa afirmação (na *Gramatologia*) de que «*Il n'y a pas de hors-texte*» («Não há fora-do-texto») é muitas vezes mal traduzida por «Não há nada fora do texto», fazendo parecer que Derrida defende uma espécie de idealismo linguístico para o qual nada existe para além da linguagem. Então, como devemos lê-lo? De facto, há aqui uma ambiguidade fundamental: oscila entre uma leitura transcendental e uma leitura ontológica. *Il n'y a pas de hors-texte* pode significar que todas as afirmações ontológicas estão sempre-já presas na dimensão arquitranscendental da escrita: nunca são diretamente sobre a realidade existente, pois são sempre sobredeterminadas por uma textura de traços que formam o pano de fundo impenetrável de todas as nossas afirmações. Mas também pode ser lido de uma forma diretamente ontológica: a realidade externa, a vida, já é composta de traços e de diferenças, ou seja, a estrutura da *différance* é a estrutura de tudo o que existe. Derrida esteve mais perto desta leitura no seu seminário inédito de 1975, *La Vie la morte*, cujas primeiras seis sessões são dedicadas à biologia (especificamente, a François Jacob e à sua investigação da estrutura do ADN e das leis da hereditariedade). Noções como «*différance*», «arqui-escrita», «traço» e «texto» são assim não só o pano de fundo metatranscendental do nosso universo simbólico, como também se referem à estrutura básica de tudo o que vive (e, putativamente, também de tudo o que existe): o «texto geral» é a afirmação ontológica mais elementar de Derrida. Importa observar como esta ambiguidade está relacionada com outra que diz respeito ao estatuto da «metafísica da presença». Derrida varia abundantemente a razão por que não há um simples Fora para

---

([13]) *Ibid.*

([14]) *Ibid.*, p. 122.

a metafísica da Presença: só podemos, de forma gradual e local, desconstruí-lo, miná-lo, expor as suas inconsistências, etc. — postular o acesso a um puro Fora significaria sucumbir à armadilha da Presença. No entanto, na medida em que a metafísica da presença equivale à história da filosofia europeia, coloca-se um problema ingénuo, mas pertinente: e, por exemplo, a China antiga? Estariam os Chineses também presos na «metafísica da presença» (o que elevaria então a «metafísica da Presença» a um aspeto universal da humanidade) ou estariam fora da metafísica europeia? Em caso afirmativo, como podemos contactar com eles? (Por algumas vezes, Derrida aborda este estatuto da língua chinesa em relação ao logocentrismo europeu, mas limita-se à afirmação geral de que a língua chinesa não é fonocêntrica porque, na sua escrita, as palavras não reproduzem letras fónicas, mas, diretamente, o pensamento, razão pela qual a escrita está em primeiro lugar e a fala em segundo: todos os Chineses partilham a mesma escrita, que é pronunciada de forma diferente em partes diferentes da China. No entanto, isto não significa que a estrutura geral da diferença (traço) não esteja também aí em ação — por conseguinte, o problema com que lidamos persiste.) ([15])

A última viragem ontológica do chamado pensamento continental está marcada pela mesma ambiguidade. A ideia hoje mais partilhada é que «não podemos abandonar a natureza à ciência e estudar normas de pensamento ou de ação em filosofia sem levar em conta alguma conceção do universo físico. Assim que enfrentamos a questão de como integrar a nossa explicação de nós mesmos como conhecedores e agentes de um tipo específico com aquilo que conhecemos da natureza, deveria transpirar que nem todas as conceções da natureza são compatíveis sem a autodescrição como agentes autónomos.» ([16])

No entanto, há uma ambiguidade relativa a esta afirmação, uma ambiguidade homóloga à que caracteriza o chamado princípio antrópico na (interpretação da) cosmologia quântica: do

---

([15]) Também é possível ler a noção de traço de Derrida como «arquitranscendental» no sentido do nosso esforço de ir além (ou ao substrato) do transcendental, até à própria fenda no Real que abre o espaço para o transcendental, mas entramos aqui numa esfera ambígua aberta a várias interpretações.

([16]) Markus Gabriel e Anders Moe Rasmussen, prefácio dos organizadores de *German Idealism Today*, Berlim: De Gruyter, 2017, p. 10.

mesmo modo que podemos aceitar o princípio antrópico na sua versão «forte» (o universo foi criado para possibilitar o advento da inteligência humana) ou na sua versão «fraca» (a inteligência humana não é o desígnio da criação, mas apenas uma linha diretriz do nosso entendimento do universo, que teve de ser estruturado para que a inteligência humana nele pudesse nascer, mas de um modo contingente), a tese de que a nossa conceção da natureza deve ser compatível com a nossa autodescrição como agentes autónomos pode ser lida de uma forma «forte» e de uma forma «fraca». Pode significar que, na nossa conceção da natureza, descrevemos efetivamente como a natureza é em si mesma, independentemente da nossa observação e da nossa interação com ela, ou pode significar que a nossa conceção da natureza nunca é realmente uma visão neutral da natureza em si mesma, mas que permanece integrada no nosso ponto de vista (humano), mediada por este.

Variedades do transcendental no marxismo ocidental

Nas últimas décadas, o descrédito do marxismo ocidental aumentou entre os poucos que continuavam a ser teóricos esquerdistas radicais, de Perry Anderson e Wolfgang Fritz Haug até Domenico Losurdo, cuja crítica central era que o marxismo ocidental perdeu o contacto com os movimentos revolucionários do Terceiro Mundo. (Losurdo, que escreveu um livro a reabilitar Estaline, também considera as reformas de Deng Xiaoping como um exemplo de política marxista autêntica.) Do ponto de vista marxista ocidental, foi, obviamente, o radicalismo comunista do Terceiro Mundo que perdeu o contacto com os conteúdos genuinamente emancipadores do marxismo. Importa observar que o marxismo ocidental (rebatizado como «marxismo cultural») também é o alvo do contra-ataque atual da direita alternativa (*alt-right*) contra o politicamente correto: a direita alternativa interpreta a ascensão do marxismo ocidental como o resultado de uma mudança deliberada na estratégica marxista (ou comunista). Depois de o comunismo ter perdido a batalha económica com o capitalismo liberal (esperando em vão pela chegada da revolução no mundo ocidental desenvolvido), os seus líderes decidiram virar-se para as lutas culturais (sexualidade, feminismo, racismo, religião…), minando sistematicamente as bases e os valores culturais das nossas liberdades. Nas últimas décadas, esta nova abordagem revelou-se inesperadamente eficiente: hoje, as nossas sociedades estão presas no círculo autodestrutivo da culpa, incapazes de defender o seu legado positivo... Este ataque dos dois extremos demonstra como o marxismo ocidental permanece atual — obviamente, toca num nervo sensível em ambos os lados do nosso espectro político. A ironia é que, para os que veem a China atual como a alternativa socialista ao capitalismo global, o marxismo ocidental continua a ser demasiado «eurocêntrico», enquanto, para a direita alternativa defensora da tradição cristã ocidental, o marxismo ocidental é a arma mais perigosa no ataque atual contra a tradição ocidental. Assim, o que faz do marxismo ocidental um fenómeno tão singular? Em termos filosóficos, a novidade do marxismo ocidental reside na sua reabilitação da dimensão transcendental — a caracterização mais apropriada do marxismo ocidental seria, talvez, «marxismo transcendental», com a totalidade da prática social a desempenhar o papel do horizonte transcendental insuperável da nossa cognição.

O marxismo ocidental começou com duas obras seminais, *História e Consciência de Classe*([17]), de Georg Lukács, e *Marxismo e Filosofia*([18]), de Karl Korsch. Foi, no seu início, uma reação hegeliana ao neokantismo progressista que era (mais ou menos) a filosofia oficial da social-democracia reformista da Segunda Internacional. Os neokantianos insistiam na diferença entre a realidade social objetiva e o domínio normativo dos objetivos éticos autónomos que não podem ser deduzidos da realidade (rejeitam esta opção como um caso de determinismo ilegítimo que reduz o Dever à ordem positiva do Ser); era por isso que se referiam à sua posição política como «socialismo ético». Lukács (bem como Korsch) rejeitava o dualismo neokantiano, apelando a uma unidade da teoria e da prática, da ordem positiva do Ser e das tarefas éticas; para Lukács, a teoria revolucionária é em si mesma uma forma de prática — não reflete apenas a realidade, mas funciona também como um momento imanente da totalidade social. O materialismo histórico não é uma teoria objetiva da vida

([17]) Ver Georg Lukács, *History and Class Consciousness* (1923), Cambridge (Ma.): MIT Press, 1972.

([18]) Ver Karl Korsch, *Marxism and Philosophy* (1923), Londres: Verso Books, 2013.

social que tem de ser complementada pela ideologia marxista destinada a mobilizar as massas com base nas ideias científicas marxistas: o conhecimento marxista da história é em si mesmo prático, transforma o seu objeto (a classe operária) num sujeito revolucionário. Enquanto tal, o materialismo histórico não é «imparcial»: a verdade sobre a nossa sociedade só está disponível a partir de uma posição «parcial» comprometida.

No entanto, embora o marxismo revolucionário vise superar todas as dualidades metafísicas, a sua história é atravessada pela diferença entre o realismo e o transcendentalismo: enquanto a versão soviética do materialismo dialético propõe uma nova versão da ontologia realista ingénua (uma visão de toda a realidade com a história humana como a sua região especial, um tópico do materialismo histórico), o chamado marxismo ocidental propõe a práxis humana coletiva como o derradeiro horizonte transcendental do nosso entendimento filosófico: como Lukács diz, a própria natureza é uma categoria social, ou seja, a nossa conceção de natureza é sempre (sobre)determinada pela totalidade social em que vivemos. É claro que Lukács não diz que, ao nível ôntico da realidade, a subjetividade social produz causalmente a natureza; aquilo que afirma é que, embora a humanidade tenha surgido do autodesenvolvimento da natureza, a nossa conceção da natureza e a nossa abordagem a ela são sempre mediadas pela totalidade social. No século XVIII, a natureza era vista como um sistema hierárquico bem ordenado que refletia claramente a monarquia absoluta (esta conceção de natureza foi apresentada por Carlos Lineu); no século XIX, a natureza era vista como o vasto campo da evolução, permeado pela luta pela sobrevivência segundo as linhas do capitalismo de mercado (o próprio Darwin foi buscar a Malthus a sua ideia de luta pela sobrevivência); na nossa era da informação, a natureza é vista como uma vasta rede de troca de informação e de reprodução de genes; etc. A ideia de Lukács era simplesmente que não podemos abstrair-nos desta mediação social e abordar a natureza tal como é «realmente em si mesma», independentemente desta mediação. O fosso que separa a visão ôntica da realidade do papel transcendental da práxis social é assim insuperável, ou seja, não se pode explicar o surgimento da práxis social em termos ônticos da realidade.

Deste ponto de vista, qualquer forma da relação sujeito-objeto que recuse admitir a perspetiva da sua mediação plena é denunciada como ideologia reificada: o trabalho (no sentido da exploração instrumental das leis objetivas da natureza; no trabalho, uso ferramentas para manipular os objetos naturais a fim de cumprirem os meus objetivos externos à sua existência) é «reificado» porque mantém em relação à realidade a posição de manipulação externa e, portanto, trata-a como o domínio independente dos objetos; as ciências naturais também são «reificadas», pois veem-se como o conhecimento da realidade tal como é em si mesma, fora da sua mediação com a subjetividade. As implicações políticas desta posição fichte-hegeliana radical do proletariado como o sujeito-objeto da história não eram menos radicais: até finais dos anos 1920, Lukács considerava-se o filósofo do leninismo, que organizava as práticas revolucionárias pragmáticas de Lenine na filosofia formal da revolução da vanguarda partidária (incluindo a defesa do Terror Vermelho) — não admira que o seu livro após *História e Consciência de Classe* tenha sido um estudo sobre Lenine. As implicações esquerdistas da posição de Lukács podem ser claramente vistas nas suas polémicas contra aqueles que, após a derrota do governo revolucionário de Béla Kun na Hungria, culpavam as circunstâncias objetivas desfavoráveis. A resposta de Lukács é que não nos podemos referir diretamente às circunstâncias sociais objetivas, pois estas circunstâncias são em si mesmas condicionadas pelo fracasso do envolvimento subjetivo das forças revolucionárias. Em suma, cada estado de coisas objetivo já é mediado pela subjetividade, mesmo que esta mediação seja negativa, ou seja, mesmo que signifique a falta de envolvimento subjetivo.

Então, o que aconteceu nos anos 1920? Será que Lukács se rendeu simplesmente à realidade do estalinismo que dominava o movimento comunista? Embora, a partir dos anos 1930, tenha defendido de forma pouco sincera a ortodoxia estalinista oficial (sem nunca se envolver no materialismo dialético estalinista — conhecia demasiado bem Hegel para fazer isso), há uma fase intermédia misteriosa e geralmente ignorada: em 1928, após o fim da onda revolucionária de inícios dos anos 1920, publicou as chamadas «Teses de Blum»([19]), nas quais apelava a uma estratégia similar à das Frentes Populares que surgiram nos anos 1930:

([19]) Reeditado em Georg Lukács, *Tactics and Ethics*, Londres: Verso Books, 2014.

a grande coligação de todas as forças antifascistas democráticas para combater as tendências autoritárias que emergiam em toda a Europa. A ironia foi ter feito isto demasiado cedo, antes de a Frente Popular se ter tornado a política comunista oficial; assim, estas teses foram rejeitadas e Lukács retirou-se para a teoria literária.

Ao nível filosófico, o abandono de Lukács da posição defendida em *História e Consciência de Classe* também não foi uma regressão simples. O anverso ignorado da sua acomodação à ortodoxia marxista (já não concebe a prática social da subjetividade histórica coletiva como o derradeiro horizonte do pensamento, mas subscreve uma ontologia geral com a humanidade como sua parte) é a admissão da dimensão trágica do sujeito revolucionário.([20]) Lukács refere-se à ideia de Marx de que o período heroico da Revolução Francesa foi a reviravolta entusiástica necessária, seguida da fase pouco heroica de relações de mercado: a verdadeira função social da Revolução foi o estabelecimento da condição para o reinado prosaico da economia burguesa, e o verdadeiro heroísmo reside não no apego cego ao entusiasmo revolucionário inicial, mas no reconhecimento de que «a rosa está na cruz do presente», como Hegel gostava de dizer parafraseando Lutero, ou seja, abandonando a posição da Bela Alma e aceitando plenamente o presente como o único domínio possível da verdadeira liberdade. Assim, foi este «compromisso» com a realidade social que permitiu o passo em frente filosófico crucial de Hegel, a superação da noção protofascista de comunidade «orgânica» no seu manuscrito *System der Sittlichkeit* e a viragem para a análise dialética dos antagonismos da sociedade civil burguesa. É óbvio que esta análise é profundamente alegórica: foi escrita dois meses depois de Trotsky ter publicado a sua tese do estalinismo como o Termidor da Revolução de Outubro. O texto de Lukács deve, então, ser lido como uma resposta a Trotsky: aceita a caracterização que Trotsky faz do regime de Estaline como «termidoriano», mas introduz uma diferença positiva: em vez de lamentarmos a perda da energia utópica, devemos, de uma forma heroicamente resignada, aceitar as suas consequências como o único verdadeiro espaço de progresso social… Para Marx, obviamente, a sobriedade do «dia seguinte»

([20]) Ver Georg Lukács, «Hölderlin's *Hyperion*», in *Goethe and His Age*, Londres: Allen & Unwin, 1968.

após a intoxicação revolucionária assinala a limitação original do projeto revolucionário «burguês», a falsidade da sua promessa de liberdade universal: a «verdade» dos direitos humanos universais são os direitos do comércio e da propriedade privada. Se lermos a subscrição por Lukács do Termidor estalinista, ela implica (provavelmente contra a sua intenção consciente) uma perspetiva pessimista, difícil de conciliar com o marxismo: a própria revolução proletária também é caracterizada pelo fosso entre a sua afirmação universal ilusória da liberdade e o despertar seguinte para as novas relações de domínio e exploração, o que significa que o projeto comunista de realização da «verdadeira liberdade» fracassa necessariamente na sua primeira tentativa e que só pode ser salvo por meio da repetição. Mas e se, olhando para o século XX a partir do nosso ponto de vista, conservarmos precisamente esta viragem pessimista de Lukács?

Mais tarde, Lukács atenuou este «pessimismo» e, na sua própria versão da reanimação humanista do marxismo nos anos 1960, dedicou a última década da sua vida à elaboração de uma nova «ontologia do ser social» ([21]). Esta ontologia tardia de Lukács está totalmente fora de sintonia com a revitalização da filosofia e da práxis marxista dos anos 1960: esta permanece dentro do espaço transcendental (a sua noção central de práxis é o horizonte insuperável que não pode ser baseado em nenhuma ontologia geral), enquanto Lukács visa apresentar a ontologia social como uma esfera especial da ontologia geral. A ideia fulcral, neste esforço, é a de trabalho humano como forma elementar de teleologia: no trabalho humano, a natureza supera-se a si própria, supera o seu determinismo, pois os processos naturais tornam-se momentos do processo de concretização material dos objetivos humanos. Contra o idealismo aristotélico ou hegeliano que subordina a totalidade da natureza a um Telos espiritual, Lukács, como materialista, vê o trabalho social como o principal domínio da teleologia, um domínio que continua a ser uma pequena parte da natureza e que surge espontaneamente dos processos biológicos. Aqui, a suprema ironia é que, na sua ontologia social do trabalho, Lukács refere-se ao jovem Marx, aos seus chamados *Manuscritos Económico-Filosóficos*, de 1844 (publicados originalmente em inícios dos anos 1930), que

([21]) Ver Georg Lukács, *The Ontology of Social Being*, vols. 1–3, Londres: Merlin Press, 1978–1980.

eram o texto sagrado do marxismo humanista. Enquanto os marxistas humanistas os leem de um modo transcendental, focando-se no conceito de alienação, Lukács usa estes manuscritos para justificar o abandono do grande tema hegeliano de *História e Consciência de Classe*, a mediação total do sujeito e do objeto no proletariado como o sujeito-objeto da história. Segundo a sua autocrítica tardia, esta identidade especulativa hegeliana de sujeito e objeto ignora a diferença entre objetivação (do sujeito no trabalho) e reificação (em condições de alienação): para o jovem Lukács, qualquer objetivação é reificação, mas agora ele admite que, objetivando os seus poderes essenciais em objetos que exprimem a sua criatividade, não há uma reificação necessária em ação — a reificação só ocorre quando o trabalho é exercido em condições sociais de alienação. Em suma, para o jovem Lukács, o trabalho (enquanto atividade de concretização de objetivos na realidade mudando a forma dos objetos materiais) é, enquanto tal, alienado, e só podemos superar a alienação através da mediação total do sujeito e do objeto.

Ainda que esta «ontologia do trabalho social» não possa ser reduzida a uma versão do materialismo dialético estalinista, continua a pertencer à série de grandes visões evolucionistas do cosmos como a hierarquia ontológica dos níveis (matéria, plantas, vida animal e o espírito humano como o nível mais elevado que conhecemos), estando demasiado próxima da ontologia de Nicolai Hartmann (e Lukács refere-se de maneira positiva a Hartmann). (É interessante observar que até Meillassoux cai nesta armadilha e paga um preço alto pela sua suspensão da dimensão transcendental: o preço da regressão a uma ontologia ingénua-realista de esferas ou níveis ao estilo de Nicolai Hartmann: realidade material, vida, pensamento.) Este realismo ingénuo é basicamente pré-moderno, assinala o regresso ao pensamento renascentista que precede o nascimento da ciência moderna.

Outros marxistas ocidentais tentaram sair do círculo transcendental sem regressar à ontologia realista; se deixarmos de lado Walter Benjamin, que merece um tratamento especial, devemos mencionar pelo menos Ernst Bloch, que desenvolveu um gigantesco edifício de um universo inacabado que tende para o ponto utópico de perfeição absoluta. Na sua obra-prima, *O Princípio Esperança*, oferece uma descrição enciclopédica da orientação da humanidade e da natureza para um futuro social e tecnologicamente melhor.([22]) Bloch atribuía uma importância fundamental aos comentários de Marx sobre a «humanização da natureza» (mais uma vez, dos seus *Manuscritos Económico-Filosóficos*): uma utopia verdadeiramente radical devia abranger todo o universo, incluindo a natureza, ou seja, as utopias que se limitam à organização da sociedade e ignoram a natureza são apenas abstrações. Em contraste com o Lukács tardio, Bloch propõe assim uma cosmologia totalmente orientada para o futuro, inscrevendo a teleologia na própria natureza (em contraste com a nossa ênfase nos não-orientáveis). Deste modo, supera o círculo transcendental, mas o preço é demasiado alto — um regresso à cosmologia utópica pré-moderna.

A contraparte da cosmologia progressista de Bloch foi providenciada por Evald Ilyenkov no seu manuscrito sobre a «cosmologia do espírito»([23]). Baseando-se de forma provocadora naquilo que, para os marxistas ocidentais, é a grande *bête noire* — os manuscritos de Friedrich Engels postumamente coligidos em *Dialética da Natureza*, bem como a tradição soviética do materialismo dialético — e combinando-a com a cosmologia contemporânea, leva à sua conclusão nietzschiana lógica a ideia materialista-dialética do desenvolvimento progressivo gradual da realidade desde as formas elementares da matéria, passando por diferentes formas de vida, até ao pensamento (humano). Se a realidade não tem limites (no espaço e no tempo), então não há, em relação à sua totalidade, progresso geral, tudo o que podia acontecer sempre-já aconteceu: apesar de toda a dinâmica nas suas partes, o universo como um Todo é uma substância estável espinosiana. Isto significa que, ao contrário do que se passa em Bloch, todo o desenvolvimento é circular, todo o movimento para cima tem de ser acompanhado por um movimento para baixo, todo o progresso por um regresso: o movimento é «o movimento cíclico das formas inferiores da

---

([22]) Ver Ernst Bloch, *The Principle of Hope*, vols. 1–3, Cambridge (Ma.): MIT Press, 1995.

([23]) Alexei Penzin, «Contingency and Necessity in Evald Ilyenkov's Communist Cosmology», disponível online em www.e-flux.com/journal/88/174178/contingency-and-necessity-in-evald-ilyenkov-s-communist-cosmology/. (Todas as citações de Ilyenkov e de Penzin decorrem desta fonte.) «Cosmology of the Spirit» (trad. Giuliano Vivaldi, *Stasis* 5, n.º 2, 2017), de Ilyenko, foi escrita em inícios dos anos 1950 e publicada pela primeira vez em russo em 1988.

matéria para as superiores ("o cérebro pensante") *e de volta*, para a sua decomposição nas formas inferiores da matéria (biológica, química e física)». Ilyenkov complementa esta visão do universo com mais duas hipóteses. Em primeiro lugar, o movimento no cosmos está limitado para cima e para baixo — ocorre entre o nível mais baixo (matéria caótica) e o nível mais elevado (pensamento), e nada acima do pensamento é imaginável. Em segundo, o pensamento não é apenas uma ocorrência local contingente no desenvolvimento da matéria, mas também ele mesmo uma realidade e uma eficiência, uma parte necessária (um culminar) do desenvolvimento de toda a realidade. Em seguida, temos a especulação cosmológica mais arrojada de Ilyenkov: «O desenvolvimento cíclico do universo passa por uma fase que envolve a destruição total da matéria — por um "fogo" à escala da galáxia.» Esta passagem pelo nível zero que relança o desenvolvimento cósmico não acontece por si mesma, «precisa de uma *intervenção* especial para recanalizar a energia irradiada durante o ciclo do desenvolvimento da matéria num novo "fogo global". A questão de o que é que (ou quem é que) incendeia o universo é crucial.» Segundo Ilyenkov, «é a função cosmológica do pensamento que providencia as condições para "relançar" o universo, que está a desmoronar-se devido à morte térmica. É a inteligência humana que, tendo alcançado a mais alta potência, tem de lançar o *big bang*. É assim que o pensamento prova *na realidade* que é um atributo necessário da matéria.»

Para esclarecermos este momento especulativo essencial, citemos uma passagem do texto de Ilyenkov:

> Em termos concretos, podemos imaginá-lo assim: em algum ponto culminante do seu desenvolvimento, os seres pensantes, cumprindo o seu dever cosmológico e sacrificando-se a si mesmos, produzem uma catástrofe cósmica consciente — provocando um processo, uma «morte térmica» invertida da matéria cósmica; ou seja, provocando um processo que conduz ao renascimento dos mundos moribundos por meio de uma nuvem cósmica de gás e vapores incandescentes. Em termos simples, o pensamento revela-se um elo mediador necessário, graças ao qual o «rejuvenescimento» ardente da matéria universal se torna possível; ele prova ser a «causa eficiente» direta que conduz à ativação instantânea das reservas infinitas do movimento interligado.

Depois, temos a especulação ético-política mais bizarra de Ilyenkov: a necessidade (não só social, mas também) cosmológica e o papel do comunismo — para ele, tal autossacrifício radical só pode ser realizado por uma sociedade comunista altamente desenvolvida:

> Milhões de anos passarão, milhares de gerações nascerão e morrerão, um sistema humano genuíno será estabelecido na Terra, com as condições para a atividade — uma *sociedade sem classes*, onde a cultura espiritual e material florescerá em abundância, com cujo auxílio e em cuja base apenas poderá a humanidade realizar o seu grande dever sacrificial perante a natureza… Para nós, para as pessoas que vivem na aurora da prosperidade humana, a luta por este futuro será a única verdadeira forma de serviço aos interesses superiores do espírito pensante.

Assim, a derradeira justificação do comunismo é que, ao criar uma sociedade solidária e livre dos instintos egotistas, teremos força ética suficiente para realizar o sacrifício mais elevado, não só da autodestruição da humanidade, mas também da destruição simultânea de todo o cosmos: «*Se* a humanidade não realizar o comunismo, a inteligência humana coletiva não atingirá o seu limiar de poder mais elevado, pois será minada pelo sistema capitalista, que está muito longe de motivações sublimes como a do autossacrifício.»

Ilyenkov estava bem ciente da natureza especulativa desta cosmologia (referia-se-lhe como a sua «fantasmagoria» ou «sonho») e, por isso, não admira que, mais tarde, tenha sido interpretado de uma forma historicista rude ou até pessoal: como uma extrapolação cósmica da desintegração da União Soviética ou até como um prenúncio do suicídio de Ilyenkov em 1979. Num nível teórico mais imanente, surge logo aqui a suspeita de que a cosmologia de Ilyenkov «exprime conteúdos arcaicos e pré-modernos, envoltos na linguagem da filosofia clássica, da ciência e do materialismo dialético. O indicador deste conteúdo místico é, em especial, o tema do autossacrifício heroico e do "fogo global".» Neste sentido, Boris Groys interpreta a cosmologia de Ilyenkov como um regresso ao paganismo, vendo nela «uma reanimação da religião asteca de Quetzalcoatl, que se incendeia a si próprio para inverter o processo entrópico». Embora isto seja de certa forma verdade, não devemos esquecer que, estando na modernidade, ou seja, depois da revolução de Descartes e de Kant, não é possível um regresso direto à cosmologia pagã: tal regresso tem de ser interpretado como um sintoma da incapacidade do pensamento para enfrentar a negatividade radical em ação no núcleo da subjetividade moderna.([24]) O mesmo vale já para a primeira apresentação sistemática da ideia de destruição total na longa dissertação filosófica administrada a Julieta pelo papa Pio VI, parte do livro V de *Julieta* de Sade.

> não há nada de errado na violação, na tortura, no homicídio, etc., pois tudo isto está em conformidade com a violência que é natural no universo. Agir de acordo com a natureza significa participar ativamente na orgia de destruição. O problema é que a capacidade humana para o crime é muito limitada e as suas atrocidades, por muito debochadas que sejam, não ultrajam nada. Isto é um pensamento deprimente para o libertino. O ser humano, tal como toda a vida orgânica e até a matéria inorgânica, está preso num círculo infinito de morte e renascimento, geração e corrupção; por isso, «não há verdadeira morte», apenas uma transformação e reciclagem permanentes da matéria de acordo com as leis imanentes dos «três reinos», animal, vegetal e mineral. A destruição pode acelerar este processo, mas não pode travá-lo. O verdadeiro crime já não seria um que fosse cometido no seio dos três reinos, mas aquele que os aniquilasse todos, que acabasse com o ciclo eterno de geração e corrupção e, assim, devolvesse à Natureza o seu privilégio absoluto de criação contingente, de um novo lançamento dos dados.([25])

Assim, num nível estritamente teórico, o que há de errado neste sonho da «segunda morte» como negação pura radical que quebra o próprio ciclo da vida? Numa demonstração soberba do seu génio, Lacan dá uma resposta simples: «Sendo psicanalista, percebo que a segunda morte é anterior à primeira, e não posterior, como sonha Sade.»([26]) (A única parte problemática desta afirmação é a qualificação «sendo um psicanalista» — um filósofo

([24]) No que se segue, sigo a linha de ideias do último capítulo do meu *Disparities*, Londres: Bloomsbury, 2016.

([25]) Aaron Schuster, «The Third Kind of Complaint» (manuscrito inédito).

([26]) Jacques Lacan, *Écrits*, Nova Iorque: Norton, 2006, p. 667.

hegeliano também pode perceber isto de forma muito clara.) Em que sentido exato devemos entender esta prioridade da segunda morte — a aniquilação radical de todo o ciclo de vida de geração e corrupção — sobre a primeira morte, que é um momento desse ciclo? Schuster aponta o caminho: «Sade acreditava que havia uma segunda natureza bem estabelecida que agia de acordo com leis imanentes. Contra este domínio ontologicamente consistente, só podia sonhar com um Crime absoluto que abolisse os três reinos e alcançasse a desordem pura da natureza primária.» Em suma, aquilo que Sade não vê é que não existe um grande Outro, nenhuma Natureza como domínio ontologicamente consistente — a natureza já é em si mesma inconsistente, desequilibrada, destabilizada por antagonismos. A negação total imaginada por Sade, portanto, não chega no fim, como uma ameaça ou uma perspetiva de destruição radical; vem no princípio, sempre-já aconteceu, é o nível zero, o ponto de partida, do qual emerge a realidade frágil//inconsistente. Por outras palavras, aquilo que falta na conceção da Natureza como um corpo regido por leis fixas é o *próprio sujeito*: em termos hegelianos, a Natureza de Sade continua a ser uma Substância, e Sade vê a realidade apenas como Substância e não também como Sujeito, em que «sujeito» não significa um nível ontológico diferente de Substância, mas o antagonismo-incompletude-inconsistência imanente da própria Substância. E, na medida em que o nome freudiano para esta negatividade radical é a pulsão de morte, Schuster tem razão em observar que, paradoxalmente, aquilo que falta na celebração por Sade do Crime derradeiro da destruição radical de toda a vida é, precisamente, a pulsão de morte:

> apesar de toda a sua devassidão e do seu caos, a vontade-de-extinção sadeana baseia-se numa negação fetichista da pulsão de morte. O sádico torna-se servo da extinção universal precisamente para evitar o impasse da subjetividade, a «extinção virtual» que divide a vida do sujeito a partir de dentro. O libertino sadeano expulsa esta negatividade para fora de si mesmo para poder dedicar-se servilmente a ela; a visão apocalíptica de um Crime absoluto funciona, pois, como uma tela contra uma divisão interna mais intratável. Aquilo que a imaginação enfeitada do sádico disfarça é o facto de o Outro estar excluído, de ser inconsistente, em falta, de não poder ser servido, pois não apresenta lei a obedecer, nem sequer

> a lei selvagem da sua autodestruição acelerada. Não há natureza a ser seguida, rivalizada ou superada, e é este vazio ou esta falta, a não-existência do Outro, que é incomparavelmente mais violento do que o fantasma mais destrutivo da pulsão de morte. Ou, como diz Lacan, Sade tem razão se invertermos o seu pensamento malévolo: a subjetividade é a catástrofe com que ele fantasia, a morte para lá da morte, a «segunda morte». Enquanto o sádico sonha em provocar violentamente um cataclismo que faça tábua rasa, aquilo que não quer saber é que esta calamidade sem precedentes já ocorreu. Qualquer sujeito é o fim do mundo, ou melhor, este fim impossivelmente explosivo que é também um «novo começo», a sorte irrevogável do lançamento dos dados.([27])

Kant já havia caracterizado a ação autónoma livre como uma que não pode ser explicada em termos de causalidade natural, da estrutura das causas e dos efeitos: uma ação livre ocorre como a sua própria causa, abre uma nova cadeia causal a partir do seu ponto zero. Assim, na medida em que a «segunda morte» é a interrupção do ciclo de vida natural de geração e corrupção, não é necessária uma aniquilação radical de toda a ordem natural — uma ação livre e autónoma já suspende a causalidade natural, e o sujeito como $ já é este corte no circuito natural, a autossabotagem dos fins naturais. O nome místico deste fim do mundo é «noite do mundo», e o nome filosófico é a negatividade radical como o núcleo da subjetividade. E, para citar Mallarmé, um lançamento de dados nunca abolirá o acaso, ou seja, o abismo da negatividade permanece eternamente o pano de fundo não-superável da criatividade subjetiva. Podemos até arriscar aqui uma versão irónica do famoso dito de Gandhi «sê tu mesmo a mudança que queres ver no mundo»: o sujeito é ele mesmo a catástrofe que receia e tenta evitar.

Regressando a Ilyenkov, podemos dizer exatamente o mesmo em relação à sua ideia de autodestruição radical da realidade: embora seja claramente uma fantasmagoria, não deve ser considerada de ânimo leve porque é um sintoma do defeito fatal de todo o projeto do marxismo ocidental. Limitada pelo papel transcendental da prática social como o derradeiro horizonte da nossa experiência, não pode explicar adequadamente a negatividade radical como uma fenda no Real que possibilita o aparecimento

---

([27]) Schuster, *op. cit.*

da subjetividade; esta dimensão negligenciada, excluída pelo pensamento transcendental, regressa depois ao real como a fantasmagoria de uma destruição total do mundo. Como no caso de Sade, o erro de Ilyenkov reside no seu ponto de partida: de uma forma ingénua-realista, pressupõe a realidade como um Todo regido pela necessidade do progresso e pelo seu inverso. Neste espaço pré-moderno de um cosmos completo e autorregulado, a negatividade radical só pode aparecer como uma autodestruição total. A saída deste impasse é abandonar o ponto de partida e admitir que não há realidade como um Todo autorregulado, que a realidade é em si mesma fendida, incompleta, não-toda, atravessada pelo antagonismo radical.

No polo oposto de Bloch e Ilyenkov, temos o marxismo estrutural de Louis Althusser, onde ele basicamente aplica ao marxismo o transcendentalismo de Lévi-Strauss sem o sujeito (kantiano). Esta lista, obviamente, está longe de ser completa, mas devemos observar que, entre os grandes marxistas ocidentais, foi Adorno quem, na sua atenção à dialética do Iluminismo, abordou e explicou aquilo a que chamámos o «pessimismo» de Lukács: as raízes dos horrores da história do século XX residem no âmago do projeto iluminista. O que nos interessa aqui é que Adorno estava disposto a retirar as consequências filosóficas desta ideia: com a sua conceção do «primado [*Vorrang*] do objeto», encarou o problema de como sair da abordagem transcendental sem regressar ao realismo ingénuo. Embora haja uma semelhança entre o «primado do objeto» de Adorno e o Real de Lacan, esta semelhança torna ainda mais visível a diferença que os separa. O intuito básico de Adorno é conciliar o «primado do objeto» materialista com o legado idealista da mediação subjetiva de toda a realidade objetiva: tudo o que experienciamos como dado de forma direta e imediata já está mediado, constituído por uma rede de diferenças; qualquer teoria que afirme o nosso acesso à realidade imediata, seja a *Wesensschau* fenomenológica ou a perceção empirista dos dados elementares dos sentidos, é falsa. Por outro lado, Adorno também rejeita a noção idealista de que todo o conteúdo objetivo é constituído/ /produzido pelo sujeito; esta posição também fetichiza a própria subjetividade num dado imediatismo. É por isso que Adorno se opõe ao *a priori* kantiano das categorias transcendentais que medeiam o nosso acesso *à* realidade (e constituem assim aquilo que experienciamos *como* realidade): para Adorno, o *a priori* transcendental kantiano não absolutiza simplesmente a mediação subjetiva, mas também oblitera a *sua própria* mediação histórica. A tábua das categorias transcendentais kantianas não é um «puro» *a priori* pré-histórico, mas uma rede conceptual historicamente «mediada», ou seja, uma rede integrada e engendrada por uma constelação histórica determinada. Assim, como pensar, *em conjunto*, a mediação radical de toda a objetividade e o «primado do objeto» materialista? A solução é que este «primado» é o próprio resultado da mediação levado ao seu fim, o núcleo de resistência que não podemos experienciar de forma direta, mas apenas como o ponto ausente de referência por causa do qual qualquer mediação acaba por falhar.

Uma crítica comum à «dialética negativa» de Adorno é apontar para a sua inconsistência inerente. A resposta de Adorno é bastante apropriada: afirmada como uma doutrina definitiva, a «dialética negativa» *é*, como resultado, efetivamente «inconsistente»; a maneira certa de a entender é concebê-la como a descrição de um *processo* de pensamento (nos termos de Lacan, incluir a posição da enunciação nela envolvida). A «dialética negativa» designa uma posição que inclui o seu próprio fracasso, ou seja, que produz o efeito de verdade por meio do seu próprio fracasso. Dito de forma sucinta: tentamos apreender ou conceber o objeto de pensamento; falhamos, passamos ao lado dele, e, graças a estes fracassos, o lugar do objeto visado é cercado, os seus contornos tornam-se discerníveis. Assim, aquilo que somos tentados a fazer aqui é introduzir a ideia lacaniana de sujeito «barrado» ($) e o objeto como real/ /impossível: a distinção adorniana entre objetividade «positiva» imediatamente acessível e a objetividade visada como «primado do objeto» é, precisamente, a distinção lacaniana entre a realidade (simbolicamente mediada) e o Real impossível. Além disso, será que a ideia adorniana de que o sujeito só conserva a sua subjetividade na medida em que é sujeito «incompleto», na medida em que algum núcleo de objetividade resiste à sua apreensão, não aponta para o sujeito como constitutivamente «barrado»? Por isso, quando confrontado pelos seus alunos com protestos de que o pensamento crítico tem de adotar o ponto de vista dos oprimidos, Adorno respondeu que a dialética negativa se dedicava precisamente à «dissolução do pensamento fundado em pontos de vista» ([28]).

([28]) Citado de https://en.wikipedia.org/wiki/Theodor_W._Adorno.

Na sua crítica a Hegel, Adorno junta-se surpreendentemente (ou talvez não tanto) ao seu opositor Karl Popper, para quem, na sua defesa da «sociedade aberta», há uma via direta do conceito filosófico de totalidade para o totalitarismo político. O seu projeto de dialética negativa rejeita aquilo que interpreta (erradamente) como dialética positiva de Hegel: em Hegel, todos os antagonismos que explodem num processo dialético são resolvidos numa reconciliação final que estabelece uma nova ordem positiva. Hegel não percebe que a sua reconciliação é desonesta, falsa, uma «reconciliação forçada» (*erpreßte Versöhnung* — o título do ensaio de Adorno sobre Lukács), que ofusca a persistência constante dos antagonismos na realidade social. Gérard Lebrun deu uma resposta perfeita a esta crítica: «O que é admirável neste retrato do dialético tornado desonesto pela sua cegueira é a suposição de que podia ter sido honesto.» ([29]) Por outras palavras, em vez de rejeitar a falsa reconciliação hegeliana, devíamos rejeitar como ilusória a própria ideia de reconciliação dialética, ou seja, devíamos renunciar à exigência de uma «verdadeira» reconciliação. Hegel estava bem ciente de que a reconciliação não alivia o sofrimento e os antagonismos reais: a sua fórmula de reconciliação no prefácio da sua *Filosofia do Direito* é que devemos «reconhecer a Rosa na Cruz do presente», ou, nas palavras de Marx, na reconciliação, não se muda a realidade externa para se ajustar a uma Ideia, reconhece-se esta Ideia como a «verdade» interior desta própria realidade miserável. A crítica marxista de que, em vez de transformar a realidade, Hegel propõe apenas a sua nova interpretação, passa assim ao lado da questão — bate numa porta aberta, pois, para Hegel, a fim de passarmos da alienação para a reconciliação, temos de mudar não a realidade, mas a forma como a percebemos e nos relacionamos com ela. E a crítica ao sistema de Hegel como um regresso à identidade fechada que ofusca os antagonismos persistentes também bate numa porta aberta: a reconciliação hegeliana é a reconciliação *com* os antagonismos.

Há duas saídas do impasse em que termina a «dialética negativa» de Adorno: a de Habermas e a de Lacan. Habermas, que percebeu bem a inconsistência de Adorno, a sua crítica autodestrutiva da Razão que não pode explicar-se a si mesma, propôs

---

([29]) Gérard Lebrun, *L'Envers de la dialectique: Hegel à la lumière de Nietzsche*, Paris: Éditions du Seuil, 2004, p. 115.

como solução o *a priori* pragmático da normatividade comunicativa, uma espécie de ideal regulador kantiano pressuposto em qualquer relação intersubjetiva.([30]) Com Habermas, o círculo do marxismo hegeliano fecha-se, e a diferença kantiana regressa em força, como a diferença entre razão comunicativa e razão instrumental. Regressamos assim com segurança a águas transcendentais: a sua ética discursiva é um *a priori* transcendental que não pode ser explicado em termos da sua génese objetiva porque é sempre-já pressuposta por qualquer tentativa de fazer tal génese. Diretamente questionado por um jornalista sobre se acreditava em deus, Habermas respondeu que era agnóstico, o que significa que, de um modo kantiano, considera a derradeira natureza da realidade inacessível: para nós, humanos, o ponto insuperável é o *a priori* comunicacional.

Habermas deve ser lido tendo em conta o facto de o progresso das ciências atuais abalar os pressupostos básicos da nossa conceção quotidiana e mundana da realidade. O sistema, basicamente, quer ter os dois pássaros na mão: precisa da ciência como base da produtividade económica, mas, ao mesmo tempo, quer conservar as bases ético-políticas da sociedade livres da ciência. A última «crise» ética a propósito da biogenética criou, de facto, a necessidade de aquilo a que se pode chamar uma «filosofia de Estado»: uma filosofia que, por um lado, admita a investigação científica e o processo técnico e, por outro, limite todo o seu impacto sociossimbólico, ou seja, o impeça de representar uma ameaça para a constelação teológico-ética existente. Não admira que os que estiveram mais perto de cumprir estas exigências fossem neokantianos: o próprio Kant estava concentrado no problema de como, levando em conta a ciência newtoniana, garantir que há um espaço de responsabilidade ética livre do alcance da ciência — como ele próprio disse, limitava o alcance do conhecimento para criar o espaço para a fé e a moralidade. E os filósofos de Estado atuais não enfrentam a mesma tarefa? O esforço deles não se concentra, através de versões diferentes da reflexão transcendental, em limitar a ciência ao seu horizonte preordenado de sentido e, assim denunciar como «ilegítimas» as suas consequências para a esfera ético-religiosa?

([30]) Ver Jürgen Habermas, «The Entwinement of Myth and Enlightenment: Re-Reading *Dialectic of Enlightenment*», *New German Critique*, n.º 26 (primavera–verão, 1982), pp. 13–30.

A questão que se deve salientar aqui é como as orientações para a ontologia com que temos lidado estão ligadas a posições políticas básicas: o neokantismo serve de base ao reformismo social-democrata; o hegelianismo inicial de Lukács serve de base ao seu compromisso leninista radical (contra as posições filosóficas do próprio Lenine); a ontologia do materialismo dialético serve de base à política estalinista; a ontologia tardia de Lukács do ser social serve de base às esperanças (utópicas) de uma reforma humanista dos regimes socialistas realmente existentes; a dialética negativa ecoa a derrota política, a ausência de qualquer perspetiva emancipatória radical, nos países ocidentais desenvolvidos... Quando falamos de maneiras de superar o círculo transcendental, (também) falamos de orientações políticas básicas. Então, qual é a solução? Um regresso a Hegel, mas a um Hegel lido de maneira diferente, não no sentido da mediação subjetiva total da objetividade ao estilo do jovem Lukács.

Quando Hegel diz que o sujeito deve reconhecer-se a si próprio na sua Alteridade, esta tese é ambígua: pode ser (e normalmente é) lida como a apropriação subjetiva total de todo o conteúdo objetivo, mas também pode ser lida como a afirmação de que o sujeito deve reconhecer-se a si mesmo como um momento da sua Alteridade, naquilo que lhe aparece como objetividade alienada. Mas, mais uma vez, será que isto significa um regresso ao realismo objetivo ingénuo em que o sujeito é apenas um momento numa ordem objetiva substancial? Como já dissemos, há uma terceira via (e propriamente hegeliana) que vai além desta alternativa de fichteanismo e espinosismo: sim, o sujeito reconhece-se a si mesmo como incluído na sua Alteridade, mas não no sentido de uma pequena engrenagem (ou a cúpula) de alguma ordem cósmica substancial. O sujeito reconhece a sua própria falha (falta, fracasso, limitação) como baseada na falha (falta, fracasso, limitação — ou desequilíbrio) que pertence à própria ordem cósmica. O facto de o sujeito não poder objetivar-se totalmente a si próprio não significa que esteja algures fora da ordem objetiva (da natureza); significa que esta ordem é em si mesma incompleta, atravessada por uma impossibilidade. Longe de assinalar a reconciliação com a derrota, esta posição abre novas perspetivas de ação radical baseada no redobramento da falta.

A margem de incerteza radical

Assim, do ponto de vista radicalmente materialista, devemos pensar destemidamente as consequências de *rejeitar* a «realidade objetiva»: a realidade dissolve-se em fragmentos «subjetivos», *mas estes fragmentos regressam ao Ser anónimo, perdendo a sua consistência subjetiva.* Fredric Jameson chamou a atenção para o paradoxo da rejeição pós-moderna do Ego consistente — o resultado é que perdemos o seu oposto, a própria realidade objetiva, que é transformada num conjunto de construções subjetivas contingentes. Um verdadeiro materialista deve fazer o contrário: recusar aceitar a «realidade objetiva» para minar a subjetividade consistente.

Numa das velhas histórias de ficção científica, os cientistas descobrem que as três estrelas que, na Bíblia, aparecem no céu como um bom sinal eram, na verdade, um efeito de uma catástrofe cósmica aterradora que eliminou uma civilização extraterrestre avançada. A lição desta história não é uma hermenêutica profunda sobre como a verdade oculta daquilo que nos parece um sinal de triunfo é um terror inimaginável, mas apenas a incomensurabilidade radical dos acontecimentos e dos seus sentidos. Imaginemos uma espécie de julgamento de Nuremberga animal onde nós, humanos, somos julgados por todo o sofrimento que provocamos aos animais para termos comida barata — como os porcos e as galinhas são criados, já para não falar do uso de animais em laboratórios para experiências e fins médicos. Embora saibamos vagamente o que acontece, costumamos ignorar (ou melhor, neutralizar) esse conhecimento. A impossibilidade, o fracasso necessário da tentativa de formular um Sentido que cobrisse tudo isso é a definição mínima de ateísmo. Por isso, até a desconstrução de Derrida, com o seu conceito de Justiça espectral infinita (e infinitamente adiada), continua a ser uma forma de idealismo religioso: continua a contar com o horizonte de Justiça virtual indefinidamente adiada quando todas as contas forem saldadas. Este conceito de Justiça é a versão mais refinada do grande Outro, a agência em que o sentido ético de todos os nossos atos é registado. Mesmo que este horizonte seja visto como puramente virtual, mantém-se operante no nosso universo simbólico, e o materialismo exige que renunciemos totalmente a ele.

No seu *Human Touch*, Michael Frayn apontava para a relatividade radical da nossa conceção do universo: quando falamos das microdimensões da física quântica, tão pequenas que nem conseguimos imaginar a sua extensão, ou da vastidão do universo, que ignora as nossas vidas, tão grande que nós, humanos, somos uma sua partícula impercetível, pressupomos sempre o nosso olhar, as nossas medidas «normais» de grandeza: as ondas quânticas são pequenas e o universo é grande em relação aos nossos padrões. E não devemos recear seguir esta lógica até à sua conclusão: e se a ciência demonstrar que, de alguma forma, as árvores e outras plantas comunicam e reagem em pânico quando são ameaçadas? E se os animais, nas quintas industriais, viverem uma vida de sofrimento insustentável ignorado por nós, humanos? Pior, e se a nossa cegueira a este sofrimento imenso for o anverso necessário do nosso progresso? E se a humanidade, com todos os seus grandes feitos culturais, tiver nascido desta cegueira? E se, para vermos tudo o que vemos, tivéssemos de ignorar o domínio imenso desses murmúrios silenciosos?

A lição é que *qualquer* noção de «realidade objetiva» está presa a um ponto subjetivo, e não é possível localizar a nossa realidade numa constelação geral — e se a nossa Terra for apenas um átomo minúsculo noutra realidade, e se houver vida inteligente naquilo que vemos como um átomo? Contudo, se acreditarmos na teoria quântica do tempo e do espaço, a divisibilidade da matéria, do tempo e do espaço não é infinita, há um mínimo quântico de tempo e espaço; isto não nos dá uma medida objetiva da dimensão das coisas?

Assim, como são as coisas em si mesmas? Aqui, só podemos aplicar o senso comum ingénuo; não podemos ter a certeza. Podem ocorrer acontecimentos novos e inesperados que mudam tudo, desde diferentes versões de catástrofes ecológicas até contactos com extraterrestres, que fariam de nós uma raça subordinada; descobertas científicas novas e imprevisíveis também podem abalar as coordenadas básicas da compreensão que temos de nós próprios. Há sempre um presságio sombrio de que quanto mais aprendemos sobre o universo, mais sabemos a quantidade de coisas que não conhecemos. E se o nosso universo gerado no Big Bang for apenas um entre muitos outros regidos por leis físicas diferentes (por exemplo, sem espaço e tempo tal como os conhecemos)?

Lorenzo Chiesa([31]) chamou a atenção para um aspeto raramente observado do pensamento de Lacan: o seu materialismo

([31]) Ver Lorenzo Chiesa, *The Not-Two*, Cambridge (Ma.): MIT Press, 2016.

básico é acompanhado por afirmações ocasionais (mas, ainda assim, sistemáticas) de agnosticismo em relação a questões «superiores». Deus não existe, é a derradeira ficção simbólica do grande Outro, não há alma imortal que sobreviva à nossa morte, etc., mas, quem sabe, talvez exista um deus que manda em tudo, talvez descubramos que sobrevivemos à morte... De forma astuta, Lacan acrescenta que, mesmo neste caso, a sua teoria (materialista) não será menos verdadeira: deus pode existir, mas a forma como «Deus» funciona no nosso universo é a de uma ficção simbólica; a nossa alma pode ser imortal, mas o nosso universo é o da finitude/mortalidade radical no qual a «alma eterna» é uma fantasia. O que vemos aqui é a versão definitiva da afirmação paradoxal de Lacan de que, mesmo que todas as suspeitas de um marido ciumento sejam verdadeiras e a sua mulher durma realmente com outro homem, o seu ciúme continua a ser patológico — exatamente da mesma maneira, mesmo que deus exista realmente, a nossa crença nele continua a ser uma ilusão (no mesmo sentido, se deus aparecesse a um crente e confirmasse assim a sua crença, isto seria um choque devastador para o crente). Devemos observar como Lacan inverte elegantemente a ideia comum ateísta de que a religião, embora seja uma ilusão, contém uma verdade mais profunda e pode desempenhar um papel positivo: para Lacan, a religião é uma falsidade, mesmo que seja verdadeira quanto aos seus conteúdos (deus existe, etc.).

Como explicar este paradoxo? Temos de ser aqui muito rigorosos: a margem de incerteza radical defendida por Lacan («quem sabe se existe um deus») não se refere a alguma profundidade oculta ou a algum mistério para o qual aponte o nosso espaço ideológico; deixa apenas o espaço aberto para a possibilidade de a realidade se revelar inesperadamente diferente, totalmente fora de sintonia com a nossa realidade — e, neste caso, juntamente com a nossa realidade comum que se desintegraria, o seu tradicional Outro misterioso (as religiões tal como as conhecemos) também se desintegraria. Estas formas tradicionais do Outro religioso são elementos fundamentais da nossa realidade partilhada, e a análise materialista demonstrou convincentemente como emergiram nesta, e a partir desta, realidade. Imaginemos que, de repente, somos visitados por extraterrestres cujas faculdades pertencem ao domínio daquilo que hoje vemos como «sobrenatural» ou «divino» — os efeitos de tal encontro seriam muito mais devastadores para as pessoas religiosas de hoje do que para um materialista, que o veria apenas como prova das limitações cognitivas da humanidade enquanto espécie insignificante de um planeta minúsculo no nosso vasto universo.

Devemos aderir à segunda opção (a versão «fraca»), rejeitando a tentação de propor alguma versão de uma visão «ingénua» da natureza-em-si — mas com uma diferença. A questão não é algum tipo de relativismo global, ou seja, não estamos condenados ao círculo da nossa subjetividade. A questão essencial é a seguinte: onde procurar um contacto com o «real», o ponto onde saímos da subjetividade? É neste nível que devemos inverter a questão: o real não é acessível como «realidade objetiva» cujos contornos possam ser articulados depois de apagarmos os traços da nossa subjetividade, pois qualquer determinação positiva da natureza em si mesma já está formulada a partir do nosso ponto de vista. O único real que nos é acessível é o excesso da nossa subjetividade: o ponto cego que escapa à nossa apreensão subjetiva não é a natureza em si mesma, mas a forma como nós, a nossa subjetividade, nos enquadramos nela. O ponto cego não é a realidade objetiva sem sujeito, mas o próprio sujeito como objeto. O sujeito nunca se enquadra na realidade, é uma fenda em qualquer edifício ontológico. Assim, mais uma vez, a estrutura é a de um círculo: constroem-se elaborações novas e cada vez mais complexas da realidade «em si mesma», de como as coisas «são aí realmente», independentemente de nós (o universo mecânico de Newton, a relatividade geral, as ondas quânticas), mas há sempre a suspeita de que esta visão está enraizada no nosso ponto de vista como o seu cordão umbilical, e que pode explodir como um balão. O ponto em que tocamos no Real não é o X de que nos aproximamos gradualmente graças aos novos modelos científicos, mas, pelo contrário, a fenda na realidade que tentamos fechar com estas construções. Mais precisamente: a nossa morada na realidade quotidiana ordinária (no nosso mundo-da-vida) nunca está garantida, há sempre uma fenda que ameaça levá-la à desintegração, e as explicações científicas (ou metafísicas) contraintuitivas que podem ser cada vez menos traduzidas na nossa experiência comum tentam precisamente tapar essa fenda, fornecer uma imagem «completa» de como são as coisas independentemente do nosso ponto de vista subjetivo. Estas explicações complementares também ameaçam revelar-se ficções, de maneira que o único contacto com o real é a própria fenda, o ponto de passagem entre o mundo-da-vida banal e os seus complementos científicos, etc.

A nossa premissa, portanto, é que a dimensão transcendental é não só um efeito da ontologia falhada, ou seja, do facto de que qualquer ordem do ser é constitutivamente obstruída, minada por uma impossibilidade imanente, mas também que esta obstrução está inscrita na sua própria forma: a forma transcendental é em si mesma inconsistente, está presa nos seus próprios antagonismos. Isto foi claramente articulado por Kant, que foi o primeiro a mostrar a dimensão transcendental: esta não só implica uma ontologia falhada (a inacessibilidade ao Em-si), como também gera as suas próprias antinomias («antinomias da razão pura»).

O próximo passo crucial é fazer a viragem de Kant para Hegel: a antinomia não diz respeito apenas à nossa razão e ao seu espaço transcendental; é um aspeto da própria realidade (transcendente), ou seja, acedemos ao Em-si não pela superação das antinomias como sinal da deficiência da nossa razão, mas identificando a nossa deficiência com aquela que está inscrita na própria realidade. Esta deficiência partilhada é o nível zero no qual se sobrepõem a realidade e a dimensão transcendental.

O terceiro passo é onde entra a psicanálise freudiana e lacaniana: a hipótese implícita de Freud (explicada por Lacan) é que, nos seres humanos, o nome desta «deficiência» é a sexualidade. A sexualidade não é a base natural da vida civilizada, mas o próprio gesto elementar de «civilizar» a vida de um animal humano. Esta é a nossa premissa freudiana central: não é o trabalho nem a linguagem, mas sim o sexo que é o nosso ponto (humano) de rutura com a natureza, o espaço onde nos confrontamos com a incompletude ontológica e ficamos presos no círculo infinitamente autorreprodutivo no qual o objetivo do desejo não é o seu fim, mas a reprodução da sua falta.

O quarto (e último) passo é a extrapolação desta função da sexualidade para toda a realidade — claro que não com uma espécie de ontologia sexualizada, mas indagando como é que a realidade tem de ser estruturada para permitir tal encadeamento de deficiências. É aqui que entra a referência (talvez inesperada — mas não propriamente) à física quântica: para explicar este espaço retorcido de deficiências encadeadas que faz explodir qualquer edifício ontológico consistente, devemos introduzir uma nova função transontológica, a de «menos que nada», não a de algum caos pré-ontológico primordial, mas de uma agência subtrativa que faz nada do ainda-não-algo, ou seja, que tem de ser acrescentado ao ainda-não-algo para termos nada. Em termos topológicos mais concretos, só esta agência pode explicar o «pescoço» reflexivo da garrafa de Klein pelo qual a realidade se pode relacionar consigo mesma. Esta viragem circular de autorrelação pela qual um movimento fica preso no seu próprio círculo é a definição formal mínima do Absoluto.

Assim, mais uma vez, que tem tudo isto que ver com a sexualidade? No seu aspeto formal, uma certa atividade ou um certo processo é «sexualizado» quando o seu objetivo está fora do domínio do possível e se torna impossível-de-alcançar, de maneira que a satisfação não decorre de alcançar esse objetivo, mas do próprio processo de fracassar repetidamente em alcançá-lo. Por exemplo, a simples sede é transformada em pulsão oral erotizada quando o objetivo de beber ou de chupar já não é saciar a sede, mas a experiência agradável repetida do próprio chupar. É por isso que podemos dizer que o bumerangue é o primeiro instrumento propriamente humano: usado para atingir um animal (por exemplo, um canguru), a verdadeira arte do seu uso reside em apanhá-lo quando falha o objetivo e voa de volta para a pessoa que o lançou — e podemos imaginar o prazer de repetir com sucesso toda a operação de lançar o bumerangue e de apanhá-lo quando regressa. O próprio ato sexual, que implica como seu objetivo a inseminação e a procriação, torna-se um fim em si mesmo com a sexualização humana. E podemos alargar isto à própria definição de humanidade: aquilo que, no fundo, distingue o homem do animal não são características positivas (fala, fabrico de instrumentos, pensamento reflexivo, etc.), mas o surgimento de um novo ponto de impossibilidade designado por Freud e Lacan como *das Ding*, o derradeiro ponto de referência impossível-real do desejo. A tão citada diferença experimental entre humanos e símios ganha aqui todo o seu peso: quando se apresenta a um símio um objeto fora de alcance, abandona-o após várias tentativas falhadas de o apanhar e vira-se para um objeto mais modesto (por exemplo, um parceiro sexual menos atraente), enquanto um humano persiste no seu esforço, permanece fascinado com o objeto impossível. É por isso que o sujeito como tal é histérico: o sujeito histérico é precisamente um sujeito que vê a *jouissance* («gozo») como um absoluto; responde ao absoluto da *jouissance* na forma de desejo insatisfeito. Este sujeito é capaz de se relacionar com um termo que está fora dos limites do jogo; é até o sujeito que só é suportado pela sua relação com o termo «fora-de-jogo». A histeria é, portanto, o modo «humano» elementar de instalar um ponto de impossibilidade como figura de *jouissance* absoluta.

COROLÁRIO 1

Intuição intelectual e *intellectus archetypus*: Reflexividade em Kant e Hegel

No idealismo alemão, o conceito de subjetividade está dividido entre dois extremos: a subjetividade como a unidade imediata da «intuição intelectual» (o fluxo livre de autoconsciência direta na qual a liberdade e a necessidade, a atividade e a passividade, coincidem) e a subjetividade como reflexividade (a capacidade de distanciamento, mediação, separação). A primeira secção deste capítulo descreverá o papel que a intuição intelectual desempenha em toda a tradição idealista alemã, desde Kant, que a rejeita como inacessível aos humanos finitos, passando por Fichte e Schelling, este último afirmando-a como a «ferramenta mais elevada da filosofia», até Hegel, que supera esta tensão ao ver a própria reflexividade como o poder absoluto. A segunda secção analisará com mais pormenor esta diferença crucial entre Kant e Hegel sobre a questão da reflexividade; fará isto concentrando-se no conceito kantiano de *intellectus archetypus* e na crítica de Hegel ao uso deste conceito por Kant.

A intuição intelectual de Kant a Hegel

Comecemos pelo conceito de «intuição intelectual» (*intellektuelle Anschauung*), o fluxo livre de autoconsciência direta na qual a liberdade e a necessidade, a atividade e a passividade, coincidem. A intuição intelectual é impossível no espaço do pensamento de Kant porque a noção kantiana do Eu transcendental assenta num certo fosso (do Real) que está precisamente fechado na experiência da intuição intelectual. Tal como Kant o define na *Crítica da Razão Pura*, o sujeito transcendental é apenas

> a representação *eu*, representação simples e, por si só, totalmente vazia de conteúdo, da qual nem sequer se pode dizer que seja um conceito e que é apenas uma mera consciência que acompanha todos os conceitos. Por este «eu», ou «ele» ou «aquilo» (a coisa) que pensa, nada mais se representa além de um sujeito transcendental dos pensamentos = X, que apenas se conhece pelos pensamentos, que são os seus predicados, e do qual não podemos ter, isoladamente, o menor conceito; movemo-nos aqui, portanto, num círculo perpétuo, visto que sempre necessitamos, previamente, da representação do eu para formular sobre ele qualquer juízo; inconveniente que lhe é inseparável, pois que a consciência, em si mesma, não é tanto uma representação que distingue determinado objeto particular, mas uma forma da representação em geral, na medida em que deva chamar-se conhecimento, pois que só dela posso dizer que penso qualquer coisa por seu intermédio. (1)

Temos de ter muita atenção ao ler estas linhas. Aquilo que Kant diz aqui é que um fosso radical é constitutivo do eu, um fosso que separa o eu (sujeito transcendental) do seu suporte numénico («este eu, ou ele, ou aquilo... que pensa»): «inconveniente que lhe é inseparável», pois o eu só existe como ex-sistindo, à distância da «coisa» que ele é. Ou, em termos de cognição, enquanto podemos conhecer os objetos fenomenicamente na realidade (apesar do facto de o seu em si mesmo nos ser inacessível), o nosso eu é-nos fenomenicamente incognoscível porque (devido à sua autoidentidade, à sua identidade «comigo mesmo») conhecê-lo, mesmo que fenomenicamente, equivaleria a conhecê-lo numenicamente. E é aqui que as coisas se tornam realmente complexas: este fosso que

(1) Immanuel Kant, *Critique of Pure Reason*, Londres: Everyman's Library, 1988, pp. 331–332. [*Crítica da Razão Pura*, trad. Manuela Pinto dos Santos e Alexandre Fradique Morujão, Lisboa: Fundação Calouste Gulbenkian, 1989, p. 330.]

separa constitutivamente o eu do seu suporte numénico também determina o estatuto do eu como prático-ético. Se a intuição intelectual fosse possível, o ato mais interno do eu seria contemplativo: o alcance da verdadeira identidade do sujeito e do objeto, do pensar e do ser.

Kant opõe-se aqui a Espinosa; a sua tese é que é impossível sustentar a posição de Espinosa do conhecimento sem a dimensão «deontológica» de um Dever incondicional: há uma fenda irredutível no edifício do Ser, e é por esta fenda que a dimensão deontológica do Dever intervém — o Deve-ser completa a incompletude do É, do Ser. Quando Kant diz que reduziu o domínio do conhecimento para dar espaço à fé religiosa, deve ser tomado de forma literal, num modo radicalmente antiespinosista: na perspetiva kantiana, a posição de Espinosa parece uma visão de pesadelo dos sujeitos reduzidos a marionetas. O que representa, exatamente, uma marioneta enquanto posição subjetiva? Em Kant, encontramos o termo «marioneta» num subcapítulo misterioso da sua *Crítica da Razão Prática*, chamado «Da proporção sabiamente ajustada entre a destinação prática do homem e a sua faculdade de conhecer», no qual tenta responder à questão sobre o que nos aconteceria se tivéssemos acesso ao domínio numénico, à *Ding an sich*:

> Mas, em vez da luta que agora a disposição moral tem de travar com as inclinações, [luta] em que, após algumas derrotas, a alma adquire no entanto gradualmente força moral, *Deus* e a *eternidade*, com a sua *tremenda majestade*, estariam incessantemente *diante dos nossos olhos* [...] assim, a maior parte das ações conformes à lei deveriam ter lugar por temor, apenas umas poucas pela esperança e nenhuma por dever, e não existiria um valor moral das ações, de que, no entanto, depende exclusivamente o valor da pessoa e mesmo o do mundo, aos olhos da suprema sabedoria. A conduta dos homens, enquanto a sua natureza permanecer como agora é, transformar-se-ia então num simples mecanismo onde, como num jogo de marionetas, tudo *gesticularia* bem, mas nenhuma vida, porém, se encontraria nas figuras.(2)

---

(2) Immanuel Kant, *Critique of Practical Reason*, Londres: Macmillan, 1956, pp. 152–153. [*Crítica da Razão Prática*, trad. Artur Morão, Lisboa: Edições 70, 2020, pp. 203–204.]

Assim, para Kant, o acesso direto ao domínio numénico privar-nos-ia da «espontaneidade» que constitui o núcleo da liberdade transcendental: transformar-nos-ia em autómatos sem vida, ou, em termos atuais, «máquinas pensantes». A implicação desta passagem é muito mais radical e paradoxal do que parece. Se ignorarmos a sua inconsistência (como podem o medo e a gesticulação sem vida coexistir?), a conclusão que impõe é que, tanto ao nível do fenómeno como do númeno, nós, humanos, somos um «mero mecanismo», sem autonomia nem liberdade: como fenómeno, não somos livres, somos uma parte da natureza, um «mero mecanismo» totalmente submetido a relações causais, uma parte do nexo de causas e efeitos; como númeno, também não somos livres e estamos reduzidos a um «mero mecanismo». (O que Kant descreve como uma pessoa que conhece diretamente o domínio numénico não será estritamente homólogo do sujeito utilitarista cujas ações são totalmente determinadas pelo cálculo dos prazeres e dos sofrimentos?) *A nossa liberdade só persiste num espaço* entre *o fenoménico e o numénico.* Assim, Kant não limitava simplesmente a causalidade ao domínio fenoménico para poder afirmar que, ao nível numénico, somos agentes autónomos e livres; a questão de Kant é que só somos livres na medida em que o nosso horizonte é o fenoménico, na medida em que o domínio numénico nos é inacessível. Voltamos a ver aqui a tensão entre as duas noções do Real, o Real da Coisa numénica inacessível e o Real como puro fosso, o interstício entre a repetição do mesmo: o Real kantiano é a Coisa numénica para além do fenoménico, enquanto o Real hegeliano é o próprio fosso entre o fenoménico e o numénico, o fosso que sustenta a liberdade.([3])

Será possível sair deste dilema afirmando que somos livres na medida em que somos autónomos em termos numénicos, mas que a nossa perspetiva cognitiva está limitada ao nível fenoménico? Neste caso, *somos* «realmente livres» ao nível numénico, mas a nossa liberdade seria desprovida de sentido se também tivéssemos acesso cognitivo ao nível numénico, pois esse conhecimento determinaria sempre as nossas escolhas. (Quem escolheria o mal se fosse confrontado com o facto de que o preço de fazer o mal

---

([3]) Para mais pormenores sobre esta distinção entre o Real kantiano e o Real hegeliano, ver o último capítulo do meu *The Sublime Object of Ideology*, Nova Iorque: Verso, 1989, «"Not Only as Substance, but Also as Subject".»

seria o castigo divino?) No entanto, este caso imaginário não nos oferece a única resposta consequente à questão «como seria um ato verdadeiramente livre», um ato livre para uma entidade numénica, um ato de verdadeira liberdade *numénica*? Seria conhecer todas as inexoráveis consequências horríveis de escolher o mal *e, porém, escolhê-lo.* Tratar-se-ia de um ato verdadeiramente «não-patológico», um ato de agir sem ter em conta os nossos interesses patológicos.

O gesto básico da viragem transcendental de Kant consiste, pois, em inverter o obstáculo numa condição positiva. Na ontologia leibniziana, nós, sujeitos finitos, podemos agir livremente *apesar* da nossa finitude, uma vez que a liberdade é a chispa que nos une ao deus infinito. Em Kant, inversamente, esta finitude, a nossa separação do Absoluto, é a condição *positiva* da nossa liberdade. Em suma, a condição de impossibilidade é a condição de possibilidade. Neste sentido, Susan Neiman tem razão em observar que «a preocupação que alimentava os debates sobre a diferença entre aparência e realidade *não* era o medo de o mundo se revelar diferente de como nos aparece — mas antes o medo de que se revelasse igual» ([4]). Este medo é, no fundo, ético: o fecho do fosso entre aparência e realidade privar-nos-ia da nossa liberdade e, portanto, da nossa dignidade ética. Isto significa que o fosso entre a realidade numénica e a aparência é redobrado: temos de distinguir entre a realidade numénica «em si mesma» e a forma como a realidade numénica *aparece* no domínio da aparência (por exemplo, na nossa experiência da liberdade e da Lei moral). Este limiar minúsculo que distingue as duas é o limiar entre o sublime e o horrível: deus é sublime para nós a partir da nossa perspetiva finita, mas, experienciado em si mesmo, deus tonar-se-ia um horror mortificante.([5]) O transcendental kantiano está irredutivelmente

([4]) Susan Neiman, *Evil in Modern Thought: An Alternative History of Philosophy*, Princeton: Princeton University Press, 2002, p. 11.

([5]) A explosão de uma bomba atómica é, por vezes, chamada sublime por causa da violência irrepresentável que causa. Mas será isto ainda o sublime kantiano? Em Kant, o efeito do sublime é causado pela discrepância entre a violência natural e a força da lei moral numénica: nem a natureza mais forte pode representar adequadamente a força numénica. Obviamente, o efeito sublime de uma explosão nuclear não pode residir nisto porque não há domínio numénico evocado de uma forma negativa quando a testemunhamos. O que há, porém, é a ideia de uma força que é irrepresentável no quadro da nossa realidade fenoménica, que não se enquadra nela, que parece causar a desintegração da própria textura da nossa realidade.

enraizado no empírico/temporal/finito — é o transfenoménico *tal como aparece no horizonte finito da temporalidade.* E esta dimensão do transcendental (especificamente oposto ao numénico) é precisamente aquilo que está ausente em Espinosa, o filósofo da imanência infinita.

Por conseguinte, será que não encontramos a distinção entre como as coisas me aparecem e como as coisas *efetivamente* me aparecem no centro da viragem transcendental de Kant? A realidade fenoménica não é apenas o modo como as coisas me aparecem: designa o modo como as coisas «realmente» me aparecem, o modo como constituem a realidade fenoménica, oposta a uma mera aparência subjetiva/ilusória. Quando percebo mal um objeto na minha realidade fenoménica, quando o confundo com um objeto diferente, o que está errado não é eu não saber como as coisas «são realmente em si mesmas», mas como «realmente me aparecem». Não será excessivo insistir na importância deste gesto kantiano. No fundo, a filosofia como tal é kantiana e deve ser lida do ponto de vista da revolução kantiana: não como uma tentativa ingénua de aceder a um «conhecimento absoluto», a uma descrição total de toda a realidade, mas como o trabalho de apresentar o horizonte do pré-entendimento pressuposto em qualquer relação com os entes no mundo. Só com Kant (com a sua ideia do transcendental) é que começa a verdadeira filosofia: o que havia antes era uma simples ontologia global, o conhecimento sobre o Todo, e ainda não a noção do horizonte transcendental-hermenêutico do Mundo. Por conseguinte, a tarefa básica do pensamento pós-kantiano foi «apenas» pensar Kant até ao fim. Esta era, entre outras, a intenção de Heidegger em *Ser e Tempo*: ler a história da ontologia (Descartes, Aristóteles) para trás a partir de Kant — por exemplo, interpretar a física de Aristóteles como a apresentação hermenêutica daquilo que ser, vida, etc. significavam para os Gregos. (Mais tarde, infelizmente, Heidegger renunciou a esta ideia de levar até ao fim a revolução kantiana, rejeitando a viragem transcendental de Kant como mais um passo na direção do esquecimento subjetivista do Ser.) A grande ironia é que Deleuze estava, de certo modo, totalmente consciente deste facto: nas suas palestras de 1978 sobre Kant, afirma que, para Kant, «já não há a essência atrás da aparência, há o sentido ou o não-sentido daquilo que aparece», uma ideia, diz Deleuze, que testemunha «uma atmosfera de pensamento radicalmente nova, ao ponto de eu poder dizer que, neste sentido, somos todos kantianos» ([6]).

Que traz Hegel para esta constelação? Não é nenhum «mediador» entre os dois extremos de Espinosa e Kant. Pelo contrário, a partir de uma perspetiva verdadeiramente hegeliana, o problema com Kant é que este *continua a ser demasiado espinosista*: a positividade sem fendas nem suturas do Ser é apenas transposta para o Em-si inacessível. Por outras palavras, do ponto de vista hegeliano, este fascínio com o horrível Númeno em si mesmo é o derradeiro engodo: o que há a fazer aqui não é reabilitar a velha metafísica leibniziana, mesmo sob o pretexto de forçar heroicamente a nossa entrada no «coração das trevas» numénico e enfrentar o seu horror, mas transpor este fosso absoluto que nos separa do Absoluto numénico para o próprio Absoluto. Assim, quando Kant afirma a limitação do nosso conhecimento, Hegel não lhe responde que podemos superar o fosso kantiano e ter assim acesso ao Conhecimento Absoluto ao estilo de uma metafísica pré-crítica. O que ele diz é que o fosso kantiano já *é* a solução: o próprio Ser é incompleto. É *isto* que significa a expressão de Hegel «devemos conceber o Absoluto não só como Substância, mas também como Sujeito»: «sujeito» é o nome de uma fenda no edifício do Ser. Esta dimensão perde-se em Fichte e em Schelling, que preconizam a intuiçao intelectual como a solução das inconsistências de Kant, de (tal como o veem) um dogmatismo oculto que sustenta a crítica de Kant. Fichte começa com o juízo tético: *Ich=Ich*, pura imanência de Vida, puro Devir, pura autoafirmação, *Tat-Handlung*, a coincidência plena do postulado com a postulação. Só existo pelo meu processo de me afirmar a mim mesmo e sou apenas este processo: *isto* é a intuição intelectual, o fluxo místico inacessível à consciência reflexiva:

> Assim, aquilo a que Fichte chama «intuição intelectual» já não é visto aqui como pertencendo ao sentido interior, mas ao absoluto incondicional que está para além do círculo da autoconsciência [...] Ao contrário da ideia reguladora da Razão de Kant, a Razão aqui é a ideia de Deus como uma identidade imediata, absoluta e incondicional. A consciência imediata do Espírito da sua vontade

---

([6]) Gilles Deleuze, «Sur Kant. Cours Vincennes: Synthesis and Time», 14 de março de 1978, www.webdeleuze.com/textes/66.

absoluta que nunca se pode basear no conceito é aquilo a que Schelling chama, neste ensaio, a «intuição intelectual». É intuição porque ainda não é mediada pelo conceito e é intelectual porque vai além do empírico, já que tem como seu predicado a sua autoafirmação.([7])

Neste sentido, para Fichte e Schelling, o nosso pensamento pode superar a posição da reflexão externa e, na intuição intelectual, alcançar a identidade plena com a própria Coisa. No entanto, aqui, Hegel segue uma via radicalmente diferente. Para ele, superar o pensamento reflexivo não significa deixá-lo para trás para obter uma unidade imediata com o Absoluto, mas elevar a própria reflexão ao Absoluto, ou seja, privá-la do Em-si que supostamente lhe escapa. A respeito da oposição entre *intellectus archetypus* (entendimento divino) e *intellectus ectypus* (entendimento humano), Hegel não afirma apenas que podemos superar a limitação do *ectypus* e passar para o *archetypus* como o intelecto que gera espontaneamente todo o conteúdo particular a partir de si mesmo, a sua forma, sem necessidade de contributos externos; a questão de Hegel é que devemos mudar radicalmente a nossa perspetiva sobre o *ectypus*, concebendo (o que parece ser) a sua limitação como a sua característica positiva — uma mudança estruturalmente paralela à oposição entre Entendimento (*Verstand*) e Razão (*Vernunft*): para Hegel, a Razão não é uma faculdade especial para além do Entendimento; a Razão é o próprio Entendimento sem o seu Além.

O «entendimento» é normalmente compreendido como a forma elementar de analisar, de traçar as linhas das diferenças e identidades fixas, ou seja, de reduzir a riqueza da realidade a um conjunto abstrato de atributos. Nesta perspetiva, a tendência espontânea do Entendimento para a reificação identitária tem de ser então corrigida pela Razão dialética, que reproduz fielmente a complexidade dinâmica da realidade descrevendo a rede fluida de relações na qual se localiza cada identidade. Esta rede gera todas as identidades e, em simultâneo, causa a sua derradeira queda. Esta, porém, *não* é a maneira como Hegel concebe a diferença entre Entendimento e Razão. Leiamos mais uma vez, com atenção, uma passagem bem conhecida do prefácio à *Fenomenologia do Espírito*:

([7]) Saitya Brata Das, «Friedrich Wilhelm Joseph von Schelling», *Internet Encyclopedia of Philosophy*, www.iep.utm.edu/schellin/.

> Decompor uma representação nos seus elementos originais é retroceder aos seus momentos que, pelo menos, não têm a forma da representação achada, mas constituem a propriedade imediata do si mesmo. Esta análise só leva certamente a *pensamentos* que são eles próprios determinações bem conhecidas, firmes e estáticas. Mas um momento essencial é este mesmo *separado*, este inefetivo; de facto, é apenas porque o concreto se separa e se converte no inefetivo que é o que se move. A atividade do separar é a força e o trabalho do *entendimento*, o poder maior e mais maravilhoso, ou antes, o poder absoluto. O círculo que repousa fechado em si e que, como substância, conserva os seus momentos, é a relação imediata e, por isso, não surpreendente. Mas que o acidental como tal, o unido e só efetivo na sua conexão com outro, separado do seu contorno, consiga um ser-aí próprio e uma liberdade isolada, é o tremendo poder do negativo; isso é a energia do pensar, do eu puro.[8]

O Entendimento, precisamente no seu aspeto de análise, de decomposição da unidade de uma coisa ou de um processo, é aqui celebrado como «o mais espantoso e o maior dos poderes, ou melhor, o poder absoluto» — como tal, é, surpreendentemente (para aqueles que aceitam a visão comum da dialética), caracterizado exatamente nos mesmos termos que o Espírito, que, no que respeita à oposição entre Entendimento e Razão, está claramente no lado da Razão: «O Espírito, na sua verdade simples, é consciência e força a separação dos seus momentos.»[9] Tudo gira em torno de como devemos entender esta unidade-e-diferença entre Entendimento e Razão: não é que a Razão acrescente alguma coisa ao poder separador do Entendimento, restabelecendo (num «nível superior») a unidade orgânica daquilo que o Entendimento decompôs, suplementando a análise com a síntese; a Razão é, de certo modo, não mais, mas *menos* que o Entendimento. Usando os bem conhecidos termos de Hegel da oposição entre o que se quer dizer e o que realmente se diz, a Razão é o que o Entendimento, na sua atividade, *realmente faz*, em contraste como o que quer/pretende fazer. A Razão, portanto, não é outro dispositivo que complementa a «unilateralidade» do Entendimento: a ideia de que existe algo (o núcleo do conteúdo substancial da coisa analisada) que escapa

---

[8] G. W. F. Hegel, *Phenomenology of Spirit*, pp. 18–19. [*Prefácios*, pp. 51–52.]

[9] *Ibid.*, p. 266.

ao Entendimento, um Além transracional fora do seu alcance, é a ilusão fundamental do Entendimento. Por outras palavras, tudo o que temos a fazer para passar do Entendimento à Razão é *subtrair* ao Entendimento a sua ilusão constitutiva. O Entendimento não é demasiado abstrato/violento; pelo contrário, como Hegel diz a propósito de Kant, é *demasiado brando em relação às coisas*, receoso de localizar o seu movimento de decomposição das coisas nas próprias coisas. De certo modo, é a epistemologia contra a ontologia: a ilusão do Entendimento é o seu próprio poder analítico ser apenas uma «abstração», algo externo à «verdadeira realidade», que persiste aí intacto e na sua plenitude inacessível. Por outras palavras, é a visão crítica comum do Entendimento e do seu poder de abstração (que é apenas um exercício intelectual impotente que passa ao lado da riqueza da realidade) que contém a ilusão central do Entendimento. Dito ainda de outro modo, o erro do Entendimento é ver a sua própria atividade negativa (de separação, de decomposição) apenas no seu aspeto negativo, ignorando o seu aspeto «positivo» (produtivo). A Razão é o próprio Entendimento no seu aspeto produtivo.([10])

O ato de abstração, de decomposição, também pode ser entendido como o ato de cegueira autoimposta, de recusar «ver tudo». Em *O Ponto de Vista da Cegueira* (*Blindness and Insight*), Paul de Man apresentava uma leitura sofisticada da «desconstrução» de Rousseau feita por Derrida na sua *Gramatologia*.([11]) A sua tese é que, ao apresentar Rousseau como um «logocêntrico» preso na metafísica da presença, Derrida omite em que medida os motivos e as ações de desconstrução da metafísica da presença já operam no texto de Rousseau. Com frequência, a questão «desconstrutiva» que Derrida levanta sobre Rousseau já é articulada pelo próprio Rousseau. Além disso, esta omissão não é acidental, mas uma necessidade estrutural: Derrida só pode ver o que vê (na sua leitura desconstrutiva) através dessa cegueira. E teria sido fácil demonstrar a mesma sobreposição paradoxal de cegueira e visão noutras grandes leituras de Derrida — por exemplo, a sua

---

([10]) Numa homologia estrita a esta lógica hegeliana, é inútil exigir que a psicanálise seja suplementada pela psicossíntese, para restabelecer a unidade orgânica da pessoa destruída pela psicanálise. A psicanálise já *é* esta síntese.

([11]) Ver Paul de Man, *Blindness and Insight: Essays in the Rhetoric of Contemporary Criticism*, Mineápolis: University of Minnesota Press, 1983.

leitura pormenorizada de Hegel em *Glas*. Também aqui, o custo da complexa ação teórica de demonstrar como Hegel não vê que uma condição de impossibilidade é uma condição de possibilidade, como produz algo cujo estatuto tem de repudiar para manter a consistência do seu edifício, é adotar uma simplificação violenta da moldura subjacente ao pensamento de Hegel. A moldura básica de Hegel é reduzida à «metafísica da presença» absoluta-idealista, em que a automediação da Ideia é capaz de reduzir toda a Alteridade, e todas as formulações de Hegel que vão contra esta imagem são lidas como sinais da inconsistência sintomática de Hegel, de este não ser capaz de controlar a sua própria produção teórica, de ser obrigado a dizer algo mais que (e diferente de) aquilo que queria dizer.

Nem Fichte nem Schelling chegam a esta descoberta. Ambos postulam como ponto de partida o «começo absoluto», o princípio de todos os princípios; enquanto Fichte afirma a intuição intelectual como a espontaneidade incondicional do pensamento ou a autoatividade do sujeito, Schelling vê-a como a maneira de superar a oposição entre sujeito e objeto, como a unidade imediata e plena do sujeito e objeto, como a unidade incondicionalmente espontânea e autogeradora do fluxo e da imobilidade, da atividade e da passividade, do intelecto e da intuição, cujo primeiro modelo é a identidade do Atman (Si) e do Brahman (Deus) no Vedanta. Contra Schelling, que eleva a intuição intelectual à «ferramenta mais elevada da filosofia», Hegel rejeita-a como um regresso ao imediatismo e, de certo modo, volta a Kant, que estabelece uma distinção crucial entre a consciência da autoatividade e o pensamento do Eu: a primeira pertence à intuição, enquanto o segundo pertence ao pensamento — ou seja, a autoatividade é-nos dada como «intuição sensível», enquanto o Eu é concebido como o «pensamento intelectual» sem aparecer. Deste modo, a «autoatividade» como fenómeno e o «Eu» separam-se e, por causa desta separação, «a consciência do si está muito longe de ser um conhecimento do si» (12). Para Kant, só um intelecto divino (deus) poderia superar o fosso que separa o intelecto da intuição. É aquilo a que chama *intellectus archetypus* ou «entendimento divino», «que não representa objetos dados, mas cuja representação daria ou produziria, ao mesmo tempo, os próprios objetos» (13). Este «*intuitus originarius*»

(12) Immanuel Kant, *Critique of Pure Reason*, p. 169.

(13) *Ibid.*, pp. 565 e 161.

significa «a intuição que pode por si mesma dar-nos a existência do seu objeto», em contraste com o nosso «*intuitus derivativus*», que vai buscar o seu conteúdo à realidade externa e, por isso, não é espontâneo: «Também podemos designar esta como "intuição criativa", porque não é uma intuição recetiva passiva, mas uma intuição pela qual a existência dos objetos dados é determinada no mesmo processo de intuição.»([14]) A intuição intelectual, portanto, «não é uma faculdade de cognição, mas de criação», «uma faculdade de produção»: «Este entendimento não funcionaria num mundo de aparências, mas diretamente num mundo de coisas-em-si-mesmas. O seu poder de dar universais (conceitos e ideias) não seria separado do seu poder de formar intuições de coisas particulares; conceito e coisa, pensamento e realidade seriam um.»([15]) Aqui, devemos ler Hegel de forma muito rigorosa, pois parece ser celebrado o progresso de Kant para Fichte e Schelling: para ele, Kant postula o conhecimento empírico finito como o único conhecimento real e, depois, tem de tratar o conhecimento superior como meramente subjetivo — em suma, ele próprio cria o obstáculo que depois considera intransponível. Mas como é que Hegel vai depois além de Kant a respeito do *intellectus archetypus*? Não afirmando simplesmente que a unidade do *intellectus archetypus* é atual — a atualidade da Razão na sua produtividade automediadora que não precisa de se basear em nenhum em-si externo — mas rejeitando a própria noção de *intellectus archetypus* como uma projeção ilusória que quer o melhor dos dois mundos, como acontece com a ideia atual da singularidade pós-humana nas neurociências. (A singularidade pode parecer uma realização inesperada, a última forma do *Weltgeist* de Hegel, um espírito do mundo que adquire existência positiva, mas os ideólogos da singularidade ignoram os custos da passagem do humano para o pós-humano: o desaparecimento da consciência de si, que se enraíza na finitude e no fracasso.)

([14]) Liangkang Ni, *Zur Sache des Bewusstseins: Phänomenologie — Buddhismus — Konfuzianismus*, Vurzburgo: Verlag Königshausen & Neumann, 2010, p. 208.

([15]) Douglas Burnham, *An Introduction to Kant's «Critique of Judgement»*, Edimburgo: Edinburgh University Press, 2000, pp. 151–52.

Do *intellectus ectypus* ao *intellectus archetypus*

Este é o núcleo do argumento de Kant que o leva a postular a ideia de *intellectus archetypus*. Começa com a distinção entre «juízos determinantes» (que se referem à realidade objetiva fenoménica) e «juízos reflexivos» (que se referem ao nosso exercício subjetivo de pensar):

> Existe claramente uma grande diferença entre dizer que a produção de certas coisas da natureza ou também da natureza como um todo só é possível através de uma causa que se determina a si própria a agir segundo intenções, e dizer que segundo a constituição específica das minhas faculdades do conhecimento não posso julgar de outro modo a possibilidade daquelas coisas e a respetiva produção, senão na medida em que penso para aquelas uma causa que atua intencionalmente, a qual é produtiva segundo a analogia com a causalidade de um entendimento. No primeiro caso quero descobrir algo sobre o objeto e vejo-me obrigado a provar a realidade objetiva de um conceito admitido. No segundo caso, a razão determina somente o uso das minhas faculdades do conhecimento adequadas à sua especificidade e às condições essenciais do respetivo âmbito, assim como dos seus limites. Por isso, o primeiro princípio é um princípio *objetivo* para a faculdade de juízo determinante, enquanto o segundo é simplesmente um princípio *subjetivo* para a faculdade de juízo reflexiva, por conseguinte uma máxima da mesma que a razão lhe impõe.([16])

O passo seguinte de Kant consiste em apresentar o carácter necessário («inevitável») e, ao mesmo tempo, apenas subjetivo dos juízos reflexivos:

> É para nós inevitável até atribuir à natureza o conceito de uma intuição, se é que pretendemos tão somente investigar os seus produtos organizados mediante uma observação continuada e este conceito é, por isso, já uma simples e necessária máxima para o uso experiencial da nossa razão [...] Mas o que demonstra então

---

([16]) Immanuel Kant, *Critique of Judgement*, Indianápolis: Hackett, 1987, p. 280. [*Crítica da Faculdade do Juízo*, trad. António Marques e Valério Rohden, Lisboa: INCM, 1992, pp. 319–320.]

> finalmente a teleologia mais completa? Que existirá um tal ser inteligente? Não, nada mais que nós, pelo tipo de constituição das nossas faculdades de conhecimento — na ligação da experiência com os princípios superiores da razão —, não somos capazes de fazer qualquer conceito da possibilidade de um tal mundo a não ser que pensemos uma causa suprema, atuando *segundo intenções*. Por isso, não podemos demonstrar de forma objetiva a proposição: existe um ser original inteligente; só o podemos de modo subjetivo, para o uso da nossa faculdade de juízo, na sua reflexão sobre os fins da natureza, os quais não são pensáveis segundo qualquer outro princípio a não ser o de uma causalidade de uma causa suprema.([17])

Surge então o passo intermédio mais problemático: Kant liga o fosso entre a realidade objetiva e o pensamento subjetivo à distinção entre atualidade e possibilidade. Na realidade objetiva, não há possibilidades, apenas atualidades, só o que existe; a possibilidade só existe para a nossa mente finita, que pode imaginar conceitos de coisas inexistentes, coisas que não nos são dadas na intuição sensível. Para um sujeito que tivesse acesso direto à realidade tal como é em si mesma, sendo-lhe dada na intuição, não haveria possibilidades, apenas objetos atuais:

> É absolutamente necessário ao entendimento humano distinguir entre a possibilidade e a atualidade das coisas. A razão desta distinção encontra-se no sujeito e na natureza das suas faculdades de conhecimento. Na verdade, se não existissem para o seu exercício duas partes completamente heterogéneas, o entendimento para conceitos e a intuição sensível para objetos que lhes correspondem, não existiria qualquer distinção daquele tipo (entre o possível e o atual). Nomeadamente, se o nosso entendimento fosse intuitivo, não possuiria qualquer objeto que não fosse o atual. Tanto os conceitos (que dizem respeito simplesmente à possibilidade de um objeto) como as intuições sensíveis (que nos dão algo, sem todavia nos darem a conhecer isso como objeto) desapareceriam em conjunto. Ora, toda a distinção por nós realizada entre o simplesmente possível e o atual repousa no facto de o primeiro significar somente a posição da representação de uma coisa relativamente ao nosso conceito e em geral à faculdade de pensar, enquanto o segundo

([17]) *Ibid*, pp. 280–281. [*Ibid.*, pp. 320–321.]

> significa a colocação da coisa em si mesma [*an sich selbst*] (fora desse conceito). Por isso, a distinção entre coisas possíveis e atuais é tal que é válida simplesmente para o entendimento humano, pois que na verdade sempre conseguimos pensar alguma coisa mesmo que não exista ou representar algo como dado, mesmo que disso não tenhamos qualquer conceito.([18])

Kant está aqui perto do nosso senso comum: a possibilidade não existe na própria realidade, é apenas um efeito da limitação do nosso entendimento, ou seja, um acontecimento parece possível porque não entendemos toda a ligação causal complexa que o determina. Nikolai Bukharin, no seu livro de referência, *Materialismo Histórico*, aplica esta lógica à própria revolução:

> Se conhecermos as leis do desenvolvimento social, as vias pelas quais a sociedade necessariamente viaja, a direção da sua evolução, não nos será difícil definir a sociedade futura. Na ciência social, tivemos muitos exemplos destas previsões, que foram plenamente justificadas pelo desfecho. Com base no nosso conhecimento das leis da evolução social, previmos crises económicas, a desvalorização da moeda, a guerra mundial, a revolução social como resultado da guerra [...] Não podemos prever o *momento* da ocorrência destes fenómenos, pois ainda não possuímos informações suficientes sobre as leis da evolução social para podermos exprimi-las em números rigorosos. Não conhecemos a *velocidade* dos processos sociais, mas já estamos em posição de determinar a sua *direção*.([19])

Temos de fazer aqui uma censura óbvia e ingénua: mas porque não pode a possibilidade ser uma propriedade da própria realidade? A questão que se levanta aqui imediatamente é a seguinte: se a possibilidade é uma propriedade da própria realidade, como devemos pensá-la? Devemos conceber a própria realidade como minimamente «aberta», intrinsecamente contingente, «subdeterminada» (não completamente determinada)? E, a respeito do pensar: pensar não envolve imaginar para além da realidade, jogar com hipóteses e cenários alternativos? Se isto é verdade,

---

([18]) *Ibid.*, pp. 284–285. [*Ibid.*, pp. 324–325.]

([19]) Nikolai Bukharin, *Historical Materialism: A System of Sociology*, Nova Iorque: Routledge, 2011, p. 49.

o pensamento divino limitado à atualidade não seria livre. Vejamos a descrição que Kant faz deste pensamento: «Para um entendimento em que não prevalecesse esta diferença, aconteceria que todos os objetos que conheço *são* (existem); e a possibilidade de alguns que, todavia, não existam, isto é a contingência dos mesmos, no caso de existirem, e por isso também a necessidade distinta daquela contingência, não poderia de modo nenhum fazer parte da representação de um tal ser.» ([20]) Além disso, como o Dever-ser só tem sentido na dimensão da possibilidade (aquilo que é um facto, algo que já existe, não pode ser apresentado como o nosso dever de o fazer», não haveria diferença entre o Ser e o Dever no *intellectus archetypus*:

> torna-se então evidente que decorre somente da constituição subjetiva da nossa faculdade prática que as leis devem ser representadas como mandamentos (e as ações que lhes são adequadas como deveres). A razão exprime esta necessidade não através de um *ser* (acontecer), mas sim de um *dever ser*. Tal não aconteceria se a razão, sem sensibilidade, (como condição subjetiva da sua aplicação a objetos da natureza) segundo a sua causalidade, por conseguinte como causa, fosse considerada, num mundo inteligível, completamente concordante com a lei moral, mundo em que não existisse nenhuma diferença entre dever e fazer, entre uma lei prática daquilo que por nós é possível e uma lei teórica daquilo que por nós é atual. ([21])

O *intellectus archetypus* entra agora finalmente em palco como um intelecto claramente em contraste com a nossa mente finita. Devemos observar aqui a subtileza do pensamento de Kant: «tínhamos de pensar uma outra intuição possível, se é que a nossa devia ser mantida como uma intuição de uma espécie particular» ([22]) — ou seja, o nosso *intellectus ectypus* não só é logicamente oposto ao *intellectus archetypus* (no sentido de branco *versus* preto, grande *versus* pequeno, etc.), como também surge de imediato como «uma espécie particular», uma distorção de um pressuposto modelo universal (no sentido em que, por exemplo, um ser humano

---

([20]) Kant, *Critique of Judgement*, p. 286. [*Crítica da Faculdade do Juízo*, p. 326.]
([21]) *Ibid.*, pp. 286–287. [*Ibid.*, p. 327.]
([22]) *Ibid.*, p. 289. [*Ibid.*, p. 329.]

com apenas uma perna é imediatamente visto como uma versão distorcida e particular de um ser humano com duas pernas). A oposição entre *intellectus archetypus* e *intellectus ectypus* não é entre duas espécies de *intellectus*, mas a oposição entre universal e (uma das) suas espécies particulares, razão pela qual o contrário não é válido — ou seja, para imaginar o *intellectus archetypus* divino, *não* temos «de pensar uma outra intuição possível», o nosso *intellectus ectypus* finito:

> a ideia de um outro entendimento possível diferente do humano tem de se encontrar aqui como fundamento (tal como na *Crítica da Razão Pura* tínhamos de pensar uma outra intuição possível, se é que a nossa devia ser mantida como uma intuição de uma espécie particular, nomeadamente a intuição para a qual os objetos são válidos unicamente como fenómenos) para que se possa dizer: certos produtos naturais *têm de ser considerados* por nós como produzidos intencionalmente e como fins segundo a sua possibilidade.([23])

Para entendermos a referência à finalidade, temos de voltar atrás ao pensamento de Kant. Para Kant, quando vemos seres vivos e tentamos entendê-los, não podemos fazer isto sem conceber a sua atividade e os seus órgãos como tendo alguma finalidade: os animais têm olhos para ver, dentes para apanhar comida, pernas para se moverem; no entanto, a finalidade não é uma categoria constitutiva da nossa realidade fenoménica (como o são as categorias de causa e efeito), razão também pela qual a finalidade não é uma categoria que podemos usar (aplicar aos fenómenos naturais) nas ciências, onde explicar uma coisa significa explicá-la em termos de redes causais e não em termos dos seus fins. Por esta razão, como Kant observa, não há um Newton da biologia — os organismos (os seres vivos) estão fora do âmbito da ciência determinista: num organismo, as partes não são apenas exteriores ao Todo, mas são também os seus órgãos, organicamente subordinados ao Todo pela sua finalidade. Como resultado, um organismo já dá o primeiro passo para superar a dualidade da razão e da intuição: num organismo, as suas componentes empíricas (objetos da nossa intuição sensível) não são apenas as suas partes externas e contingentes; estão, ao invés, organicamente enraizadas no seu Todo e

([23]) *Ibid.*

são momentos da autorreprodução do organismo — ou seja, num organismo, o conceito universal já engendra «organicamente» as suas partes a partir de si mesmo, particulariza-se nelas. (Devemos deixar aqui de lado as especulações sobre como Kant teria reagido ao darwinismo, que faz precisamente aquilo que Kant considera impossível: explica de forma científica o aparecimento da finalidade, a partir da interação sem finalidade dos elementos, e, neste sentido, Darwin *era* o Newton da biologia. Se Kant aceitasse esta opção, a intuição intelectual, a visão das coisas tal como são em si mesmas, não consistiria na visão de um universo superior de fins divinos, mas numa visão muito mais aterradora de toda a realidade reduzida à interação de «marionetas» privadas de liberdade, como o próprio Kant sugere perto do fim da sua *Crítica da Razão Prática*.) A visão da realidade própria à intuição intelectual, uma visão na qual o fosso entre intelecto e intuição, entre forma universal e conteúdo particular/contingente/empírico, está fechado, também libertaria o nosso intelecto da sua dependência dos conteúdos heterogéneos — nela, o nosso intelecto alcançaria uma espontaneidade perfeita e plena:

> Esta contingência encontra-se muito naturalmente no *particular*, o qual deve ser trazido pela faculdade do juízo sob o *universal* dos conceitos do entendimento. Pois o particular não é determinado através do universal do *nosso* entendimento (humano), e é contingente a variedade de formas sob as quais coisas diferentes podem ser percebidas, as quais todavia são reunidas sob um traço comum. O nosso entendimento é uma faculdade dos conceitos, ou seja, um entendimento discursivo, para o qual tem de ser certamente contingente o tipo e a variedade do particular que lhe pode ser dado na natureza e trazido sob os seus conceitos. Mas porque ao conhecimento também pertence a intuição e porque uma faculdade de uma *completa espontaneidade da intuição* seria uma faculdade de conhecimento distinta da sensibilidade e absolutamente independente desta, por conseguinte seria um entendimento no sentido mais geral [...] ([24])

Kant acrescenta aqui uma qualificação fundamental: não temos de demonstrar a atualidade do *intellectus archetypus* capaz

([24]) *Ibid.*, p. 290. [*Ibid.*, p. 330.]

de tal intuição; nem sequer temos de demonstrar a sua possibilidade. Para que o *intellectus archetypus* execute a sua função necessária, basta postulá-lo como um pressuposto consistente (não-contraditório) — em suma, basta *pensá-lo*:

> Não é aqui de modo nenhum necessário demonstrar que seja possível um tal *intellectus archetypus*, mas simplesmente que nós somos conduzidos àquela ideia (de um *intellectus archetypus*) pelo contraste com o nosso conhecimento discursivo, que necessita de imagens (*intellectys ectypus*), e pela contingência de uma tal constituição. Tão pouco tal ideia contém contradição alguma.([25])

O paradoxo aqui é que, embora Kant afirme a identidade do pensar e do ser, do produzir e do perceber, impossível para a nossa mente finita, algo formalmente semelhante a isto acontece com o *intellectus archetypus*: pressupô-lo (no nosso pensamento) é suficiente (e, podemos acrescentar, *tem de se manter uma pura pressuposição para funcionar* — se a sua existência na realidade fosse demonstrada, o efeito seria catastrófico). Temos aqui o melhor Kant pós-moderno, a celebrar o poder da pura pressuposição, de uma ilusão necessária como constitutiva do nosso sentido de realidade (temos de pressupor que o nosso universo é dominado por deus se quisermos percebê-lo como um Todo consistente), mas, ao mesmo tempo, a afirmar o fosso irredutível entre a nossa realidade, regida por uma ilusão necessária, e o Real, o Em-si, que pode bem ser uma monstruosidade caótica.

A partir desta perspetiva, a crítica de Hegel à ideia kantiana do *intellectus archetypus* só pode parecer retrógrada, um encerramento do fosso e uma retradução de Kant para a ontologia tradicional aristotélica-tomista: Kant não percebe que, longe de ser apenas a nossa Ideia reguladora subjetiva, a Ideia (do deus supremo, de um intelecto que é mais «verdadeiro» do que a nossa realidade sensível fenoménica) é a própria atualidade suprema, a Razão que rege o mundo e medeia todas as antinomias. Como seria de esperar, Hegel louva a «ideia [de Kant] de um universal que contém implicitamente o particular» — o que, para Kant, acrescenta Hegel, é «o objeto preciso da faculdade do juízo» — e parece dar-lhe uma volta aristotélica-tomista: «A finalidade é o Conceito, e é imanente; não

---

([25]) *Ibid.*, pp. 292–293. [*Ibid.*, p. 333.]

é forma externa e abstração distinta de uma matéria fundamental, mas sim penetrante, de tal maneira que tudo o que é particular é determinado por esse mesmo universal.» ([26]) Kant passa ao lado disto, pois, para ele, «a riqueza do pensamento [...] desenrola-se [...] apenas numa forma subjetiva; toda a plenitude, todo o conteúdo, concentra-se em conceber, pensar, postular. O objetivo, segundo Kant, é apenas o que é em si mesmo; e não sabemos o que são as Coisas-em-si. Mas o Ser-em-si é apenas o *caput mortuum*, a abstração morta do "outro", o vazio, o Além indeterminado.» ([27])

A oposição entre Kant e o idealismo alemão pós-kantiano é, pois, a oposição entre o Entendimento e a Razão: Fichte, Schelling e Hegel postulam o Absoluto como um poder especulativo que gera todo o conteúdo a partir do seu próprio automovimento, enquanto Kant, apesar das suas ideias especulativas, continua preso nas oposições grosseiras do Entendimento:

> A razão por que essa Ideia verdadeira não deve ser a verdade é, portanto, que as abstrações vazias de um entendimento que se mantém no abstrato universal, e de uma matéria sensível de individualidade que está em oposição ao mesmo, são pressupostas como a verdade. Não há dúvida de que Kant avança expressamente para a conceção de um entendimento intuitivo ou percetivo, que dá leis universais e, ao mesmo tempo, determina o particular; e a determinação assim dada é profunda; é a realidade concreta e verdadeira determinada pelo Conceito residente no seu interior, ou, como diz Espinosa, a Ideia adequada [...] Mas que este «*intellectus archetypus*» seja a verdadeira Ideia do entendimento é um pensamento que não choca Kant. Estranhamente, ele tem sem dúvida esta ideia do intuitivo; e não sabe porque não deve ser verdade — exceto porque o nosso entendimento é constituído de outro modo, nomeadamente «que procede do universal analítico para o particular».([28])

Em suma, enquanto Kant já formulava «a Ideia do Pensamento, que é em si mesma o Conceito absoluto e tem em si mesma diferença, realidade», recuava daí para uma «filosofia completa do Entendimento que renuncia à Razão»:

([26]) Hegel, *Lectures on the History of Philosophy: Medieval and Modern Philosophy*, Lincoln: University of Nebraska Press, 1995, pp. 466–467.

([27]) *Ibid.*, p. 472.

([28]) *Ibid.*, pp. 472–473.

> Com Kant, portanto, o resultado é: «Só conhecemos fenómenos.» Com Jacobi, por outro lado, é: «Só conhecemos o finito e o condicionado.» Sobre estes dois resultados, tem havido uma alegria pura entre os homens, porque a indolência da Razão (Deus seja louvado!) se considerou livre de todos os apelos à reflexão e agora, estando poupada ao esforço de penetrar no seu próprio sentido interno e de explorar as profundezas da Natureza e do Espírito, pode muito bem ser deixada em paz.([29])

No entanto, esta leitura simplista do pensamento de Hegel como um regresso à metafísica pré-crítica passa ao lado da questão subtil da crítica de Hegel a Kant indicada pela caracterização estranha de Kant como um pensador que sucumbiu ao pecado mortal da «indolência da Razão». Em que reside, precisamente, esta «preguiça» do pensamento de Kant que dá origem à «alegria pura» nos seus seguidores «críticos»? Reside naquilo que Hegel, na sua leitura das antinomias de Kant, critica como o seu «excesso de ternura pelas coisas do mundo»: no momento em que Kant se enreda em contradições e antinomias quando pensa para além do horizonte finito na nossa experiência sensível, afirma isso (contradições e antinomias) como prova de que estamos a lidar com os nossos processos subjetivos e não com as próprias coisas, pois insiste que não pode haver contradições nas coisas.([30]) Para Hegel, pelo contrário, as contradições e as antinomias são os aspetos mais íntimos das próprias coisas, até (e especialmente) de deus como a «coisa» superior. Pensemos em todos os impasses e em todas as inflexões que o nosso pensamento enfrenta quando tenta penetrar num tópico que está fora do nosso alcance. A premissa básica daquilo a que Hegel chama idealismo é que este não é apenas o movimento da nossa mente a debater-se com a coisa, mas algo imanente à própria coisa: o que parece ser um processo epistemológico revela-se como parte da estrutura ontológica da própria coisa. Por isso, para Hegel, as antinomias não são um problema, mas sim a (sua própria) solução, e também é assim que Hegel «supera» a diferença kantiana entre Ser e Dever, entre ontologia e deontologia: transpõe a tensão que caracteriza

---

([29]) *Ibid.*, pp. 476–477.

([30]) G. W. F. Hegel, *Science of Logic*, Nova Iorque: Oxford University Press, 1975, p. 77.

a deontologia (as coisas nunca são o que deveriam ser) para a própria ontologia, da mesma maneira que o nosso esforço para penetrar na realidade *é* a realidade:

> O defeito da filosofia de Kant consiste no destroçamento dos momentos da forma absoluta: ou, visto do outro lado, o nosso entendimento, o nosso conhecimento, forma uma antítese do Ser-em-si: falta o negativo, a revogação do «dever», que não é apreendido.([31])

Acusar Kant de «destroçar» os momentos do Absoluto deve ser lido num sentido muito rigoroso: aquilo que é «destroçado» no pensamento de Kant é o Absoluto na sua imobilidade transcendente e o movimento de mediação subjetiva que não pode aceder ao Absoluto. Por outras palavras, o poder de pensar é, precisamente, o poder de «destroçar», de separar aquilo que organicamente está junto, e Kant receia transpor este «destroçamento» para o próprio Absoluto. Por conseguinte, em contraste com a intuição intelectual como a identidade imediata do sujeito e do objeto, da atividade e da perceção, a identidade especulativa hegeliana do sujeito e do objeto, do pensar e do agir, não é uma unidade intuitiva pré-reflexiva e bem-aventurada, mas uma unidade mediada por um fosso. O domínio do Ser é em si mesmo não-Todo, frustrado, e o «pensar» é a ativação desse buraco na ordem do ser — «pensamos» imaginariamente para além do ser, no que não existe ou pode existir. Há «pensamento» porque o ser não é idêntico a si mesmo, mas frustrado, marcado por uma impossibilidade fundamental, de tal maneira que «pensar e ser são idênticos» no sentido de um extremo contínuo.([32]) Existem três grandes versões tradicionais da unidade do pensar e do ser: a experiência mística-intuitiva da sua identidade (intuição intelectual); a visão aristotélica-tomista de um universo racional regido por desígnios divinos; e a versão espinosista-materialista

---

([31]) Hegel, *Lectures on the History of Philosophy*, p. 478.

([32]) O que é então a reconciliação hegeliana? Será uma vitória da superação dos antagonismos ou uma admissão resignada de que os antagonismos insolúveis fazem parte da nossa vida, da sua condição positiva? A resposta é uma paralaxe irredutível: ambos ao mesmo tempo — pode ser vista como um triunfo ou como uma derrota resignada.

do determinismo total. Hegel não pode ser reduzido a nenhuma destas versões, pois a sua unidade envolve uma instabilidade e uma tensão radicais, a afirmação de um fosso radical. Em termos religiosos, Hegel está no lado do protestantismo contra a harmonia orgânica do universo dos católicos. A «unidade» de Hegel reside *apenas* na transposição deste fosso para o próprio Absoluto.

ESCÓLIO 1.1

Buda, Kant, Husserl

O fosso que separa Husserl de Kant é claramente marcado pela ocorrência de um termo em Husserl que seria impensável em Kant: «*transzendentale Empirie*», o conteúdo empírico transcendental. Vejamos uma longa passagem das *Meditações Cartesianas* de Husserl, na qual descreve a operação básica do seu pensamento, a *epoché* (redução) fenomenológica:

> o mundo experienciado nesta vida que reflete permanece, com isso, aí para mim, como mundo experienciado, tal como antes, precisamente com o seu teor respetivo. Ele continua a aparecer tal como aparecia antes, apenas que eu, como alguém que reflete filosoficamente, não mantenho mais em execução, em validade, a crença natural de ser que é característica da experiência, se bem que essa crença esteja, porém, ainda aí e seja conjuntamente captada pelo olhar da atenção. Para lá das visadas que são experiência do mundo, o mesmo se passa com todas as restantes visadas que pertencem à minha corrente de vida, com as minhas representações não-intuitivas, juízos, atitudes valorativas, decisões, posições de fins e de meios, etc., e particularmente com as tomadas de posição nelas necessariamente atestadas quando estou nas atitudes da vida natural, irrefletida, não-filosófica — na medida em que estas pressupõem, em geral, precisamente o mundo e, portanto, encerram em si uma crença de ser a respeito do mundo. Também aqui,

> a abstenção por parte do eu que reflete filosoficamente, o pôr fora de validade as tomadas de posição, não significa o seu desaparecimento do seu campo de experiência. As vivências concretas em questão são, dizemo-lo de novo, aquilo para que está dirigido o olhar da atenção, só que o eu atento, enquanto eu filosófico, exerce a abstenção a respeito do que é intuído. Também tudo aquilo que, nas vivências desse tipo, era visado numa consciência de validade — ou seja, o correspondente juízo, a teoria, o valor, o fim, etc. —, mantém-se completa e plenamente, apenas com esta modificação de validade: *simples fenómeno*.
>
> Este universal pôr fora de validade («inibir», «pôr fora de jogo») todas as tomadas de posição perante o mundo objetivo pré-dado e, assim, desde logo, as tomadas de posição de ser (as tomadas de posição a respeito do ser, da aparência, do ser de modo possível, suposto, do ser provável e semelhantes) — ou, como também se costuma dizer, esta *epoché fenomenológica* ou este *pôr entre parêntesis* o mundo objetivo — não nos põe perante um nada. Ao contrário, aquilo de que nos apropriamos precisamente por isso ou, mais claramente, aquilo de que eu, aquele que medita, por isso mesmo me aproprio é da minha vida pura, com todas as suas vivências e todas as suas coisas visadas, enquanto puramente visadas, o universo dos *fenómenos* no sentido da Fenomenologia.(1)

Assim, nada se perde na *epoché* fenomenológica, toda a riqueza da nossa experiência é mantida, só o modo como o sujeito se relaciona com ela é que muda radicalmente: já não nos experienciamos como parte da realidade substancial que existe «aí» e que nos inclui a nós próprios; ao invés, adotamos uma dupla dessubstancialização. Da «realidade» é subtraído todo o nosso envolvimento ontológico pelo qual a tratamos como uma entidade «objetiva» substancial: tudo permanece aqui, mas transformado numa dança de fenómenos dessubstancializados. Temos de ser aqui muito rigorosos: a diferença entre «realidade objetiva» e os nossos sonhos não desaparece, a questão da *epoché* não é a «realidade tornar-se um

---

(1) Edmund Husserl, *Cartesian Meditations*, Haia: Martinus Nijhoff, 1960, citado de www.24grammata.com/wp-content/uploads/2011/11/Husserl-Cartesian-Meditations-24grammata.com_.pdf. [*Meditações Cartesianas. Conferências de Paris*, trad. Pedro S. M. Alves, Lisboa: CFUL/Phainomenon, 2010, pp. 68–69]

sonho»; é, antes, a nossa experiência da «realidade objetiva» ser de certo modo «subjetivizada» — uma parte do fluxo fenoménico em que vivemos é por nós vivido com «realidade objetiva».

Por outro lado, nós, sujeitos, também somos radicalmente transformados: já não nos experienciamos como agentes envolvidos na nossa realidade, intervindo nela e responsáveis pelos nossos atos, mas também não nos experienciamos como algum tipo de Eus absolutos, como criadores do fluxo fenoménico da realidade. Na *epoché*, somos reduzidos ao vazio de observadores indiferentes que veem a realidade a partir de uma estranha distância externa como uma dança de fenómenos. Isto também significa que a *epoché* nada tem que ver com a experiência mística da Unidade cósmica na qual o meu eu coincide com o Absoluto divino no êxtase da imersão total; pelo contrário, como Husserl observa, o Eu divide-se radicalmente entre o vazio indiferente do observador neutro e o sujeito atuante que é como que se fosse observado de fora como um fenómeno no fluxo dos fenómenos:

> se chamarmos ao eu que naturalmente se entrega à experiência *do mundo*, ou que de outro modo se abandona à vida nele, um eu *interessado no mundo*, então a atitude fenomenológica alterada, que se deve constantemente assim manter, consiste na realização de uma cisão do eu, na qual, por sobre o eu ingenuamente interessado, se estabelece o eu fenomenológico enquanto *espectador desinteressado*.([2])

Esta posição estranha de um espectador indiferente não deixa de fazer lembrar a posição extrema de dessubjetivação adotada na meditação budista. Thomas Metzinger([3]) diz que não podemos evitar experienciarmo-nos como «si-mesmos», ou seja, é-nos impossível imaginar fenomenologicamente uma experiência sem si: podemos saber (no sentido puramente epistémico do conhecimento objetivo) que não há um Si-mesmo substancial (é isto que Metzinger desenvolve na sua teoria PSM da subjetividade), mas não podemos «acreditar realmente» nele — regressamos aqui à ideia da rejeição fetichista, do *je sais bien, mais quand même*...

([2]) Citado de *ibid.* [*Ibid.*, p. 82]

([3]) Ver Thomas Metzinger, *Being No One: The Self-Model Theory of Subjectivity*, Cambridge (Ma.): The MIT Press, 2003.

> Não podemos acreditar nisso [...] A SMT [*Self-Model Theory*] é uma teoria da qual não *nos podemos convencer*, em princípio [...] Este facto é a verdadeira essência e o núcleo mais profundo daquilo que *efetivamente* queremos dizer quando falamos do «puzzle» — ou por vezes até do «mistério» — da consciência [...] Se a história corrente é verdadeira, não há maneira de poder ser intuitivamente verdadeira. ([4])

No entanto, Metzinger dá aqui mais um passo: haverá, porém, para lá do esforço teórico de pensar o impensável (um mundo sem si-mesmos), também uma possibilidade de *vivê-lo*, de viver como «sendo ninguém»? Se levarmos a sério os resultados da neurociência, a *prosopopeia* deve ser universalizada: não só entidades como «mercado» ou «sociedade» não falam realmente, como os indivíduos também são entidades ilusórias, ou seja, não há um Si-mesmo substancial que fala, apenas uma rede complexa anónima de interações neuronais. Assim, o «pensamento é o cérebro» não será a nova versão das neurociências da velha fórmula de Hegel segundo a qual o «Espírito é um osso»? Deveremos abordá-la da mesma maneira, distinguido a sua leitura vulgar e a sua leitura especulativa? Como lidar com este desfasamento de paralaxe entre a experiência «interior» do sentido e a visão «externa» do organismo plano e sem sentido, este pedaço de carne que sustenta a nossa experiência?

> Não há maneira de o sujeito, a partir de «dentro», poder ter consciência dos seus próprios neurónios, a partir de «dentro». Só podem ser conhecidos objetivamente, a partir de «fora». Não há um olho interior que vê o próprio cérebro, os neurónios e a glia. O cérebro é «transparente» do ponto de vista do sujeito, mas não do ponto de vista de um observador externo. ([5])

Metzinger, porém, admite uma ressalva: a Iluminação budista em que o Eu assume de forma direta e experiencial o seu próprio não-ser, ou seja, reconhece-se como um «eu simulado», uma ficção representacional — esta situação em que o sonho fenoménico se torna aqui *lúcido para si mesmo* «corresponde diretamente a uma

---

([4]) *Ibid.*, p. 627.

([5]) Todd Feinberg, citado em *ibid.*, p. 177.

ideia filosófica clássica, bem desenvolvida na filosofia asiática há pelo menos 2500 anos, nomeadamente, a conceção budista de "iluminação"» ([6]). Esta consciência iluminada já não é autoconsciência: já não sou eu que me experiencio como o agente dos meus pensamentos, a «minha» consciência é a consciência direta de um sistema sem-eu, de um conhecimento sem-eu. Em suma, *existe* uma ligação efetiva, ou pelo menos uma espécie de ponto de coincidência assintótico, entre a posição radical das neurociências e a ideia budista de *anatman*, da inexistência do Eu: a posição subjetiva budista de *anatman* é a única que assume realmente o resultado do cognitivismo (sem Eu) e que (pelo menos em certas versões) é totalmente compatível com o naturalismo científico radical.

Devemos acrescentar aqui que as implicações éticas da chegada a esta posição são muito ambíguas. No budismo Zen, a justificação teleológica habitual para matar (a guerra é um mal necessário que visa gerar um bem maior: «a batalha é necessariamente travada como antecipação da paz» ([7])) é acompanhada por uma ideia mais radical, segundo a qual, muito mais diretamente, o «Zen e a espada são um só» ([8]). Esta ideia baseia-se na oposição entre a atitude reflexiva das nossas vidas quotidianas (nas quais nos agarramos à vida e tememos a morte, lutamos por prazeres e ganhos egotistas, hesitamos e pensamos em vez de agirmos diretamente) e a posição iluminada em que a diferença entre a vida e a morte já não importa, em que recuperamos a unidade original sem-eu e *somos* diretamente a nossa ação. Num curto-circuito especial, os mestres Zen militaristas interpretam a mensagem Zen básica (a libertação reside na perda do Eu, na união imediata com o Vazio primordial) como idêntica à fidelidade militar absoluta, ao cumprimento imediato das ordens e do nosso dever sem consideração pelo Eu e pelos seus interesses. O lugar-comum sobre os soldados a serem treinados para alcançarem o estado de subordinação cega e executarem as ordens como marionetas é aqui afirmado como idêntico à Iluminação Zen. Vejamos como Ishihara Shummyo formulou esta questão em termos quase althusserianos de interpelação direta e não-reflexa:

([6]) *Ibid.*, p. 566.

([7]) Brian A. Victoria, *Zen at War*, Nova Iorque: Weatherhilt, 1998, p. 113.

([8]) *Ibid.*, p. 100.

> O Zen é muito exigente com a necessidade de não se parar a mente. Assim que se bate numa pederneira, sai uma chispa. Não há um mínimo lapso de tempo entre estes dois acontecimentos. Se a um homem for ordenado que se vire para a direita, ele vira-se simplesmente para a direita tão depressa como um raio de luz [...] Se o seu nome for chamado, por exemplo «Uemon», deve simplesmente responder «Sim» e não parar para pensar na razão por que o seu nome foi chamado [...] Penso que se for chamado a morrer, não deve ficar nada agitado.([9])

Na medida em que a subjetividade como tal é histérica, na medida em que emerge através do questionamento da chamada interpelante do Outro, temos aqui a descrição perfeita de uma dessubjetivação perversa: o sujeito evita a sua divisão constitutiva afirmando-se diretamente como instrumento da vontade do Outro. Crucial nesta versão radical é o facto de rejeitar todo o entulho religioso normalmente associado ao budismo popular, e de defender o regresso à versão ateísta original e prática do próprio Buda: como sublinhou Furukawa Taigo([10]), não há salvação após a morte, não há Além, não há espíritos ou divindades para nos ajudarem, não há reincarnação, apenas esta vida que é diretamente idêntica à morte. Nesta atitude, o guerreiro já não age como uma pessoa, é totalmente dessubjetivado — ou como disse D. T. Suzuki:

> não é realmente ele, mas sim a própria espada que mata. Não desejava mal a ninguém, mas o inimigo aparece e torna-se vítima. É como se a espada realizasse automaticamente a sua função de justiça, que é a função de misericórdia.([11])

Esta descrição do ato de matar não fornecerá o exemplo supremo da atitude fenomenológica que, em vez de intervir na realidade, deixa apenas as coisas aparecerem tal como são? É a própria espada que mata, é o próprio inimigo que aparece simplesmente e que se torna vítima — não estou ali a fazer nada, reduzido a um observador passivo dos meus atos.

([9]) Citado de *ibid.*, p. 103.
([10]) Ver *ibid.*, p. 103.
([11]) Citado de *ibid.*, p. 110.

A questão seguinte a observar é a diferença entre a *epoché*/ /redução transcendental e eidética: ambas podem ser realizadas de forma mutuamente independente. Naquilo a que Husserl chama redução eidética, tomo um objeto empírico e submeto-o a todas as variações possíveis, observando cuidadosamente se se mantém o mesmo (no sentido das suas qualidades essenciais que fazem dele o que é). Husserl menciona o exemplo cartesiano da cera: se eu a derreter ou a esmagar, continua a ser cera e, portanto, a sua forma não faz parte da sua essência. Se deixarmos de lado os muitos problemas que se colocam de imediato com este procedimento (só posso chegar à universalidade abstrata, ainda que haja muito mais a dizer sobre a *Wesensschau* fenomenológica, a intuição imediata da essência interna de um objeto), é claro que posso fazer a redução eidética mantendo-me totalmente imerso numa posição mundana «ingénua», além de a *epoché* fenomenológica manter toda a riqueza empírica, sem implicar a redução ao *eidos* dos objetos — é por isso que Husserl pode falar da «*transzendentale Empirie*», em contraste com Kant, para quem o acesso ao Transcendental significa que devo esquecer todos os dados sobre um objeto que foram fornecidos pela minha intuição desse objeto e concentrar-me apenas nos aspetos (formas e categorias universais) que devem estar presentes *a priori* na minha mente.

A *epoché* transcendental não é uma operação psicológica, uma redução ao fluxo psíquico interno: se o fosse, seria apenas uma redução ao fluxo interno como parte da nossa realidade, ou seja, a redução a uma esfera particular da realidade (a nossa vida psíquica), ignorando o facto de toda a realidade ser também fenomenológica e transcendentalmente constituída, e não algo que existe «aí» de forma imediata. A *epoché* transcendental também não é um exercício lógico abstrato, um puro exercício mental, mas sim uma experiência existencial arrasadora. Husserl é muitas vezes criticado por insistir no sujeito cartesiano «abstrato», ou seja, por não perceber plenamente o *In-der-Welt-sein*, o envolvimento ativo do sujeito no seu mundo-da-vida — só Heidegger conseguiu fazer isso em *Sein und Zeit*. Mas, e se Heidegger não for suficientemente «concreto» na sua crítica a Husserl? Será que ignora a base existencial da redução fenomenológica de Husserl? Ou seja, a redução fenomenológica de Husserl é um caso exemplar da diferença entre o processo lógico puro de pensar e a atitude espiritual correspondente. Se nos limitarmos ao processo de pensar, a redução de Husserl só pode parecer um exercício extravagante de «pensamento abstrato» na sua pior forma: tudo o que podemos ter a certeza de existir é o processo de pensar que é Eu: assim, se quisermos um ponto de partida absolutamente científico, temos de colocar entre parêntesis a noção ingénua-realista de as coisas existirem aí no mundo e levar em conta apenas o seu puro aparecer, o modo como nos aparecem e como são correlativas aos nossos atos (transcendentais). Aquilo que este entendimento lógico não vê é que o estado descrito por Husserl como «redução fenomenológica» é muito mais, é uma experiência existencial e uma atitude próxima de algumas correntes do budismo antigo: a atitude de *Realitätsverlust*, de experienciar a realidade como um sonho, um fluxo totalmente dessubstancializado de aparências frágeis e efémeras, em relação ao qual não sou um agente envolvido, mas um observador aturdido e passivo que observa o seu próprio sonho. Mesmo quando ajo, não é o meu núcleo que age: observo o meu «eu», outra aparência etérea, que interage com outras aparências. Não admira que o próprio Husserl tenha dado atenção a este paralelismo entre a *epoché* fenomenológica e o budismo:

> Li agora a maior parte da tradução alemã das principais escrituras sagradas do budismo feita por Karl Eugen Neumann. Depois de ter começado, não consegui parar, apesar de ter outras coisas urgentes a fazer [...] A análise linguística completa dos textos canónicos budistas providencia-nos a oportunidade perfeita de conhecer esta forma de ver o mundo, que é totalmente oposta à nossa maneira de observação europeia, de nos colocarmos na sua perspetiva e de tornar os seus resultados dinâmicos realmente abrangentes pela experiência e pelo entendimento. Para nós, para qualquer pessoa que viva neste tempo do colapso da nossa cultura explorada e decadente, e que tenha vindo a procurar onde é que a pureza espiritual, a verdade, o domínio jubiloso do mundo se manifestam, esta maneira de ver parece uma grande aventura.
>
> Que o budismo — na medida em que nos fala a partir de fontes originais e puras — é uma disciplina religiosa-ética para a purificação e realização espirituais da mais elevada estatura — concebida por, e dedicada a um resultado interior de, uma mentalidade vigorosa e elevada sem paralelos — tornar-se-á claro em breve para todos os leitores que se dedicarem à obra. O budismo só é comparável à forma mais elevada da filosofia e do espírito religioso da

> nossa cultura europeia. Cabe-nos a nós, agora, utilizar esta disciplina espiritual indiana completamente nova (para nós) que foi revitalizada e reforçada pelo contraste.([12])

Quando Husserl escreve que o «budismo só é comparável à forma mais elevada da filosofia e do espírito religioso da nossa cultura europeia», esta «forma mais elevada» é, obviamente, a sua própria fenomenologia baseada na *epoché* transcendental. Há uma ironia inequívoca no facto de Husserl afirmar a proximidade da sua *epoché* fenomenológica — uma operação que nos leva ao sujeito transcendental e que, como tal, é caracterizada como pura egologia — à meditação budista, que tenta pensar uma vida psíquica sem o eu. (É claro que devemos ter aqui muito cuidado: a ideia europeia moderna de subjetividade era desconhecida na Índia antiga. Por isso, Husserl não se limita a louvar o budismo; a partir da sua perspetiva europeia, refreia rapidamente o seu louvor: o budismo não é capaz de articular as suas ideias numa elaboração científica completa, pois falta-lhe o conceito europeu de ciência.) Este facto irónico pode ser explicado se nos lembrarmos que ambos visam (e «suspendem» ou «colocam entre parêntesis») a mesma entidade: o pleno sujeito empírico-psicológico que se vê como parte da realidade e um agente autónomo nessa realidade; o enigma é apenas a razão por que esta colocação entre parêntesis dá origem, num caso, a um sujeito puro e, no outro, a uma mediação sem eu, «um pensamento sem pensador». De forma mais precisa, temos três versões básicas desta experiência: a versão budista — o nada sem eu; a versão hindu e a versão do idealismo alemão (Fichte tardio e, em especial, Schelling) — a unidade direta do sujeito e do objeto, do Ego e do Divino; e a versão de Husserl — o Ego puro.

É aqui que entra a historicidade: a pior abordagem, paralela à ideia ecuménica de religião («todos oramos ao mesmo deus, que aparece de maneiras diferentes em tempos e lugares diferentes»), é afirmar que temos sempre a mesma autoexperiência profunda revestida de uma formulação histórica diferente. Cada versão daquilo que aparece como a mesma experiência assenta numa

---

([12]) Citado em Fred J. Hannah, «Husserl on the Teachings of the Buddha», in *The Humanistic Psychologist*, 23, outono de 1995, disponível online em https://www.researchgate.net/publication/232968344_Husserl_on_the_Teachings_of_the_Buddha. [N. do R.]

constelação histórica específica e não basta dizer que o que é historicamente específico é a forma da mesma experiência «eterna»: o fulcro da experiência de retirada da imersão total na realidade adquire um aspeto específico. No entanto, esta historicização não é suficiente: Husserl *é* estranhamente a-histórico, não só na medida em que a sua *epoché* parece referir-se a uma experiência que irrompe de uma constelação histórica específica, mas ainda mais no sentido em que, de certa maneira, não segue a linha predominante das épocas históricas. Regressando à relação entre Husserl e Heidegger, é significativo que, depois de Heidegger desenvolver a sua ideia de épocas históricas do desvelamento do Ser, deixa de haver espaço para Husserl. Após a queda do idealismo alemão, os principais pensadores são Marx e Nietzsche, nos quais o niilismo que pertence à metafísica atinge o seu auge, e Husserl simplesmente não está ao nível destes grandes pensadores históricos:

> A metafísica absoluta, com as suas inversões marxista e nietzschiana, faz parte da história da verdade do ser. O que dela provém não se deixa atingir nem afastar por refutações. Somente se deixa assumir, na medida em que se recolhe na sua verdade, mais radicalmente no ser mesmo, retirando-a da esfera da opinião meramente humana. Néscia é toda a refutação no campo do pensar essencial.([13])

Marx e Nietzsche não abrem apenas o caminho para o auge niilista da metafísica; Heidegger até admite que o pensamento de Marx do estranhamento (alienação) alcança a intemporalidade fundamental do ser humano, que está fora do alcance da fenomenologia:

> O que Marx, a partir de Hegel, reconheceu, num sentido essencial e significativo, como alienação do homem, alcança, com as suas raízes, até a apatridade do homem moderno. Esta alienação é provocada e isto, a partir do destino do ser, na forma de metafísica, é por ela consolidada e ao mesmo tempo por ela encoberta, como apatridade. Pelo facto de Marx, enquanto experimenta a alienação,

---

([13]) Martin Heidegger, «Letter on "Humanism"», citado de http://pacificinstitute.org/pdf/Letter_on_%20Humanism.pdf [*Carta Sobre o Humanismo*, Guimarães Editores, Lisboa, 1987, p. 61].

> atingir uma dimensão essencial da história, a visão marxista da história é superior a qualquer outro tipo de historiografia. Mas porque nem Husserl nem, quanto eu saiba até agora, Sartre reconhecem que a dimensão essencial do elemento da história reside no ser, por isso, nem a fenomenologia nem o existencialismo atingem aquela dimensão, no seio da qual é, em primeiro lugar, possível um diálogo produtivo com o marxismo.([14])

Contra esta leitura histórica, deveríamos permanecer abertos à fuga para a «eternidade» adotada pela *epoché* fenomenológica — ainda que esta ocorra numa forma historicamente específica, continua a ser uma fuga, e em vez de historicizar simplesmente as figuras da eternidade, deveríamos, de um modo muito mais subtil, historicizar a própria eternidade. Mas, acima de tudo, isto significa que a historicidade epocal de Heidegger, que destaca um pensador como a voz privilegiada da sua época, tem de ser deixada para trás: no pensamento de Heidegger, não há lugar para algo como a *epoché* de Husserl; ironicamente, aquilo que escapa ao pensamento epocal de Heidegger é a própria *epoché*.

([14]) Citado de *ibid* [*Ibid.*, pp. 66–67].

ESCÓLIO 1.2

A paralaxe de Hegel

O momento conclusivo do sistema de Hegel, o «Saber Absoluto», confronta-nos com a figura principal desta instabilidade e tensão radicais: a autoapresentação imanente da Ideia purificada de toda a externalidade, relacionando-se apenas consigo mesma, torna-se no seu oposto aparente — deixa para trás o seu agente subjetivo e torna-se um «pensamento sem pensador». Enquanto tal, esta atividade pura coincide com o seu oposto, ou seja, tem de aparecer ao seu veículo humano como um ato de passividade absoluta, de mero registo daquilo com que nos deparamos. Em suma, o idealismo levou ao extremo a prática daquilo a que Freud chamava «associações livres»:

> Hegel pede aos seus leitores uma atitude propriamente psicanalítica. O método absoluto é o equivalente à «regra fundamental» da análise — a obrigação irritante de falar «livremente» — de comunicar tudo o que vem ou «aparece» ao espírito, *Einfälle*, sem seleção, omissão ou preocupação com conexão, sequência, adequação ou relevância. Como um passageiro num comboio (analogia proustiana do próprio Freud), devemos registar a paisagem mental que vai mudando enquanto passa, «assistir» apenas (*reine Zusehen*), suspender o juízo e deixar o entendimento e a explicação para outro dia (ou outra pessoa) e apenas

«recolher o que está perante nós [*aufzunehmen, was vorhanden ist*]».[1]

Outro aspeto desta mesma inversão é que a apresentação da necessidade lógica imanente do pensar que, gradualmente, deixa para trás todo o conteúdo empírico externo, uma vez que não permite nenhum pressuposto externo e só pode basear-se em si mesma, tem de parecer assente num ato imponderável de decisão (arbitrária):

> Para a *Lógica* como ciência de puro pensamento, cujo conceito acabámos de alcançar e que está prestes a voltar a desaparecer, o início é *logicamente necessário* e *logicamente impossível*, ou seja, não-deduzível e não-analisável. É preciso começar, mas não se pode. *Imediatamente*, só há uma coisa em vista: «Tudo o que está presente [*vorhanden*] é apenas a decisão [*Entschluss*], que também pode ser vista como arbitrária, que propomos considerar o pensamento como tal.» [...] *No começo houve uma decisão, uma decisão imediata.* Mas o que decide? Não decide nada em concreto; trata-se assim não só de uma decisão totalmente imediata, mas também de uma *decisão totalmente indeterminada.*

Esta decisão ainda é mais paradoxal do que parece: é uma escolha sobre aquilo em que realmente não temos escolha, é uma escolha sempre-já feita. Esta escolha não pode ser desfeita, não podemos voltar atrás e voltar a fazê-la, pois a própria capacidade de escolher já pressupõe a escolha (a escolha de escolher). O que temos aqui, portanto, é outro caso de juízo infinito: a autoapresentação da necessidade imanente do pensar coincide com o seu oposto, uma decisão arbitrária. Esta arbitrariedade que está na base do sistema de Hegel, o edifício supremo da necessidade conceptual, deixa uma marca inesperada em toda a sua obra escrita, que pode ser bem descrita como uma história de dois livros — Hegel (só) escreveu dois livros, *A Fenomenologia do Espírito* e *A Ciência da Lógica*, e ambos partilham um aspeto básico:

---

(1) Recorro aqui a Rebecca Comay e Frank Ruda, *The Dash — The Other Side of Absolute Knowing* (manuscrito a ser publicado pela MIT Press). Todas as citações não atribuídas neste escólio pertencem a este manuscrito. (Este livro foi publicado em 2018. [N. do R.])

> Tanto a *Fenomenologia* como a *Lógica* estão envolvidas num projeto contínuo de autopurga. Ambas estão envolvidas em atividades de limpeza — limpeza de chaminés e branqueamento (ainda que seja difícil dizer qual é qual). Ambas estão envolvidas em tarefas de proporções hercúleas: ambas limpam os estábulos de Augias da tradição; ambas têm de limpar os detritos acumulados dos preconceitos e dos pressupostos.

Devemos conferir a estas linhas todo o seu peso estalinista: Hegel pratica uma purga que nem Estaline seria capaz de imaginar, um sacrifício que culmina no sacrifício do sacrifício, ou, como Brecht diz a propósito da violência revolucionária, na sua peça *A Decisão*, devemos esforçar-nos por ser o último pedaço de sujidade cuja remoção tornará a sala limpa. Foi por isso que Hegel, quando «se tornou Hegel» (nos anos de Iena), passou por uma longa depressão debilitante: para Hegel, tornar-se filósofo não é apenas uma questão de conhecimento, mas envolve uma mutação subjetiva profunda. Por isso, a filosofia autêntica é uma espécie de «psicanálise teórica»: não é uma espécie de discurso académico, mas uma decisão existencial, a adoção daquilo que Lacan define como a mutação final do tratamento analítico (análise da fantasia) por meio da teoria.

No entanto, apesar desta afinidade, um fosso absoluto separa os dois livros: não há espaço comum entre os dois, nenhum pensamento geral de Hegel aplicado aos dois domínios, não há maneira de os juntar (em Um grande livro que fosse, em simultâneo, lógico e histórico) — quando muito, o pensamento de Hegel, em geral, é definido por esta diferença entre os seus dois livros, uma diferença que é em si mesma impossível porque nunca se pode traçar uma linha de distinção que nos dê dois livros claramente separados:

> Se os dois livros existem como um conjunto, isto não é uma função de uma complementaridade mútua nem se deve a algum tipo de unidade mística dos opostos, e não há terceiro termo, não há uma síntese para ligar os dois livros no espaço de um único volume. Todos os mediadores desapareceram. Os dois textos coexistem numa relação difícil de complementaridade, em que cada um funciona como a sombra do outro, supérfluo e, ao mesmo tempo, indispensável. Apesar da ou por causa da impossibilidade de passar de um lado para o outro, cada lado já passou para o outro lado,

> como uma espécie de fita de Möbius. Esta passagem manifesta-se na profusão de material paratextual transitório que podemos ver acumulado na zona fronteiriça intersticial entre os dois livros — o estranho hiato depois de um livro ter terminado, mas antes de o outro ter propriamente começado — um epigrama, uma página de título, um índice, uma introdução, outra introdução, algumas observações classificatórias gerais, outra secção preparatória sobre como começar. A *Ver-bindung* desata o que ata. Corta todos os laços entre um volume e o outro, ainda que os ligue de forma inextrincável [...] Cada lado já passou para o outro lado, ainda que os dois sejam intransponíveis. A *Fenomenologia* e a *Lógica* estão num *Verschränkung*: não há síntese que os ligue, mas a fronteira que os separa é continuamente atravessada.

Esta linha de separação evasiva e, por isso, persistente é o real/ /impossível na sua forma mais pura e, assim, não admira que ofereça uma imagem perfeita do *cross-cap*. O problema não é ultrapassar a linha de separação e passar para o outro lado — estamos sempre a saltar por cima dela para o outro lado, por vezes nem sabemos em que lado da linha estamos, a respeito da sexualidade: somos todos bissexuais, etc. —, o problema é chegar a ela, determinar a linha de separação como tal, apanhá-la. Assim, em todo o pandemónio de posições múltiplas, paira o limite fugaz ou o corte, e somos frequentemente tentados a proclamar este corte inexistente, uma imposição secundária de uma «ordem binária» a uma multiplicidade agitada.

É claro que isto não implica de modo algum que não devemos tentar formular as diferenças entre a *Fenomenologia* e a *Lógica*; a questão é que estas formulações são necessariamente inconsistentes e são muitas vezes inesperadas (a respeito da nossa imagem tradicional dos dois livros). Por exemplo, um aspeto inesperado da oposição entre as duas obras é que a *Fenomenologia* (que lida com tópicos históricos) fornece uma imagem muito mais estática dos seus tópicos, enquanto o material da *Lógica* (que lida com a mente divina anterior à criação do mundo, ou seja, com a eternidade anterior à sua «queda» na temporalidade) é muito mais atravessada por dinâmicas vertiginosas: «Estranhamente, a *Fenomenologia* está comprometida com a permanência, enquanto a *Lógica* recusa ficar parada: a história imobiliza-se, enquanto a eternidade se torna um fluxo.» Talvez resida aqui o facto de, na divisão pós-hegeliana entre as fações de esquerda e de direita, a esquerda preferir o estudo da Lógica e a direita preferir dedicar-se aos textos históricos e estéticos: «As fações hegelianas de esquerda e de direita não eram campos uniformes e a linha divisória entre os dois campos não pode ser facilmente traçada na divisão entre a *Fenomenologia* e a *Lógica*. De facto, a esquerda (em especial Marx e Lenine) mostrou frequentemente uma preferência pela *Lógica*, enquanto a direita preferia tipicamente a *Realphilosophie* de Hegel encarnada nos seus cursos.» Devemos subscrever totalmente este paradoxo: Hegel é mais revolucionário quando tenta descrever a mente de deus antes da criação do mundo.

No entanto, encontramos aqui outro problema: apesar de Hegel só ter escrito dois livros, também organizou e publicou dois outros livros de um género totalmente diferente: *Enciclopédia das Ciências Filosóficas* e *Elementos da Filosofia do Direito*. Como é que este acrescento afeta o estatuto do Saber Absoluto? Podemos argumentar que este segundo par repete o primeiro noutro espaço discursivo: a *Enciclopédia* é um resumo de todo o sistema, enquanto a *Filosofia do Direito* é uma obra mais historicamente orientada, que é «o seu próprio tempo apreendido em conceitos». A forma destes dois livros é totalmente diferente dos dois primeiros: redigidos como um resumo para cursos universitários, estão divididos em parágrafos numerados e são lidos como sumários sobre um conhecimento já existente — não há aqui qualquer aventura existencial ou ansiedade de seguir uma via perigosa de pensamento. Vale a pena citar por completo a descrição de Comay e Ruda:

> Hegel começa a lógica resumida oferecendo uma definição clara do que se segue: «A lógica é a ciência da ideia pura, ou seja, da ideia no elemento abstrato do pensar.» Isto é precisamente o que a *Lógica* «mais extensa» declarara impossível: não há maneira de saber previamente o que é especificamente essa matéria. Assim que entramos no domínio da enciclopédia, somos expulsos do domínio da filosofia: começamos a *Lógica* «pequena» sendo lembrados que estamos excluídos, como leitores, da autodeterminação imanente do Conceito: somos estudantes, o professor está ali e seremos ensinados passo a passo. Desde o início, o leitor precisa que lhe seja dito qual é o empreendimento. Quando passamos da *Ciência da Lógica* para o seu homónimo enciclopédico, ocorre uma mudança de perspetiva: passamos da geração da verdade subjetiva

para a objetificação dessa verdade na forma de conhecimento. Já não estamos a «fazer» lógica, mas a ouvir falar da lógica como um objeto de conhecimento transmissível. Já não estamos a «aprender a filosofar», mas a «aprender filosofia» (para lembrar a famosa distinção de Kant): por outras palavras, já não estamos à beira de recuar para um dogmatismo pré-crítico. Entre a Lógica «grande» e a «pequena» já não há uma semelhança familiar, mas apenas uma similitude de nome ou título.

Um sinal desta mudança é que, na *Enciclopédia*, o argumento é dividido em parágrafos discretos e numerados: o estudante recebe previamente um itinerário de todos os destinos a visitar, enquanto as transições conceptuais e os conceitos transitivos que estavam presentes na Lógica maior estão quase totalmente ausentes. Alguém já sabe sempre onde estamos, como chegámos aí e aonde iremos.

No entanto, se afirmarmos apenas esta oposição, não ficaremos presos na oposição mais tradicional entre o processo de pensar criativo e existencialmente comprometido e a posição «segura» de relatar (e, assim, transmitir) um conhecimento já adquirido? Se quisermos ser verdadeiros hegelianos, não deveremos deixar para trás a simples dualidade do lado «bom» e «mau» do pensar? Não deveremos incluir na nossa dúvida radical esta mesma oposição e afirmar o mais elevado «juízo infinito» da filosofia: não só o Espírito é um osso, como o ceticismo dialético radical *é* o relato estável de um conhecimento adquirido? A conquista suprema do pensar não é transpor a obra máxima da negatividade num relato seguro sobre um conhecido já dado? O contraste entre os dois (aqui, entre conteúdo e forma) não é em si mesmo a derradeira «contradição?» ([2]) Só esta resignação ao quadro universitário, este sacrifício da «criatividade», é o verdadeiro sacrifício do sacrifício, o sacrifício do próprio fascínio pelo nosso ceticismo criativo.

([2]) Tenho de acrescentar aqui uma confissão: esta é a razão por que me defino sempre como «materialista dialético», adotando aquele que é, talvez, o sistema filosófico mais estúpido do século XX.

ESCÓLIO 1.3

A «morte da verdade»

Nos debates sobre a explosão de notícias falsas na nossa (e não só) comunicação social, os críticos liberais costumam apontar para três acontecimentos que, combinados, revelam constantemente aquilo a que alguns chamam a «morte da verdade». Em primeiro lugar, a ascensão dos fundamentalismos religiosos e étnicos (e o seu anverso, o politicamente correto inflexível), que repudiam a argumentação racional e manipulam cruelmente os dados para fazerem passar a sua mensagem: os fundamentalistas cristãos mentem por Jesus, os esquerdistas politicamente corretos ocultam as notícias que mostram sob uma luz negativa as suas vítimas preferidas (ou denunciam os transmissores dessas notícias como «racistas islamófobos»), etc. Em segundo, os novos *media* digitais, que permitem que as pessoas formem comunidades definidas por interesses ideológicos específicos, comunidades onde podem partilhar notícias e opiniões fora de um espaço público unificado e onde as conspirações e teorias similares podem florescer sem restrições (basta olhar para o crescimento dos *sites* neonazis e antissemitas). Por último, o legado do «desconstrucionismo» pós-moderno e do relativismo historicista, que afirmam que não há uma verdade objetiva válida para todos, que qualquer verdade assenta num horizonte específico e se enraíza num ponto de vista subjetivo que depende de relações de poder, e que a maior ideologia é precisamente a ideia de que podemos sair da nossa limitação histórica e olhar objetivamente para as coisas. É claro que, em oposição a isto, os factos estão aí, acessíveis a uma abordagem desinteressada e objetiva, e devemos estabelecer uma distinção entre a liberdade das opiniões e a liberdade dos factos. Os liberais, portanto, podem ocupar confortavelmente o terreno privilegiado da veracidade e rejeitar os dois lados, tanto a direita alternativa como a esquerda radical.

Os problemas começam com a última distinção: em certo sentido, *existem* «factos alternativos» — é claro que não no sentido em que o holocausto aconteceu ou não aconteceu. (A propósito, todos os revisionistas do holocausto que conheço, desde David Irving, argumentam de uma forma estritamente empírica com dados verificáveis — mas nenhum deles evoca o relativismo pós-moderno!) Os «dados» constituem um domínio vasto e impenetrável e abordamo-los sempre a partir de (como a hermenêutica lhe chama) um certo horizonte de entendimento, privilegiando alguns dados e omitindo outros. Todas as nossas histórias são precisamente isso — histórias, uma combinação de dados (selecionados) em narrativas consistentes, e não reproduções fotográficas da realidade. Por exemplo, um historiador antissemita pode facilmente escrever uma descrição geral do papel dos judeus na vida social da Alemanha nos anos 1920, sublinhando que certas profissões (juristas, jornalistas, artistas) eram numericamente dominadas por judeus — tudo (provavelmente, mais ou menos) verdade, mas claramente ao serviço de uma mentira. As mentiras mais eficientes são as mentiras com a verdade, as mentiras que reproduzem apenas dados factuais. Consideremos a história de um país: podemos contá-la a partir do ponto de vista político (com ênfase nas contingências do poder político), do desenvolvimento económico, das lutas ideológicas, da miséria e do protesto do povo... todas as abordagens podem ser factualmente corretas, mas não são «verdadeiras» no mesmo sentido enfático. Não há nada de «relativista» no facto de a história humana ser sempre contada a partir de um certo ponto de vista, sustentado por certos interesses ideológicos. O difícil é mostrar como alguns desses pontos de vista interessados não são igualmente verdadeiros — alguns são mais «verídicos» do que outros. Por exemplo, se narrarmos a história da Alemanha nazi a partir do ponto de vista do sofrimento dos oprimidos, ou seja, se formos movidos por um interesse na emancipação humana universal, não se trata apenas de uma questão de um ponto de vista subjetivo diferente: esta narração da história também é imanentemente «mais verdadeira» porque descreve de forma mais adequada as dinâmicas da totalidade social que deram origem ao nazismo. Nem todos os «interesses subjetivos» são iguais — não só porque alguns são eticamente preferíveis a outros, mas também porque os «interesses subjetivos» não estão fora da totalidade social, eles próprios são momentos da totalidade social, formados por participantes ativos (ou passivos) nos processos sociais. O título da obra-prima de Habermas, *Conhecimento e Interesse Humano* é, talvez, mais relevante hoje do que nunca.

Há um problema maior com a premissa subjacente dos que proclamam a «morte da verdade»: falam como se antes (por exemplo, até aos anos 1980), apesar de todas as manipulações e distorções, a verdade prevalecesse de algum modo e como se a «morte da verdade» fosse um fenómeno relativamente recente. Uma panorâmica rápida diz-nos que isto não é verdade: muitas foram as violações dos direitos humanos e as catástrofes humanas que permaneceram invisíveis, desde a Guerra do Vietname até à invasão do Iraque. Basta lembrar os tempos de Nixon, Reagan, Bush... A diferença não é que o passado era mais «verídico», mas sim que a hegemonia ideológica era muito mais forte, de tal maneira que, em vez da multidão de «verdades» locais, uma «verdade» (ou melhor, uma grande Mentira) prevalecia. No Ocidente, esta era a Verdade liberal-democrática (de tendência esquerdista ou direitista). O que hoje acontece é que, com a vaga populista que perturbou o sistema político tradicional, a Verdade/Mentira que servia de base ideológica a esse sistema também se desmoronou. E a grande razão desta desintegração não é a ascensão do relativismo pós-moderno, mas o fracasso do sistema tradicional, que já não é capaz de conservar a sua hegemonia ideológica.

Podemos agora perceber o que aqueles que choram a «morte da verdade» lamentam realmente: a desintegração de uma grande História mais ou menos aceite pela maioria, que dava estabilidade ideológica a uma sociedade. O segredo dos que amaldiçoam o «relativismo historicista» é a saudade que têm da situação segura em que uma grande Verdade (mesmo que fosse uma grande Mentira) providenciava a todos um «mapeamento cognitivo» básico. Em suma, aqueles que lamentam a «morte da verdade» são os verdadeiros e mais radicais agentes desta morte: o seu lema é aquele atribuído a Goethe, «*besser Unrecht als Unordnung*», antes a injustiça que a desordem, antes uma grande Mentira que a realidade de uma mistura de mentiras e verdades.

Significará isto que a única posição honesta é o relativismo pós-moderno, que afirma que devemos aceitar a mistura de mentiras e de verdades (pequenas) como a nossa realidade e que qualquer grande Verdade é uma mentira? De modo nenhum. Significa apenas que não há regresso à velha hegemonia ideológica — a única maneira de regressar à Verdade é reconstruí-la a partir de uma posição empenhada na emancipação universal. O paradoxo que temos de aceitar é que a verdade universal e a parcialidade não se excluem mutuamente: na nossa vida social, a verdade universal só é acessível aos que se envolvem na luta pela emancipação, e não aos que tentam conservar a indiferença «objetiva». Para voltarmos ao nosso exemplo: o antissemitismo (mas também qualquer outra forma de racismo) é absolutamente errado, mesmo que sustentado por «verdades» (dados exatos) parciais. Não há apenas dados verdadeiros e falsos, também há pontos de vista subjetivos verdadeiros e falsos, pois estes pontos de vista fazem parte da realidade social.

TEOREMA II

O sexo como o nosso encontro com o Absoluto

A única maneira de nós, humanos, sairmos do desfasamento da paralaxe em que estamos presos é através da experiência da sexualidade, que, precisamente por fracassar em atingir o seu objetivo, nos permite alcançar a dimensão do Absoluto.

Antinomias da sexuação pura

Para demonstrar a nossa tese de que a dimensão transcendental está intimamente ligada à sexualidade, temos de recuar um quarto de século. Tudo começou quando Joan Copjec observou o facto óbvio ignorado por todos os teóricos lacanianos (e do qual o próprio Lacan também não estava, obviamente, consciente): as fórmulas de sexuação de Lacan reproduzem exatamente a estrutura das antinomias da razão pura de Kant, de tal maneira que deviam ser consideradas antinomias da sexuação pura.([1]) Lacan elaborou as inconsistências que estruturam a diferença sexual nas suas «fórmulas de sexuação», em que o lado masculino é definido pela função universal e pela sua exceção constitutiva, e o lado feminino pelo paradoxo «não-todo» (*pas-tout*) (não há exceção e,

([1]) Ver Joan Copjec, *Read My Desire*, Cambridge (Ma.): MIT Press, 1994.

por isso mesmo, o conjunto é não-todo, não-totalizado). A ideia de Kant das antinomias da razão pura afirma que o único uso legítimo das categorias transcendentais é o campo da realidade fenoménica que nos aparece, aos seres humanos finitos — se aplicarmos essas categorias à realidade «em si mesma», tal como é independentemente de nós, ou seja, se tentarmos pensar a realidade na sua totalidade, como o Todo infinito, a nossa razão fica necessariamente enredada numa série de antinomias insolúveis.

As antinomias matemáticas

A primeira antinomia (do espaço e do tempo)

Tese: O mundo tem um começo no tempo e é também limitado no espaço.

Antítese: O mundo não tem nem começo nem limites no espaço; é infinito tanto no tempo como no espaço.

A segunda antinomia (do atomismo)

Tese: Toda a substância composta, no mundo, é constituída por partes simples e não existe nada mais que o simples ou o composto pelo simples.

Antítese: Nenhuma coisa composta, no mundo, é constituída por partes simples, nem no mundo existe nada que seja simples.

As antinomias dinâmicas

A terceira antinomia (da espontaneidade e do determinismo causal)

Tese: A causalidade segundo as leis da natureza não é a única de onde podem ser derivados os fenómenos do mundo no seu conjunto. Há ainda uma causalidade pela espontaneidade que é necessário admitir para os explicar.

Antítese: Não há espontaneidade, mas tudo no mundo acontece unicamente em virtude das leis da natureza.

A quarta antinomia (do ser necessário ou não necessário)

Tese: Ao mundo pertence qualquer coisa que, seja como sua parte, seja como sua causa, é um ser absolutamente necessário.

Antítese: Não há em parte alguma um ser absolutamente necessário, nem no mundo, nem fora do mundo, que seja a sua causa.

As duas antinomias matemáticas lidam com o âmbito qualitativo da realidade nas duas direções (para fora e para baixo): a realidade é infinitamente divisível, é composta de partes finitas indivisíveis; a realidade é infinita (não há nada de externo à realidade), a realidade é finita (tem um limite). As duas antinomias dinâmicas lidam com a exceção qualitativa à realidade: toda a realidade é determinada pela rede imanente de causas e efeitos, há uma causa superior que transcende a rede de causas naturais, e esta causa opera de forma espontânea (começa por si mesma, não está subordinada a outra causa). As antinomias matemáticas dizem respeito à natureza imanente (não-)toda da realidade, enquanto as antinomias dinâmicas dizem respeito a uma exceção à ordem universal da realidade. E, mais uma vez, o que Copjec observou é que o par de antinomias dinâmicas e matemáticas reflete perfeitamente os dois lados das «fórmulas de sexuação» lacanianas: para Lacan, aquilo que caracteriza o estatuto da diferença sexual no nosso espaço simbólico não é a oposição de duas entidades substanciais, o masculino e o feminino, mas os dois modos do impasse que é constitutivo da ordem simbólica: para afirmar o Todo desta ordem, precisamos de uma exceção, e se não houver exceção, a ordem é não-toda (pois só uma exceção a pode totalizar). Estas são as fórmulas de sexuação de Lacan:

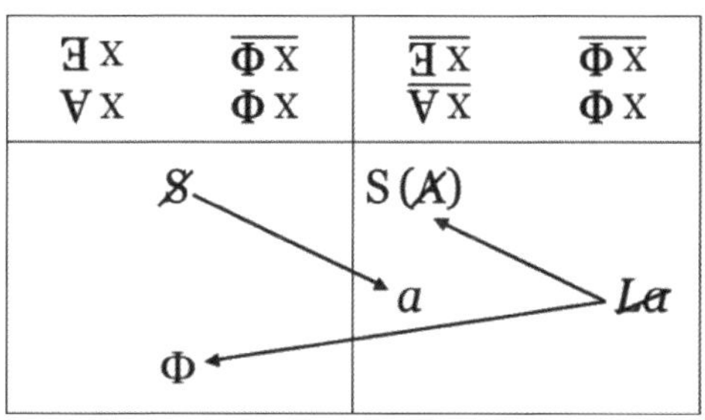

O lado esquerdo («masculino») é definido pela universalidade da «função fálica» (em, que o falo — Phi — representa o significante do desejo/castração) e pela sua exceção constitutiva: todos os elementos estão subordinados à função fálica; há (pelo menos) um que está isento dela. O lado direito («feminino») é definido pela ausência de exceção (não há nenhum elemento que não esteja subordinado à função fálica), o que torna o conjunto de elementos não-todo (não-todos estão subordinados à função fálica). De um modo muito simplificado, estas fórmulas também podem ser lidas como uma variação do velho lema «a exceção faz a regra». As fórmulas da parte inferior também devem ser explicadas. No lado masculino, o sujeito confronta o *objet a*, o objeto-causa do desejo, enquanto o lado feminino é mais complexo: não implica que a mulher (não-existente) (a *La* riscada) seja dividida no sentido em que parte dela está subordinada a função fálica e outra parte não está subordinada. A mulher (não-existente) está totalmente subordinada à função fálica, sem exceção, e é precisamente esta ausência de exceção que lhe permite ver o Phi — o fascinante Significante-Mestre — como um significante da inconsistência/falta do grande Outro. Um exemplo simples: para um patriota, o Nome da sua nação é o significante supremo a que a sua vida é dedicada. No entanto, olhando mais de perto, descobrimos rapidamente que este Significante-Mestre é em si mesmo insignificante, um significante vazio que apenas regista (e ao mesmo tempo ofusca) as inconsistências e os antagonismos no próprio núcleo de cada projeto nacional.

A que equivale esta estranha homologia estrutural entre as antinomias kantianas e as fórmulas de sexuação de Lacan?(2) Há alguma loucura adequada (talvez até «pura» no sentido kantiano de não-patológica) nesta comparação: o que tem a circunscrição kantiana dos limites do nosso saber em comum com os impasses da sexualidade humana? Porquê ligar a tese Lacan, de que *il n'y a pas de rapport sexuel*, à premissa de Kant de que não há relação cognitiva, ou seja, de que o nosso conhecimento nunca pode estar diretamente relacionado com a realidade tal como é em si mesma? Tentemos explicar esta ligação; e tentemos também responder a outra crítica óbvia: mesmo que admitamos que há

---

(2) No que se segue, regresso à linha de pensamento de muitos dos meus livros; a última versão está no capítulo 1.2 de *Incontinence of the Void*, Cambridge (Ma.): MIT Press, 2017.

uma homologia formal entre as antinomias kantianas e as fórmulas de sexuação de Lacan, será que estas fórmulas providenciam realmente uma noção adequada da estrutura básica da diferença sexual humana? O que é que este fenómeno da sexualidade humana, este resultado de uma interligação complexa de processos biológicos, sociais e psicológicos, tem que ver com um par de fórmulas lógicas bastante simples e autocontraditórias? Lacan não está a falar de biologia, mas da diferença sexual como o facto do nosso universo simbólico: a ligação entre os paradoxos simbólicos apresentados pelas fórmulas de sexuação e a biologia do sexo é, obviamente, contingente e externa — as fórmulas de sexuação registam o impasse com que um ser-de-linguagem humano se depara quando tenta simbolizar a sua sexualidade. Mas será isto suficiente e funcionará realmente como explicação?

Comecemos pelas antinomias de Kant. As antinomias assinalam impossibilidade (a impossibilidade de apreender a Coisa-em-si), e o impossível só pode ser circunscrito por meio de fracassos, de um modo negativo, o que, para Kant, significa: como sublime. É fácil perceber por que razão esta passagem das antinomias da razão pura para o tópico do Sublime torna a ligação entre as antinomias e o sexo (diferença sexual) palpável: no seu ensaio pré-crítico sobre o Belo e o Sublime, o próprio Kant liga o Sublime à diferença sexual (o sublime é masculino, o belo é feminino). Para Lacan, o sexo é, enquanto tal, sublime, não só na sua forma «sublimada» (cultivada), mas também na sua forma humana mais básica: é sublime porque o fracasso e o apego a uma Coisa impossível-real são constitutivos da experiência sexual. Aqui, temos de corrigir Kant: ele posiciona erradamente a diferença sexual, pois está localizada no interior do próprio Sublime, nos seus dois modos (o masculino «dinâmico» e o feminino «matemático»). Desenvolvamos este ponto essencial. Os dois modos das antinomias (matemático e dinâmico) apresentados na *Crítica da Razão Pura* correspondem aos dois modos do sublime, matemático e dinâmico, apresentados na *Crítica da Faculdade do Juízo*. O ponto de partida de Kant é a diferença entre o belo e o sublime: a beleza «está ligada à forma do objeto», tem «limites», enquanto o sublime não tem forma nem limites,

> não pode estar contido em nenhuma forma sensível, mas concerne somente as ideias da razão, as quais, se bem que não lhes seja

> possível nenhuma apresentação adequada, precisamente por esta inadequação, que deixa apresentar-se sensivelmente, são ativadas e chamadas ao ânimo. Assim, o extenso oceano, revolto por tempestades, não pode ser denominado sublime. A sua contemplação é horrível; e já se tem que ter preenchido o ânimo com muitas ideias se através de uma tal intuição nos devemos dispor a um sentimento, o qual é ele mesmo sublime, enquanto o ânimo é incitado a abandonar a sensibilidade e a ocupar-se com ideias que possuem uma conformidade a fins superior. ([3])

Esta experiência pode acontecer de dois modos, o matemático e o dinâmico. A experiência do sublime matemático é ocasionada por um objeto quase inapreensível, vasto e informe: a certo ponto, as capacidades dos nossos sentidos e da nossa Imaginação (a faculdade da mente que esquematiza e apreende o mundo sensível em imagens e formas) não consegue sintetizar todas as perceções imediatas de tal objeto enorme e informe numa imagem plena e unificada de uma única figura; a sua escala, por si só, ameaça esmagar os poderes mentais de compreensão, a nossa capacidade de apreender a sua magnitude com o olho da mente. Se isto começa por ser uma experiência desagradável e humilhante, também é o ponto em que a razão entra, pois a razão possui outro recurso — a ideia de infinito, retirada do domínio do nosso ser suprassensível. Assim, ainda que o objeto pareça, no início, esmagar as nossas capacidades, descobrimos que só as nossas capacidades sensoriais são assim ameaçadas. A nossa Razão tem à sua disposição uma ideia que é muito maior que o objeto e, portanto, podemos representá-lo como aproximando-se meramente — de forma inadequada — da aparência do infinito. Neste movimento, somos afastados da nossa experiência sensível, em direção a um reconhecimento dos poderes «superiores», sublimes e transcendentais da Razão que temos em nós.

O sublime dinâmico, em vez de lidar com um grande objeto, lida com uma força natural enormemente poderosa — uma tempestade, por exemplo. Tal como o sublime matemático, começamos por reconhecer nessa força a inadequação aparente do humano: somos pequenos e fracos, e a tempestade pode facilmente

---

([3]) Immanuel Kant, *Critique of Judgment*, Indianápolis: Hackett, 1987, §. 23. [*Crítica da Faculdade do Juízo*, § 23, p. 139.]

destruir-nos. No entanto, quando não nos confrontamos com um perigo imediato, quando a tempestade pode ser experienciada como uma mera representação e não como uma ameaça direta à vida e ao corpo, podemos reconhecê-la como temível sem ter medo e, neste ponto, «descobrimos em nós um poder de resistência de um tipo totalmente diferente, que nos encoraja a medir-nos com a aparente omnipotência da natureza» ([4]). Este poder de resistência é um poder

> de considerar como pequeno aquilo que nos preocupa (bens, saúde e vida) e por isso, contudo, não considerar o seu poder (ao qual estamos sem dúvida submetidos com respeito a essas coisas) absolutamente como uma tal força para nós e para a nossa personalidade, e sob a qual tivéssemos que nos curvar, quando se tratasse dos nossos mais altos princípios da sua afirmação ou do seu abandono. ([5])

Embora, objetivamente, estejamos fisicamente submetidos ao poder da natureza para nos destruir, enquanto seres livres e racionais, também podemos agir, em nome dos nossos princípios mais altos e mais racionais, contra este autointeresse restrito. O que é sublime, portanto, nesta experiência é o reconhecimento dos recursos que possuímos em nós para o heroísmo. Não se pode passar ao lado das conotações éticas na versão de Kant do sublime, em especial com o sublime dinâmico, mas também com o sublime matemático: o sublime concede-nos um sentimento daquilo que está para além do nosso autointeresse e permite-nos o acesso ao tipo de desinteresse racional (assim como um prazer daí derivado) que, para Kant, deve constituir a base da ação ética e não egoísta — no sublime, reconhecemos a nossa liberdade mais elevada e mais autêntica. ([6])

É aqui que uma referência a Lacan nos ajuda a ler o sublime kantiano de uma nova maneira. No seu «Kant com Sade», Lacan demonstra como Sade é a verdade de Kant. A primeira associação, obviamente, é a seguinte: do que se trata aqui? Na nossa época

---

([4]) *Ibid.*, § 28.

([5]) *Ibid.*

([6]) Nesta descrição, baseio-me em http://lukewhite.me.uk/sub_history.htm#kant.

freudiana pós-idealista, toda a gente sabe o que representa o «com» — a verdade do rigorismo ético de Kant é o sadismo da lei, ou seja, a lei kantiana é uma ação do superego que, sadicamente, tem prazer no impasse do sujeito, na sua incapacidade de satisfazer as suas exigências inexoráveis, como a figura do professor que tortura os alunos com tarefas impossíveis e que secretamente tem prazer com os seus fracassos. A questão de Lacan, porém, é exatamente o oposto desta primeira associação. Ou seja, temos de ter em mente que o foco de Lacan é sempre Kant e não Sade: está interessado nas consequências definitivas e nas premissas rejeitadas da revolução ética kantiana. Por outras palavras, Lacan não tenta formular a habitual questão «reducionista» de que qualquer ato ético, por muito puro e desinteressado que pareça, se baseia sempre numa motivação «patológica» (o interesse a longo prazo do agente, a admiração dos pares ou até a satisfação «negativa» providenciada pelo sofrimento e pela extorsão muitas vezes exigidos pelos atos éticos); o foco do interesse de Lacan reside, ao invés, na inversão paradoxal pela qual o próprio desejo (ou seja, a ação motivada pelo desejo e não contra este) já não assenta em motivações ou interesses «patológicos», e assim satisfaz os critérios do ato ético kantiano, de maneira que o «seguir o próprio desejo» se sobrepõe ao «cumprir o próprio dever». Basta recordar o famoso exemplo de Kant na sua *Crítica da Razão Prática*:

> Suponde que alguém alega como pretexto ser-lhe totalmente irresistível a sua tendência voluptuosa, quando o objeto amado e a ocasião se lhe apresentam: pergunta-se se, estando uma forca erguida diante da casa onde esta ocasião se lhe oferece, para nela imediatamente o pendurar logo após a satisfação da volúpia, ele não dominaria então a sua inclinação. Não é preciso adivinhar o que ele responderia.(7)

O contra-argumento de Lacan é que, sem dúvida, *temos* de adivinhar qual seria a sua resposta: e se nos depararmos com um sujeito (como acontece regulamente na psicanálise) que só pode desfrutar totalmente de uma noite de paixão se algum tipo de «forca» o ameaçar, ou seja, se, ao fazê-lo, estiver a violar alguma

(7) Immanuel Kant, *Critique of Practical Reason*, Nova Iorque: Macmillan, 1993, p. 30. [*Crítica da Razão Prática*, Ed. 70, Lisboa, 2020, § 6, p. 49.]

proibição? A questão de Lacan é que, se a paixão sexual satisfatória envolver a suspensão dos interesses «egoístas» até mais elementares, se esta satisfação estiver claramente localizada «para além do princípio do prazer», então, apesar de todas as aparências em contrário, lidamos com um ato ético, a sua «paixão é, *stricto sensu*, ética — ou, como diz sucintamente Alenka Zupančič: «Se, como Kant afirma, só a lei moral pode induzir-nos a pôr de lado todos os nossos interesses patológicos e a aceitar a nossa morte, então o caso de um indivíduo que passe a noite com uma mulher, mesmo sabendo que pagará isso com a sua vida, é o caso da lei moral.» ([8])

Isto significa que aquilo a que Lacan chama *jouissance*, gozo excessivo, também está, tal como a lei moral, para além do interesse próprio e do princípio do prazer. À dimensão que está para além do princípio do prazer, Freud chama pulsão de morte e, por isso, a pulsão de morte também é não-patológica no sentido kantiano: dá prazer, mas prazer na dor, exatamente como o sublime kantiano. Como é isto possível? Só se — em contraste com Kant — afirmarmos que a faculdade de desejar não é em si mesma «patológica». Em suma, como já vimos, Lacan afirma a necessidade de uma «crítica do desejo puro»: em contraste com Kant, para quem a nossa capacidade de desejar é totalmente «patológica», Lacan diz que há uma «faculdade pura do desejo». E, mais uma vez, o que isto significa é que, quando Kant diz que o sublime é um triunfo do suprassensível sobre o sensível, avança um pouco depressa de mais: limita o sensível aos prazeres patológicos e identifica o suprassensível e o não-patológico com a Razão e a lei moral. É por isso que Kant privilegia claramente o sublime dinâmico, no qual experienciamos de forma negativa a lei moral como a força que nos permite resistir à ameaça externa das grandes forças naturais. (Recordemos que, para Kant, só experienciamos a liberdade por meio da lei moral: a liberdade é, em última análise, a liberdade de escapar ao determinismo natural, e a pressão da lei natural permite-nos agir livremente e escapar contra os nossos interesses próprios.) ([9]) Mas aquilo que acontece na nossa experiência do

([8]) Alenka Zupančič, «The Subject of the Law», in *Cogito and the Unconscious*, org. Slavoj Žižek, Durham: Duke UP, 1998, p. 89.

([9]) A preferência de Kant pelas antinomias dinâmicas também é claramente visível no modo como trata a diferença destas em relação às antinomias matemáticas: de forma sucinta, nas antinomias matemáticas, a tese e a antítese são *ambas* falsas (*pois não há mundo no sentido da totalidade das* sublime matemático é diferente: se olharmos atentamente, vemos que não implica uma referência a outra dimensão «superior» externa ao sensível, não implica uma exceção à ordem do sensível — o «suprassensível» aí implicado é o próprio sensível estendido às limitações dos poderes de perceção humanos. A diferença que encontramos aqui é imanente ao sensível e enquadra-se naquilo que Lacan formulou como a antinomia do não-todo: não há exceção à ordem sensível, mas mesmo assim não podemos totalizá-la, ou seja, esta ordem é sempre não-toda. Por outras palavras, na medida em que o sensível é aqui transposto, não é transposto para outra dimensão mais elevada, mas sim a partir de dentro, preso na sua própria inconsistência — esta é a tensão imanente que caracteriza aquilo a que Lacan chama *jouissance féminine*. Regressamos aqui à diferença entre a antinomia da sexualidade masculina e a antinomia da sexualidade feminina que resumimos na Introdução: a *jouissance féminine* é ilimitada e, por isso, atravessada por um impasse imanente que pode levá-la à autorrenúncia, enquanto a economia sexual masculina assenta numa exceção não-sexual (ética, no caso de Kant) que sustenta a sua universalidade.

É por isso que a Igreja Católica tende a reduzir a atividade sexual (quando separada da procriação) à animalidade crua: percebe muito bem que o sexo é o grande concorrente, a primeira e mais básica instância de uma experiência propriamente meta-física. A paixão sexual introduz um corte violento no fluxo da nossa vida quotidiana: outra dimensão intervém nela que nos faz negligenciar os nossos interesses e obrigações do quotidiano. A Igreja Católica ignora o facto evidente de que são precisamente os animais que o fazem para procriar, enquanto os humanos, absortos na paixão sexual, isolam algo (o ato sexual) que, na natureza, funciona como meio de procriação e fazem dele um fim em si mesmo, um ato da experiência intensa do gozo espiritualizado. É por isso que a psicanálise se refere ao sexo: não por o sexo ser a

---

aparências condicionadas), enquanto, nas antinomias dinâmicas, os dois lados da antinomia são corretos — podemos admitir cada um dos lados na condição de que se limite o domínio abrangido pela afirmação. A exigência da tese de um começo causal absoluto ou de um ser necessário pode ser admitida, mas não como «parte de» ou como uma explicação das aparências na natureza, e as conclusões da antítese podem ser admitidas, mas apenas em relação aos objetos da natureza vistos como aparências, enquanto nenhuma síntese dos dois polos é possível no caso das antinomias matemáticas.

substância natural do nosso ser, que é depois cultivado por meio dos ritos complexos de civilização (cujo lugar próprio é a linguagem e/ou o trabalho) — a rutura com a «vida natural» ocorre no próprio sexo, ou seja, como tentámos demonstrar na nossa leitura de Kant, a tensão que caracteriza o Sublime é imanente à sexualidade, designa o seu antagonismo imanente, não é uma tensão entre a sexualidade sensível e outra dimensão «mais elevada».

Por causa desta tensão imanente, o gozo sexual não só está condenado a fracassar, como também, de certo modo, o gozo é o próprio fracasso, falhando uma e outra vez, repetindo o fracasso. Imaginemos uma cena simples: aperto a mão a uma pessoa, mas, em vez de largá-la após algum tempo, continuo a apertá-la de forma rítmica — este meu comportamento não criaria o efeito de uma erotização indesejada e embaraçosa? A Coisa sexual sublime (o Em-si numénico sexual, para o dizer em termos kantianos) não é diretamente acessível, só pode ser circunscrita como o ponto focal ausente das tentativas repetidas de a apreender, ou, como Kant diz, só pode ser negativamente evocada por meio dos fracassos sucessivos em apreendê-la. É por isso que a dor, a dor do fracasso, faz parte da experiência sexual intensa, e o gozo só emerge como o efeito do prazer arruinado pela dor.

Devemos recordar aqui a definição lacaniana do sublime: «um objeto elevado ao nível da Coisa», uma coisa ou um ato vulgar pelo qual, num curto-circuito frágil, a Coisa Real impossível transpira. É por isso que, na interação erótica intensa, uma palavra errada, um gesto vulgar bastam para que ocorra uma dessublimação violenta, e caímos da tensão erótica para uma copulação vulgar. Imagine-se que, no enlevo da paixão erótica, um indivíduo observa atentamente a vagina da amada, tremendo com a promessa dos prazeres antecipados — mas, depois, algo acontece, «perde o contacto», cai da absorção erótica e, à sua frente, aparece a carne na sua realidade vulgar, com o cheiro a urina e suor, etc. (E é fácil imaginar a experiência oposta com um pénis.) Que acontece aqui? Será que experienciamos aquilo a que Lacan chama «atravessar a fantasia» — a camada protetora de fantasias desintegra-se e confrontamo-nos com o real dessublimado da carne? Para Lacan, é exatamente o contrário que acontece na cena que descrevemos: a vagina deixa de ser «um objeto elevado à dignidade de uma Coisa» e torna-se parte da realidade ordinária. É neste sentido que a sublimação não é o oposto da sexualização, mas o seu equivalente: o Real é o X imaterial e enigmático sob cujo domínio a vagina nos atrai.([10])

E é por isso, também no erotismo, que basta um pequeno passo para ir do sublime ao ridículo. O ato sexual e o cómico: parece que estas duas noções se excluem a si mesmas radicalmente — o ato sexual não é o momento da relação mais íntima, o ponto em relação ao qual o sujeito participante nunca pode assumir a atitude de um observador externo irónico? Por esta mesma razão, porém, o ato sexual só pode parecer ridículo para quem não está diretamente envolvido nele; o efeito cómico surge do desacordo entre a intensidade do ato e a calma indiferente da vida quotidiana. Para o olhar externo e «sóbrio», existe algo de irredutivelmente engraçado (estúpido, excessivo) no ato sexual — podemos recordar aqui a memorável rejeição do ato sexual pelo conde de Chesterfield: «O prazer é momentâneo, a posição ridícula e a despesa condenável.»([11]) Assim, mais uma vez, como é que a diferença sexual se inscreve nesta estrutura do fracasso que cria *jouissance*? Temos de ter em mente que o masculino e o feminino não são entidades positivas, mas estruturas formais de dois tipos de antagonismos. Consideremos um exemplo recente. As notícias sobre o movimento MeToo são geralmente acompanhadas pela fotografia de uma mulher a segurar um cartaz a dizer qualquer coisa como «sou identificada como mulher, mas quero sair deste quadro». A ideia subjacente a esta afirmação é que a identidade feminina (tal como definida pelo discurso hegemónico) é uma ideologia patriarcal e que deve ser rejeitada pelas mulheres que lutam pela sua emancipação;

([10]) Num debate, levantou-se a questão crítica de esta experiência de repugnância que pode ocorrer durante uma atividade sexual intensa ser o resultado da abordagem intelectual que me distancia da experiência corporal imediata. Esta crítica não é válida porque a experiência descrita surge como um sentimento interior brutal quando a rede de fantasia que estrutura a nossa perceção da realidade se desintegra — nela, caímos precisamente na realidade crua da presença corpórea estúpida. É por isso que seria interessante investigar se os primatas que copulam também podem experienciar essa repugnância que os distancia da imersão plena na atividade sexual. Em princípio, a resposta deveria ser negativa, uma vez que a distanciação só pode ocorrer quando se habita o universo simbólico.

([11]) Para uma descrição mais pormenorizada da relação entre a sexualidade e o cómico, ver o apêndice 1 do meu *The Plague of Fantasies*, Londres: Verso Books, 1997.

no entanto, esta rejeição é o gesto feminino por excelência, um gesto de resistência histérica à interpelação. Em termos althusserianos, o fulcro da subjetividade feminina é o questionamento histérico da identidade fornecida pela interpelação ideológica: «Você (o Senhor) diz que eu sou isso, mas porque sou eu o que diz que sou?» Assim, enquanto as mulheres são como uma tartaruga que tenta sair do constrangimento da sua carapaça ideológica, os homens fazem o contrário, tentando alcançar a sua identidade simbólica fálica que lhes escapa sempre, assombrados por uma dúvida compulsiva: «Serei realmente um homem?» Em suma, a diferença sexual é a sua própria metadiferença: não é a diferença entre os dois sexos, mas a diferença entre os dois modos de diferença sexual, entre os dois «funcionamentos» da diferença sexual: uma maneira de ler as fórmulas de sexuação de Lacan é também que, do ponto de vista masculino, a diferença sexual é a diferença entre a universalidade humana (masculina) e a sua exceção (feminina), enquanto, do ponto de vista feminino, é a diferença entre o não-todo (feminino) e a não-exceção (masculino). Por outras palavras, a diferença sexual não é uma diferença entre as duas espécies de universalidade do sexo (que podemos depois complementar com outras espécies — transgénero, etc.), mas a diferença que divide a partir do interior a própria universalidade do sexo.

Regressemos ao transcendental kantiano: o que isto significa é que o transcendental não é uma moldura universal estável perturbada pela multiplicidade caótica das sensações externas; ao invés, é cortado a partir de dentro, antinómico, atravessado por inconsistências imanentes. É por isso que o transcendental kantiano tem de acabar na «eutanásia da razão pura» (A407/B434), na razão a desesperar com a sua própria impotência. A consequência filosófica deste desespero é a rejeição, por Kant, da ontologia como *metaphysica generalis*, um conhecimento universal formal da realidade, independente dos dados sensíveis particulares: meras formas de pensamento que não podem deter conhecimento dos objetos, de modo que «o orgulhoso nome de ontologia, que se arroga a pretensão de oferecer, em doutrina sistemática, conhecimentos sintéticos *a priori* das coisas em si […] tem de ser substituído pela mais modesta denominação de simples analítica do entendimento puro» ([12]).

([12]) Immanuel Kant, *Critique of Pure Reason*, Londres: Everyman's Library, 1988, A247/B304. [*Crítica da Razão Pura*, p. 264.]

O que torna a situação catastrófica é não podermos evitar a tentação metafísica e, depois, tentar apresentar um conhecimento adequado: as nossas propensões metafísicas assentam na «natureza da razão humana», na prescrição racional para alcançar a unidade sistemática e a totalidade do conhecimento, de maneira que a mesma exigência que orienta as nossas investigações científicas racionais e que define a nossa razão (humana) é também o *locus* do erro que precisa de ser restringido ou evitado. Em suma, Kant identifica a razão como a base de um tipo singular de erro, que está essencialmente ligado às propensões metafísicas, a que ele se refere como «ilusão transcendental». As ideias da razão (a alma, o mundo e deus), que são pensadas em conformidade com a busca de uma entidade incondicionada que possa unificar o domínio relevante das condições, são erroneamente «hipostasiadas» pela razão ou pensadas como «objetos» independentes da mente, sobre os quais podemos procurar conhecimento. Kant pensa que um aspeto da autoconsciência (a natureza idêntica do «eu» da aperceção) é transformado numa metafísica de um si-mesmo (como objeto) que só é ostensivamente «conhecido» pela razão como substancial, simples, idêntico, etc. Esta passagem do «eu» da aperceção para a constituição do sujeito como um objeto (a alma, em Kant) — uma passagem hoje popularizada pela ontologia orientada para o objeto, para a qual o sujeito é um dos objetos — é descrita por Kant como um caso de paralogismo da razão pura:

> Aquilo cuja representação é o *sujeito absoluto* dos nossos juízos e, portanto, não pode ser utilizado como determinação de uma outra coisa, é *substância*. Eu, como ser pensante, sou o sujeito absoluto de todos os meus juízos possíveis e essa representação de mim mesmo não pode ser utilizada para predicado de qualquer outra coisa. Portanto, eu, como ser pensante (como alma), sou substância.([13])

A premissa maior fornece a definição geral de substância, exprimindo assim a regra geral segundo a qual os objetos podem ser pensados como substâncias. No entanto, é ilegítimo aplicar o conceito de substância ao eu, pois esse conceito só pode ser aplicado a objetos empíricos da realidade, e o eu não faz parte desses objetos. Kant formula aqui aquilo a que Lacan, mais tarde,

([13]) *Ibid.*, A349. [*Ibid.*, pp. 331-332.]

chamou a distinção entre o sujeito vazio/barrado do significante e o ego imaginário como objeto.([14])

Paralaxe sexual e conhecimento

Estas clarificações conduzem-nos à antiga e ingénua questão: afinal de contas, de que é composta a realidade? Será a verdadeira realidade infinitamente divisível, ou seja, composta de uma multiplicidade de multiplicidades, ou haverá uma quantidade mínima de Uns? Ou será a realidade um vazio a partir do qual as partículas flutuam, aparecem e desaparecem? Etc., etc. O ponto de partida que se impõe a partir da nossa perspetiva é diferente: é o de uma impossibilidade constitutiva. A realidade é não-Una, o que não significa apenas que seja múltipla: ser não-Una, a impossibilidade de ser Una, está inscrita nela como a sua condição mais profunda de (im)possibilidade. Isto significa que uma tensão deontológica está inscrita no próprio centro da ontologia: a realidade é em si mesma frustrada, não pode ser o que devia ser imanentemente. Ou, em termos hegelianos, o Uno só emerge como Uno por meio de uma autorrelação que opõe a sua unidade a todas as suas propriedades particulares partilhadas pelos outros, de maneira que tem de se dividir em Um em contraste com as suas propriedades. Ou seja, o que é a autoidentidade? Procedamos de forma wittgensteiniana e vejamos quando, na nossa linguagem contemporânea, recorremos a tautologias. Por exemplo, quando nos perguntam o que é uma rosa, respondemos simplesmente: «Uma rosa é... uma rosa.» Dizemos isto quando experienciamos o fracasso dos predicados: por muito que tentemos, os predicados não captam a coisa e, por isso, só podemos repetir o substantivo. A afirmação de autoidentidade é, pois, a afirmação da *própria diferença*: não só a diferença da coisa em relação a todas as outras coisas (no sentido de diferencialidade), mas a diferença de uma coisa em relação a si mesma, a diferença que atravessa uma coisa, a diferença entre a série dos seus predicados (que definem as suas características positivas) — «Uma rosa é uma rosa» significa que a rosa não pode ser reduzida à série dos seus predicados. Num bom exemplo de

---

([14]) Para esta descrição, baseio-me em https://plato.stanford.edu/entries/kant-metaphysics/.

ligação entre identidade e fracasso, qualquer autoidentidade assenta assim num fracasso de predicados. (Não há aqui espaço para tratar da relação entre este fracasso e o *objet a* como o evasivo e indefinível «não sei quê» que sustenta a identidade de uma coisa.) É neste sentido que uma coisa emerge da sua própria impossibilidade: para que uma coisa exista, só pode existir sobre o pano de fundo da sua impossibilidade, o que significa que a sua identidade é constitutivamente frustrada, reduzida.

Assim, como passamos do Um para o Dois? Há Dois porque o Um é em si mesmo «barrado», impossível: Dois são/é menos que Um, não é dois uns, mas o Um mais um vazio que o corta como marca da sua impossibilidade. Podemos ver aqui claramente o quão longe estamos da ideia tradicional da polaridade de forças opostas presas numa luta eterna: a assimetria dos dois polos é radical, o segundo elemento preenche apenas o vazio da incompletude do primeiro. De forma mais precisa, na medida em que o Um «barrado» significa que qualquer Um é totalmente descentrado, exposto a e mediado pelo seu fora que atravessa a sua unidade, isto cria a tentação de elevar este Outro ao nível superior absoluto, um campo complexo no qual se enraíza qualquer Um. Portanto, devemos resistir ainda mais a esta tentação: não há Outro, o Outro é em si mesmo «barrado», não fornece nenhuma base superior.

Na medida em que Kant foi, com a sua viragem transcendental, o primeiro a descrever o desfasamento que ainda define a nossa constelação contemporânea, o desfasamento entre o espaço da realidade e o seu horizonte transcendental, é óbvia a razão por que, da nossa perspetiva, o filósofo principal continua a ser Kant, com as suas antinomias da razão pura e, depois, com a passagem de Kant para Hegel. Devemos avançar aqui em dois passos. Em primeiro lugar, devemos sublinhar claramente a relação entre o pensamento transcendental de Kant e o fracasso da ontologia. Na perceção predominante, Kant admite abertamente o fracasso da ontologia geral que visa apreender o Todo da realidade: quando a nossa mente tenta fazer isto, fica inevitavelmente presa em antinomias. Hegel fecha então este fosso, reinterpretando as antinomias como contradições cujo movimento dialético nos permite apreender o Todo da realidade, ou seja, com Hegel, há um regresso à ontologia geral pré-crítica. Mas, e se a situação real for muito diferente? É verdade que Kant admite antinomias, mas só ao nível epistemológico, não como aspetos imanentes da inacessível

Coisa-em-si, enquanto Hegel transpõe as antinomias epistemológicas para a esfera ontológica e, assim, mina toda a ontologia: a «realidade em si mesma» é não-todo, antinómica. Devemos ter o cuidado de não ignorar o essencial da revolução filosófica de Kant: não insiste simplesmente no fosso intransponível que separa as aparências da coisa em si mesma. O fosso de que fala é entre a realidade fenoménica transcendentalmente constituída e o Real, a Coisa-em-si, e isto implica que a nossa própria realidade é não--toda, inconsistente. Só do ponto de vista desta revolução kantiana é que podemos entender o conceito de Hegel de negatividade como o poder disruptivo imanente à própria realidade.

Por conseguinte, temos de ser aqui muito rigorosos. Quando Kant lamenta que a Coisa-em-si é inacessível, é fácil detetar a falsidade deste lamento, que é antes um claro sinal de alívio — graças a deus, escapei ao perigo de me aproximar demasiado dela! Por isso é crucial observar que Kant não só tenta demonstrar o fosso entre as aparências e o Em-si; defende algo muito mais forte, as suas antinomias da razão pura deviam demonstrar que as aparências não podem ser o mesmo que o Em-si, que são necessariamente apenas aparências. (Numa homologia exata, Kant, na sua *Crítica da Razão Prática*, lamenta falsamente o facto de nunca podermos ter a certeza se o nosso ato foi realmente um ato ético livre e não um ato contaminado por motivações patológicas: mais uma vez, por detrás deste lamento, há um alívio de podermos evitar para sempre o Real da liberdade.) Uma crítica hegeliana de Kant não afirma apenas que as nossas aparências se enquadram no Em-si: pelo contrário, afirma plenamente o fosso entre as aparências e o Em-si, localizando o Real *neste próprio fosso*. Em suma, o próprio fosso que parece separar-nos para sempre do Em-si é uma característica deste, não pode ser reduzido a algo imanente à esfera dos fenómenos.

Isto significa que a viragem de Kant para Hegel, das antinomias epistemológicas para as antinomias inscritas na própria Coisa, não envolve nenhum tipo de regresso à metafísica pré-crítica, na qual apresentamos apenas uma imagem da realidade objetiva atravessada por antinomias. As antinomias não são redobradas no sentido em que as antinomias subjetivas, em vez de serem um obstáculo no acesso à Coisa, «refletem» as antinomias da Coisa. O nosso contacto com o Absoluto é a própria «distorção» subjetiva; assim, a superação de Kant não envolve qualquer tipo de dialética «objetiva», mas a inclusão de «distorções» subjetivas em processos «objetivos» — este redobramento da «distorção» é aquilo que define o Absoluto. Isto significa que, exatamente como o Absoluto, como a Coisa impossível-real, o sexo só é acessível como o ponto de referência sempre falhado de desvios e distorções. Um sexo diretamente acessível é apenas uma atividade biológica vulgar, não realmente «sexual» — só quando esta atividade fica presa na teia de diferimentos e de desvios é que se torna efetivamente sexual.

Desçamos da alta teoria da vida quotidiana e ilustremos esta questão com uma das estratégias da relação sexual: a manipulação hábil do que é dito ou não dito, que assume a forma da ênfase ambígua numa parte de uma frase de forma a gerar um sentido erótico que é depois imediatamente neutralizado, mas cujos efeitos não podem ser totalmente eliminados. Um amigo filósofo, depois de uma conferência por ele ministrada, disse-me que se envolveu com uma mulher num debate caloroso sobre a sua conferência e uma tensão erótica começou a gerar-se entre os dois, mas apenas ao nível de troca de olhares muito intensos e de gestos de mãos. Então, a certo ponto, como parte da conversa intelectual, ele começou a responder ao argumento dela com as palavras «Talvez eu possa colocar assim a questão», acompanhando as suas palavras com um gesto evocativo da sua mão, indicando o desejo de agarrar a interlocutora. Antes de ter terminado a frase, a mulher interrompeu-o com as palavras enfáticas «Sim, pode…» e, após uma pausa quase impercetível, continuou numa voz ligeiramente mais suave: «… formular assim a sua posição.» O que estava em causa era, obviamente, o duplo funcionamento do «Sim, pode», dito pela mulher: como parte da frase completa, exprimia o seu acordo com a linha de argumentação do homem, mas, isolada da segunda parte da frase, respondia diretamente ao gesto corporal dele, autorizando-o a agarrá-la. (E, por acaso, esta história teve um final feliz: ele leu corretamente a resposta dela e passaram a noite juntos.) É neste sentido que, como Lacan diz, a sexualidade se inscreve nos cortes e nas falhas da palavra dita: não é apenas que, por causa das regras de decoro, o sentido erótico tenha de ser apresentado de forma ambígua e indireta, mas sim que esta própria ambiguidade (o duplo sentido do «Sim, pode») erotizou ainda mais a situação. Por isso, o Absoluto é virtual (o ponto de referência impossível dos jogos eróticos) e, como tal, frágil: é a realidade vulgar que é aqui dura, inerte e estúpida, enquanto o Absoluto é especialmente frágil e fugaz.

Por conseguinte — regressando à questão principal —, como superar a abordagem transcendental elaborada por Kant, ou seja, como fazer a passagem de Kant para Hegel, sem regressar a uma ontologia realista pré-crítica? O resultado da limitação kantiana do cognoscível à realidade fenoménica transcendentalmente constituída não significa que, embora o pareça, a realidade fenoménica constitua um Todo consistente no qual nos possamos basear, relegando com segurança as inconsistências para o Além numénico. As antinomias da razão pura significam que o limite externo (que separa a realidade fenoménica do Além numénico) é simultaneamente interno (à realidade fenoménica): a razão é frustrada a partir de dentro, incapaz de se totalizar. Por isso, a grande consequência do transcendentalismo de Kant é o impasse da Razão: quando tenta superar os limites da nossa experiência finita, a razão (o *logos*, a ordem simbólica) fica necessariamente enredada em antinomias, uma prova de que a nossa razão não pode aceder à realidade tal como é em si mesma.

O passo seguinte diz respeito à homologia já elaborada entre a dualidade kantiana das antinomias matemáticas e dinâmicas da razão pura e as fórmulas de sexuação de Lacan, uma homologia que afirma a relevância ontológica da sexualidade (de um modo radicalmente diferente das cosmologias pré-modernas com a sua luta dos princípios opostos, *yin* e *yang*, etc.). No entanto, qual é a consequência exata desta ideia? Parece que, mais uma vez, formula a hipótese agnóstica transcendental, mas dando-lhe uma raiz freudiana — qualquer coisa como: a nossa razão fica enredada em antinomias, não pode aceder à realidade-em-si, porque é sempre «torcida» (constitutivamente) pela sexualidade (diferença sexual).

A questão aqui formulada é a seguinte: como podemos pensar esta «eutanásia da razão» (o enredamento inevitável da razão em antinomias radicais, a sua incapacidade de apreender a realidade na sua totalidade, como um Todo) sem postular (ou pressupor; ou — em termos hegelianos — postular como pressuposto) um Em-si fora do alcance da nossa razão? Obviamente, só há uma maneira (hegeliana): fazer a passagem do impasse epistemológico para a impossibilidade ontológica, ou seja, conceber um antagonismo radical (uma divisão de paralaxe) como imanente à própria realidade. Como Hegel dizia, Kant mostrava demasiada «ternura pelas coisas» ao recusar aceitar que a antinomia é um aspeto da própria realidade; contra Kant, devemos ver o que ele considera um obstáculo ao nosso conhecimento da coisa-em-si como a própria característica que nos lança para o centro abissal da coisa-em-si. O facto de não podermos apreender a realidade como um Todo não significa que a realidade como um Todo esteja fora de alcance; significa que a realidade é em si mesma não-toda, antagónica, marcada por uma impossibilidade constitutiva — de forma direta, as coisas existem porque não podem existir totalmente.

Na física quântica, a sobreposição de múltiplas versões numa onda equivale à «castração», à impossibilidade de o Um se atualizar (numa homologia à afirmação de Freud de que, num sonho, múltiplos pénis indicam castração, a falta do um). Assim, as múltiplas versões não são sombras que acompanham o Um atual: o Um é uma das sombras contingentemente selecionadas para preencher o vazio. Neste sentido, mais uma vez, o Um existe graças à sua própria impossibilidade: o obstáculo da impossibilidade impede a sua atualização e fá-la explodir em multiplicidade, e, desta multiplicidade, o Um é contingentemente selecionado. Podemos observar este processo circular na sua forma mais pura no caso do sujeito: um sujeito é barrado, não consegue articular-se no simbólico, e este fracasso *é* o sujeito; assim, o sujeito é um resultado do seu próprio fracasso em existir.

O sujeito é o caso extremo de uma entidade baseada na sua impossibilidade; por esta razão, é caracterizado por uma série de coincidências de opostos. Enquanto sujeito, eu sou único — uma singularidade única — e, em simultâneo, universal, igual a todos os outros na minha própria singularidade abstrata. Como podemos reunir (e pensar) o sujeito universal, a forma universal na qual todos os sujeitos individuais participam, e o sujeito na sua singularidade? Para Hegel, esta coincidência radical dos opostos é o que define o sujeito, e a solução desta coincidência paradoxal é que o sujeito é universal para si mesmo e não só em si mesmo: o que faz um sujeito único é o facto de ser idêntico a si mesmo abstraindo todos os seus aspetos particulares (ou seja, distingue-se dos seus aspetos, não pode ser reduzido a uma combinação dos seus aspetos, relaciona-se consigo mesmo de uma forma negativa), e é esta própria singularidade que o torna universal.

Mas esta unidade de opostos, esta coincidência entre universalidade e singularidade, permanece imediata, exclui todo o conteúdo substancial que lhe aparece como seu Outro. Segundo Lacan, devemos distinguir três modalidades do outro: o outro imaginário — o meu *semblant*, o meu semelhante que é, em simultâneo, como eu e o meu concorrente, aquele com quem estou preso na luta pelo reconhecimento; o Outro simbólico — a ordem simbólica trans-subjetiva que rege o espaço de interação entre mim e os meus *semblants*; e o outro real, o abismo impenetrável do desejo do Outro, que pode ser elevado à Alteridade absoluta de deus. A superação deste fosso que separa o sujeito do seu Outro impenetrável não está, mais uma vez, na apropriação desse Outro, mas na recolocação do Em-si transcendente no próprio centro do meu Eu: eu sou o centro impenetrável que encontro como Alteridade absoluta.

Deparamo-nos com outra forma deste fosso na nossa experiência social e política, na forma da incomensurabilidade dos diferentes «modos de vida»: um outro modo de vida, um outro modo coletivo de prazer impenetrável para nós, não é também uma figura da Alteridade? Como reunir aqui a universalidade (dos direitos políticos, do mercado, etc.) e esta Alteridade materializada num modo de vida? As duas soluções diretas — a afirmação da universalidade que nos une acima de todas as diferenças, bem como a admissão das diferenças intransponíveis entre diferentes modos de vida — estão condenadas a falhar. A solução reside, mais uma vez, no redobramento do mistério: o mistério do Outro é o mistério para o próprio Outro, o nosso fracasso em apreender o Outro ecoa o fracasso do Outro em apreender-se a si mesmo. A universalidade que nos une ao Outro não reside em algumas características positivas partilhadas, mas no próprio fracasso. E o mesmo vale para a sexualidade, que fornece a matriz básica deste encontro de Alteridade enigmática. Na sua «teoria geral da sedução», Jean Laplanche ofereceu a formulação inigualável do encontro com a Alteridade insondável como o facto fundamental da nossa experiência psíquica.([15]) No entanto, é o próprio Laplanche quem insiste aqui na necessidade absoluta da passagem do enigma *de* para o enigma *em* — uma clara variação da expressão já mencionada de Hegel a propósito da Esfinge:

([15]) Ver Jean Laplanche, *New Foundations for Psychoanalysis*, Oxford: Basil Blackwell, 1989.

«Os segredos dos Egípcios antigos também eram segredos para os próprios Egípcios»:

> quando se fala, para usar os termos de Freud, do enigma da feminilidade (o que é a mulher?), proponho, com Freud, passar para a função do enigma na feminilidade (o que quer uma mulher?). Do mesmo modo (embora Freud não faça esta passagem), aquilo a que ele chama enigma do tabu conduz-nos de volta para a função do enigma no tabu. E o enigma do luto conduz-nos à função do enigma no luto: o que quer o falecido? Que quer ele de mim? O que me quer ele dizer? O enigma conduz, então, à alteridade do outro; e a alteridade do outro é a sua resposta ao seu inconsciente, ou seja, à sua alteridade para si próprio.([16])

Podemos compreender agora um pouco mais claramente a ligação entre a sexualidade e o segredo redobrado. A cena primordial da sexualidade humana — e, em simultâneo, a do inconsciente — ocorre quando uma criança pequena não só se torna consciente de que outros (pais, irmãos e irmãs, etc.) estão a jogar jogos com ela, que querem alguma coisa dela, sendo para ela impenetrável o que querem, mas também que esses outros não estão conscientes do que querem dela. A forma primordial de sexualidade deve localizar-se nestes atos executados por outros que são impenetráveis para eles — uma mãe que acaricia excessivamente o filho, etc.

Não será indispensável fazer esta passagem também a propósito da noção do *Dieu obscur*, do deus evasivo e impenetrável: este deus tem de ser também impenetrável para si próprio, tem de ter um lado negro, uma alteridade em si mesmo, algo que é em si mesmo mais do ele próprio? Talvez isto explique a mudança do judaísmo para o cristianismo: o judaísmo continua no nível do enigma *de* deus, enquanto o cristianismo passa para o enigma *no* próprio deus. Longe de se opor à noção de *logos* como a Revelação na/pela Palavra, a Revelação e o enigma em deus são estritamente correlativos, os dois aspetos de um e do mesmo gesto. Ou seja, é precisamente porque deus é um enigma também *em e para si mesmo*, porque tem uma Alteridade insondável em si mesmo, que Cristo teve de aparecer para revelar deus não só à humanidade, mas

([16]) Jean Laplanche, *Essays on Otherness*, Londres: Routledge, 1999, p. 255.

também *ao próprio deus* — só através de Cristo é que deus se atualiza totalmente como deus. Por outras palavras, o ditado «perdoai-lhes, pois não sabem o que fazem» também deve ser aplicado ao próprio deus — em última análise, *ele* não sabe o que está a fazer. E, por conseguinte, também podemos ver como a premissa básica do racismo (exemplarmente o antissemitismo) é precisamente a afirmação de que há um Outro (judeu) que sabe perfeitamente o que está a fazer e que, secretamente, puxa os cordelinhos.

Resumindo, a sexualidade não é um mistério no sentido de um enigma que nos é impenetrável, é um enigma para si mesma, o enigma do objeto-causa de desejo, do «o que o outro quer de mim?», e este enigma fá-la funcionar como sexualidade. As coordenadas da ordem simbólica servem para nos permitir lidar com o impasse do desejo do Outro, e o problema é que a ordem simbólica acaba sempre por fracassar: como Laplanche observou, o impacto traumático da «cena primordial», o enigma dos significantes do desejo do Outro, gera um excesso que não pode ser totalmente «superado» numa ordem simbólica. A notória «falta» consubstancial com o animal humano não é apenas negativa, uma ausência de coordenadas instintivas; é uma falta em relação a um excesso, à presença excessiva de prazer traumático. O paradoxo é que existe significação precisamente porque há um fascínio e apego erótico excessivo e não-significável: a condição de possibilidade de significação é a sua condição de impossibilidade. E se, então, o principal recurso do desenvolvimento excessivo da inteligência humana for o esforço para decifrar o abismo do «*Che vuoi?*», o enigma do desejo do Outro? E se residir aí a razão por que os humanos teimam em resolver tarefas que não podem ser resolvidas, em tentar responder a questões irrespondíveis? E se a ligação entre metafísica e sexualidade (ou, de forma mais precisa, o erotismo humano) tiver de ser levada mais literalmente? Em última análise, este núcleo traumático e indigestível, como o apoio sem sentido do sentido, é a própria fantasia fundamental.

O momento original da fantasia é quando uma criança ouve ou testemunha o coito parental sem poder entendê-lo: que *significa* tudo aquilo, os suspiros intensos, os sons estranhos no quarto, etc.? Assim, a criança fantasia uma cena que explicaria esses fragmentos estranhamente intensos. Recordemos a famosa cena do filme *Veludo Azul* (*Blue Velvet*), de David Lynch, em que

Kyle MacLachlan, escondido no armário, testemunha a estranha relação sexual entre Isabella Rossellini e Dennis Hopper. Aquilo que vê é um claro suplemento fantasioso destinado a explicar o que ouve: quando Hopper coloca uma máscara pela qual respira, não é uma cena imaginada que explica a respiração intensa que acompanha a atividade sexual? E o paradoxo fundamental da fantasia é que o sujeito nunca chega ao momento em que pode dizer: «Bem, agora compreendo plenamente, os meus pais estão a fazer sexo, já não preciso de uma fantasia!» *Isto*, entre outras coisas, é o que Lacan queria dizer com o seu «*il n'y a pas de rapport sexuel*». O efeito cómico da fantasia ocorre quando o conhecimento sobre o papel da copulação se combina com a especulação infantil. (Um amigo meu disse-me que, quando soube que a copulação desempenha um papel para fazer filhos, inventou um mito para combinar esse conhecimento com a sua crença de que são as cegonhas que trazem os bebés: enquanto um casal faz amor, é secretamente observado por uma cegonha, e se a cegonha gostar de como os seus corpos dançam e se movem, traz-lhes um bebé como recompensa.) Qualquer *sentido* tem de assentar num quadro fantasmático sem sentido: quando dizemos, «Bem, agora compreendo!», o que isto significa é: «Agora posso localizá-lo no meu quadro fantasmático.» A sexualidade, portanto, assenta ela própria em não-saber, e este buraco, esta falta de conhecimento, é preenchido pela fantasia. Assim, devemos fazer uma distinção estrita entre o nosso não-saber «objetivo» (desconhecemos tantas coisas sobre o mundo) em que o que não conhecemos existe algures, indiferente ao nosso conhecimento, e um mistério que ecoa o mistério na própria Coisa. Alguns historiadores especulam que a verdadeira causa do declínio do Império Romano foi a alta concentração de chumbo nos seus contentores metálicos de óleo, que provocou envenenamentos e reduziu a fertilidade. Se isto é verdade, não podemos dizer que um mistério foi assim revelado, pois a causa da decadência é totalmente acidental e externa, ou seja, porque o seu lugar não está inscrito na nossa noção do Império Romano; não há aqui mistério, só não o sabíamos.

O caso estranho da sexualidade infantil é aqui fundamental: na nossa era que se propaga como permissiva, como violando todos os tabus e todas as repressões sexuais, tornando assim a psicanálise obsoleta, a ideia fundamental de Freud sobre a sexualidade infantil é estranhamente ignorada:

> A única proibição que resta, o único valor sagrado na nossa sociedade que parece sobreviver, tem que ver com as crianças. É proibido tocar num cabelo das suas cabecinhas loiras, como se as crianças tivessem redescoberto a pureza angélica sobre a qual Freud lançava dúvidas. E não há dúvida de que é a figura diabólica de Freud que hoje condenamos, visto como aquele que, ao revelar a relação da infância com a sexualidade, depravou simplesmente as nossas infâncias virginais. Na era em que a sexualidade é exibida em qualquer esquina, a imagem da criança inocente regressou, estranhamente, reforçada.([17])

O que há então de tão escandaloso na sexualidade infantil? Não é o mero facto de até as crianças, alegadamente inocentes, já serem sexualizadas. O escândalo reside em duas características (que são, obviamente, as duas faces da mesma moeda). Em primeiro lugar, a sexualidade infantil consiste numa entidade estranha que não é biológica (não tem um fundamento biológico) nem faz parte das normas simbólicas/culturais. No entanto, este excesso não é superado pela sexualidade adulta «normal» — esta também é sempre distorcida, deslocada:

> No que diz respeito à sexualidade, o homem está sujeito ao maior dos paradoxos: aquilo que é adquirido pelas pulsões precede o que é inato e instintivo, de maneira que, quando surge, a sexualidade instintiva, que é adaptativa, vê o lugar já ocupado por estímulos infantis, já e sempre presentes no inconsciente.([18])

E a razão deste estranho excesso é a ligação entre sexualidade e cognição. Contra a ideia tradicional da sexualidade como uma espécie de força vital instintiva que é depois reprimida ou sublimada pelo trabalho da cultura dado que, no seu estado cru, a ameaça, devemos afirmar a relação entre a sexualidade e a cognição, que também lança uma nova luz sobre a sexualidade e a política. O velho lema dos anos 1960, «o pessoal é político»,

---

([17]) Gérard Wajcman, «Intimate Extorted, Intimate Exposed», *Umbr(a)*, 2007, p. 47. [Disponível em: http://www.lineofbeauty.org/index.php/S/article/view/53/68.]

([18]) Jean Laplanche, «Sexuality and Attachment in Metapsychology», in *Infantile Sexuality and Attachment*, org. D. Widlöcher, Nova Iorque: Other Press, 2002, p. 49.

deve ser totalmente repensado([19]): a questão já não deve ser que até a esfera íntima das relações sexuais é invadida por relações de poder de servidão, domínio e exploração; devemos recentrar-nos no aspeto mais elementar da política: o universo da política é, por definição, ontologicamente aberto, as decisões políticas são, por definição, tomadas «sem razão suficiente», ou, mais precisamente, na política, movemo-nos sempre num círculo vicioso mínimo em que a decisão postula retroativamente as suas próprias razões. É por isso que as disputas políticas nunca podem ser resolvidas por meio de um debate racional e de comparação de argumentos: o mesmo argumento é diferente numa posição diferente. Num debate político típico, um indivíduo propõe um argumento que, segundo o seu opositor, contém uma falha fatal («Não vê que o que está a dizer significa...»), mas ele responde: «Mas é por isso que o defendo!» A política não é uma aplicação de conhecimento neutral e preexistente; qualquer conhecimento é já parcial, «tingido» pelos compromissos de cada um. Não há uma norma neutral a que os dois lados possam recorrer («direitos humanos», «liberdade», etc.), porque a sua luta é precisamente a luta sobre o que é a norma (em que consistem os direitos humanos ou a liberdade — para um liberal conservador, a liberdade e a igualdade são antagónicas, enquanto, para um esquerdista, são as duas facetas da mesma *égaliberté*). Por outras palavras, a política estrutura-se em torno de um «elo em falta», pressupõe uma espécie de abertura ontológica, de fosso, antagonismo, e este mesmo fosso ou esta abertura ontológica também operam na sexualidade: nos dois casos, um relacionamento nunca é garantido por um Significante universal abrangente. Do mesmo modo que não há relação política (entre partidos envolvidos numa luta), também não há relação sexual.

É a busca deste «elo em falta» que sustenta a ligação entre a sexualidade e o conhecimento, ou seja, que faz da investigação cognitiva uma componente irredutível da sexualidade humana. Esta investigação cognitiva vai contra a atitude hoje predominante, que reduz a sexualidade a um problema particular de satisfação funcional (o homem consegue ter uma ereção completa? A mulher

---

([19]) No que se segue, baseio-me em Alenka Zupančič, «Die Sexualität innerhalb der Grenzen der bloßen Vernunft» (manuscrito). [Publicado em *Erogene Gefahrenzonen: aktuelle Produktionen des (infantilen) Sexuellen*, org. Insa Härtel, Kulturverlag Kadmos, 2013.]

consegue descontrair-se o suficiente para ter um orgasmo completo?) ou — mais uma vez, de um modo reducionista — trata-a como uma expressão de problemas emocionais/existenciais mais profundos (o sexo entre um casal não é satisfatório porque têm vidas alienadas, estão presos no perfecionismo consumista, sofrem de traumas emocionais reprimidos, etc.).

Outro aspeto da relação entre a sexualidade e o conhecimento pode ser ilustrado por uma das piadas brutais de Srebrenica([20]), na qual as autoridades tentam identificar as vítimas do massacre; como os seus corpos estão profundamente desfigurados, recolhem os pénis dos mortos. Entre os presumivelmente mortos, está Mujo (que se pronuncia Muio, uma figura lendária das anedotas bósnias), e chamam Fata, a sua mulher, para observar os pénis e, talvez, reconhecer o do marido. Fata vai agarrando em cada um dos pénis, repetindo «este não é o do Mujo», até que agarra noutro e exclama: «Este nem sequer pertence a alguém de Srebrenica!» O remate da piada refere-se à inversão do alcance do conhecimento de Fata: durante o desenvolvimento da piada, pensamos que ela conhece pormenorizadamente o pénis do marido e que pode identificá-lo, mas a sua exclamação final revela que ela conhece *todos* os pénis dos homens de Srebrenica (e, supostamente, teve sexo com todos). Enquanto inspecionava cada pénis, não os comparava com o pénis de Mujo (ou com a sua memória), o único que (supostamente) deveria conhecer; em cada caso, ela identificou a quem pertencia o pénis e só no último é que não conhecia (carnalmente) o seu dono morto — ou talvez reconhecesse até esse como o pénis de um homem que não era de Srebrenica. (Mais precisamente, há uma terceira maneira de ler a exclamação final de Fata: também é logicamente possível que ela não fosse tão promíscua, mas que tenha dormido apenas com dois homens, o marido Mujo e o amante anónimo que não era de Srebrenica e cujo pénis reconheceu, mas esta versão não se enquadra no carácter promíscuo de Fata conhecido de outras piadas da série.) De esposa fiel, Fata transforma-se numa figura de promiscuidade extrema, ou, para usar termos hitchcockianos, transforma-se numa mulher que sabia

([20]) Devo esta piada a Damir Arsenijević, Stanford/Sarajevo. Arsenijević trabalha sobre estas piadas para demonstrar que, longe de funcionarem como obscenidades vulgares, testemunham o desespero em relação a um trauma tão fresco e profundo que não pode dar lugar a um processo de luto.

de mais. Este excesso de conhecimento não é só embaraçoso por denunciar a promiscuidade de Fata — poder-se-ia dizer que é este excesso de conhecimento que torna a sua promiscuidade factual tão ameaçadora.

No entanto, é preciso dar outro passo para evitar a última e talvez mais perigosa armadilha. Não basta reafirmar a sexualidade infantil como a pluralidade de estímulos perversos e polimorfos que são depois totalizados pela norma genital edipiana. A sexualidade infantil não é uma verdade ou uma base (ou algum tipo de lugar produtivo original) da sexualidade que é depois oprimida/ /totalizada/regulada pela norma genital. Por outras palavras, não devemos, em absoluto, aplicar à sexualidade o *topos* deleuziano habitual da multitude molecular produtiva em que a ordem moral superior parasita. A sexualidade é definida pelo facto de *não haver relação sexual*, toda a ação perversa e polimorfa dos estímulos parciais ocorre sobre o pano de fundo deste antagonismo/impossibilidade. O ato sexual (copulação) tem, assim, dois lados: o anverso do momento culminante orgásmico da sexualidade é o impasse da impossibilidade — é ao realizar o ato da copulação que o sujeito experiencia a impossibilidade, o bloqueio imanente, que mina a sexualidade, razão pela qual a copulação não pode sustentar-se a si mesma, mas precisa de um apoio de estímulos parciais (desde as carícias e dos beijos até outras práticas «menores», como as palmadas e os apertos), bem como da teia de fantasias. O ato de copulação, portanto, é um pouco como o Castelo do romance homónimo de Kafka: visto de perto, é um amontoado de casinhas velhas e sujas, e temos de recuar até uma certa distância para o ver na sua presença fascinante. Visto na sua materialidade imediata, o ato de copulação é um conjunto muito vulgar de movimentos estúpidos e repetitivos; visto através da bruma das fantasias, é o apogeu de prazeres intensos. Em termos lacanianos, se o verso do ato de copulação é S_1, o Significante-Mestre que totaliza a série de atividades sexuais, o seu anverso é S (A barrado), o significante do «Outro barrado», do antagonismo/bloqueio da ordem da sexualidade.

Por outras palavras, a multiplicidade como categoria básica da ontologia oblitera necessariamente o antagonismo; tem de pressupor alguma forma de Uno como aquilo que contém o múltiplo. Assim, não admira que os dois filósofos exemplares da multitude, Espinosa e Deleuze, sejam também os dois filósofos do Uno: ambos são filósofos do uni-verso aplanado que exclui qualquer antagonismo radical ou autobloqueio, um universo que evolui para a apresentação plena dos seus potenciais, um universo no qual os obstáculos são externos. Se o sexo é múltiplo, esta multiplicidade tem de ser sustentada por um Um que não é atravessado por um antagonismo. Assim, quando Lacan diz que *il n'y a pas de rapport sexuel*, não se trata da ideia vulgar de que os dois sexos nunca se ajustam como uma chave numa fechadura, de que há uma luta eterna entre os dois; também não se trata da ideia de que o masculino e o feminino são dois campos incompatíveis e mutuamente externos («os homens são de Marte, as mulheres de Vénus»). Então, qual *é* a sua questão?

A diferença sexual não é a diferença entre dois sexos como entidades positivas, mas a diferença «em si mesma», uma diferença pura (inconsistência, antagonismo) que atravessa qualquer identidade sexual. A típica redução, pela perspetiva transgénero, do masculino e do feminino a duas na longa série de identidades de género (com a identidade lésbica, trigénero, assexual, etc.) em princípio equivalentes a elas, é facilmente contrariada pelo facto «óbvio» de a maioria dos indivíduos se identificar como homens ou mulheres (heterossexuais), e de este par básico se fundar de alguma forma na biologia, no modo como os seres humano se reproduzem. As linhas de separação, obviamente, são marginalmente indefinidas; também há casos de homossexualidade entre os símios e, além disso, na sexualidade dos humanos, não se trata apenas de um facto de biologia, mas também, e até principalmente, de um facto de identificação psíquica e simbólica que está longe da biologia: a identificação como masculino ou feminino é um ato psíquico/simbólico que pode estar em contradição com a própria identidade biológica (como demonstrado pelos indivíduos dispostos a fazer um tratamento de mudança de sexo). Mas concluir de tudo isto que o masculino e o feminino são apenas dois termos de uma série, e que o seu papel privilegiado é, de algum modo, resultado do domínio patriarcal e da imposição da normatividade heterossexual, não só é falso no sentido em que «é ir longe de mais», como também é ignorar o funcionamento da sexualidade humana. Afirmar a centralidade das identidades masculina e feminina e do seu relacionamento heterossexual não reduz *eo ipso* as outras identidades sexuais a aberrações secundárias ou a desvios perversos de uma norma. E se os «desvios» da norma heterossexual indicarem que o que é «desviado» é a própria norma»? E se os «desvios» desempenharem o papel de um sintoma no qual há um regresso da verdade reprimida da própria norma? Esta verdade é aquilo a que, segundo Freud, podemos chamar o *Unbehagen* (mais do que um descontentamento, um desconforto) que faz parte de cada identidade sexual. Por outras palavras, a tensão primordial não é entre a norma heterossexual e os seus desvios; está inscrita no próprio centro dessa norma, que não é capaz de capturar o Real impossível da diferença sexual.

A diferença sexual como Real significa que nunca pode ser simbolizada num conjunto de características opostas: quando a construímos (ou a experienciamos) como a oposição de duas entidades, há sempre qualquer coisa que resta, que é «incluída fora», nunca há apenas dois, mas 1 + 1 + *a*, e o terceiro elemento (o seu caso agora mais proeminente é o dos indivíduos transgénero) *é* a diferença enquanto tal. Recordemos a categorização de Kierkegaard de todas as pessoas em oficiais, criadas e limpadores de chaminés: enquanto os primeiros dois representam um par heterossexual tradicional, precisam do complemento de um limpa-chaminés — oficial, criada e limpa-chaminés são o masculino, o feminino e *mais a sua diferença enquanto tal*, enquanto um objeto contingente particular. Segundo uma famosa anedota belga, «há três tipos de pessoas, as que sabem contar e as que não sabem contar». O sentido da piada é óbvio: testemunha o facto de a pessoa que está a contar a piada não saber contar (por isso, conta duas como três). Numa vaga homologia, poder-se-ia dizer o mesmo sobre a diferença sexual: significa que há três sexos, masculino e feminino. O que está aqui em causa, obviamente, não é a estupidez, mas a diferença sexual enquanto real e, por isso, em excesso em relação aos termos diferenciados: os três sexos são o masculino, o feminino e a própria diferença (em todas as suas formas, como o transgénero). Mais uma vez, porquê? Porque a diferença sexual não só é diferencial, como também, numa (não-)relação antagónica, precede os termos que diferencia: não só a mulher é não-homem e vice-versa, como a mulher é aquilo que impede o homem de ser plenamente homem e vice-versa. É como a diferença entre a esquerda e a direita no espaço político: é estruturada diferentemente se a olharmos a partir da esquerda ou a partir da direita. Não há uma terceira via «objetiva» (para um esquerdista, a linha divisória política atravessa todo o corpo social, enquanto, para um direitista, a sociedade é um

Todo hierárquico perturbado por intrusos marginais) A diferença «em si mesma», portanto, não é simbólica/diferencial, mas real--impossível — algo que escapa e resiste à apreensão simbólica. Esta diferença é o universal enquanto tal — o universal não como um quadro neutro elevado acima das suas duas espécies, mas como o seu antagonismo constitutivo, e o terceiro elemento (limpa-chaminés, judeu, *objet a*) representa a diferença enquanto tal, a «pura» diferença/antagonismo que precede os termos diferenciados. Se a divisão do corpo social em duas classes tivesse sido completa, sem o elemento excessivo (judeu, multidão, etc.), não haveria luta de classes, mas apenas duas classes claramente divididas — este terceiro elemento não é a marca de um resto empírico que escapa à classificação de classe (à pura divisão da sociedade em duas classes), mas *a materialização da sua própria diferença antagónica*, na medida em que esta diferença precede os termos diferenciados. No espaço do antissemitismo, o «judeu» representa o antagonismo social enquanto tal: sem o intruso judeu, as duas classes viveriam em harmonia (é por isso que a figura antissemítica do «judeu» reúne características que estão associadas às classes superiores e inferiores: os «judeus» são demasiado intelectuais, não gozam a vida, são sujos ou sobressexuados). Este terceiro elemento intruso não é apenas outra entidade positiva, representa aquilo que perturba para sempre a harmonia do Dois, abrindo-a a um processo incessante de reajustamento.

A leitura óbvia de um sujeito transgénero seria butleriana: através da sua aparência e ações trans-sexuais e provocadoras, torna visível o carácter contingente da diferença sexual, de como é simbolicamente construída — como tal, era uma ameaça às identidades sexuais normativamente estabelecidas. A minha leitura é ligeiramente diferente: em vez de minar a diferença sexual, representa essa diferença como tal, no seu Real traumático, irredutível a qualquer oposição simbólica clara; a sua aparência perturbadora transforma a diferença simbólica clara no impossível-Real de um antagonismo. Assim, mais uma vez, do mesmo modo que a luta de classes não é apenas «complicada» quando aparecem outras classes que não entram na divisão clara da classe dominante e da classe oprimida (este excesso é, pelo contrário, o próprio elemento que torna o antagonismo de classe real e não apenas uma oposição simbólica), a fórmula do antagonismo sexual não é M/F (a oposição clara entre masculino e feminino), mas MF+, em que

+ é o elemento excessivo que transforma a oposição simbólica no real de um antagonismo. A grande oposição que hoje emerge — por um lado, a imposição violenta de uma forma simbólica fixa de Diferença Sexual como o gesto básico de contrariar a desintegração social; por outro, a total «fluidificação» transgénero, a dispersão da diferença sexual em múltiplas configurações — é, portanto, falsa: ambos os polos partilham uma característica fundamental, ambos passam ao lado da diferença sexual como o real/impossível de um antagonismo. A resposta à teoria do género deveria, então, ser: mas onde está o sexo? Aquilo que a teoria do género — com as suas identidades, sejam ou não mutáveis, sejam ou não construídas — ofusca é simplesmente o sexo como tal, a tensão que caracteriza a sexualidade.

Afirmar a diferença sexual como Real não significa que ela seja externa ao Simbólico: é-lhe totalmente interna, ao seu ponto imanente de impossibilidade/fracasso. No mais curto dos seus *Cent contes drolatiques* (*Contos Picarescos*, 1832–1837, a sua versão do *Decameron*, embora só tenham sido escritas 30 histórias), uma espécie de interlúdio com apenas uma página, Balzac descreve uma breve conversa entre duas crianças sobre como um rapaz e uma rapariga são gradualmente despidos. No fim, um deles exclama: «Mas, quando estão completamente nus, como se sabe quem é o rapaz e quem é a rapariga?» A piada, obviamente, é que a criança está habituada a conhecer a diferença sexual apenas pela maneira diferente de como os rapazes e as raparigas se vestem, ignorando o facto natural dos diferentes órgãos sexuais. No entanto, não poderá haver aqui uma dupla ironia? E se a criança tivesse razão? E se — como se costuma dizer — só estivermos nus debaixo da nossa roupa? Alphonse Allais, o famoso escritor cómico francês do século passado, apontou para uma mulher numa avenida em Paris e, aterrorizado, gritou: «Olhem para aquela mulher! Debaixo do seu vestido, está totalmente nua!» É claro que há uma diferença biológica entre os corpos normais masculino e feminino, mas esta diferença só adquire o seu sentido, e até o seu peso libidinal, por meio do seu estatuto simbólico. Sim, posso «ver» a diferença, mas o que vejo é mediado pelo meu universo simbólico.

Como passamos, então, da mesma diferença que atravessa qualquer identidade sexual para a diferença entre os dois sexos, masculino e feminino? Aqui, temos de regressar a Kant, que redobrou a antinomia em matemática e dinâmica: a diferença pura como antinomia é impossível, o que significa que só se pode articular como imediatamente redobrada, como duas versões da antinomia. A diferença das fórmulas de sexuação é a diferença entre dois antagonismos ou «contradições» (assentes na exceção e no não-todo sem exceção, um redobrado impasse lógico contingentemente ligado aos sexos biológicos). Mas, mais uma vez, porque é que o antagonismo aparece em duas versões? Porque o Dois não é uma espécie de par ontológico primordial: o Outro é apenas uma «determinação reflexiva» da impossibilidade do Um, de maneira que a figura do Outro é apenas a encarnação da impossibilidade do Um.([21]) (É o mesmo com os átomos e o vazio em que se movem: como Hegel observa na sua leitura de Demócrito, o vazio não é o espaço vago fora dos átomos no qual se movem, mas localiza-se no próprio centro de um átomo.) Ou, para falar em termos de relação sexual: não se trata apenas de não haver relação sexual; na figura do Outro (sexo), esta não-relação acaba por existir. Não se trata apenas de um homem não poder formar uma relação com uma mulher; a «mulher» é enquanto tal o nome desta não-relação.

Isto implica que há uma assimetria radical entre as duas antinomias: a antinomia matemática «feminina» tem primazia sobre a antinomia dinâmica «masculina», ou seja, a antinomia dinâmica é uma tentativa secundária de resolver o impasse da antinomia

---

([21]) Um caso politicamente interessante desta inversão da reflexão determinada em determinação reflexiva é a passagem da democracia socialista para o socialismo democrático. A «democracia socialista» era (e é) uma parte imanente dos sistemas socialistas realmente existentes, a característica graças à qual até os regimes comunistas mais duros se autointitulavam «democráticos» (a Alemanha de Leste era a «República Democrática da Alemanha», em contraste com a Alemanha «Federal» Ocidental, e até a atual Coreia do Norte é a «República Democrática Popular da Coreia», em contraste com a «República da Coreia» do Sul). A democracia é afirmada na medida em que é definida em termos comunistas: como o governo do povo cujos interesses são protegidos pelo partido, e não como uma democracia «burguesa formal». Mas quando substituímos «democracia socialista» por «socialismo democrático», ocorre algo muito mais ameaçador (para o regime): a «democracia» (o que, para nós, implica a pluralidade de instâncias concorrentes) invade o espaço do socialismo. É por isso que, no tempo da Guerra Fria, a propaganda cultural da CIA aconselhava sensatamente os intelectuais críticos do comunismo a não se oporem ao socialismo enquanto tal, mas a defenderem o «socialismo democrático» contra o socialismo estatal.

matemática, constitui um Todo, uma universalidade, excluindo o Um, a exceção, do campo aberto do não-Todo.

O sujeito sexuado

Poder-se-á imaginar a subjetividade não atravessada pela diferença sexual? Em caso afirmativo, em que sentido será ainda subjetividade? Subscrevemos a passagem de Kant para Hegel, mas a noção hegeliana de sujeito é definitivamente não-sexuada, mesmo que entendamos a sexualização no nosso sentido formal dos dois tipos de antinomias kantianas. Ou seja, do ponto de vista hegeliano, formula-se um contra-argumento bastante elementar em relação à nossa leitura das antinomias de Kant: mesmo que voltemos a ler as antinomias de Kant de uma forma hegeliana, no que diz respeito às «coisas em si mesmas», como podemos elevá-las a uma característica *a priori* de ser humano, de subjetividade humana? Não são elas, de um ponto de vista hegeliano, apenas um dos momentos do desenvolvimento geral do Espírito? E não será isto óbvio a partir do facto de haver um paralelismo claro entre a dualidade kantiana da matemática e da dinâmica e a dualidade hegeliana da lógica do ser e da lógica da essência, as duas partes da sua «lógica objetiva»?

> A lógica do ser parece corresponder claramente às categorias kantianas de qualidade e quantidade, a que Kant chamava as categorias matemáticas e constitutivas, e a lógica da essência parece corresponder claramente às categorias de relação e de modalidade, ou as categorias dinâmicas e reguladoras.([22])

Parece óbvio que as antinomias matemáticas são antinomias que caracterizam aquilo a que Hegel chama o domínio do Ser (quantidade, qualidade), e as antinomias dinâmicas caracterizam o domínio da essência (da reflexão, da tensão entre essência e aparência): as antinomias matemáticas dizem respeito à quantidade excessiva (algo em excesso em relação à nossa capacidade de síntese dos dados sensíveis), enquanto as antinomias dinâmicas dizem respeito à tensão entre a existência (das aparências) e a sua base/essência não-sensível (se há uma Causa não-sensível da

---

([22]) Robert Pippin, *Hegel's Realm of Shadows*, Chicago: University of Chicago Press, 2019, p. 43.

nossa realidade fenoménica, etc.) (A propósito, é neste sentido — ou seja, sobre o pano de fundo do facto de que o matemático e o dinâmico ecoam a oposição lacaniana de feminino e masculino — que podemos entender a afirmação de Lacan de que *la femme n'existe pas*: a existência é o ser «superado» na aparência de uma essência, e a mulher ainda não está presa na tensão entre essência e aparência.) No entanto, em Hegel, a lógica objetiva é seguida pela lógica subjetiva, a lógica do Conceito, que só articula a dimensão da subjetividade propriamente dita. Assim, se, na nossa perspetiva, a subjetividade é enquanto tal sexuada, atravessada pelo antagonismo do matemático e do dinâmico, onde está aqui o espaço para a lógica subjetiva?

Para responder a esta crítica, devemos recordar como Hegel articula a passagem da substância para o sujeito (da consciência para a autoconsciência) na sua *Fenomenologia do Espírito*: a consciência procura uma essência substancial escondida por detrás do véu das aparências, e passa para a autoconsciência quando se dá conta de que não há nada atrás do véu das aparências, nada exceto aquilo que o próprio sujeito lá coloca. No entanto, o facto de nada haver por detrás do véu das aparências não significa que voltamos ao nível do Ser: o que ganhámos nesta passagem pela reflexão, pela oposição entre a essência (suprassensível) e a aparência, é precisamente o próprio nada — nada é o que *há* por detrás das aparências, e este nada (que faz delas aparências) é um nada positivo, o vazio que é o próprio sujeito. Há um nada por detrás do véu dos fenómenos, não há essência substancial, apenas este próprio nada que é o vazio da subjetividade. Hegel e Lacan oferecem exatamente a mesma fórmula da «verdade» da Ideia suprassensível platónica: o suprassensível

> *vem do* mundo da aparência que o mediou; por outras palavras, a aparência é a sua essência e, de facto, o seu recheio. O suprassensível é o sensível e o percebido postulados como tais *em verdade*; pois a *verdade* do sensível e do percebido é serem *aparência*. O suprassensível é, portanto, *aparência enquanto aparência* [...] Costuma dizer-se que o mundo suprassensível não é a *aparência*; aquilo que se entende aqui por aparência, porém, não é aparência, mas sim o mundo *sensível* como a própria atualidade real.([23])

([23]) G. W. F. Hegel, *Phenomenology of Spirit*, p. 89.

Quando Lacan descreve como Parrásio pintou a cortina para convencer Zêuxis a pedir-lhe: «agora, retira o véu e mostra-me o que pintaste!», a sua interpretação desta história é uma explicação da passagem de Hegel atrás citada — a pintura de Parrásio

> parece uma coisa diferente do que mostra/apresenta (outra coisa), ou melhor, dá-se/apresenta-se como sendo essa outra coisa. A pintura não rivaliza com a aparência, rivaliza com aquilo que Platão designava como a Ideia que está além da aparência. Porque a pintura é esta aparência que diz que é o que dá aparência, Platão ergue-se contra a pintura como atividade que rivaliza com a sua.([24])

A lição implícita de Platão *não é* que tudo seja aparência, que não é possível traçar uma linha clara de separação entre a aparência e a verdadeira realidade (esta teria sido a vitória do sofismo), mas que a essência é a «aparência como aparência», que a essência aparece em contraste com a aparência dentro da aparência; que *a distinção entre aparência e essência tem de se inscrever na própria aparência.* Na medida em que a diferença entre essência e aparência é inerente à aparência, ou seja, na medida em que a essência é apenas a aparência refletida em si mesma, a aparência é aparência sobre o pano de fundo do nada — tudo o que aparece, aparece do nada (ou, em termos da física quântica, todas as entidades emergem das vacilações quânticas do vazio). Assim, temos aqui uma tríade inesperada: a ordem plana do Ser; o redobramento do Ser com a sua Essência oculta que, retroativamente, transforma o Ser em Aparência (da Essência); a descoberta de que, por detrás do véu das aparências, só há o próprio Nada, que permite a passagem da Substância (S) para o Sujeito ($).

Na Grande Lógica de Hegel, há um ponto único de torção sintomática (como Badiou lhe chamaria) que já prefigura a ideia de vazio como o meio da interação entre aparências inconsistentes, bem como a ideia de subjetividade que pode emergir diretamente das antinomias matemáticas: o seu tratamento do cálculo diferencial. A primeira motivação para o estudo da chamada diferenciação foi o problema da linha tangencial: como encontrar, para uma dada curva, a inclinação da linha reta que é tangencial à curva num

---

([24]) Jacques Lacan, *The Four Fundamental Concepts of Psychoanalysis*, Nova Iorque: Norton, 1978, p. 103.

dado ponto? Quando tentamos determinar a inclinação de uma linha que «toca» uma dada curva num dado ponto, não estaremos a determinar a direção espacial desse ponto? Não admira que, na sua Grande Lógica, na secção sobre «Quantum», Hegel preencha quase setenta páginas a falar do cálculo diferencial([25]); nesta secção ridiculamente longa e densa, Hegel tem de se confrontar com o facto de, com o cálculo diferencial, a matemática demonstrar que pode fazer aquilo que, segundo ele, não pode. É conduzido a rejeitar precisamente a ideia, que lhe é normalmente atribuída, de que o infinito *matemático* «é chamado o infinito *relativo*, enquanto o infinito *metafísico* ordinário — como é entendido o infinito abstrato e espúrio — é chamado absoluto»:

> na verdade, é este infinito metafísico que é apenas relativo, porque a negação que expressa é oposta a um limite apenas de tal maneira que este limite *persista* fora dele e não seja por ele superado; o infinito matemático, pelo contrário, superou realmente no interior de si mesmo o limite finito porque o além deste está com ele unificado. ([26])

A ideia metafísica comum do infinito concebe-o como um Absoluto que persiste em si mesmo além do finito: o limite que o separa do finito é externo a ele, pois a negação do finito não faz parte da identidade do Absoluto. No caso do infinito matemático, pelo contrário, o infinito não é algo exterior à série dos números finitos, mas a infinidade desta mesma série. O limite que separa o infinito do finito é imanente ao finito — pode até dizer-se que o infinito matemático é apenas este limite. No cálculo diferencial, este limite é autonomizado, tornado independente: quando calculamos a inclinação da linha reta que é tangencial à curva num dado ponto, calculamos efetivamente a inclinação (direção espacial) de um dado ponto da curva, a direção espacial de algo cujo comprimento espacial é reduzido ao infinitamente pequeno, a zero. Isto significa que, no resultado do cálculo diferencial, temos uma relação quantitativa entre dois termos (uma linha reta e uma curva) cuja quantidade é reduzida a zero (um ponto);

([25]) G. W. F. Hegel, *Hegel's Science of Logic*, Atlantic Highlands: Humanities Press International, 1989, pp. 238–313.

([26]) *Ibid.*, p. 249.

por outras palavras, temos uma relação quantitativa que persiste depois de a quantidade dos dois relacionados ter sido abolida; mas quando subtraímos a quantidade de uma entidade, o que fica é a sua qualidade; assim, o paradoxo do cálculo diferencial é que a relação quantitativa exprimida no seu resultado funciona como uma qualidade:

> os chamados infinitesimais expressam o desaparecimento dos lados do rácio como quantidade, e o que fica é a sua relação quantitativa apenas como qualitativamente determinada.(27)

Uma «relação quantitativa apenas enquanto qualitativamente determinada» é uma das determinações mais preciosas do espaço da subjetividade: o sujeito é uma pura qualidade tangencial cujo suporte material é um vazio de pontualidade, ou seja, que emerge através do desaparecimento (autossuperação) dos elementos quantitativos do seu suporte material. A subjetividade regressa ao Ser, mas um Ser autossuperado no cálculo infinitesimal. Assim, também podemos ler a relação entre a essência substancial e o vazio da subjetividade na direção oposta: a lógica do Ser, levada ao extremo, abre o vazio da subjetividade, e a lógica da essência preenche então este vazio com uma figura diferente de algum além substancial/essencial. Deste modo, chegamos à subjetividade redobrada: o sujeito «feminino» é o vazio que surge através da autossuperação do domínio «matemático» do Ser, e o sujeito «masculino» surge através da autossuperação das tensões «dinâmicas» do domínio da essência.

Então, como é que o sujeito é sexuado? Comecemos por recapitular o nosso resultado: a diferença sexual não é a diferença entre os dois sexos, mas uma diferença (inconsistência, antagonismo) que brota do interior de cada um deles: o que define cada sexo não é sobretudo a sua diferença em relação ao sexo oposto, mas a sua diferença em relação a si mesmo, a sua própria contradição «imanente».(28) E quando passamos desta diferença universal que

---

(27) *Ibid.*, p. 269.

(28) Tomemos o exemplo de dois lugares-comuns patriarcais e dominantes sobre a diferença sexual: diz-se que as mulheres «falam demasiado», perdem tempo em tagarelices vazias, em contraste com os homens, que cumprem o que dizem, considerando-o um compromisso sério; as mulheres são inertes, concentradas num lar estável, enquanto os homens são audaciosos,

atravessa os dois sexos para a diferença entre os dois sexos, já não é a velha história da luta eterna entre os dois sexos (ou, num nível cósmico, entre os dois princípios cósmicos opostos: Masculino e Feminino (*yin* e *yang*), Luz e Trevas, etc.), ou, em termos estruturais, não é a diferença entre os dois significantes opostos, o masculino e o feminino. Como disse Lacan, um dos dois significantes primordiais está em falta, é «primordialmente reprimido» (ou seja, a sua repressão é constitutiva de todo o campo da diferença sexual): o único significante da diferença sexual é o significante masculino («fálico»), aquilo a que Lacan chama o Significante-Mestre, S_1, que não tem contraparte feminina positiva (S_2). Esta «falta do significante binário» significa que só a posição masculina tem uma identidade, enquanto a posição feminina é a de falta//excesso... já podemos imaginar o protesto das feministas: então, só o homem existe, a mulher não existe (como diz Lacan), o que significa que Lacan é claramente um macho chauvinista falocêntrico, que reduz a mulher a uma semientidade secundária, uma falta e/ou excesso em relação à plena existência masculina autoidêntica, e (como sugeria Alenka Zupančič) a maneira correta de escrever a diferença sexual não é M/F, mas apenas M+. Devemos voltar a citar Beckett: «Penso que tudo se divide em si mesmo.» ([29]) A divisão básica não é, como Mao dizia, a do Um que se divide em Dois; é a divisão de uma coisa não-especificada em Um e o seu resto, excesso ou excedente. É assim que funciona a diferença sexual: a espécie humana não se divide em dois (masculino e feminino), mas sim em Um (masculino) e o seu excesso; portanto, é M+.

Aqui, porém, Lacan complica inesperada e paradoxalmente as coisas: na «génese transcendental» (não empírica) da diferença sexual, o + (o excesso ou excedente) vem em primeiro lugar, precede aquilo em relação ao qual é um excedente/excesso. (O mesmo vale para o excesso-gozo, que não vem depois de algum

---

aventurando-se para territórios estrangeiros e tomando decisões arriscadas... Até estes lugares-comuns ridículos contêm uma porção de verdade na medida em que a diferença sexual é aqui estruturada como a oposição de duas posições (pelo menos potencialmente) antinómicas: os homens cumprem a sua palavra, são fiáveis e, ao mesmo tempo, ousados; as mulheres são estáveis, inertes e, ao mesmo tempo, inconstantes e instáveis no seu discurso. (O enviesamento patriarcal é claro sobre como os homens têm o melhor dos dois mundos: são fiáveis e aventureiros.)

([29]) Samuel Beckett, *Malone Dies*, Londres: Faber and Faber, 2010, p. 176.

tipo de gozo «normal»: o gozo é, enquanto tal, um excedente, um excesso sobre o decurso «normal» das coisas.) No começo (lógico) há um excesso que emerge «do nada» (talvez de uma forma análoga ao surgimento de algo a partir do nada — do vazio — na mecânica quântica), e só num movimento secundário é que este + (em relação ao Nada) postula retroativamente um Algo autoidêntico em relação ao qual é um excesso; mas esta postulação, esta transformação do + em Um, tem de acabar por falhar, o excesso mantém-se, de maneira que temos o Um com um excesso. Noutro movimento retroativo, a dualidade do Um e do excesso é substancializada no par de M e F como os dois termos positivos, mas também permanece aqui um excesso, de maneira que temos MF+, o par mais o seu excesso (como masculino, feminino e transgénero). Em termos mais especulativos, estas complicações surgem porque não estamos a lidar com uma diferença entre dois termos autoidênticos, mas com a identidade e a diferença: o segundo termo não é diferente do primeiro Um (ou Vazio), é diferença como tal. O excesso primordial é uma diferença pura que perturba o Vazio; a mulher é a diferença pura em relação ao homem (M+); transgénero é a diferença pura que surge em excesso em relação aos termos diferenciados (M, F).([30]) (Uma das consequências de tudo isto é que o homem é o único género *stricto sensu* e que a mulher é a primeira figura do transgénero.) Assim, para recapitularmos a nossa questão, não é correto dizer que existem dois sexos: há um sexo e o seu resto que positiva o fracasso do Um em ser Um — se houvesse dois sexos, cada qual com a sua própria identidade substancial, então o segundo seria idêntico ao primeiro, de maneira que só haveria Um. Por conseguinte, a mulher não é apenas mais do que o homem, a mulher como um + é este mesmo «mais», aquilo a que Lacan chamava *encore* (o título do seu seminário sobre a sexualidade feminina).

Nas cosmologias pré-modernas, começamos com a oposição sexualizada básica (*yin-yang*), que é depois gradualmente especificada em combinações cada vez mais complexas dos dois princípios básicos opostos — o modelo deste procedimento é o antigo «Livro das Mudanças» chinês, com séries sistemáticas de combinações dos dois princípios. Com Lacan, é diferente, pois o par inicial já se

([30]) Devemos observar a homologia entre estas três formas de excesso e a tríade do Menos que Nada, *objet a* e *sinthome* apresentada no Corolário 3.

esboroou: o homólogo binário está em falta. Por isso, toda a rede é marcada por um desequilíbrio e uma assimetria básicos, por um curto-circuito entre o universal e o particular, um curto-circuito em que a diferença externa (entre um género e o seu Outro) coincide com a diferença interna, ou, o género tem de aparecer como um da sua espécie. Para voltarmos à questão principal, a diferença sexual não é a de um género (humanidade) dividido em duas (ou mais) espécies, é uma diferença que define (constitui) o próprio género, e, enquanto tal, é uma diferença esboroada, com um termo em falta; esta falta de um termo universal é colmatada pela multiplicidade de particulares. O problema de como passar do universal para a multiplicidade dos particulares já está assim resolvido ao nível do universal: temos um espaço torcido (ou melhor, curvado) no qual a multiplicidade de particulares está ao mesmo nível que o universal, preenche a sua falta, ou seja, a diferença universal consiste num género e nas suas múltiplas espécies particulares.

Assim, o masculino e o feminino formam um par, mas não como dois princípios que se complementam mutuamente; devemos ler Masculino-Feminino da mesma maneira que deveríamos também reler o termo «marxismo-leninismo»: numa nova época de imperialismo, o marxismo original, o marxismo «enquanto tal», já não funciona, tem de ser complementado pelo «leninismo» como uma nova determinação particular que colmata a falta do marxismo. Portanto, não se trata apenas de uma questão de continuidade ortodoxa (o leninismo é o marxismo na nova época do imperialismo), mas de uma questão de fosso, de corte, de insuficiência: o marxismo «enquanto tal», na sua universalidade, já não funciona, implodiu no choque da explosão da Primeira Guerra Mundial, e o «leninismo» não é apenas a sua continuação (ou «adaptação a novas circunstâncias»), mas o ato reflexivo de preencher o fosso deste fracasso. Esta passagem para uma nova fase não é o resultado do «desenvolvimento orgânico», implica um corte violento e contingente — outra determinação particular poderia ter surgido para colmatar a falta. (Por «leninismo» não entendemos a obra de Lenine, mas a sua codificação por Estaline — não devemos esquecer que o livro «clássico» de Estaline é *Questões do Leninismo* e que o termo «marxismo-leninismo» é um termo estalinista.) O mesmo vale para Freud e Lacan: Lacan intervém para preencher as lacunas e os fracassos de Freud. A sua intervenção vem de fora, da linguística estrutural, e, no fundo, é contingente, não há um progresso linear na passagem de Freud para Lacan. Devemos aqui dar um passo em frente e observar que Lenine e Lacan não preenchem apenas o fosso no edifício original — em certo sentido, destapam o fosso que preenchem, tornam-no visível enquanto tal, como um fosso estrutural que requer uma restruturação total de todo o edifício. É aqui que reside a tensão entre o Universal e o Particular: um elemento particular não se limita a exemplificar a universalidade, preenche o fosso/falta nesta universalidade. E o mesmo vale para a diferença sexual: não é a diferença entre duas espécies do género humano, mas entre o género e as suas espécies, entre a universalidade (masculina) e a particularidade (feminina) que preenche a falta inscrita no centro da universalidade.

O facto de que «não há relação sexual» significa, portanto, que o segundo significante (o da Mulher) é «primordialmente reprimido» e que *aquilo que temos no lugar desta repressão, o que preenche a sua falta, é a multidão dos «regressos do reprimido», a série dos significantes «ordinários»*. Aqui, porém, entra uma complicação. Esta génese transcendental da pluralidade como o preenchimento da falta do significante binário é complementada pela génese oposta na qual o ponto de partida é a pluralidade (série) de significantes e o Significante-Mestre aparece como o significante reflexivo que preenche as falhas na série de significantes. O exemplo supremo de Espinosa de «deus» é aqui fundamental: quando concebido como uma pessoa poderosa, deus encarna apenas a nossa ignorância da verdadeira causalidade. A este respeito, há muitos exemplos da história da ciência — desde o flogisto (um pseudoconceito que denunciou a ignorância dos cientistas sobre como a luz realmente viaja) até ao «modo de produção asiático» de Marx (que é uma espécie de classificação negativa: o único conteúdo verdadeiro deste conceito é «todos os modos de produção que não se enquadram na categorização comum de Marx dos modos de produção»), já para não falar da hoje popular «sociedade pós-industrial» — noções que, embora pareçam designar um conteúdo positivo, assinalam apenas a nossa ignorância.

Na primeira versão, o significante binário, a contraparte simétrica de S_1, é «primordialmente reprimida», e é para suplementar o vazio desta repressão que surge a cadeia de S_2, ou seja, o facto original é o par de S_1 e o Vazio no lugar do seu homólogo, e a cadeia de S_2 é secundária; na segunda versão, na explicação do surgimento de S_1 como o «termo enigmático», o significante vazio, o facto primordial é, pelo contrário, S_2, a cadeia significante na sua incompletude, e é para preencher o vazio desta incompletude que S_1 intervém. Como se podem coordenar as duas versões? O facto definitivo não será o círculo vicioso da sua implicação mútua?

E se, mais uma vez, estas duas versões apontarem para a lógica das «fórmulas de sexuação» de Lacan? Contrariamente às nossas expectativas, é a primeira versão — a multiplicidade emerge para preencher o vazio do significante binário — que é «feminina», ou seja, que explica a explosão da multiplicidade inconsistente do não-Todo feminino, e é a segunda versão que é «masculina», ou seja, que explica como uma multiplicidade é totalizada num Todo através da exceção que preenche o seu vazio. No entanto, a simetria entre as duas versões não é total: tal como no caso das antinomias da razão pura de Kant, em que as antinomias matemáticas precedem logicamente as antinomias dinâmicas, a versão «feminina» (a multiplicidade preenche a falta do significante binário) vem primeiro, explica a própria emergência da multiplicidade, da série não-totalizável cuja falta é então preenchida pelo Significante-Mestre reflexivo, o significante da falta do significante. Em suma, «tudo começa» não simplesmente com a multiplicidade das multiplicidades que «é» o vazio, mas com o Um impossível/barrado, o Um que mais não é do que a sua própria impossibilidade.

Por esta razão, é errado concluir que é possível lidar com um antagonismo de dois termos (uma oposição «binária») apenas no espaço «masculino» do Todo e da sua Exceção, ou seja, que não pode haver oposição binária no espaço «feminino» do não-Todo. O segundo modo tem prioridade lógica sobre o primeiro modo: em primeiro lugar, a multiplicidade surge do puro antagonismo (preenchendo o vazio aberto pela falta do significante binário) e, depois, esta multiplicidade é totalizada pela exceção do Um. Este «binário» entre as duas lógicas (não-todo e todo-com-exceção) não obedece à lógica do masculino todo-com-exceção, está no lado do feminino não-todo.

É por isso que, como Lacan diz em termos muito precisos, há uma assimetria na diferença sexual: o homem é não-mulher (a identidade do homem é diferencial, é constituída em oposição à mulher), mas *a mulher não é não-homem*. Temos de ter aqui muito cuidado: isto não significa que a mulher esteja algures fora do espaço das diferenças — a negatividade da mulher é mais radical que a do homem. «A mulher não é não-homem» não faz o «não» desaparecer numa qualquer autoidentidade positiva: não só o «não» permanece, como também emerge na sua pureza, como negatividade radical e não apenas como uma negação determinada do seu oposto diferencial. Em suma, a «mulher não é não-homem» significa que a mulher é «não» *tout court*, sem predicado a ser negado. Quando um sujeito sofre uma perda terrível, como a morte de um ente querido, esta perda define-o de uma maneira positiva, toda a sua vida torna-se uma vida sem esse ente querido — mas e se, depois de perder o ente querido, o sujeito descobrir que esse ente querido nunca foi o que pareceu, mas uma farsa, de maneira que, depois de perder essa pessoa, o sujeito fica privado da própria perda como o momento estruturante da sua vida e se vê no vazio? (Acontece uma coisa parecida em *A Mulher que Viveu Duas Vezes*, de Hitchcock: depois de perder Madeleine, Scottie descobre que o que perdera — Madeleine — nunca existira, que era uma farsa encenada para ele desde o início...) Esta perda radical de uma perda define a subjetividade da mulher (que é a subjetividade enquanto tal no seu nível mais básico): a perda passa aqui do transitivo para o intransitivo, ou seja, a mulher não é sem o objeto, a mulher é apenas sem, e o nome deste «apenas sem» é $, o sujeito (barrado).

No entanto, a definição de Lacan do significante — que representa o sujeito para outro significante (ou outros significantes) — não está claramente localizada na lógica do todo e da sua exceção? Não é o significante que representa o sujeito (S_1) a exceção que o representa para a série dos outros significantes (S_2)? Aqui, entra uma distinção mais subtil: como passamos do sujeito dividido para a divisão de dois sujeitos, de dois modos de subjetividade, masculina e feminina? Porque é que o sujeito é sempre redobrado, «sexuado», porque é que aparece *a priori* em duas versões, como masculino e feminino, porque é que não há sujeito universal sexualmente neutro? Porque, como já vimos, as suas duas versões dão corpo às duas antinomias da sexuação. O sujeito masculino é a nossa noção predominante de sujeito: a exceção de certo modo externa à realidade «objetiva» e cuja subtração constitui o campo da realidade «objetiva». É o agente que, oposto à realidade, interage com ela e intervém nela. O sujeito feminino é algo que precede (logicamente) o sujeito masculino: o movimento da sua constituição. O sujeito feminino não está organicamente incluído na realidade como sua parte; pelo contrário, é o que torna qualquer realidade não-Toda, o operador da sua inconsistência — apenas o gesto negativo da retirada. O sujeito como masculino, no seu modo masculino, completa a realidade através da sua própria exceção em relação a ela, enquanto o sujeito no seu modo feminino incompleta a realidade, é um «menos que nada», que, ao ser-lhe acrescentado, incluído nela, a torna inconsistente.

Plantas, animais, humanos, pós-humanos

Mas quando dizemos que o sexo é o nosso contacto com o absoluto, não permanecemos dentro do círculo transcendental ao elevar a experiência sexual ao nível privilegiado do contacto com o real? A resposta a esta crítica deve ser agora clara: o círculo que enraíza a nossa abordagem à realidade num ponto particular está inscrito na própria «realidade» como a sua característica constitutiva (que é outra maneira de dizer que a realidade é em si mesma fraturada ou frustrada). «Conhecimento absoluto», portanto, é um nome para o não-saber redobrado: não fornece nenhum novo conhecimento, apenas desloca o nosso não-saber para o próprio objeto de conhecimento. Assim, o que temos não é só a relativização generalizada do nosso conhecimento ou a incerteza definitiva sobre como são realmente as coisas; esta incerteza é deslocada para a realidade que é em si mesma incompleta, ontologicamente frustrada, instável.

Aqui, o paradoxo é que o conhecimento absoluto (ou, em termos lacanianos, o conhecimento no lugar da verdade) é subjetivo, subjetivamente mediado. Recordemos, mais uma vez, a afirmação chocante de Lacan segundo a qual mesmo que aquilo que um marido ciumento diz da sua mulher (que ela dorme com outros homens) seja verdade, o seu ciúme continua a ser patológico; do mesmo modo, poder-se-ia dizer que mesmo que a maioria das afirmações nazis sobre os judeus fosse verdadeira (exploram os Alemães, seduzem as raparigas alemãs), o seu antissemitismo continuaria a ser (e era) patológico — porque reprime a verdadeira razão *por que* os nazis *precisavam* do antissemitismo para sustentar a sua posição ideológica. Assim, no caso do antissemitismo, o conhecimento sobre o que os judeus «são realmente» é definitivamente irrelevante, enquanto o único conhecimento no lugar da verdade é o conhecimento sobre porque é que um nazi *precisa* de uma figura do judeu para sustentar o seu edifício ideológico; esta verdade também é «absoluta» no sentido de dispensar a verdade factual sobre os judeus.

Mas — e aqui o paradoxo redobra-se —, apesar de ser subjetivo, o conhecimento absoluto não expressa a verdade interior do sujeito, por oposição ao conhecimento que reproduz adequadamente factos objetivos; não exprime o génio interior do sujeito, a sua criatividade inconsciente. No seu pequeno texto «Sobre a Diferença entre um Génio e um Apóstolo», Kierkegaard define o génio como o indivíduo capaz de exprimir ou articular «aquilo que nele é mais do que ele mesmo», a sua substância espiritual, em contraste com o apóstolo, que «em si mesmo» não tem qualquer importância: o apóstolo é uma função puramente formal daquele que dedicou a vida a prestar testemunho de uma Verdade impessoal que o transcende. É um mensageiro que foi escolhido (pela graça) e que não possui características interiores que o qualificariam para esse papel. Lacan menciona aqui um diplomata que trabalha como representante do seu país: as suas idiossincrasias são irrelevantes, tudo o que faz é ler uma mensagem do seu país para o país onde está colocado — se, numa grande conferência diplomática, tossir, isto é interpretado como um sinal subtil da dúvida do seu Estado sobre as medidas debatidas na conferência, etc. E a conclusão paradoxal de Lacan é que o «sujeito do inconsciente» freudiano (ou aquilo a que Lacan chama «sujeito do significante») tem a estrutura do apóstolo kierkegaardiano: é a testemunha de uma Verdade «impessoal». O que encontramos na histeria não é precisamente um «corpo de verdade»: nos sintomas físicos que resultam da «conversão» histérica, o corpo orgânico imediato é invadido, por uma Verdade, transformado em detentor de verdade e sequestrado para um espaço/superfície no qual as Verdades (do inconsciente) estão inscritas — a histeria é o caso definitivo do *c'est moi, la vérité, qui parle* lacaniano. Mais uma vez, a estrutura aqui é a do apóstolo de Kierkegaard: o corpo é cancelado ou suspenso como indiferente na sua realidade imediata, é adotado como o meio da Verdade. Pensamentos sem um pensador, sonhos sem um sonhador, crenças sem um crente... Isto é o inconsciente freudiano: não a expressão da profundidade do sujeito, mas uma pressuposição cujo estatuto é puramente virtual. Embora não subjetivado (não-expressivo na vida interior do sujeito), só existe em relação ao seu sujeito que permanece vazio, $ (o *cogito* cartesiano como o sujeito do inconsciente, segundo Lacan). O «sujeito do inconsciente» não é um sujeito cheio de riqueza inconsciente interior, mas sim vazio e radicalmente separado do seu inconsciente, que o ocupa e usa como o seu apóstolo.

E isto reconduz-nos ao ponto de partida deste livro: os não-orientáveis. A natureza frustrada da realidade implica que devemos subscrever totalmente a rejeição de qualquer forma de «progressismo»: o «progresso» — ou qualquer forma de evolução para níveis superiores — é sempre uma ocorrência local, nunca uma característica do processo cósmico global. Se há alguma coisa totalmente estranha ao materialismo dialético é a visão da realidade como uma evolução progressiva para formas cada vez mais elevadas de existência, da matéria simples à vida vegetal, à vida humana, à vida espiritual humana e, depois, talvez até mais um passo em direção a um ponto Ómega desconhecido (ou singularidade, como alguns lhe chamam hoje) — uma visão inesperadamente subscrita até por Quentin Meillassoux. Mas não será a descrição que Hegel faz da sucessão de minerais, plantas, animais e espírito humano o caso supremo desta evolução progressiva? Antes de nos precipitarmos numa conclusão tão óbvia, devemos olhar mais de perto a filosofia da natureza de Hegel; comecemos com Michael Marder, que, de forma concisa, apresentou a lógica da transição da reprodução sexual vegetal para a animal em Hegel, um tópico muito ignorado, mas cheio de surpresas inesperadas:

> Segundo a sua *Filosofia da Natureza*, a diferença sexual é «apenas parcial» no reino vegetal (*der Unterschied ist so nur ganz partiell*) por duas razões. Em primeiro lugar, a sexualidade das plantas é indeterminada e «as diferenças mudam frequentemente quando as plantas crescem». Em segundo, e mais importante, esta sexualidade está concentrada na flor, uma parte separável e supérflua da planta, *ein abgeschiedener Teil*. «Os diferentes indivíduos», escreve Hegel, «não podem, pois, ser vistos como sendo de sexos diferentes porque não foram completamente imbuídos do princípio da sua oposição [*sie nicht in daß* Prinzip *ihrer Eingegensetzung ganz eingetaucht find*] — porque isto não os impregna por completo [*nicht ganz durchbringt*], não é um momento universal de todo o indivíduo...»

> Nas plantas, esta indeterminação exprime-se na indecisão entre os modos sexuais e assexuais de ser e, na sexualidade, entre os lados masculino e feminino. A diferença sexual vegetal oscila entre, por um lado, a disjunção e a conjunção das polaridades que inter-relaciona, e, por outro, o seu apagamento na reprodução sexual. O seu aperfeiçoamento e a sua determinação requererão uma transição para a vida animal, onde toda a carne está impregnada de sexualidade, disposta em formações oposicionais do masculino contra o feminino, *nós* contra *eles*.
>
> Aquilo que Hegel postula, portanto, é a animalização da diferença sexual através do «princípio de oposição», como um sinal do empenho, interesse e não-indiferença do animal em si mesmo e no seu outro. E interpreta a situação precária da planta como a de uma diferença indiferente: ao não ser contra o outro, a planta também não é si mesma. Imersa no imediatismo de uma afirmação para o exterior, geralmente indistinguível do interior, a planta não está banhada, impregnada (*eingetaucht, durchbringt*) pela diferença sexual como o princípio de oposição. Na verdadeira individuação sexual, «todo o hábito (*habitus*) do indivíduo deve estar ligado ao seu sexo [*Der ganze Habitus des Individuums muß mit seinem Geschlecht verbunden sein*]», ou seja, ao princípio de oposição que define a ontologia e a dialética sexual como tais, em si mesmo uma expressão da diferença sexual oposicionalmente organizada no pensamento.([31])

Assim, as plantas caracterizam-se por dois aspetos interligados no que diz respeito à sua reprodução (sexual): a sua identidade sexual é indeterminada (as plantas individuais não pertencem a um ou ao outro sexo) e parcial (a flor na qual se concentra a reprodução é apenas uma parte destacável de uma planta individual), enquanto, no animal, a diferença sexual impregna todo o ser do indivíduo. Portanto, embora a diferença sexual esteja em si mesma já presente nas plantas, é uma «diferença indiferente», em contraste com os animais, cujo hábito está inteiramente «ligado ao sexo». Ainda que esta linha de pensamento pareça ingenuamente

---

([31]) Michael Marder, «Plant Life and the Fate of Sexual Difference (with and against Hegel)», citado a partir de http://philosoplant.lareviewofbooks.org./?p=213. As passagens de Hegel são citadas de G. W. F. Hegel, *Philosophy of Nature: Encyclopedia of the Philosophical Sciences, Part II* (Oxford: Oxford University Press, 2004), secção sobre a «Vegetable Nature».

não-científica, há nela algumas observações interessantes. A leitura de Hegel da florescência como feminina, que expõe a planta ao exterior, lembra logo o papel das abelhas na inseminação vegetal — como se as plantas precisassem de uma ajuda externa na inseminação e as abelhas funcionassem como uma pequena máquina-pénis separada. É fácil acusar Hegel de interpretar a reprodução vegetal a partir do ponto de vista da reprodução sexual animal, como o seu nível «inferior», mas o que importa aqui realmente é a ideia de Hegel subjacente a esta linha de pensamento: a atividade sexual não é «perturbada», atravessada por impasses e impossibilidades, apenas na cultura humana; a atividade sexual envolve um impasse desde o começo não só nos animais sexuados, mas também já no reino vegetal, de maneira que cada passo na reprodução sexual tenta resolver o impasse do anterior. Por outras palavras, a humanidade não é a exceção, a curva da pulsão que se afasta do equilíbrio instintivo animal. Se o horizonte definitivo do nosso pensamento é o excesso/perturbação que gera a transformação do instinto em pulsão, a desnaturalização do instinto em pulsão, então continuamos presos na oposição tradicional entre a natureza e o excesso humano. Devemos dar aqui mais um passo: a realidade pré-humana é em si mesma «excecional», incompleta, desequilibrada, e este fosso ou incompletude ontológica emerge «como tal» com a humanidade. (Esta via foi descrita por Schelling, Benjamin e a física quântica.) O homem é assim, literalmente, a exceção da natureza: na humanidade, a exceção constitutiva da natureza surge como tal. É como se a lógica da exceção constitutiva operasse aqui numa versão diferente, a da «parte de parte nenhuma»; precisamente como a perturbação da natureza, a humanidade dá corpo à natureza como tal, na sua universalidade.

Aqui, neste ponto crucial, encontramos a grande tentação a ser evitada: a tentação de explicar a negatividade ontológica, a rutura introduzida pela sexualidade, em termos do contraste entre a sexualidade animal e a sexualidade humana. Nem Lacan está imune a este *topos* tradicional: em toda a sua obra, varia repetidamente o tema da negatividade e da rutura introduzida no mundo da copulação natural pela sexualidade humana. A própria distinção entre instinto e pulsão pode ser interpretada deste modo: os animais possuem conhecimento instintivo que lhes diz quando e como copular. A copulação, para eles, faz simplesmente parte do circuito natural da vida, enquanto nós, humanos, somos radicalmente desorientados, não temos as coordenadas instintivas da nossa vida sexual, razão pela qual temos de aprender a fazê-lo, recorrer a cenários culturalmente estruturados: «há instinto sexual na natureza, mas não nos seres humanos (que são o ponto de exceção em relação à natureza). A humanidade, no seu nível mais fundamental, é um desvio da Natureza.» ([32]) É segundo estas linhas que Gérard Wajcman explica porque achamos tão agradável ver documentários de vida selvagem nos canais de televisão especializados (*Nature*, *Wild Kingdom*, *National Geographic*): eles permitem um vislumbre do mundo utópico em que a linguagem e a formação não são necessárias, ou seja, uma «sociedade harmoniosa» (como diriam hoje na China) na qual toda a gente conhece espontaneamente o seu papel:

> O homem é um animal desnaturado. Somos animais doentes de linguagem. E tanto ansiamos, por vezes, por uma cura. Mas calarmo-nos não basta. Não podemos simplesmente aceder à animalidade. É então que, como consolo, vemos os animais na televisão e nos maravilhamos com um mundo não dominado pela linguagem. Os animais levam-nos a ouvir uma voz de silêncio puro. Nostalgia pela vida de peixe. A humanidade parece ter sido afetada pela síndrome de Cousteau. ([33])

No entanto, há outra maneira, mais radical e mais especificamente hegeliana, de entender o deslocamento da sexualidade: e se a sexualidade equilibrada e «natural» for um mito humano, uma projeção retroativa? E se esta imagem de uma natureza que sabe for o derradeiro mito humano, a derradeira «tradição inventada»? A este respeito, Lacan está dividido: por vezes, afirma que os «animais sabem», que possuem um conhecimento instintivo sobre a sexualidade; outras vezes (a propósito da lamela, por exemplo), diz que já há uma falta na diferença sexual natural: a lamela é «aquilo que é subtraído ao ser vivo devido ao facto de estar submetido ao ciclo da reprodução sexuada» ([34]); assim, no

---

([32]) Gérard Wajcman, «The Animals That Treat Us Badly», *lacanian ink*, n.º 33 (Primavera de 2009), p. 131.

([33]) *Ibid.*

([34]) Jacques Lacan, *The Four Fundamental Concepts of Psychoanalysis*, Nova Iorque: Norton, 1998, p. 198.

sexo natural, já há uma perda ou um impasse, ou seja, na própria natureza, no próprio centro da reprodução sexual, há algum tipo de deslocação ou de negatividade em ação:

> Parece haver algo na própria natureza que, neste ponto, está dramaticamente errado. O problema não é que a natureza seja «sempre-já cultural», mas antes que falta algo à natureza para ser Natureza (o nosso Outro). Uma maneira de formular isto é dizer que não há instinto sexual, ou seja, não há conhecimento («lei») inerente à sexualidade que a possa orientar.([35])

A sexualidade humana, portanto, não é uma exceção em relação à natureza, um deslocamento patológico da sexualidade instintiva natural, mas, ao invés, *o ponto no qual o deslocamento/ /impossibilidade que pertence à copulação sexual aparece como tal* — em que forma exata? Os humanos e os animais sexuados «não sabem», a ambos falta uma base instintiva estável e firme da sua sexualidade; no entanto, os animais simplesmente não sabem, ou seja, não sabem que não sabem, são simplesmente desorientados, em perda, enquanto os humanos sabem que não sabem, *registam* o seu não-saber e buscam o saber (esta busca é aquilo que constitui a «sexualidade infantil»). Em termos hegelianos, poder-se-ia dizer que, na passagem dos animais sexuados para os humanos, o não-saber passa do Em-si para o Para-si, para o seu registo reflexivo; mas não estamos a falar aqui de consciência, sobre «tomar consciência do» nosso não-saber. O registo é precisamente inconsciente: «O que distingue o animal humano não é o facto de ser consciente ou ciente da sua falta natural de conhecimento (a falta de conhecimento sexual na natureza), mas o de ser "inconsciente disso".»([36]) Esta formulação deve ser entendida no seu sentido preciso do «inconsciente estruturado como uma linguagem» (Lacan): ser «inconsciente de» algo é aquilo a que Hegel teria chamado uma «negação determinada» e, enquanto tal, um facto positivo em si mesmo.

Devemos recordar aqui a distinção kantiana clássica entre juízo negativo (a negação de um predicado) e juízo infinito (a

---

([35]) Alenka Zupančič, «Die Sexualität innerhalb der Grenzen der bloßen Vernunft» (manuscrito).

([36]) *Ibid.*

afirmação de um não-predicado): «inconsciente de» não é o mesmo que «não consciente de» — por exemplo, não estou consciente dos processos neuronais e outros que sustentam o meu pensamento, mas não posso dizer que estou «inconsciente deles», pois isto implicaria que esses processos já estivessem subjetivados no modo do inconsciente (do mesmo modo, «estou não-morto» significa que estou vivo como um «morto-vivo»). Como é que esta existência «inconsciente» está inscrita na ordem simbólica? Aqui, Lacan oferece uma resposta precisa: na forma do *plus-de-jouir*, do excesso-de-gozo, que não é apenas um excesso sobre qualquer forma determinada de objeto-de-gozo, mas um objeto que positiva esse excesso de negatividade. Por outras palavras, enquanto, tanto nos animais como nos humanos, a relação sexual não existe, só os humanos podem adotar o juízo infinito no qual o excesso se torna um objeto, ou seja, no qual a não-relação como tal passa a existir:

> Enquanto a sexualidade animal é simplesmente inconsistente (e é isto que partilha com a sexualidade humana), a *jouissance* é como um conjunto que contém esta inconsistência como o seu único elemento [...] Esta divisão interna da vida obtém uma existência material e objetiva própria, na forma daquilo a que Lacan chama *jouissance* [...] A mudança crucial ocorre quando a negatividade imanente (a morte como intrínseca à vida) obtém uma existência material no excesso de gozo (que se torna a sua figura ou representante) relacionado com diferentes pulsões parciais e a sua satisfação. É só assim que *passamos da sexuação para a própria sexualidade* (sexualidade dos seres falantes).([37])

Trata-se, portanto, da passagem da inconsistência de um processo ou objeto para um objeto que *é* — dá corpo a — esta inconsistência, da não-existência da relação sexual para a existência de uma não-relação, de um excesso sobre a objetividade para um objeto que dá corpo a este excesso. A *jouissance* nunca é um puro excesso de produtividade sobre cada objeto, é sempre um objeto; a inconsistência nunca é apenas inconsistência entre elementos, é sempre um objeto — aqui, neste derradeiro «juízo

---

([37]) Alenka Zupančič, *What IS Sex?*, Cambridge (Ma.): MIT Press, 2017, pp. 92, 104.

infinito», reside a coincidência hegeliana dos opostos que define o excesso de gozo. É sobre este pano de fundo que devemos ler as linhas em que Marder situa a limitação de Hegel:

> o que teria acontecido se a *Filosofia da Natureza* de Hegel passasse não só da vegetalidade para a animalidade, mas também da animalidade («o organismo animal», onde ela culmina) para a humanidade, e o fizesse precisamente como uma filosofia da *natureza* e não como uma fenomenologia do espírito? Como teriam aparecido as múltiplas diferenças na diferença sexual? Como teriam sido interpretadas?([38])

Assim, a sexualidade humana não é apenas a substância animal «superada» em modos e rituais civilizados, gentrificada, disciplinada, etc. — a sua própria substância é radicalmente transformada. A natureza (a substância natural da sexualidade) não só obtém uma forma «civilizada» como também é mudada ao nível da própria «natureza»; o próprio excesso de sexualidade que ameaça fazer explodir os constrangimentos «civilizados», a sexualidade como Paixão incondicional, é o resultado da Cultura. Deste modo, a civilização/Cultura postula/transforma retroativamente o seu próprio pressuposto natural: retroativamente, a cultura «desnaturaliza» a própria natureza, é aquilo a que Freud chamava o Id, a líbido.

Podemos chegar aqui a outra conclusão paradoxal: a sexualidade humana também pode ser vista como uma «síntese» estranha de sexualidade vegetal e animal. Se, como animais sexuados, os humanos estão «impregnados, banhados, imersos na diferença sexual como o princípio de oposição», o que retiram das plantas? A sua integração (*embeddedness*) no seu meio. Para esclarecermos este ponto, temos de nos virar para o desafio da tecnologia: não temos de (re)descobrir como toda a atividade está dependente da nossa integração insuperável (*unhintergebar*) no nosso mundo-da-vida, mas, pelo contrário, temos de romper com esta integração e aceitar o abismo radical da nossa existência. Este é o terror que nem Heidegger ousou enfrentar. Formulado em termos de uma comparação problemática, não seremos, na medida em que continuamos a ser humanos integrados num mundo-da-vida simbólico

---

([38]) Marder, *op. cit.*

e pré-reflexivo, uma espécie de «plantas simbólicas»? Hegel, na sua *Filosofia da Natureza*, diz que as raízes de uma planta são as suas entranhas, que, em contraste com um animal, a planta tem fora de si mesma, na terra, o que evita que a planta corte as suas raízes e se movimente livremente — para ela, cortar as suas raízes significa a morte. O nosso mundo-da-vida simbólico em que estamos sempre-já integrados de forma pré-reflexiva não será como as nossas entranhas simbólicas fora de nós mesmos? E o verdadeiro desafio da tecnologia não será que devemos repetir a passagem das plantas para os animais também ao nível simbólico, cortando as nossas raízes e aceitando o abismo da liberdade? Neste sentido preciso, podemos aceitar a fórmula de que a humanidade irá/deverá passar para a pós-humanidade — estar integrado num mundo simbólico é uma definição de ser humano. Também neste sentido, a tecnologia é uma promessa de libertação pelo terror. O sujeito que emerge nesta e através desta experiência do terror é, no fundo, o próprio *cogito*, o abismo da negatividade autorrelacionada que forma o núcleo da subjetividade transcendental, o sujeito acéfalo da pulsão (de morte). É o sujeito verdadeiramente inumano.

Esta negatividade está em ação desde o início — onde? A inseminação vegetal e a reprodução sexuada animal partilham um aspeto que, visto de longe, parece surpreendente e até enigmático: porque é que o processo de inseminação tem de se basear num encontro contingente e exterior a ambos (de um parceiro masculino e feminino, ou mesmo por meio de abelhas)? Porque é que este processo não está integrado num só ser vivo? Porquê este perigo contingente que abre a possibilidade de um encontro falhado? Talvez, a um nível abstrato, a chave deste enigma seja dada por outro enigma: porque é que a diferença sexual como antagonismo puro que divide o campo surge como Dois (sexos)? Porque não três, quatro, uma série indefinida com cada elemento separado pelo mesmo antagonismo? Como passamos do antagonismo (imanente) para o Dois (externo)? A resposta de Lacan é que, precisamente, o Dois nunca é Dois, mas sim o Um e o seu vazio que é preenchido por uma multiplicidade inconsistente. O «Dois» (no sentido de um par complementar de opostos) é uma relação sexual sonhada.

A contingência está inscrita no próprio núcleo do processo de inseminação. Uma investigação recente sobre vírus reatualizou a hipótese da panspermia([39]): os investigadores «identificaram recentemente um vírus antigo que introduziu o seu ADN nos genomas de animais de quatro membros que eram antepassados humanos. Este fragmento de código genético, chamado ARC, faz parte do sistema nervoso dos humanos modernos e desempenha um papel na consciência humana — a comunicação dos nervos, a formação da memória e o pensamento de ordem superior. Entre 40 e 80 por cento do genoma humano pode ser ligado a antigas invasões virais» ([40]). Ainda que só exista vida confirmada na Terra, isto implica que a vida extraterrestre é não só plausível, como também provável ou inevitável. Significará isto que voltamos a uma forma de teologia, com deus a plantar na realidade «espermatozoides» que permanecem latentes, deambulando em busca da matéria apropriada para se realizarem? Há uma explicação materialista: a química que resultou na vida pode ter começado pouco depois do Big Bang, há 13 800 milhões de anos, durante uma época habitável em que o universo tinha apenas 10–17 milhões de anos; a construção dos blocos de vida orgânica pré-biótica originou-se no espaço e foi depois incorporada na nébula solar a partir da qual os planetas se condensaram e foram depois distribuídos — continuamente — pelas superfícies planetárias onde a vida emergiu (abiogénese). Assim, se quisermos continuar a ser religiosos, a única opção é ver este «esperma cósmico» como o jorro de um deus masturbador([41]): não há aqui teleologia, apenas biliões de «espermatozoides» a flutuar, abertos a encontros contingentes nos quais formam organismos vivos.

Mas mudemos a nossa perspetiva e olhemos para o outro extremo: será todo este processo também aberto no seu resultado? Se Hegel reescrevesse hoje o seu sistema, as suas três partes principais já não seriam lógica — natureza — espírito, mas real quântico (o espaço virtual pré-ontológico das ondas quânticas) — realidade — espírito. Devemos observar que a passagem de cada nível para o seguinte não é apenas uma espécie de «progresso», mas também envolve um fracasso (perda, limitação): a nossa realidade ordinária emerge através do colapso da função de onda,

---

([39]) Resumido em https://en.wikipedia.org/wiki/Panspermia.

([40]) Citado de https://nytimes.com/2018/04/13/science/virosphere-evolution.html.

([41]) Esta ideia foi-me sugerida por David Harvilicz.

ou seja, pelo apagamento das possibilidades virtuais; de forma gradual, a realidade desenvolve-se através da vida para a explosão do pensamento/espírito/sujeito — mas esta explosão do espírito também é um impasse na vida animal. O homem é um animal fracassado, a consciência humana é, primordialmente, a consciência da limitação e da finitude.

Isto conduz-nos à próxima grande questão: se levarmos a sério a ideia de que a humanidade é uma passagem falhada para um estádio superior, um progresso frustrado, e de que aquilo que vemos normalmente como sinais de grandeza ou criatividade humanas são, na verdade, reações a este fracasso fundamental (é claro que tudo isto pode ser lido como o conceito nietzschiano do homem como a passagem do animal para o super-homem), poderemos imaginar um quarto estádio após o real quântico, a realidade e a espiritualidade humana, o estádio que seria uma humanidade que, de alguma maneira, tivesse superado o seu fracasso constitutivo, uma humanidade sem sexo nem mortalidade?

O candidato óbvio a este estádio seguinte é, claro, a promessa da chamada singularidade, uma nova forma de consciência (ou mente) transindividual que emergirá da maior digitalização das nossas mentes e da biogenética. Quando a ligação direta do nosso cérebro à rede digital superar um certo limiar (uma perspetiva muito realista), o fosso entre a nossa autoconsciência e a realidade exterior desaparecerá (pois os nossos pensamentos poderão afetar diretamente a realidade externa — e vice-versa —, e estarão em contacto direto com as outras mentes). Não é necessário seguir as conjeturas de Ray Kurzweil ou as fantasias New Age como a última cena do *2001* de Kubrick para ver que algo de novo está aqui a surgir. Não podemos prever a sua forma exata, mas uma coisa é clara: já não seremos sujeitos singulares mortais e sexuados. Perderemos a nossa singularidade (e, com ela, a nossa subjetividade), bem como o nosso distanciamento em relação à realidade «exterior».

É claro que o problema é o seguinte: como as conquistas «mais elevadas» da humanidade se baseiam nas nossas principais limitações (fracasso, mortalidade e a concomitante sexualidade), ou seja, naquilo que só podemos experienciar como o obstáculo à nossa existência espiritual «superior», a ideia de que este nível «superior» pode sobreviver sem o obstáculo, sem aquilo que impede a sua plena atualização, é uma ilusão que pode ser explicada nos termos do paradoxo do *objet a*, um obstáculo que, perturbando a perfeição, engendra a própria ideia de perfeição à qual serve como obstáculo, de maneira que, se o abolirmos, perdemos ao mesmo tempo aquilo para que este é um obstáculo. Este paradoxo opera em múltiplos níveis, até na beleza feminina. Certo dia, uma voluptuosa mulher portuguesa contou-me uma historieta maravilhosa: quando o seu amante mais recente a viu pela primeira vez completamente nua, disse-lhe que, se ela perdesse apenas um ou dois quilos, o seu corpo seria perfeito. A verdade, obviamente, é que, se ela tivesse perdido esses quilos, pareceria provavelmente mais vulgar — o elemento que parece perturbar a perfeição cria a ilusão da perfeição que perturba: se retirarmos o elemento excessivo, perdemos a própria perfeição.

O conto «A Marca de Nascença» («The Birth-Mark», 1843) ([42]), de Nathaniel Hawthorne, fornece um relato diferente e mais catastrófico do que acontece se eliminarmos o excesso perturbador. Aylmer, cientista brilhante, casa com a bela Georgiana, que é fisicamente perfeita, à exceção de uma pequena marca de nascença com a forma de uma mão no seu rosto. Aylmer torna-se cada vez mais obcecado com a marca; certa noite, sonha em cortá-la do rosto da mulher e, depois, continuar até ao seu coração. Consciente da obsessão do marido, Georgiana declara que prefere arriscar a vida e remover a marca de nascença do rosto a continuar a suportar o horror e a angústia que Aylmer sente quando a vê. No dia seguinte, Aylmer leva-a ao seu laboratório e começa por desenhar um retrato dela, mas a imagem aparece desfocada, à exceção da marca de nascença que revela o desgosto que sente por ela. Georgiana concorda então em beber uma poção que Aylmer lhe preparou, apesar do aviso de que poderia ser perigosa e provocar efeitos secundários inesperados. Assim que bebe a poção, ela adormece e Aylmer observa a marca de nascimento a desvanecer-se aos poucos. Antes de a marca desaparecer por completo, Georgiana desperta e ficam os dois contentes ao verem os resultados. No entanto, a poção tem efeitos secundários e Georgiana diz ao marido que está a morrer lentamente: quando a marca de nascença desaparece por completo, ela morre... O resultado, aqui, é a morte e não apenas a perda da perfeição: a marca de nascença, o pormenor perturbador,

([42]) No resumo seguinte da história, baseio-me em https://en.wikipedia.org/wiki/The_Birth-Mark.

está ligada ao coração cujo batimento mantém Georgiana viva. Embora esta história possa parecer mais trágica do que a minha história do encontro com a senhora portuguesa, é, na verdade, menos aterradora porque a beleza sobrevive à remoção dos pormenores perturbadores: a falecida Georgiana não conserva apenas a sua beleza — só morta é que a alcança. As duas histórias (a minha anedota e a narrativa de Hawthorne) confrontam-nos com uma escolha: se decidirmos remover o obstáculo, obtemos a perfeição da beleza e perdemos a vida, ou permanecemos vivos como um ser vulgar sem promessa de perfeição.

O exemplo sociopolítico crucial deste paradoxo é fornecido por Marx, cujo erro fundamental foi concluir, a partir destas ideias, que uma nova ordem social superior (comunismo) era possível, uma ordem que não só conservaria como também elevaria e libertaria todo o potencial da espiral autossustentada da produtividade, que, no capitalismo, por causa do seu obstáculo/contradição inerente, é sempre frustrada pelas crises económicas socialmente destrutivas. Em suma, para utilizar termos derrideanos, Marx ignorava que este obstáculo/antagonismo inerente como a «condição de impossibilidade» da plena efetivação das forças produtivas é, ao mesmo tempo, a sua «condição de possibilidade»: se abolirmos o obstáculo, a contradição inerente ao capitalismo, não temos a pulsão plenamente efetiva da produtividade finalmente livre do seu impedimento, mas perdemos precisamente esta produtividade que parecia ser gerada e, ao mesmo tempo, frustrada pelo capitalismo — se removermos o obstáculo, o próprio potencial frustrado por esse obstáculo dissipa-se. (Aqui residiria uma possível crítica lacaniana a Marx, centrada na sobreposição ambígua de valor excedente e gozo excedente.) Assim, os críticos do comunismo tinham alguma razão quando diziam que o comunismo marxista é uma fantasia impossível; o que não percebiam é que o comunismo marxista, a ideia de uma sociedade de produtividade pura fora do quadro do Capital, era uma fantasia inerente ao próprio capitalismo, a transgressão aí inerente na sua forma mais pura, uma fantasia estritamente ideológica de conservar o ímpeto da produtividade gerado pelo capitalismo, enquanto nos livramos dos «obstáculos» e antagonismos que eram — como demonstra a experiência triste do «capitalismo realmente existente» — o único quadro possível da existência material efetiva de uma sociedade de produtividade de autorreforço permanente.

Não se poderá aplicar o mesmo paradoxo à visão da singularidade pós-humana? Na medida em que a pós-humanidade é, do nosso ponto de vista humano finito/mortal, em certo sentido o ponto do Absoluto para o qual tendemos, o ponto zero em que a diferença entre pensar e agir desaparece, o ponto em que o Eu se torna *homo deus*, voltamos a ver aqui o paradoxo do nosso encontro com o Absoluto: o Absoluto persiste como o ponto virtual de perfeição na nossa finitude, como o X que nunca alcançamos, mas, quando superamos a limitação da nossa finitude, também perdemos o próprio Absoluto. Algo novo emergirá, mas não será a espiritualidade criativa liberta da mortalidade e da sexualidade — nesta passagem para o Novo, perderemos definitivamente as duas.

Num artigo recente sobre Steve Bannon, publicado no *Der Spiegel*, o jornalista descreve como Bannon «agarra num livro, uma biografia do filósofo Martin Heidegger. "Este é cá dos meus", diz Bannon. Heidegger, afirma ele, tinha algumas ideias boas sobre o ser, que o fascina... O que nos distingue dos animais ou das pedras?, pergunta Bannon. O que significa ser humano? Até onde poderá ir o progresso digital?» Bannon salta então para a política e localiza o perigo do «progresso digital» no poder das «elites» contra o qual o seu populismo luta. «Se deixarmos que as elites se agarrem ao poder em Londres, Paris, Nova Iorque e Silicon Valley, diz Bannon, elas irão redefinir totalmente o *homo sapiens* daqui a 25 anos. "Será a destruição definitiva da raça humana!", exclama ele.»([43]) Embora a ignorância de Bannon em relação a Heidegger salte logo à vista (Heidegger nunca teria reduzido o poder da tecnologia moderna ao poder das elites), ele tem razão em ver nas conquistas das ciências cognitivas e na digitalização do nosso universo «uma ameaça à essência humana» (àquilo que até agora entendemos como «ser humano»). O que ele não percebe é não só como o seu tipo de populismo se baseia em manipulações digitais (basta lembrar o papel da Cambridge Analytica na vitória de Trump); ignora também como o seu populismo não enfrenta realmente a «ameaça» das novas tecnologias, mas refugia-se apenas na velha ideia comum de que o ser humano está indefeso contra esta ameaça. A única solução é aceitar que a «natureza» *está* hoje

---

([43]) Citado de www.spiegel.de/international/world/stephen-bannon-tries-rightwing-revolution-in-europe-a-1235297.html.

a mudar, e abrirmo-nos aos perigos e às novas possibilidades desta mudança.

Para recapitular, existem cinco passos na evolução da sexualidade: em primeiro lugar, a reprodução assexual (partenogénese); depois, com as plantas, a diferença sexual é postulada em si mesma, ainda não está plenamente atualizada «para si mesma»; com os mamíferos, a diferença sexual é postulada «para si mesma», plenamente atualizada em dois sexos; com os humanos, a sexualidade natural já não é apenas biológica, mas é redobrada como um facto da ordem simbólica, o que permite a sua instabilidade (um homem biológico pode ser uma mulher na sua identidade simbólica, etc.); por último, com a perspetiva da pós-humanidade, os dois níveis desintegram-se: a reprodução assexual cientificamente concebida cancela a sexualidade, que também é ameaçada pela perspetiva das identificações simbólicas assexuais (mas serão estas identificações ainda simbólicas?).

COROLÁRIO 2

Sinuosidades do tempo sexualizado

A lição da nossa elaboração da sexualidade como o encontro com o Absoluto é que a sexualidade não diz principalmente respeito ao conteúdo («essas matérias»): é, em última análise, um fenómeno formal — uma certa atividade é «sexualizada» no momento em que fica presa numa temporalidade circular distorcida. Em suma, o tempo sexualizado é o tempo daquilo a que Freud chamava a pulsão de morte: a imortalidade obscena de uma compulsão-para-repetir que persiste para além da vida e da morte. O primeiro a formular esta lógica de imortalidade obscena foi um kantiano no armário, o Marquês de Sade, e o paradoxo é que, na sua obra, a prática da busca de prazeres sexuais é dessexualizada ou, mais precisamente, deserotizada: dado que pretende eliminar todos os obstáculos e desvios e buscar o prazer da forma mais direta possível, o resultado é uma sexualidade fria e mecanizada, privada de todos os aspetos que associamos ao verdadeiro erotismo. Neste sentido, o sujeito sadeano confronta-nos, talvez, com a primeira forma de sexualidade pós-humana. Só por esta razão, as sinuosidades do tempo circular «imortal» merecem um olhar mais atento.

Os dias dos mortos-vivos

Costuma-se designar a nossa era, pelo menos nos países ocidentais desenvolvidos, como a era da permissividade (sexual), mas esta permissividade é duplamente constrangida: não só é fortemente regulada pelas normas politicamente corretas, mas o anverso necessário da permissividade que impregna as nossas vidas é também uma depressão profusa: cada vez mais, a única maneira de (não apenas reforçar mas) simplesmente impulsionar os nossos prazeres é introduzir dor — por exemplo, na forma de culpa. O título do relato de um caso jurídico no México publicado no *Guardian* — «Homem mexicano absolvido de ataque sexual a rapariga por não ter "desfrutado"» — diz tudo: um juiz mexicano libertou um jovem rico, acusado de ter sequestrado e atacado sexualmente uma rapariga, sob o pretexto de o perpetrador não ter tido prazer. O juiz Anuar González considerou que, apesar de Diego Cruz (de 21 anos) ter sido acusado de tocar nos seios da vítima e de a ter penetrado com os dedos, agiu sem «intenção carnal» — por isso, não era culpado de violação.(1) É uma lógica estranha. Teria sido mais lógico dizer o contrário: se a motivação de um homem era sexual, poder-se-ia (não desculpá-lo, mas) pelo menos admitir este tipo de paixão incontrolável como circunstância atenuante; se a sua motivação não era o prazer, mas — o quê? Pressão dos pares? A necessidade de magoar e humilhar a rapariga? Então, este ato é indesculpável. Uma forma de explicar esta lógica estranha é pressupor a sua premissa subjacente: experienciar prazer como tal torna-nos culpados, de tal maneira que, sem prazer, não há culpa. Neste horizonte, o contrário também vale: não há prazer sem culpa, no sentido em que qualquer prazer é acompanhado de culpa, mas também, num sentido mais radical, a culpa fornece o excedente de prazer que transforma um simples prazer em *jouissance* intensa.(2) Como cantam em *La Traviata*, «*croce*

(1) Ver www.theguardian.com/world/2017/mar/28/mexican-man-cleared-sexual-assault-schoolgirl-because-he-didnt-enjoy-it.

(2) Em lado algum isto é mais claro do que na descrição «crítica» direta da atmosfera opressiva de um domínio conservador-fundamentalista imaginário. A nova versão televisiva de *The Handmaid's Tale* confronta-nos com o prazer estranho de fantasiar um mundo de domínio patriarcal brutal — é claro que ninguém admitiria abertamente o desejo de viver num tal mundo

e delicia», cruz e prazer, ou seja, carregando o peso da cruz com prazer. Na ópera de Verdi, o peso é o do amor (sexual), mas será que o mesmo vale para carregar *essa* cruz (de Cristo)? E a dor de carregar a cruz não fará parte do prazer, de maneira que não se pode dizer apenas que o amor é um peso, mas também um prazer, mas o prazer de carregar o peso — em suma, uma dor no prazer?

E, de forma idêntica, não estará em questão a inversão de uma dor similar em excedente de gozo na nossa experiência dos videojogos (e filmes) pós-apocalípticos? Bown oferece uma fórmula sucinta da sua atração como utopias levemente disfarçadas:

> Jeffrey Tam escreveu que os «desastres distópicos são, na verdade, apenas uma nova oportunidade para simplificar a nossa existência e deixar tudo para trás». O problema que enfrentamos não é tanto uma falta de utopia, porque é isto que são realmente os sonhos distópicos: o prazer de uma oportunidade de recomeçar num mundo mais simplificado levemente velado pelo terror aparente do colapso distópico. A oportunidade de conceber mudanças na modernidade capitalista é erradicada, deixando apenas sonhos de moderação da sua destrutividade (*Stardew Valley*) ou de um novo começo após o apocalipse (*Fallout*).(3)

Um filme pós-apocalíptico de 1997, *O Mensageiro* (*The Postman*), de Kevin Costner, que foi um grande fracasso comercial, mostra isto de forma obscenamente aberta. Passado em 2013, quinze anos depois de um acontecimento apocalíptico não especificado ter provocado um impacto enorme na civilização humana e eliminado a maior parte da tecnologia, o filme segue a história de um nómada sem nome que encontra o uniforme de um carteiro do Serviço Postal dos Estados Unidos e começa a distribuir correio pelas aldeias dispersas, fingindo estar ao serviço dos «Estados Unidos da América Restaurados»; outros começam a imitá-lo e, de forma gradual, através deste jogo, a rede institucional básica dos Estados Unidos reemerge — a utopia que emerge após o ponto zero da destruição é os mesmos Estados Unidos que conhecemos...

---

de pesadelo, mas esta segurança de que não o queremos realmente torna a sua fantasia, imaginando todos os pormenores desse mundo, ainda mais agradável.

(3) Alfie Bown, The *Playstation Dreamworld* (citado do manuscrito).

É fácil perceber que, ainda que possa parecer um caso exemplar da «esquerda de Hollywood» a representar criticamente os potenciais autodestrutivos da civilização capitalista, a implicação política atual das fantasias pós-apocalípticas é que não há saída da dinâmica capitalista: a restauração pós-apocalíptica não termina apenas numa utopia da mesma sociedade que precedeu o apocalipse, apenas com alguns pequenos aperfeiçoamentos superficiais; a própria história de um novo começo após o apocalipse como se nada se tivesse passado repete um básico mito moderno burguês. De forma engenhosa, Bown inverte a tese tradicional de Freud sobre o sonho como satisfação disfarçada de um desejo infantil reprimido:

> Enquanto Freud diz que os sonhos são a satisfação disfarçada de um sonho infantil reprimido, no contexto desta discussão o diagnóstico pode ser formulado da seguinte maneira: os sonhos são disfarçados *como* a satisfação de um desejo infantil reprimido. Enquanto o sonho é o sonho do outro, é disfarçado como a satisfação do desejo interno ou instintivo do sujeito.([4])

Devemos recordar aqui a crítica clássica de Marx a Hobbes: a civilização capitalista não é apenas uma tentativa de regular e conter o carácter selvagem do estado de natureza através do contrato social; este estado de natureza já é o capitalismo no seu nível zero. E o mesmo se aplica ao nível zero do Estado nos jogos e filmes apocalípticos: representa o capitalismo, a constelação capitalista específica disfarçada de estado selvagem de natureza. No entanto, onde nos leva a ideia de que toda a formação dos nossos desejos é um produto historicamente específico de lutas sociais (e, neste sentido, político)? Bown dá a esta ideia um cunho lacaniano, observando que a teoria lacaniana do desejo fornece o melhor aparelho conceptual para compreender como o universo digital (o nosso «grande Outro»), em especial o dos videojogos, determina os nossos desejos. Recordemos a cena de *Brazil*, de Terry Gilliam, em que, num restaurante fino, os clientes recebem uma deslumbrante fotografia colorida do jantar num suporte por cima do prato e, no próprio prato, uma pasta repugnante semelhante a um monte de excrementos. O efeito chocante desta cena reside

---

([4]) *Ibid.*

no facto de representar aquilo a que Lacan chamava *séparation*: separa aquilo que na nossa experiência parece uma e a mesma coisa: vemos a massa (comida real) através das lentes da fantasia (da fotografia). A comida sabe literalmente diferente se for vista através de um quadro de fantasia diferente — e, hoje, este quadro é em grande medida construído pelos *media* digitais.

Há outro aspeto absolutamente crucial na cena de *Brazil* que devemos observar: quando o empregado apresenta a ementa aos clientes que estão sentados em redor da mesa e o protagonista (Pryce) recusa escolher, dizendo-lhe apenas para trazer uma das opções, o empregado vai ficando cada vez mais irritado e insiste para que o protagonista escolha. A ironia deste pormenor não pode deixar de chamar a atenção: o empregado insiste na escolha precisamente porque aquilo que cada um dos clientes receberá é (aparentemente) o mesmo monte de excrementos, apenas com uma fotografia diferente em cima do prato — uma escolha livre é necessária para sustentar a aparência de que, precisamente, a aparência (o que vemos na fotografia) importa, de que há uma diferença substancial entre diferentes montes de excrementos.

Mas, mais uma vez, a que é que conduz esta externalização e historicização dos nossos desejos? Deverá um sujeito emancipado aceitar plena e simplesmente esta alienação radical do seu desejo, ou seja, o facto de o seu desejo nunca ser «dele próprio», mas regulado por mecanismos sociossimbólicos externos? Se os nossos desejos são sempre-já descentrados, o que há de novo aqui na digitalização? O desejo não foi *sempre* assim? Não será o grande Outro digital apenas um novo caso do grande Outro simbólico, um caso que nos permite tomar consciência de como somos descentrados e regulados (falados e não falantes, como Lacan disse)? A resposta de Lacan é um não perentório: aquilo que é ameaçado na digitalização das nossas vidas quotidianas não é a nossa subjetividade livre, mas o próprio grande Outro, a ação da ordem simbólica, no seu funcionamento «normal». Outro dos axiomas de Lacan, além de «o desejo é o desejo do Outro», é «não há grande Outro», e devemos tomar esta afirmação no seu sentido mais forte, oposto a um mero «não existe»: «*le grand Autre n'existe pas*» ainda implicaria que há um grande Outro como ordem virtual, uma ficção simbólica que estrutura a nossa atividade, ainda que exista apenas nos seus efeitos, como uma referência normativa dos nossos atos simbólicos, enquanto «*il n'y a pas de grand Autre*» tem um significado muito mais forte, pois implica que não pode sequer persistir como uma ficção simbólica coerente, uma vez que é frustrado por antagonismos e inconsistências imanentes. Na medida em que o «grande Outro» também é um dos nomes de Lacan para o inconsciente, «*il n'y a pas de grand Autre*» significa igualmente que o Inconsciente não é uma substância alienada que determina o sujeito: o Inconsciente freudiano é um nome para a inconsistência da própria Razão (Lacan chega a usar a fórmula resumida *Ics*, que pode ser lida como a condensação de *inconscient* e de *inconsistance*).

Também podemos descrever o facto de «não haver grande Outro» em termos mais existenciais. Há uma experiência muitas vezes invocada para ilustrar a definição (mais antiga) de Lacan de que «o inconsciente é o discurso do Outro»: os poetas e outros indivíduos inspirados não costumam dizer que, a certo ponto, se sentem como se já não fossem eles a falar, como se uma força substancial mais elevada (ou melhor, mais profunda) falasse através deles? Esta ideia, que pode ser facilmente apropriada por qualquer tipo de obscurantismo espiritual junguiano, é aquilo que deve ser incondicionalmente rejeitado: «não há grande Outro» significa precisamente que, embora o sujeito falante seja falado, descentrado, etc., não há outro que funcionaria assim. Aquilo que «fala através de mim» é apenas um pandemónio inconsistente e contraditório, e não uma força que controla o jogo e transmite mensagens. E isto leva-nos ao cerne da questão: para Lacan, só há uma coisa como o sujeito (no sentido estrito do sujeito do significante e/ou do inconsciente) na medida em que não há grande Outro. Quer ao nível dos seus desejos mais profundos, quer ao nível da substância social e ética do seu ser, o sujeito não pode assentar em qualquer base substancial firme, está preso no abismo da sua liberdade. Podemos agora entender porque é que «*il n'y a pas de grand Autre*» também nos conduz ao núcleo da problemática ética: aquilo que exclui é a ideia de que, algures — mesmo que como um ponto de referência completamente virtual, mesmo que admitamos que nunca podemos ocupar o seu lugar e pronunciar o juízo atual —, deve haver um critério que nos permita avaliar os nossos atos e pronunciar o seu «verdadeiro sentido», o seu verdadeiro estatuto ético.

Há outro nível de leitura de «o desejo é o desejo do Outro», acima do imaginário (a mediação do meu desejo com os desejos dos outros) e simbólico (a sobredeterminação do meu desejo pelo grande outro), que é o do Real: constitutivo da subjetividade é o confronto do sujeito com o Real do desejo do Outro na sua impenetrabilidade abissal. É por causa deste abismo no centro do grande Outro que não há grande Outro, e é por causa deste abismo no próprio Outro que não só um sujeito é irredutivelmente alienado, dado que é (sobre)determinado pelo Outro, e nunca diretamente si próprio, mas, muito mais radicalmente, não pode sequer ser completamente alienado no sentido de se basear numa entidade substancial externa (como em «não sou eu, mas sim o grande Outro inconsciente que determina os meus desejos»). Devemos introduzir aqui a importante distinção de Lacan entre alienação (significante) e separação: o sujeito não é apenas alienado no grande Outro, pois o grande Outro já está alienado de si mesmo, frustrado a partir do interior, separado do seu verdadeiro núcleo, e é esta separação no centro do próprio grande Outro que sustenta o espaço para a subjetividade. Para Lacan, o sujeito não é ameaçado pelo grande Outro, não está em perigo de ser esmagado e sufocado pelo grande Outro (em suma, não é um agente humanista que tenta dominar as «estruturas objetivas» que o determinam); é constituído, emerge no sítio da inconsistência do grande Outro. Por outras palavras, é através da sua própria falta/inconsistência que a estrutura (o grande Outro) é sempre-já subjetivizada, e este abismo no grande Outro também abre espaço para o sujeito articular o seu desejo autêntico — a principal lição de Lacan não é que os nossos desejos são descentrados, que não são nossos, mas sim (sobre)determinados pelo grande Outro. A principal lição não é que o objeto é «castrado», privado da sua ação, mas que o grande Outro é castrado, e esta castração do Outro é excluída na paranoia.

Então, o que tem este ABC da teoria lacaniana que ver com a perspetiva da digitalização total do sujeito? Com esta digitalização, com o crescimento das redes digitais complexas que «conhecem o sujeito melhor do que o próprio sujeito» e que, como no caso dos videojogos, regulam e manipulam diretamente os seus desejos, já não se pode dizer que «não há grande Outro»: o grande Outro, de certo modo, cai na realidade, já não é o grande Outro simbólico no sentido de um ponto de referência virtual, mas um objeto realmente existente na realidade programado para nos regular e controlar. Há um claro potencial psicótico-paranoico nesta mudança: na paranoia, o grande Outro cai na realidade e torna-se um agente efetivo que persegue o sujeito. A ironia é que, na digitalização global, a paranoia não é apenas uma ilusão subjetiva, mas estrutura a própria realidade — somos «realmente» controlados por um maquinismo externo, de tal maneira que o verdadeiro louco é aquele que ignora esta realidade do controlo digital. No entanto, há aqui um problema. Recordemos a afirmação de Lacan de que quando um marido é patologicamente ciumento da mulher, o seu ciúme é patológico mesmo que todas as suas suspeitas acerca da infidelidade da mulher sejam verdadeiras; na mesma esteira, deveríamos dizer que a nossa paranoia sobre sermos digitalmente controlados é patológica mesmo que sejamos realmente controlados na totalidade. Porquê? Aquilo que um paranoico patológico não leva em conta é que o grande Outro digital, sobrecarregado de dados, é imanentemente estúpido, não «entende» (e não pode entender) o que significam esses dados; por isso, nunca pode funcionar como um verdadeiro Outro paranoico que nos conhece melhor do que nos conhecemos a nós mesmos. O grande Outro digital é por definição (não um homem, mas) uma máquina que «sabe de mais», é incapaz (não de levar em conta toda a complexidade da situação, mas) de simplificá-la, reduzi-la aos seus elementos essenciais.

Aquilo que a digitalização ameaça não é a experiência de nós mesmos como personalidades livres, mas o próprio grande Outro virtual/inexistente, que é externalizado/materializado numa máquina positivamente existente como parte da realidade. Dito de forma ainda mais direta, a digitalização não descentra o sujeito, mas abole o seu descentramento. A afirmação de Lacan sobre o «descentramento» constitutivo do sujeito não significa que a minha experiência subjetiva seja regulada por mecanismos inconscientes objetivos que são «descentrados» em relação à minha autoexperiência e, como tal, fora do meu controlo (uma questão sublinhada por qualquer materialista), mas sim algo muito mais perturbador: sou privado até da minha experiência «subjetiva» mais íntima, da maneira como as coisas «realmente parecem para mim», da fantasia fundamental que constitui e garante o núcleo do meu ser, pois nunca posso experienciá-la e assumi-la conscientemente. Segundo a perspetiva tradicional, a dimensão constitutiva da subjetividade é a da (auto)experiência fenoménica — sou um sujeito no momento em que posso dizer para mim mesmo: «Independentemente de qualquer mecanismo que governe os meus atos, as minhas perceções e os meus pensamentos, ninguém me pode tirar o que vejo e sinto agora.» Por exemplo, quando estou perdidamente apaixonado e um bioquímico me informa de que todos os meus sentimentos intensos são apenas o resultado de processos bioquímicos no meu corpo, posso responder-lhe agarrando-me à aparência: «Tudo o que me diz pode ser verdade, mas, ainda assim, nada pode tirar-me a intensidade da paixão que experiencio agora...» Contudo, a questão de Lacan é que o psicanalista é precisamente aquele que *pode* tirar isto ao sujeito, ou seja, o seu principal objetivo é privar o sujeito da fantasia fundamental que rege o universo da sua (auto)experiência. O «sujeito do Inconsciente» freudiano só emerge quando um aspeto fundamental da (auto)experiência fenoménica do sujeito (a sua «fantasia fundamental») se lhe torna inacessível, ou seja, quando é «primordialmente reprimida». No seu nível mais radical, o Inconsciente é o fenómeno inacessível, e não o mecanismo objetivo que regula a minha experiência fenoménica. Assim, em contraste com o lugar-comum de que lidamos com um sujeito no momento em que uma entidade exibe sinais de «vida interior», ou seja, de uma autoexperiência fantasmática que não pode ser reduzida ao comportamento exterior, deveríamos afirmar que aquilo que caracteriza a subjetividade humana é antes o fosso que os separa, ou seja, o facto de a fantasia, no seu nível mais elementar, se tornar inacessível ao sujeito; é esta inacessibilidade que torna o sujeito «vazio». Obtemos assim uma relação que subverte totalmente a ideia comum do sujeito que se experiencia, que experiencia os seus «estados interiores» diretamente: uma relação «impossível» entre o sujeito vazio e não-fenoménico e os fenómenos que permanecem inacessíveis ao sujeito.

Toda a problemática sobre como a digitalização atual ameaça a subjetividade humana autónoma deve, assim, ser abandonada: aquilo que a digitalização ameaça não é a subjetividade humana (ou humanista), mas o sujeito freudiano descentrado. A alternativa entre a subjetividade humana autónoma/autêntica e o fluxo pós-humano maquinal do desejo (celebrado, entre outros, por Guattari) é falsa, ofusca a verdadeira mudança, a mudança do estatuto do grande Outro. Assim, a principal questão é esta: irá o Outro digital (a regulação e o registo mecânico das nossas vidas) «engolir» o grande Outro simbólico, ou continuará a existir um fosso entre os dois? Poderá um computador escrever uma carta de amor — com todas as suas falhas, confusões e oscilações — que englobe a Coisa-Mulher como o objeto impossível? O problema não é «Pode um computador fazer X?», mas: «Poderá *falhar* fazer X da maneira certa, de forma que as suas falhas evoquem os contornos daquilo em que falham tocar?» Ou, dito de outro modo, a principal diferença entre o universo digital e o espaço simbólico diz respeito ao estatuto dos contrafactuais. Recordemos a famosa piada em *Ninotchka*, de Lubitsch: «"Empregado! Uma chávena de café sem natas, por favor!" "Peço desculpa, senhor, não temos natas, apenas leite; pode ser um café sem leite?"» Ao nível factual, o café continua a ser o mesmo café, mas o que podemos mudar é tornar o café sem natas num café sem leite — ou, de forma ainda mais simples, acrescentar a negação implicada e tornar o café simples num café sem leite. A diferença entre «café simples» e «café sem leite» é puramente virtual, não há diferença na verdadeira chávena de café, e é exatamente o mesmo que acontece com o inconsciente freudiano: o seu estatuto é puramente virtual, não é uma realidade psíquica «mais profunda» — em suma, o inconsciente é como o «leite» no «café sem leite». E é aqui que reside o problema: poderá o grande Outro digital, que nos conhece melhor do que nos conhecemos a nós mesmos, perceber a diferença entre «café simples» e «café sem leite?» Ou estará a esfera contrafactual fora do alcance do grande Outro digital, que está limitado a factos no nosso cérebro e a ambientes sociais de que não estamos conscientes? A diferença com que lidamos aqui é a diferença entre os factos «inconscientes» (neuronais, sociais, etc.) que nos determinam e o «inconsciente» freudiano cujo estatuto é puramente contrafactual. O domínio dos contrafactuais só pode ser operativo se a subjetividade existir, pois a mudança básica de qualquer estrutura significante (a «repressão primordial» do significante binário) implica um sujeito, ou, como diz Lacan, um significante é aquilo que representa um sujeito para outro significante. Regressando ao nosso exemplo: para registar a diferença entre «café simples» e «café sem leite», um sujeito tem de ser operativo.

O maquinismo digital que sustenta os videojogos não só dirige e regula o desejo do jogador, mas também, como Bown sublinha, «interpela» o jogador num modo específico de subjetividade: uma subjetividade pré-edipiana, ainda não castrada, que flutua numa espécie de imortalidade obscena: quando estou imerso num jogo, vivo num universo de não-morte onde nenhuma aniquilação é definitiva, uma vez que, após cada destruição, posso regressar ao ponto de partida e recomeçar o jogo. (É necessária aqui uma clarificação: esta imortalidade obscena parece pertencer à perversidade polimorfa pré-edipiana na medida em que nos liberta dos constrangimentos da nossa mortalidade e finitude físicas — parecemos flutuar livremente no universo oral-anal sem culpa nem morte). No entanto, quando estamos neste universo virtual de não-morte, adquirimos um distanciamento da experiência imediata do nosso corpo; não somos imediatamente o nosso corpo, não estamos limitados pela nossa localização na realidade do nosso ambiente circundante. Mas não será esta «liberdade» o movimento castrador mais elementar? A «castração» mais elementar não é precisamente o corte que nos separa dos nossos constrangimentos físicos e que, assim, nos permite flutuar livremente entre diferentes esferas virtuais? Aquilo a que Lacan chama «castração simbólica» não é apenas uma privação traumática, mas também, ao mesmo tempo, uma libertação dos constrangimentos físicos. Por isso, devemos seguir Jerry Aline Flieger(5) na sua tentativa de reinscrever Édipo no território deleuziano, (re)descobrindo nele uma «máquina abstrata», um agente nómada de desterritorialização, o caso supremo daquilo a que Deleuze e Guattari chamam o «lobo solitário» que representa o limite da alcateia, abrindo uma «linha de fuga» para o seu exterior. De facto, Édipo — esse estranho que seguiu *cegamente* (nos dois sentidos do termo) o seu trajeto — não representará o limite extremo da alcateia humana, ao realizar, animar, o limite extremo da experiência humana, acabando sozinho (ou melhor, com uma alcateia de exilados próprios) como, literalmente, um nómada sem-abrigo, um morto-vivo entre os humanos?

Por conseguinte, devemos também afirmar a continuidade do ciberespaço com o modo edipiano de subjectivização(6): o ciberespaço mantém a estrutura edipiana fundamental de uma Terceira Ordem interveniente, que, na sua própria capacidade de agente de mediação/mediatização, sustenta o desejo do sujeito, enquanto, ao mesmo tempo, age como o agente de Proibição, que impede a sua gratificação direta e plena — por causa deste Terceiro interveniente, qualquer gratificação/satisfação parcial é marcada por um

---

(5) Ver Jerry Aline Flieger, «Overdetermined Oedipus», in *A Deleuzian Century?*, Durham: Duke University Press, 1999.

(6) Ver Jerry Aline Flieger, «Oedipus On-line?», in *Pretexts*, n.º 1/Vol. 6 (julho de 1997), pp. 81–94.

«isto não é *isso*» fundamental. A ideia de que o ciberespaço, como o meio da hiper-realidade, suspende a eficiência simbólica e cria a falsa transparência total dos simulacros imaginários que coincidem com o Real, esta ideia, embora exprima efetivamente uma certa «ideologia espontânea do ciberespaço» (para parafrasear Althusser), dissimula o verdadeiro funcionamento do ciberespaço, que não só continua a basear-se no dispositivo elementar da Lei simbólica, como também o torna mais palpável na nossa experiência quotidiana. Basta lembrar as condições sob as quais surfamos na Internet ou participamos numa comunidade virtual: em primeiro lugar, há um fosso entre o «sujeito da enunciação» (o X anónimo que faz, que fala) e o «sujeito do enunciado/da afirmação» (a identidade simbólica que assumo no ciberespaço e que pode ser, e num sentido é sempre, «inventada» — o significante que marca a minha identidade no ciberespaço nunca é diretamente «eu mesmo»); o mesmo se aplica ao outro lado, ao(s) meu(s) parceiro(s) de comunicação no ciberespaço — aqui, a incerteza é radical, nunca posso estar certo de quem eles são, se são «realmente» como se descrevem, se uma pessoa «real» está por detrás de uma identidade digital, se esta esconde uma multiplicidade de pessoas, se a mesma pessoa «real» possui e manipula mais identidades digitais, ou se estou a lidar simplesmente com uma entidade digitalizada que não representa nenhuma pessoa «real». Em suma, *inter-face* significa precisamente que a minha relação com o Outro nunca é *face-a-face*, que é sempre mediada/ /mediatizada pela maquinaria digital interposta, que representa o «grande Outro» lacaniano como a ordem simbólica anónima cuja estrutura é a de um labirinto: «surfo», deambulo por esse espaço infinito onde as mensagens circulam livremente sem destino fixo, enquanto o Todo dele — este imenso circuito de «murmúrios» — permanece para sempre além do alcance da minha compreensão. (Neste sentido, somos tentados a propor a ideia protokantiana do «ciberespaço Sublime» como a magnitude de mensagens e os seus circuitos que nem o maior esforço da minha imaginação sintética pode abranger/compreender.) Além disso, a possibilidade *a priori* de vírus que desintegram o universo virtual não apontará para o facto de, também no universo virtual, não haver «Outro do Outro», de este universo ser *a priori* inconsistente, sem garantia final do seu funcionamento coerente? A conclusão, portanto, parece ser que *há* um funcionamento propriamente «simbólico» do ciberespaço:

o ciberespaço continua a ser «edipiano» no sentido em que, para nele circularmos livremente, temos de assumir uma proibição e/ou alienação fundamental — sim, no ciberespaço, «podemos ser o que quisermos», somos livres de escolher *uma* identidade simbólica (digital), mas temos de escolher *uma* que, de certo modo, sempre nos trairá, que nunca será totalmente adequada, temos de aceitar ser representados no ciberespaço por um elemento significante que percorre o circuito como nosso mandatário... Sim, no ciberespaço, «tudo é possível», mas ao preço de assumir uma *impossibilidade* fundamental: não podemos contornar a mediação do interface, que nos separa (como sujeitos da enunciação) para sempre do nosso mandatário simbólico.

Neste sentido mais preciso, «Édipo» é um complexo profundamente ambíguo: não é apenas sinónimo de castração, pois também representa o seu oposto, uma tentativa de conter a flutuação livre no espaço virtual aberto pela castração. A resolução do «complexo de Édipo» fecha a ferida da castração «territorializando-me» de novo, atribuindo-me um lugar no universo simbólico dado pelo nome-do-Pai. O «complexo de Édipo» é, pois, outra versão da fórmula de Wagner em *Parsifal*, «a ferida só é curada pela espada que a causou»: a resolução do complexo de Édipo sara a própria ferida (o corte) que o triângulo edipiano causou quando perturbou a imersão dual incestuosa. Temos aqui uma lição de ambiguidade total: Édipo designa a ferida bem como a tentativa de a curar; o fluxo oral-anal pré-edipiano é um fluir imortal e, ao mesmo tempo, um espaço de ansiedades aterradoras. Além disso, o fluxo «pré-edipiano» já pressupõe o corte edipiano, é uma reação preventiva a esse corte — em suma, o muito celebrado espaço «pré-edipiano» é sustentado por e reage a algo que vem depois dele.

Devemos observar aqui que esta imortalidade obscena era o material da fantasia muito antes dos *cartoons* — por exemplo, na obra de Sade. O axioma da filosofia da finitude é que não se pode escapar à finitude/mortalidade enquanto horizonte intransponível da nossa existência; o axioma de Lacan é que, por muito que se tente, não se pode escapar à imortalidade. Temos de ter aqui muito cuidado para evitar a armadilha da regressão para outra versão da filosofia da finitude: o facto de que a sexualidade, longe de funcionar como uma força de vitalidade imortal, providencia a experiência básica da nossa limitação, da natureza frustrada/antagónica da existência humana, não exclui a imortalidade, mas está dialeticamente ligada a ela. O axioma da filosofia da finitude é que não se pode escapar à finitude/mortalidade enquanto horizonte intransponível da nossa existência; o axioma de Lacan é que, por muito que se tente, não se pode escapar à imortalidade. A mesma imortalidade subjaz à intuição de algo indestrutível num Mal verdadeiramente radical. No poema clássico alemão sobre dois rapazes traquinas, «Max und Moritz», de Wilhelm Busch (originalmente publicado em 1865), os dois miúdos agem sempre de forma rebelde contra figura autoritárias respeitadas, até que, por fim, ambos caem num moinho de trigo e ficam reduzidos a pequenos grãos — mas quando estes grãos caem no chão, formam a figura dos dois rapazes: «*Rickeracke! Rickeracke! / Geht die Mühle mit Geknacke. / Hier kann man sie noch erblicken, / Fein geschroten und in Stücken.*» (*) Na ilustração original, as suas formas são obscenamente sarcásticas, persistindo no seu mal mesmo depois de mortos... Adorno tinha razão quando escreveu que quando encontramos uma pessoa verdadeiramente má, é difícil imaginar que essa pessoa possa morrer. É claro que não somos imortais, todos iremos morrer — a «imortalidade» da pulsão de morte não é um facto biológico, mas uma postura psíquica de «persistir para além da vida e da morte», de uma disposição em ir além dos limites da vida, de uma força vital pervertida que testemunha uma «relação desequilibrada com a vida». A este desequilíbrio, Lacan chama *jouissance*, gozo excessivo, cuja busca pode levar-nos a negligenciar ou até a autossabotar as nossas necessidades e os nossos interesses vitais. Neste ponto preciso, Lacan difere radicalmente dos pensadores da finitude, para quem um ser humano é um ser-para-a-morte, ligado à sua própria finitude e morte inevitável: é só com a intervenção da *jouissance* que um animal humano se torna propriamente mortal, ligado à perspetiva da sua própria extinção.

A finitude (castração simbólica) e a imortalidade (pulsão de morte) são, portanto, dois lados da mesma operação, ou seja, não se trata de a substância da vida, a Coisa-*Jouissance* imortal, ser «castrada» pela chegada da ordem simbólica. Como no caso da falta e do excesso, a estrutura é a da paralaxe: a Coisa não-morta

---

(*) «Raque... raque... a trabalhar / Põe-se o moinho a rodar... / E aí tendes os dois meninos / Em grãos tão finos, tão finos.» In BUSCH, Wilhelm. *Juca e Chico. História de Dois Meninos em Sete Travessuras*, tradução, Olavo Bilac, 11.ª edição, São Paulo: Melhoramentos, s/d. [N. do T.]

é a lembrança da castração, é gerada pela castração e vice-versa, não há castração «pura», a própria castração é sustentada pelo excesso imortal que lhe escapa. A castração e o excesso não são duas entidades diferentes, mas o verso e o anverso de uma mesma entidade, ou seja, uma só entidade inscrita nas duas superfícies de uma fita de Möbius.

A unidade da limitação e da imortalidade pode ser agora claramente formulada: uma entidade encontra a sua paz e realização ajustando-se aos seus contornos finitos (à sua forma); assim, aquilo que a impele para além da sua forma finita é o facto de não a poder alcançar, de não poder ser o que é, de ser marcada por uma impossibilidade irredutível, frustrada no seu núcleo — é por causa deste obstáculo imanente e constitutivo que uma coisa persiste para além da sua «morte». Recordemos o pai de Hamlet: por que razão regressa como fantasma após a sua morte natural? Por causa do hiato entre a sua morte natural e a sua morte simbólica, ou seja, porque morreu na flor dos seus pecados, incapaz de encontrar paz na morte, de admitir a sua morte simbólica (ajuste de contas).

Uma das determinações da modernidade é que, nela, surge uma forma específica da negação da negação([7]): longe da inversão triunfante da negatividade numa nova positividade, esta «negação da negação» significa que até a negação (o nosso esforço para chegar ao fundo, ao ponto zero) fracassa. Não somos imortais, mas nem sequer somos mortais; falhamos nesse esforço para desaparecer, sobrevivemos numa imortalidade obscena dos «não-mortos» (mortos vivos). Fracassamos na nossa busca de felicidade, e ainda falhamos, até, na nossa busca de infelicidade; as nossas tentativas de arruinar a nossa vida produzem pequenas frações inesperadas de felicidade miserável. Na vida social, quase todos nós fracassamos na tentativa a alcançar o sucesso social e resvalamos lentamente para alguma forma de proletarização; mais que isso, falhamos até na nossa descida até ao fundo da escala social, na nossa tendência para nos tornarmos proletários sem nada (a perder senão as suas cadeias) e, de certa maneira, mantermos um mínimo de estatuto social. Talvez resida aqui o impasse dos esquerdistas radicais ocidentais dos nossos dias, que, desiludidos com a falta de um

---

([7]) Sigo aqui as linhas de pensamento apresentadas por Aaron Schuster e Alenka Zupančič.

«verdadeiro proletariado» no seu próprio país, procuram desesperadamente um proletariado substituto que se mobilize como agente revolucionário em vez da «nossa» classe popular corrupta e inerte (o candidato mais popular consiste, ultimamente, nos imigrantes nómadas). Será esta estranha «negação da negação descendente» que escapa realmente a Hegel na sua obsessão com a marcha para a frente do espírito? E se esta «negação da negação descendente» for antes o verdadeiro segredo do processo dialético hegeliano? É segundo estas linhas que devemos reler Hegel da frente para trás, a partir da perspetiva dos textos curtos e das peças de Samuel Beckett, que lidam todos com o problema de como continuar quando tudo terminou, quando chegou ao seu ponto final.([8]) Hegel não é apenas o pensador do encerramento, do círculo fechado do fim da história no Saber Absoluto, mas também o pensador do terrível vazio da inércia quando, uma vez «o sistema fechado», nada (que se possa pensar) acontece, ainda que «o tempo continue a passar».

Mas e se a escolha entre a finitude e a imortalidade for falsa? E se a finitude e a imortalidade, tal como a falta e o excesso, também formarem um par de paralaxe, e se forem o mesmo a partir de um ponto de vista diferente? E se a imortalidade for um objeto que é um remanescente/excesso de finitude, e se a finitude for uma tentativa de escapar ao excesso da imortalidade? E se Kierkegaard tivesse aqui razão, mas pela razão errada, quando também entendia a ideia de que nós, humanos, somos apenas seres mortais que desaparecem após a sua morte biológica como uma maneira fácil de escapar à responsabilidade ética ligada à alma imortal? Estava certo pela razão errada na medida em que equiparava a imortalidade à parte divina e ética de um ser humano — mas há outra imortalidade. O que Cantor fez com o infinito, deveríamos fazer com a imortalidade e, assim, afirmar a multiplicidade das imortalidades: a nobre imortalidade/infinitude do desenrolar de um Acontecimento (em oposição à finitude de um animal humano), como em Badiou, vem depois de uma forma mais básica de imortalidade que reside naquilo a que Lacan chama a fantasia fundamental sadeana: a fantasia de outro corpo etéreo da vítima, que pode ser torturado indefinidamente e, mesmo assim, conservar magicamente a sua beleza (recordemos a figura sadeana

([8]) Sigo aqui as linhas de pensamento apresentadas por Mladen Dolar.

da jovem que sofre humilhações e mutilações incessantes do seu torturador depravado e, de algum modo misterioso, sobrevive intacta, da mesma maneira que Tom e Jerry e outras personagens de desenhos animados, que sobrevivem incólumes a todas as suas provações ridículas). Nesta forma, o cómico e o repugnantemente aterrador (recordemos as diferentes versões dos «mortos-vivos» — *zombies*, vampiros, etc. — da cultura popular) estão indissociavelmente ligados. (Aqui reside a questão do sepultamento adequado, de *Antígona* a *Hamlet*: para impedir que os mortos regressem como figuras desta imortalidade obscena...)

Durante a Segunda Guerra Mundial, um poeta esloveno da resistência cunhou dois versos que exprimem a posição de um outro membro da resistência que morreu a lutar pela liberdade do seu país, tornando-se instantaneamente famosos — eis uma tradução tosca: «Viver é belo, mas, por aquilo que morri, voltaria a morrer.» Talvez devêssemos invertê-los para obtermos a posição da não-morte: «Morrer é belo, mas, por aquilo que vivi, voltaria a viver.» Enquanto a versão original se refere ao nobre sacrifício da liberdade, ou seja, a disposição de o repetir, a inversão obscena refere-se a outra segunda vida e não à morte: estou disposto a viver outra vida, a vida da imortalidade obscena.

Os não-mortos imortais são, em simultâneo, os que não nasceram por completo. Com dizem (incluindo o Coro em *Édipo em Colono*), a maior sorte é não ter nascido, com a adenda cómica de que apenas um em mil tem êxito nisso... Mas a maior das misérias não será ter nascido por completo, atirado para a estupidez simples do ser pleno? A grandeza do homem não residirá exatamente em ter nascido demasiado cedo, de tal maneira que não existimos plenamente, mas somos obrigados a suportar a nossa existência com todos os tipos de muletas, desde os cuidados maternos e da tela protetora da linguagem até todos os suplementos tecnológicos? Os não-mortos não surgem nas trevas, os nossos dias são os dias dos mortos-vivos.

Não estamos aqui a descrever uma mera fantasia, mas sim uma fantasia que pode ser apresentada como um modo de subjetividade da vida real — por exemplo, posso agir na minha vida amorosa como se tivesse experiências com parceiras sempre novas e, se a relação não funcionar, posso eliminá-la e recomeçar. Em vez de celebrarmos esta imersão no mundo onírico do jogo como uma posição libertadora de repetições lúdicas, deveríamos ver nisso a negação da «castração», de um fosso constitutivo da subjetividade. E não devemos confundir a negação deste fosso com a perda de contacto com a realidade externa material: não estamos a dizer que quando flutuamos no espaço onírico dos jogos perdemos o contacto com a realidade material, mas, pelo contrário, que ignoramos o fosso do Real que esvazia a própria realidade externa — a ideia de estar totalmente imerso no espaço onírico do jogo é estruturalmente a mesma ideia de estar totalmente imerso na realidade externa como um dos objetos que nela se encontram. Em suma, a nossa flutuação «livre» no espaço onírico digital e a possibilidade temida de que somos totalmente controlados e regidos por um maquinismo digital são duas faces da mesma moeda, ou seja, a nossa imersão no espaço digital pode ser experienciada nos dois modos opostos de flutuação livre e de controlo total.

Brechas no tempo circular

A um nível conceptual, o principal resultado da nossa imersão no espaço onírico «não-morto» dos videojogos é que rompe com o tempo linear e atira-nos para um tempo circular sem fim, onde podemos regressar sempre ao mesmo ponto e recomeçar — a oposição destes dois tempos dá origem a muitos paradoxos com implicações e consequências importantes. Isto leva-nos de volta à questão da pós-humanidade: na cultura popular, os pós-humanos — sejam ou não extraterrestres — surgem normalmente como seres que deixam para trás a nossa temporalidade linear e vivem no Presente eterno de um tempo circular que abrange o passado e o futuro. (Uma coisa é certa: a pior maneira de lidar com a questão da pós-humanidade é dizer, de um modo «pseudodesconstrucionista», que nós, humanos, *fomos* sempre-já pós-humanos, androides, ligados a alguma maquinaria inumana (simbólica ou real) — é claro que, num sentido banal, isto é verdade, mas esta solução confortável mais não faz do que ofuscar a rutura radical que ocorrerá com o aparecimento da pós-humanidade.)

O filme *A Descoberta* (*The Discovery*, Charlie McDowell, 2017) apresenta uma versão interessante do tempo circular. Este é o enredo do filme (copiado de forma descarada da Wikipédia). Começa com uma entrevista televisiva a Thomas Harbor, o homem que provou cientificamente a existência de uma vida após a morte, o que conduziu a uma taxa de suicídios extremamente elevada. O entrevistador pergunta a Harbor se se sente responsável, ao que ele responde negativamente e, logo após esta declaração, um membro da equipa do estúdio suicida-se em direto. Vemos então um salto de dois anos para o futuro: Will, filho de Harbor, viaja a bordo de um *ferry*, onde conhece Isla, uma jovem estranha; começam a conversar e Will nota que Isla lhe parece muito familiar. Diz estar perturbado por as pessoas continuarem a suicidar-se, enquanto Isla pensa que se trata de uma saída fácil. Will também partilha uma memória que teve enquanto esteve morto durante um minuto, onde viu um rapaz numa praia. Quando chegam ao seu destino, Will é recebido no cais pelo irmão Toby, que o conduz a uma mansão isolada onde o pai deles construíra a sua nova estação. Will observa as pessoas que trabalham para ele e Toby diz que todos tentaram o suicídio. Entram numa sala onde Will encontra Lacey e Cooper, dois cientistas que trabalham no pai, preso a uma máquina enquanto o matam e o ressuscitam repetidamente. Will responsabiliza o pai pela alta taxa de suicídios.

Mais tarde, Will encontra Isla numa praia, enquanto ela caminha em direção à água com uma mochila cheia de pedras. Corre atrás dela e salva-lhe a vida. Leva-a para a mansão, onde é acolhida. Will também revela a Isla que a sua mãe se suicidou quando ele era rapaz. Mais tarde, numa reunião com os ocupantes, Thomas revela que inventou uma máquina capaz de registar o que os mortos veem depois da morte, o que requer uma pessoa morta, e vão à morgue roubar o cadáver de Pat Phillips. No dia seguinte, tentam registar a vida após a morte, mas nada acontece. Depois da tentativa falhada, Will entra sozinho na sala e liga um fio que retirara da máquina, que mostra depois uma sequência de um homem a conduzir em direção a um hospital, a visitar alguém e, aí, a discutir com uma mulher. Will descobre o hospital no registo online e visita-o, mas vê que o corredor do vídeo já não existe devido à remodelação feita uma década antes. Will leva Isla ao hospital, mostra-lhe a gravação e diz-lhe que pensa que a máquina, em vez de registar a vida após a morte, regista a memória. Depois de entrarem no hospital, encontram um ficheiro do pai de Pat Phillips, que morrera no hospital. Isla descobre que o homem na gravação tem uma tatuagem diferente daquela que vira antes em Pat. Will leva-a à praia, onde ela lhe revela ter tido um filho que morreu enquanto ela dormia. Mais tarde, procuram a mulher do vídeo, que se descobre ser a irmã de Pat. Ela diz-lhes que Pat a deixou sozinha com o pai a morrer e que ele nunca o visitou no hospital.

Isla e Will tornam-se mais próximos e beijam-se, sendo então interrompidos por Toby. Juntos, correm até onde se encontra Thomas, ligado à máquina e morto. Observam que ele está a ver a noite em que a mãe se matou, só que Thomas impede-a. Quando os outros conseguem ressuscitar Thomas, ele percebe que a «vida após a morte» é uma versão alternativa da sua vida existente: leva-nos para um momento que lamentamos na nossa vida e deixa-nos alterar o desfecho. «Eu sempre disse que a vida depois da morte era um plano diferente de existência», diz ele. «Mas e se for um plano diferente *desta* existência?» O grupo concorda em destruir a máquina e Thomas prepara-se para pronunciar um discurso, mas é interrompido quando Lacey dispara contra Isla (que diz que Lacey mais não fez do que «recolocá-la»). Isla morre nos braços de Will. Mais tarde, Will, devastado, liga-se à máquina. Regressa ao *ferry*, onde volta a encontrar Isla, que diz que aquilo é uma memória. É revelado que Will está a viver num círculo de memória a tentar evitar a morte de Isla e que recomeça sempre no *ferry*. Isla diz que ele a salvou e que, agora, continuarão a viver. De regresso à realidade, embora Toby e Thomas tentem ressuscitar Will, este morre, prometendo a Isla que se recordará dela. Na cena final, Will está na praia, onde vê um rapaz e o retira da água. A sua mãe, Isla, chega e agradece-lhe. Não se reconhecem. Depois de ela ir embora, ele olha para trás, inicialmente confuso e, depois, com uma expressão esclarecida.

Muitos críticos dizem que, após um bom começo, o filme torna-se confuso, visando algum tipo de profundidade metafísica, mas incapaz de decidir em que direção desenvolver as suas especulações — uma censura que denuncia o pensamento preguiçoso dos próprios críticos. Sim, há inconsistências, mas a linha de reflexão básica do filme é clara. Como ocorre a passagem de uma dimensão para outra (estado da alma)? Não é necessária a morte efetiva e plena para que a nossa mente passe para outro nível: basta um estado de quase morte entre a vida e a morte, um estado em que nos tornamos «uma linha plana», em que estamos num coma total, mas ainda podemos ser ressuscitados.

É fácil perceber o apelo da primeira reviravolta no enredo do filme: Will vai ter com o pai e descobre que ele é repetidamente «morto» (posto num estado vegetativo, nem vivo nem morto) pelos seus assistentes a fim de registarem as atividades pós-morte da sua alma. O pai morto-vivo que regressa para nos assombrar não será um dos piores pesadelos? Se aceitarmos esta premissa, não há necessidade de uma magia espiritual sobrenatural, e podemos também aceitar facilmente que essas viagens de regresso a realidades alternativas podem tornar-se autoconscientes: «Will sabe que foi enviado ao passado e Isla também está consciente disso. "Isto é apenas a tua memória", diz-lhe Isla. "Nunca foste capaz de impedir que me matasse até esta vida."» ([9]) Sim, mas ela diz-lhe isto como uma aparência na sua mente moribunda: «Torna-se visível que Will regressava continuamente a esse momento, sempre na esperança de salvar a mulher misteriosa do barco que se matara. Só que agora é diferente: ele sabe que está num círculo e procura uma saída.» ([10]) E, precisamente através desta autoconsciência, encontra uma saída, mas trágica: sabe que Isla quer suicidar-se por causa da morte do filho e, assim, percebe que não basta salvá-la do afogamento — a única maneira de o fazer é viajar mais para trás, para a praia onde o filho dela se afogou e salvá-lo. Mas isto significa que nunca voltará a encontrá-la, nem sequer nos seus sonhos de realidade alternativa. Em suma, a única maneira de salvá-la é perdê-la, apagar até o passado em que a conheceu — ou, para citar o próprio realizador, que explicou a cena final da praia: «[Will] percebe que poderá nunca mais ver [Isla], e, assim, na sua mente, este derradeiro ato de amor está ligado ao filho dela porque a única razão por que ela queria matar-se era a perda do filho. Por isso, ele arranja maneira de, na sua mente, ir a essa praia.» ([11])

A repetição (o regresso repetido ao mesmo ponto do passado para agir nele de maneira diferente) não é, portanto, um processo de reencenar ludicamente o passado, mas a atividade movida por um fracasso ético. A necessidade de repetir desaparece quando o fracasso passado é corrigido: quando Will regressa à praia e salva a criança, pode morrer totalmente, a sua mente já não adiará a morte nem viajará para realidades alternativas, e, por meio deste ato, Isla também encontrará paz na morte. Enquanto tal, este filme devia ser comparado com *O Primeiro Encontro* (*Arrival*, Denis

---

([9]) Dan Jackson, citado de www.thrilllist.com/entertainment/nation/netflix-discovery-ending-explained-theories.

([10]) *Ibid.*

([11]) *Ibid.*

Villeneuve, a partir de um conto de Ted Chiang, 2016), outro filme sobre paradoxos temporais no qual a protagonista faz a escolha errada (escolhe casar-se e ter uma filha, ainda que esteja consciente do desfecho catastrófico). *A Descoberta* inverte a situação de *O Primeiro Encontro*: em *A Descoberta*, o futuro (a vida da alma após a morte) é revelado como sendo composto dos seus sonhos passados, enquanto, em *O Primeiro Encontro*, o passado (analepse) é revelado como sendo o futuro.

O Primeiro Encontro subverte a fórmula hollywoodesca tradicional da produção de um casal como o quadro de um encontro catastrófico — de forma subtil, pois parece seguir essa fórmula: o desfecho final da chegada dos extraterrestres é Louise e Ian decidirem tornar-se um casal e produzir uma criança... Eis um resumo do enredo (mais uma vez, retirado descaradamente da Wikipédia). O filme começa com aquilo que parece ser uma cena do passado, em que vemos a protagonista, a linguista Louise Banks, a cuidar da sua filha adolescente que está a morrer de cancro. Depois, saltamos para o tempo presente: enquanto Louise dá aulas numa universidade, doze naves extraterrestres aparecem em vários pontos da Terra e o coronel americano Weber visita Louise e pede-lhe para se juntar a Ian Donnelly, um físico de Los Alamos, para decifrarem a linguagem das criaturas alienígenas das naves e descobrirem a razão da sua vinda. São levados para um acampamento militar no Montana, perto de uma das naves, e estabelecem contacto com dois extraterrestres de sete membros, aos quais Ian chama Abbott e Costello. Louise descobre que eles têm uma linguagem escrita de símbolos circulares complexos e começa a aprender os símbolos que correspondem a um vocabulário básico. À medida que vai dominando a linguagem, começa a ver e a sonhar imagens vívidas dela mesma com a filha e da relação delas com o pai. Quando Louise pergunta aos extraterrestres o que querem, respondem: «Oferecer arma.» Uma tradução similar de «usar arma» é feita por cientistas noutro dos pontos de aterragem. O receio de uma ameaça potencial dos extraterrestres leva as outras nações a cortarem a comunicação sobre o projeto e algumas preparam-se para um ataque. No entanto, Louise defende que o símbolo interpretado como «arma» pode ter uma tradução alternativa, como «ferramenta» ou «tecnologia».

Alguns soldados americanos colocam explosivos na nave por inciativa própria. Sem saberem disso, Louise e Ian regressam à nave. Os extraterrestres transmitem-lhes uma mensagem muito maior e mais complexa. Abbot ejeta Ian e Louise para fora da nave quando a explosão ocorre, deixando-os inconscientes. Quando Louise e Ian despertam, os militares preparam-se para evacuar e a nave espacial ganha altitude. Ian descobre que os símbolos estão relacionados com a noção de tempo e concluem que os extraterrestres querem que as nações cooperem. Entretanto, a China informa o mundo de que os seus militares estão a planear atacar a nave espacial ao largo da sua costa. Louise regressa à nave espacial no Montana, que envia um vaivém para levá-la para o interior. Encontra-se com Costello, que comunica que Abbott está a morrer ou morreu. Louise pergunta-lhe sobre as suas visões de uma filha e Costello explica-lhe que ela está a ver o futuro (as suas «visões» não eram analepses, mas sim prolepses). Costello também comunica que vieram ajudar a humanidade partilhando a sua linguagem, que é a «arma» ou «ferramenta» porque altera a perceção do tempo. Os extraterrestres sabem que, dali a 3000 anos, precisarão da ajuda da humanidade.

Louise regressa quando o acampamento está a ser evacuado. Tem uma visão de si mesma numa futura cerimónia nas Nações Unidas, a receber o agradecimento do general Shang por tê-lo convencido a suspender o ataque militar da China. O general explica-lhe que ela lhe telefonou para o seu telemóvel privado; ele mostra-lhe o seu número, dizendo que sabe que tem de o fazer sem perceber porquê. No presente, Louise rouba um telefone de satélite e liga a Shang, mas percebe que não sabe o que dizer. A sua visão continua, com Shang a explicar-lhe que ela o convencera ao repetir as últimas palavras da sua mulher em mandarim, que ele repete a Louise. Isto convence Shang no tempo presente, o ataque chinês é abortado e as doze naves espaciais desaparecem da Terra.

Enquanto se prepara para abandonar o acampamento, Ian confessa o seu amor por Louise. Discutem as opções de vida e questionam-se se as mudariam caso conhecessem o futuro. Louise antevê que Ian será o pai da sua filha, Hannah, mas que a abandonará depois de descobrir que ela sabia que a filha morreria antes de chegar à idade adulta. No entanto, quando Ian pergunta a Louise se quer ter um bebé, ela concorda.

Hannah, o nome da filha que pode ser lido nos dois sentidos, é um código óbvio para o próprio filme. Se o lermos da primeira cena para a frente, os extraterrestres chegam à Terra para justificar a vida triste de Louise (a morte da filha e a perda do marido) como resultado de uma decisão importante conhecendo o desfecho. (No fim do filme, quando o casal se abraça, Louise diz a Ian: «É bom voltar a abraçar-te» — quando é que se abraçaram antes? Apenas nas visões futuras que Louise teve deles como um casal?) E, obviamente, podemos lê-lo da forma diretamente sugerida pelo filme: tudo começa com a chegada da primeira analepse/prolepse que abre o filme — *quando*, em que presente, ocorre isso como *analepse/prolepse*? Ela não tem apenas visões do passado quando contacta com os heptápodes que a ensinam a fazer isso? Ou será o verdadeiro presente o início (o presente no qual ela fala em *voice-over*) e toda a história principal é uma analepse que inclui prolepses? Todos estes paradoxos surgem quando o nosso modo sequencial humano de consciência é subitamente confrontado com um modo circular holístico, ou, como disse Chiang, que escreveu o conto em que se baseia o filme:

> Os humanos desenvolveram um modo sequencial de consciência, enquanto os heptápodes desenvolveram um modo simultâneo de consciência. Nós experienciávamos os acontecimentos numa ordem e percebíamos as suas relações como causa e efeito. Eles experienciavam todos os acontecimentos ao mesmo tempo e percebiam uma finalidade que lhes subjazia a todos.([12])

Viver num tal tempo circular transforma radicalmente a noção de ação: a nossa ideia comum da oposição entre livre-arbítrio e determinismo é deixada para trás:

> «Os heptápodes não são livres nem súbditos tal como entendemos estes conceitos; não agem de acordo com a sua vontade nem são autómatos impotentes», diz Louise no conto de Chiang. «Aquilo que distingue o modo de consciência dos heptápodes não é apenas o facto de as suas ações coincidirem com os acontecimentos da história; é também o facto de os seus motivos coincidirem com os propósitos da história. Agem para criar o futuro, para porem em prática a cronologia.»([13])

([12]) Citado de www.thrillist.com/entertainment/nation/arrival-movie-ending-big-time-twist.

([13]) Citado de www.theverge.com/2016/11/16/13642396/arrival-ted-chiang-story-of-your-life-film-twist-ending.

Não devemos ligar diretamente esta oposição de circular e linear à dualidade do feminino e do masculino: é Louise, a mulher, quem (com base na sua compreensão da linguagem dos heptápodes) age, toma a decisão e, assim, mina a continuidade circular a partir de dentro, enquanto Ian (o homem) ignora o Outro heptápode e, deste modo, continua a depender dele. (Devemos observar que os heptápodes têm a forma de lula ou de polvo gigante, a forma derradeira do terror animal. Os signos da linguagem deles são formados com a sua tinta, que esguicha como a tinta das lulas. Como tais, os heptápodes não são monstros femininos, mas sim assexuais.) Quando Louise entra em contacto com este universo diferente através das suas visões, todo o seu processo de tomada de decisões importantes sobre a sua vida é alterado:

> «Se pudesses ver toda a tua vida exibida à tua frente, alterarias as coisas?», pergunta ela ao futuro marido Ian Donnelly. Dito de outra maneira, retiraríamos às pessoas a sua existência e a nós mesmos o tempo partilhado com elas na Terra se soubéssemos que, um dia, elas sentiriam dor e nós sentiríamos a sua perda?... «E se a experiência de conhecer o futuro mudasse uma pessoa?» Louise reflete: «E se isso gerasse um sentido de urgência, um sentido de obrigação de agir precisamente tal como ela sabe que agiria?» E é precisamente porque Louise compreende o que será perder a filha que escolhe, mesmo assim, trazê-la ao mundo.([14])

Nesta visão circular, não só o passado, mas também o futuro está determinado; no entanto, ainda que um sujeito não possa escolher diretamente o seu futuro, há uma possibilidade mais subtil de escapar a todo o círculo de futuro e passado. Por isso, querer o inevitável (escolher o futuro que sabemos que acontecerá) não é apenas um gesto vazio que nada muda. O paradoxo é que não muda nada, apenas regista um facto, se o fizermos, mas é necessário na sua própria superfluidade — se não o fizermos, se não escolhermos o inevitável, todo o quadro que o tornava inevitável desmorona-se e ocorre uma espécie de catástrofe ontológica:

([14]) *Ibid.*

> Há uma leitura provável de *O Primeiro Encontro* que pode afirmar que isto significa que o tempo é circular e que todas as coisas estão predestinadas a ocorrer de certa maneira. Que não há livre-arbítrio. É o velho adágio da ficção científica segundo o qual «o tempo é um círculo»... Pelo contrário, o filme de Villeneuve (e o conto de Chiang em que se baseia) sugere que o livre-arbítrio e a liberdade de escolha existem se escolhermos não fazer nada. O tempo não é imutável; por isso, a presença dos extraterrestres na Terra continua a ser, para eles, de grande importância.([15])

O que é uma verdadeira escolha? Quando, numa situação ética difícil em que a decisão certa me pode custar muito, duvido, vacilo, procuro desculpas e, depois, percebo que *não tenho realmente escolha* — uma verdadeira escolha é a escolha da não-escolha. Mas surge aqui uma questão óbvia: porque é que os heptápodes precisarão da nossa ajuda (humana)? E se é porque o tempo *não é* apenas um círculo fechado sobre si mesmo? Será que precisam de sair da sua noção de tempo circular? Será que precisam dos nossos cortes, mudanças, unilateralidade...? É uma decisão (como a que Louise enfrenta) que quebra o círculo do tempo. Assim, não devemos ver a relação entre nós (humanos) e os heptápodes como uma relação entre aqueles que pensam de uma forma fragmentária e linear, quebrando o Todo, e aqueles que pensam de forma holística, superando o fluxo linear do tempo, substituindo-o por uma contemporaneidade circular. Os heptápodes precisam de nós, e esta necessidade é a prova de que a sua abordagem holística também é defeituosa: o círculo como a forma básica da «linguagem» deles é, na verdade, uma elipse, circula em torno de um corte não admitido que arruína sempre-já a sua perfeição. O que isto significa no que diz respeito à temporalidade é que há predestinação, não podemos alterar o futuro, mas podemos alterar o passado. Esta é a única resposta consistente à questão essencial: que querem eles de nós? Porque é que *eles* precisam de nós? Ficaram presos na sua circularidade e precisam (precisarão) da nossa capacidade de intervir num círculo com um corte (decisão). É por isso que a afirmação de que «a raça extraterrestre [dos heptápodes] tenta mostrar à humanidade que ela é o seu pior inimigo, e *não* alguma

---

([15]) Citado de www.denofgeek.com/us/movies/arrival/259944/explaining-the-arrival-ending.

força exterior do além»([16]) é profundamente enganadora: se nós, humanos, somos os nossos piores inimigos, então porque é que eles precisam de nós? Que podemos nós oferecer-lhes senão a nossa cegueira? Não é que devamos inverter esta afirmação: embora nós, humanos, tenhamos inimigos externos, o verdadeiro pior inimigo de uma raça holística que vê tudo só pode ser esta própria raça.

O filme *Alien Code* (2017), de Michael G. Cooney, outro drama de ficção científica de baixo orçamento([17]) — no qual, depois de decifrar uma mensagem encontrada num satélite, Alex Jacobs, um brilhante criptógrafo, é perseguido por agentes do governo e por seres extraterrestres —, termina numa situação difícil semelhante à de *O Primeiro Encontro*. Na cena culminante do filme, Alex é confrontado por um extraterrestre que assume uma aparência humanoide e o interroga a fim de compreender a experiência humana. Os extraterrestres — que vivem num universo atemporal em que o passado, o presente e o futuro coincidem no mesmo Agora permanente — estão intrigados com o funcionamento da experiência humana incompleta na qual o futuro é impenetrável e onde reina a causalidade temporal. São os Observadores, que vigiam a humanidade e nos enviam mensagens encriptadas; Alex dá-se conta de que, mesmo que alguns humanos decifrem o código e a mensagem, isto não mudará nada na realidade, e o filme termina com a questão resignada: valerá a pena decifrar as mensagens ou será melhor ignorá-las e destruir o satélite que as contém? A hipótese implícita do filme é que, mesmo que uma mensagem extraterrestre que nos chegue não contenha más intenções ou ameaças, o seu efeito será provavelmente desastroso — uma mensagem de um Outro verdadeiramente inumano que está fora do alcance da nossa empatia, compaixão, ou ódio, e talvez até com a intenção malévola de nos dominar, perturbaria os pressupostos mais básicos das nossas vidas. Muitos cientistas chegaram à mesma conclusão.

([16]) Citado de http://21stcenturywire.com/2016/11/15/arrival-2016-the-films-secret-meaning-explained/.

([17]) Devemos observar que os filmes de ficção científica de baixo orçamento (ao contrário dos grandes e aborrecidos sucessos comerciais) são um dos poucos desenvolvimentos recentes interessantes em Hollywood.

> As mensagens recebidas de extraterrestres podem arruinar a vida na Terra, avisam os cientistas. Até uma mensagem curta pode colocar a civilização num tal caos que se autodestruiria — muito mais fácil do que enviar naves de guerra.([18])

O filme, portanto, parte da dicotomia tradicional da ficção científica: os extraterrestres são, ou ET amistosos, ou conquistadores malévolos. No entanto, faz batota (violando os seus próprios termos) quando «humaniza» demasiado os extraterrestres, apresentando-os como curiosos, intrigados connosco, observando inconsistências irónicas na nossa vida psíquica, etc. — devemos insistir aqui que estes aspetos só podem emergir num universo sexualizado de seres finitos e temporais. Tal como em *O Primeiro Contacto*, a única maneira de resolver esta inconsistência é aceitar que a nossa temporalidade finita, a nossa «Queda» do presente atemporal infinito para uma sucessão de momentos que introduz a impenetrabilidade do futuro, é de algum modo superior ao Presente eterno «holístico», abre novas dimensões de liberdade — esta superioridade oculta do tempo sobre a eternidade é aquilo que intriga os extraterrestres. Por isso — voltando a *O Primeiro Contacto* —, o universo heptápode, ainda que pareça mais estável do que o nosso, é efetivamente muito mais frágil e exposto a perigos:

> Na investigação sobre a linguagem heptápode, é explicado que aqueles que a «falam» podem ver toda a sua cronologia pessoal, do princípio ao fim, e a sua versão de «livre-arbítrio» significa que *escolhem* não mudar nada do que está destinado a acontecer… No universo determinista de *O Primeiro Contacto*, o livre-arbítrio existe na forma de seguir uma escolha que já sabemos que faremos. Com efeito, ao escolhermos não alterar o futuro, estamos a criá-lo e a afirmá-lo ativamente.([19])

Tudo bem, mas o que acontece se escolherem mudar, se escolherem *não* afirmar o inevitável? (Note-se como a situação é aqui

---

([18]) Ver www.independent.co.uk/life-style/gadgets-and-tech/news/alien-message-et-proof-life-space-galactic-seti-virus-artificial-intelligence-a8210311.html.

([19]) Citado de www.theverge.com/2016/11/16/13642396/arrival-ted-chiang-story-of-your-life-film-twist-ending.

a contrária do protestantismo, em que o futuro é predestinado, mas não conhecemos o nosso destino predeterminado — aqui conhecemo-lo.) Quando Louise explica à filha porque se divorciou do pai dela, diz: «Ele disse que eu fiz a escolha errada.»

Ou, a respeito da religião, enquanto os heptápodes estão imersos numa espiritualidade holística que transcende as divisões e engloba todo o tempo linear numa unidade circular, nós, humanos, somos marcados pelo cristianismo, em que o Advento de Cristo representa um fosso radical, um corte entre o Antes e o Depois que rompe o círculo. Por conseguinte, devemos resistir à tentação de ver na escolha de Louise alguma grandeza ética (no sentido em que, heroicamente, escolhe o futuro mesmo conhecendo o seu desfecho terrível): aquilo que faz é um ato extremamente egoísta, que ignora o sofrimento dos outros. É por isso que fica presa num círculo: não por causa do seu contacto espiritual com os heptápodes, mas por causa da sua culpa. A ironia é que, embora Louise literalmente salve o mundo (ao telefonar ao comandante do Exército Vermelho e impedindo assim o ataque chinês contra os heptápodes), com a sua escolha final arruína o seu mundo pessoal.

Então, que acontece quando decidimos não escolher o inevitável? Esta decisão «errada» destruiria/desfaria o próprio passado e não apenas o futuro. O curtíssimo conto clássico «Experiência» («Experiment»), de Fredric Brown lida precisamente com este paradoxo, reduzindo-o à sua forma mais simples. O professor Johnson apresenta aos seus dois colegas o modelo experimental de uma máquina do tempo; só funciona com objetos pequenos para distâncias de doze minutos ou menos para o passado e para o futuro. A máquina parece uma pequena balança dos correios com dois discos de marcação debaixo da plataforma; Johnson mostra aos colegas o objeto experimental, um pequeno cubo de metal, e anuncia que, em primeiro lugar, enviará o objeto cinco minutos para o futuro. Ajusta um dos discos da máquina do tempo e coloca cuidadosamente o cubo na plataforma da máquina. O cubo desaparece e, cinco minutos depois, reaparece. Em seguida, ajusta o outro disco a fim de enviar o cubo cinco minutos para o passado. Johnson explica o procedimento: «Faltam seis minutos para as três. Vou agora ativar o mecanismo — colocando o cubo na plataforma — às três horas exatas. Por conseguinte, o cubo deverá, às cinco para as três, desaparecer da minha mão e aparecer na plataforma, cinco minutos antes de eu o colocar ali.» «Como pode então colocá-lo ali?», pergunta um dos colegas. «Irá, enquanto a minha mão se aproxima, desaparecer da plataforma e aparecer na minha mão para ser colocado nela.» O cubo desaparece da sua mão e aparece na plataforma da máquina do tempo. «Veem? Cinco minutos antes de o colocar ali, está ali!» O outro colega, olhando para o cubo, franze o sobrolho. «Mas», diz ele, «e se, agora que já apareceu cinco minutos antes de o colocar ali, o senhor mudar de ideias sobre isso e não o colocar ali às três horas? Não haveria aí um paradoxo?» «É uma ideia interessante», diz o professor Johnson. «Não pensei nisso e será interessante experimentar. Muito bem, não irei...» E estas são as últimas duas linhas do conto: «Não houve qualquer paradoxo. O cubo permaneceu. Mas todo o resto do universo, incluindo os professores, desapareceu.»

Em termos lacanianos, temos aqui uma inversão da relação entre a realidade e o Real: quando não colocamos o cubo na máquina (a fim de viajar para o passado), não é o cubo que desaparece, mas toda a realidade à sua volta. Por outras palavras, o preço para que o cubo se torne uma parte comum da nossa realidade é o desaparecimento do resto da realidade. (No estado «normal», o cubo é o Real excluído da realidade; como tal, pela sua exclusão, sustenta a consistência da nossa realidade.) Devemos localizar de forma muito precisa a causa da catástrofe: ocorre quando violamos as regras da viagem *para trás* no tempo. O cubo (que devemos colocar na máquina num certo ponto do tempo) viaja cinco minutos para trás, e podemos segurá-lo na mão ou brincar com ele durante cinco minutos antes de o voltarmos a colocar na máquina para que possa viajar cinco minutos para trás... mas e se não o colocarmos na máquina cinco minutos depois? De certo modo, enganamos ontologicamente o futuro, ou seja, depois de o cubo já existir (no passado), eliminamos as condições da sua existência.

Há muitas versões de um paradoxo similar na ficção científica — por exemplo, se eu viajar para o passado e matar os meus pais antes de eu nascer, que me acontecerá então? Eliminarei retroativamente a minha própria existência? Mas como posso fazer isso se, ao matar os meus pais, eu não existo? No entanto, há uma diferença fundamental entre estas versões e o conto de Brown: nas outras versões predominantes, o resultado do paradoxo é que o agente que vai ao passado e destrói o seu próprio futuro destrói-se a si mesmo, desaparece da realidade, enquanto, no conto de Brown, não é o objeto excessivo (o cubo), mas *a realidade que o rodeia que desaparece.* Aqui reside o efeito chocante da conclusão do conto: esperamos que algo aconteça ao cubo cuja posição (não ser colocado a tempo na máquina do tempo) quebra a lei ontológica, ou seja, esperamos que o cubo desapareça e, retroativamente, apague os traços da sua existência, mas o que acontece é o oposto: o cubo revela-se ser o real que persiste em todos os mundos possíveis, e *o que desaparece é o mundo (universo da realidade) em que o cubo existia.* Em vez de pensarmos nas complexidades deste paradoxo e decidirmos se têm sentido ou se é apenas um jogo absurdo, devemos observar que há um domínio, o da ordem simbólica, em que tal batota ontológica não só é possível, como também constantemente praticada. (Deixamos aqui de lado as especulações sobre a possibilidade de algo análogo no estranho universo da física quântica.)

Encontramos uma situação análoga nas histórias de ficção científica em que o protagonista abre a porta errada (ou prime o botão errado) e, de repente, toda a realidade em seu redor desintegra-se. E não acontece uma coisa semelhante na cena do quarto de hotel, o local do crime, em *O Vigilante* (*The Conversation*) de Francis Ford Coppola? O investigador inspeciona o quarto com um olhar hitchcockiano, como Lila e Sam fazem no quarto do motel Marion em *Psycho*, movendo-se do quarto de dormir para a casa de banho e focando-se na sanita e no chuveiro. Após uma série de referências óbvias a *Psycho* a propósito do chuveiro (abrindo rapidamente a cortina, inspecionando o buraco do ralo), o investigador concentra-se na sanita (alegadamente limpa), despeja o autoclismo e, depois, a mancha aparece do nada, e sangue e outros vestígios do crime transbordam da sanita… Ainda que a dimensão temporal esteja aqui ausente (não há viagem no tempo), temos um objeto «impossível»: um objeto que parece ser uma coisa comum, mas que não deve ser usado como aquilo que parece ser.

Mas não ocorre algo análogo a um nível mais elementar num compromisso ideológico? Não estão estes compromissos, de certa forma, endividados com o futuro? Por exemplo, ao lutar pelo comunismo, ajo em nome de um futuro (comunista), ajo como um agente desse futuro, mas e se os meus atos minarem esse futuro? E se, quando o futuro em que confiava estiver aqui, eu não puder recolocar o cubo no seu lugar, ou seja, eu não puder dizer que o que ofereço é comunismo? Neste caso (por exemplo, o estalinismo ou, ainda melhor, o reinado dos Khmers Vermelhos), o comunismo permanece, mas a realidade social fica em ruínas, presa no vórtice da autodestruição. Aqui reside a tragédia: mesmo que eu não coloque o cubo no seu lugar (ou seja, mesmo que tente fingir que «isto não era realmente comunismo»), o cubo estará ali.

Isto conduz-nos à definição de catástrofe ontológica, ou seja, de uma desintegração da realidade: ocorre, não quando algum elemento essencial está fora do lugar, mas, pelo contrário, quando o elemento essencial cujo deslocamento abre e sustenta o espaço da realidade regressa ao seu lugar «devido», ou seja, quando a tensão deontológica que define a realidade é superada. É aqui que reside a mensagem sombria das histórias sobre um elemento que regressa finalmente ao seu lugar: na verdade, são histórias sobre o fim do mundo.

ESCÓLIO 2.1

Esquematismo em Kant, em Hegel… e no sexo

O esquematismo transcendental é, talvez, a parte mais interessante — e também a mais enigmática — da primeira *Crítica* de Kant. Um esquema transcendental é a «regra processual pela qual uma categoria ou um conceito puro e não-empírico é associado a uma impressão sensível. Uma intuição privada e subjetiva é assim discursivamente pensada como a representação de um objeto externo»([1]). A razão da necessidade de um esquema é que «sempre que duas coisas são totalmente diferentes uma da outra, mas têm de interagir, tem de haver alguma característica comum que partilhem para que, de algum modo, se relacionem entre si»([2]). Neste sentido, os esquemas «são como adaptadores. Tal como os adaptadores são dispositivos para juntar peças incompatíveis, os esquemas ligam os conceitos empíricos às perceções das quais foram derivados» — ou, como diz W. H. Walsh, Kant escreveu o capítulo sobre o esquematismo «para resolver o problema de como garantir que as categorias tenham "sentido e significado"»([3]). Um exemplo simples: a categoria de «substância» só tem sentido para nós se a «esquematizarmos» como uma existência permanente de um certo objeto no tempo — a «substância» é aquilo que permanece igual no fluxo das mudanças temporais.

([1]) Citado de https://en.wikipedia.org/wiki/Schema_(Kant)#cite.

([2]) Citado de *ibid.*

([3]) Citado de *ibid.*

A primeira coisa a observar aqui é a inversão, como na fita de Möbius, do subjetivo em objetivo através da intervenção subjetiva que ocorre no esquematismo. Um sujeito finito é afetado por impressões sensíveis que são originadas na coisa numénica, mas que causam no sujeito apenas um fluxo confuso de perceções subjetivas, e é através da intervenção das categorias transcendentais (mediação pelo esquematismo) que esta mistura subjetiva confusa se torna uma representação da «realidade objetiva». O esquematismo assenta assim na finitude do sujeito, na dualidade da atividade espontânea do pensamento e da exposição passiva a impressões sensíveis que o sujeito não pode superar devido à sua finitude. Significará isto que o esquematismo desaparece, que não é necessário, para Hegel, já que o pensamento gera imanentemente todo o seu conteúdo, de maneira que não há Alteridade externa que afeta o sujeito? O nosso objetivo é demonstrar que tal entendimento assenta numa noção errada do idealismo de Hegel como um reino direto e completo de conceitos capazes de «engolir» (mediar, apropriar reflexivamente) todos os conteúdos externos.

Para isto, um desvio por Lacan pode ser útil, e por uma razão precisa: a noção de desejo de Lacan é kantiana. Não há relação entre o desejo e o seu objeto, o desejo tem que ver com o fosso que o separa para sempre do seu objeto, tem que ver com a falta do objeto. Assim, uma *crítica do desejo puro* não será a melhor descrição do projeto central de Lacan, quando o termo «crítica» deve ser entendido no seu sentido kantiano preciso: manter o fosso que separa para sempre qualquer objeto empírico («patológico») de desejo do seu objeto-causa «impossível» cujo lugar tem de se manter vazio? Ao contrário de Kant, para quem a nossa capacidade de desejar é totalmente «patológica» (porque, como ele sublinha repetidamente, não há relação *a priori* entre um objeto empírico e o prazer que esse objeto gera no sujeito), Lacan afirma que há uma «faculdade pura do desejo», uma vez que o desejo tem um objeto-causa *a priori* não patológico — este objeto, obviamente, é aquilo a que Lacan chama *objet petit a*.

Aqui entra aquilo a que poderíamos chamar o esquematismo sexual de Lacan — que, obviamente, funciona de maneira diferente, quase invertida, em relação ao esquematismo de Kant. Para Lacan, o facto universal não é um certo conjunto de normas simbólicas, mas o facto de não haver relação sexual, e o esquema não é universal, mas único, uma invenção fantasiosa individual para tornar uma relação sexual possível. A fantasia não realiza simplesmente um desejo de uma forma alucinatória: pelo contrário, a sua função é similar à do «esquematismo transcendental» kantiano — uma fantasia constitui o nosso desejo, fornece as suas coordenadas, ou seja, literalmente «ensina-nos a desejar». Para dizer isto em termos mais simples: a fantasia não significa que quando desejo um bolo de morango e não o posso ter na realidade, fantasie sobre comer o bolo. O problema é: *como sei, à partida, que desejo um bolo de morango?* É *isto* que a fantasia me diz. Este papel da fantasia liga-se ao facto de que «não há relação sexual», não há uma fórmula ou matriz universal que garanta uma relação sexual harmoniosa com um parceiro: por causa da falta desta fórmula universal, qualquer sujeito tem de inventar uma fantasia própria, uma fórmula «privada» para a relação sexual — para um homem, a relação com uma mulher só é possível se ela se ajustar à sua fórmula. Há umas décadas, as feministas eslovenas reagiram com forte indignação a um cartaz publicitário de uma grande empresa de cosméticos a anunciar um bronzeador solar, que mostrava uma série de traseiros bem bronzeados de mulheres em fato de banho, acompanhada pela frase: «Cada uma tem o seu próprio fator.» É claro que esta publicidade assenta num duplo sentido vulgar: a frase refere-se ostensivamente ao bronzeador, que é oferecido aos clientes com diferentes fatores solares para se ajustarem aos diferentes tipos de pele; no entanto, o seu efeito total baseia-se na sua leitura óbvia masculina-chauvinista: «Cada mulher pode ser conquistada, se o homem conhecer o fator dela, o seu catalisador específico, aquilo que a excita!» A questão freudiana a respeito da fantasia fundamental seria que cada sujeito, feminino ou masculino, possui um «fator» que regula o seu desejo: «uma mulher, vista por trás, de mãos e joelhos no chão» era o fator de Wolfman; uma mulher tipo estátua, sem pelos púbicos, era o fator de Ruskin; etc., etc. Não há nada de edificante na nossa consciência deste «fator»: esta consciência nunca pode ser subjetivizada, é estranha, até horrorosa, uma vez que, de algum modo, «desapossa» o sujeito, reduzindo-o a um nível de marioneta «para além da dignidade e da liberdade». E o *design* tem de aludir a este «fator», desconhecido do sujeito.

De uma forma análoga, também podemos falar de esquema ideológico: uma figura que faz a mediação entre proposições ideológicas gerais e experiências concretas do sujeito. Recordemos como, no Reino Unido sob a liderança conservadora de John Major, em finais dos anos 1980, a figura da «mãe solteira e desempregada» foi elevada ao símbolo universal daquilo que estava errado no velho sistema de Estado social — todos os «males sociais» eram, de algum modo, reduzidos a esta figura. (Crise orçamental? Demasiado dinheiro gasto no apoio a estas mães e aos seus filhos. Delinquência juvenil? As mães solteiras não exercem autoridade suficiente para providenciar uma disciplina educativa adequada, etc.) Era assim que a comunicação social nos *massajava* de forma a aceitarmos a mensagem («conceito») fiscal neoconservadora, associando-a a uma imagem pseudoconcreta específica («mãe solteira e desempregada»). Em termos psicanalíticos, isto significa que a mensagem tem de ser sustentada por uma fantasia específica. A função da «fantasia» é, mais uma vez, similar à do esquematismo transcendental de Kant. Depois de ter estabelecido a lista das categorias *a priori* da razão pura (substância, causa e efeito, etc.), Kant enfrentou a questão: como aplicar estas categorias aos objetos da nossa experiência sensível? A sua resposta foi que precisamos da ação mediadora de um «esquema», que nos diz como uma categoria se ajusta à nossa experiência. Por exemplo, quando queremos caracterizar a relação entre os acontecimentos A e B como «causal», isto significa a sua sucessão regular no tempo: sempre que A ocorre, será seguido por B. De forma exatamente análoga, a fantasia é um «esquema» que faz a mediação entre uma noção ideológica abstrata e a nossa experiência concreta: «mãe solteira e desempregada» é o esquema que nos permite experienciar a política fiscal neoconservadora como algo que incide sobre a nossa experiência quotidiana.

Não seria possível, deste modo, também caracterizar o problema com o MeToo? Infelizmente (para o próprio movimento), na perspetiva pública, a luta do MeToo pelas mulheres foi «esquematizado» através da imagem de uma aspirante a estrela de cinema ou dos *media* (ou, de um modo geral, uma mulher de carreira) chantageada por um produtor (ou outra pessoa masculina com poder), a fim de oferecer favores sexuais em troca do seu sucesso — todos os outros aspetos da opressão e da exploração das mulheres foram vistos através destas lentes. Deste modo, e apesar do reconhecimento retórico de que milhões de outras mulheres comuns também sofrem, o problema adquiriu um claro carácter de classe — numa luta política, o agente que representa a totalidade da luta como o seu caso exemplar nunca é um facto neutro.

É neste sentido que Lacan fala da fantasia como o suporte definitivo da realidade: a nossa rede simbólica não pode ser diretamente aplicada à realidade para dar sentido à sua experiência; para isso, precisamos de uma fantasia. Na mesma linha, devemos celebrar o génio de Walter Benjamin, que brilha no próprio título de um dos seus primeiros ensaios: «Sobre a Linguagem em Geral e a Linguagem Humana em Particular». A questão aqui não é que a linguagem humana seja uma espécie pertencente a alguma linguagem universal «enquanto tal», que inclui outras espécies (a linguagem dos deuses e dos anjos? A linguagem dos animais? A linguagem de outros seres inteligentes no espaço? A linguagem dos computadores? A linguagem do ADN?): não há uma linguagem realmente existente além da humana — mas, para se perceber esta linguagem «particular», *temos* de introduzir uma diferença mínima, concebê-la tendo em conta o fosso que a separa da linguagem «enquanto tal» (a estrutura pura da linguagem desprovida das insígnias da finitude humana, das paixões eróticas e da mortalidade, das lutas pelo domínio e da obscenidade do poder). A linguagem particular é, portanto, a «linguagem realmente existente», a linguagem como série de afirmações efetivamente proferidas, em contraste com a estrutura linguística formal. Esta lição benjaminiana não foi aprendida por Habermas: aquilo que Habermas faz é precisamente o que *não* se devia fazer — postula a «linguagem em geral» ideal (os universais pragmáticos) *diretamente* como a norma da linguagem realmente existente. Assim, de acordo com a linha do título de Benjamin, deveríamos descrever a constelação básica da lei social como a da «lei em geral e a sua parte inferior do superego obsceno em particular».

Isto conduz-nos a uma possível leitura hegeliana do esquematismo: não há uma «síntese» direta entre o conceito e as intuições empíricas, os conceitos não podem penetrar/mediar diretamente o conteúdo empírico; assim, tem de haver um momento de mediação, no mesmo sentido em que a unidade de deus e do homem só pode ser representada pela figura de Cristo, que é uma espécie de «esquema» que possibilita que deus supere a sua transcendência sem sentido e dê sentido à realidade humana. E, mais uma vez, a leitura kantiana teria insistido na dualidade de deus e mundo, nas suas naturezas radicalmente diferentes, razão pela qual é necessário um mediador — não um mediador como ligação entre dois mundos diferentes que existem independentemente dele, mas um mediador como terceiro elemento de uma tríade dialética, como um meio através do qual os dois polos opostos existem. Dito de forma direta, não há deus que preceda Cristo; só pela mediação de Cristo (ou seja, por meio da sua morte!) é que deus se atualiza. E, tal como vimos, a lei pública só se torna atual (um poder de regulação social) quando é «esquematizada» (complementada) por aquilo a que Hegel chamava «determinação oposicional», por um conjunto de normas não escritas que regulam o seu uso efetivo (que prescrevem como se espera que violemos as suas normas explícitas, etc.).([4]) Dito em termos mais abstratos, o universal só pode mediar efetivamente o seu conteúdo quando é redobrado em si mesmo, suplementado pelo seu homólogo particular. Porquê?

É aqui que entra a finitude. Kant só pode conceber a finitude como a finitude do sujeito transcendental que é constrangido pelo esquematismo, pelas limitações temporais da síntese transcendental; ou seja, para ele, a única finitude é a finitude do sujeito, não considera a opção de que *as próprias categorias com que lida podem ser «finitas»*, ou seja, que podem ser categorias do Entendimento abstrato e ainda não as categorias realmente infinitas da Razão especulativa. Deus concebido como oposto (e externo) à realidade finita é em si mesmo finito, a única verdadeira infinitude é a do seu próprio mediador. A tarefa, portanto, é hegeliana: não «superar» a finitude (o horizonte do esquematismo), mas transpô-la para a Coisa (Absoluto) em si.

([4]) Uma das normas que rege os penáltis no futebol é que o guarda-redes «tem de se manter entre os postes da baliza sobre a sua linha de golo até que a bola tenha sido pontapeada, embora possa saltar no mesmo lugar, agitar os braços, mover-se lateralmente ao longo da linha de golo ou tentar distrair o marcador». No entanto, são toleradas e até esperadas ligeiras violações desta regra: o guarda-redes pode mover-se um pouco para a frente da linha de golo em direção ao marcador.

ESCÓLIO 2.2

Marx, Brecht e contratos sexuais

Um excelente exemplo político da inversão que caracteriza a fita de Möbius vem de um novo movimento marginal surgido na década passada nos Estados Unidos: os chamados *incels* (celibatários involuntários), parte daquilo que é normalmente referido como o «ecossistema supremacista branco online»». Os membros desta subcultura (não exclusivamente) online definem-se como incapazes de encontrar um parceiro romântico ou sexual apesar de o desejarem, um estado que descrevem como *inceldom*. Na sua maioria, são homens brancos heterossexuais e o seu discurso caracteriza-se pelo ressentimento, misantropia, autocomiseração, autoaversão, misoginia, racismo, um sentimento de direito ao sexo e o incentivo à violência contra as pessoas sexualmente ativas. (Esta descrição foi descaradamente parafraseada da entrada na Wikipédia.) Veem a sua posição não apenas como um facto, mas como uma forte opção existencial: em referência à famosa cena do filme *The Matrix*, falam do ato de escolher o comprimido negro em detrimento do vermelho: «tomar o comprimido vermelho» significa ver um mundo em que as mulheres têm poder sobre os homens; o comprimido negro, por outro lado, refere-se ao desespero; no entanto, a sua situação desesperada não implica passividade — muitos dos *incels* favorecem a violência contra as mulheres sexualmente ativas e contra os homens sexualmente mais bem-sucedidos. A sua figura do inimigo imaginário é o «Chad», um homem branco musculado e bronzeado.

Mas há aqui um aspeto interessante: as discussões *incel* giram muitas vezes em torno da crença de que os homens têm direito a sexo, e ainda que defendam firmemente conceitos como o determinismo biológico e a psicologia evolucionista, também acreditam na ideia da redistribuição sexual forçada, em que os governos devem obrigar as mulheres a terem certas relações sexuais.([1]) É aqui que entra Jordan Peterson, que, a propósito do chamado «assassino de Toronto», escreveu: «Ele estava zangado com Deus porque as mulheres o rejeitavam. A cura para isto é a monogamia forçada. É por isso que a monogamia aparece.» Para Peterson, a monogamia forçada é apenas uma solução racional — de outro modo, todas as mulheres iriam para os homens de estatuto mais elevado, enquanto os homens seriam empurrados para a violência, e isto não seria bom para nenhum dos géneros... A questão é que, excluindo a redistribuição do sexo, Peterson é firmemente contra aquilo a que chama «igualdade de resultados», ou esforços para igualizar a sociedade, que ele considera patológicos ou maliciosos. Admitindo que é aqui inconsistente, afirma que impedir o recurso à violência por hordas de homens solteiros é necessário para a estabilidade da sociedade, e isto só pode ser feito pela monogamia forçada.([2])

Este não é o lugar para lidar com a assimetria das reivindicações *incel* de redistribuição sexual: o mesmo não valerá para as mulheres? Os homens não são também atraídos por uma minoria de mulheres à custa da maioria (e devemos recordar aqui que a noção de *incel* começou com um casal lésbico)? (Peterson explica o facto de as mulheres deverem ser (re)distribuídas aos homens referindo-se à superioridade biológica e mental dos homens.) Aquilo que aqui nos interessa é a interseção estranha entre duas lógicas: a lógica da hierarquia biológica e social necessária «de como as coisas são» (de maneira que, se violarmos esta lógica, daí resultará a decadência e o caos) e a lógica da justiça igualitária, que exige a redistribuição para corrigir as injustiças. Ainda que o igualitarismo e os direitos humanos não se sobreponham (os

---

([1]) Ver https://en.wikipedia.org/wiki/Incel.

([2]) Ver https://www.nytimes.com/2018/05/18/style/jordan-peterson-12--rules-for-life.html.

libertários conservadores afirmam que o igualitarismo forçado conduz necessariamente à limitação da nossa liberdade, a componente fundamental dos direitos humanos), devemos admitir o núcleo igualitário dos direitos humanos e, assim, colocar em oposição a lógica dos direitos humanos universais e a lógica da hierarquia social como os dois lados de uma fita de Möbius, e concentrar-nos no seu ponto de interseção, o ponto em que, se avançarmos o suficiente no lado da volta dos direitos humanos universais, vemo-nos no lado oposto da hierarquia injusta, e vice-versa. Neste sentido, o *incel* é o ponto sintomático da lógica da hierarquia (hoje incorporada nos defensores masculinos da supremacia branca): o ponto surpreendente em que os supremacistas brancos defensores da hierarquia começam de repente a usar a linguagem de um brutal «comunismo das mulheres» e a exigir a justa distribuição destas pelas autoridades (ou, pelo menos como Peterson, uma campanha pública para promover a monogamia forçada que conduza a uma redistribuição mais igualitária do sexo). Em suma, o *incel* é o ponto de exceção no qual os defensores da hierarquia que se opõem aos direitos humanos igualitários reivindicam a mais brutal redistribuição igualitária. E a maneira como a esquerda deve contrariar esta tendência não é exigir um igualitarismo mais abrangente que inclua a vida político-económica e o sexo; ao invés, deve inverter a posição *incel* e lutar pela sua própria inversão da fita de Möbius na qual a universalidade dos direitos humanos igualitários implica a sua própria exceção, a sua própria inversão — o domínio da sexualidade que, por definição, deve permanecer «injusto», resistindo à lógica igualitária dos direitos humanos. O facto que deve ser admitido em toda a sua brutalidade é a incompatibilidade definitiva da sexualidade e dos direitos humanos.

Esta mesma razão também nos permite ver os limites da ideia de contrato sexual que circula no movimento atual contra a opressão sexual. Mesmo que um contrato escrito não seja necessário, pode ser substituído por um consentimento verbal explícito, tal como é exigido pela nova lei aprovada na Nova Gales do Sul: «As nuances do consentimento sexual têm sido recentemente debatidas graças ao movimento MeToo e um estado da Austrália tenta clarificar o que deve ser realmente o consentimento. Com efeito, a nova lei diz que, se uma pessoa quiser ter sexo, tem de o pedir claramente e depois ouvir um "sim" verbal, segundo as novas reformas anunciadas pelo governo da Nova Gales do Sul na Austrália.»(3) É claro que deveríamos acrescentar a ressalva de que, como diz Sam Goldwyn, um acordo verbal não vale o papel em que está escrito... Aquilo que se perde na ideia de que o contrato sexual pode funcionar como um meio possível de garantir que a relação seja voluntária, ou seja, sem coerção, é a velha ideia de Marx de que um contrato formalmente «livre» também se pode basear na coerção e, assim, funcionar efetivamente como uma forma de coerção. Quem pode esquecer a descrição de Marx do contrato «livre» entre um capitalista e um operário? Este contrato é «de facto, um Éden dos direitos inatos do homem. Nele reinam apenas a Liberdade, a Igualdade, a Propriedade e Bentham.» Ambos os signatários são «obrigados apenas pela sua própria vontade livre. O seu contrato como agentes livres, e o acordo que concluem, é apenas a forma na qual dão expressão legal à sua vontade comum.» No entanto, assim que o contrato é concluído,

> algo se transforma já — ao que parece — na fisionomia das nossas *dramatis personae*. O antigo possuidor de dinheiro marcha à frente como capitalista, o possuidor de força de trabalho segue-o como seu operário. Um significativamente sorridente e zeloso pelo negócio; o outro tímido, contrariado, como alguém que levou a sua própria pele ao mercado e agora nada mais tem a esperar senão — ser esfolado.(4)

Os sinónimos de «esfolar» — bater, espancar, arranhar, escoriar... — evocam também um ato sexual brutal; será que isto indica que também podemos aplicar a análise de Marx de um «contrato livre» à ideia de contrato sexual?(5) Ao nível mais elementar, é

(3) Ver www.yahoo.com/lifestyle/new-australian-law-requires-partners--must-say-yes-loud-135901576.html.

(4) Citado de www.marxists.org/archive/marx/works/1867-c1/ch06.htm. [Versão portuguesa: https://www.marxists.org/portugues/marx/1867/capital/livro1/cap04/03.htm.]

(5) Devemos também referir aqui o facto de que muitos casamentos ou relacionamentos baseados em contratos formais ou informais que visam garantir a igualdade dos dois parceiros envolvem realmente fortes assimetrias de poder e causam muito sofrimento. A relação entre Sartre e Beauvoir estipulava a liberdade sexual para ambos, mas, nos primeiros anos da relação, foi Sartre quem usou exclusivamente esta liberdade, enquanto Beauvoir

fácil demonstrar como, também na relação sexual, a forma do contrato livre pode esconder coerção e violência: um dos agentes concorda com o contrato sexual por medo, por chantagem emocional, por dependência material... Mas a complicação é muito mais profunda e é imanente. Na relação sexual em que a liberdade, a igualdade, a propriedade *e o gozo* dominam, este termo adicional (como «Bentham» em Marx) arruína a liberdade/igualdade designadas pelos termos anteriores. O gozo introduz assimetria, excesso e inveja no equilíbrio da relação dos prazeres: os dois (ou mais) parceiros sexuais chegam a um acordo sobre o que fazem um ao outro numa interação que daria máximo prazer a ambos. No entanto, como são os seus prazeres mediados? Quando tenho sexo com um parceiro, posso obter prazer apenas com o desagrado e a humilhação do outro, ou vice-versa, posso gostar de servir o outro e ter prazer apenas nos sinais do prazer extático do outro; posso fazê-lo por inveja, para provar que posso satisfazer o meu parceiro melhor do que o seu parceiro anterior; etc. Também posso fazê-lo por amor; o prazer sexual, para mim, é um sinal de amor, enquanto o meu parceiro só está interessado em mim como fornecedor de prazer sexual — podemos imaginar uma assimetria mais marcada?

Devemos arriscar dar mais um passo em frente. Na relação trabalho/capital, o trabalhador não vende o seu produto, mas a sua própria força de trabalho como mercadoria. Lidamos aqui com a lógica da universalidade e a sua exceção: a forma-mercadoria só se torna universal quando, no mercado, os produtores não transacionam apenas os seus produtos, ou seja, só quando uma mercadoria excecional aparece no mercado, que é a própria força de trabalho produtivo. Teremos também uma exceção análoga no contrato sexual? E se a simetria de cada parceiro a dar prazer ao outro estiver também sempre-já rompida? Um parceiro «trabalha» no outro para lhe dar prazer e a ideia é, obviamente, que essa atividade de dar prazer se torne em si mesma uma fonte de prazer para o trabalhador. É aqui que entra a homologia entre

---

sofria em silêncio. Adorno fez um contrato de casamento semelhante, que lhe garantia a liberdade total para ter aventuras amorosas, já para não falar das condições pormenorizadas do contrato de casamento de Einstein com a sua mulher. A regra geral é que a liberdade e igualdade acordadas servem muito mais um parceiro e obrigam o outro a suportar silenciosamente as escapadelas amorosas.

mais-valia (produzida pelo trabalhador) e mais-gozo (gozo excedentário, produzido pela atividade de dar prazer), o gozo gerado pela atividade de servir o outro (parceiro sexual).

Aquilo que torna o sexo contratual problemático não é apenas a sua forma legal, mas também o seu viés oculto. A forma contratual privilegia obviamente o sexo casual em que os parceiros ainda não se conhecem e querem evitar mal-entendidos sobre o encontro casual. Temos de alargar a nossa atenção também à relação de longo prazo, permeada de formas de violência e de domínio de modos muito mais subtis do que o alegado sexo forçado espectacular ao estilo de Weinstein — para voltar a parafrasear Brecht, o que é o destino de uma estrela de cinema que foi chantageada para fazer sexo (ou diretamente violada) a fim de assegurar a sua carreira em comparação com a miserável dona de casa que, durante longos anos, é aterrorizada e humilhada pelo marido?

Mas não será o casamento também um contrato, um contrato permanente? Kant — que, na sua *Metafísica dos Costumes*, apresenta a afamada e infame definição da relação sexual como o «uso recíproco que um ser humano faz dos órgãos e das capacidades sexuais de outro» — determina o casamento como o contrato que regula este uso. Rejeita um contrato sexual de curto prazo como um *pactum fornicationis* (contrato para fornicação), admitindo apenas o casamento (porque, no casamento, o parceiro não se reduz a um objeto). Assim, como Jean-Claude Milner observou, para Kant, o sexo fora do casamento é literalmente um crime contra a humanidade: nele, os participantes reduzem-se a objetos usados para o prazer e, assim, negam a sua dignidade humana. No entanto, Kant é popular entre as feministas (algumas) por desmistificar o contacto sexual (tem que ver com prazer e não com valores espirituais) e pelo seu igualitarismo estrito (não há prioridade ou superioridade do homem no casamento, apenas um contrato entre dois indivíduos livres). Até Brecht, que escreveu um soneto a gozar com a definição de casamento de Kant, passa ao lado desta dimensão emancipatória:

> O acordo sobre o uso recíproco
> Dos bens e órgãos sexuais
> A que ele chama «casamento» parece
> Precisar de uma clarificação urgente.

Por aquilo que ouço, alguns parceiros são negligentes.
Deixaram — não o considero um falso relato —
Os seus órgãos sexuais fora do acordo:
A rede tem buracos e alguns deles são grandes.

Só resta um caminho: ir para tribunal
Mandar apreender esses órgãos.
E talvez isso dê ao parceiro ocasião

De contemplar esse contrato com mais atenção.
Se não tiver cuidado, é bem de temer
Que o oficial de justiça tenha de aparecer. ([6])

Na leitura marxista que Brecht faz, Kant fala da capacidade sexual humana como uma mercadoria que é transacionada num sentido contratual em relação ao casamento. No entanto, uma perspetiva marxista também teria observado o aspeto libertador desta mercantilização da capacidade humana para o sexo: nega os valores espirituais em que o casamento é envolvido como instituição religiosa; além disso, defende a posição das mulheres e dá-lhes direitos comparáveis aos gozados pelos homens, estando até ancorados num quadro legal formal. Mesmo a ironia final de Brecht falha o alvo: a linha de argumentação de Kant já está permeada de ironia subterrânea — algures, evoca literalmente a mesma opção («o oficial de justiça tenha de aparecer», ou seja, a polícia terá de intervir). Com toda a seriedade (ainda que, muito provavelmente, com ironia), Kant debate o caso em que um marido foge da mulher, e decide que a mulher tem o direito de exigir que a polícia lho traga de volta — não por elevadas razões sentimentais, mas simplesmente porque ele foge com parte da propriedade legal da mulher (o seu órgão sexual)... Podemos reconhecer facilmente aqui, mais uma vez, a inversão que caracteriza a fita de Möbius: a única maneira de alcançar a emancipação é avançar até ao fim na via da mercantilização, ou auto-objectificação, ou autotransformação em mercadoria — um sujeito livre só emerge como o remanescente da sua auto-objectificação.

([6]) Bertolt Brecht, *Über Kants Definition der Ehe in der "Metaphysik der Sitten"*, originalmente publicado em *Studien* (1963), citado de Scott Horton, em https://harpers.org/2009/05/brecht-on-kants-definition-of-marriage/.

Surgem aqui outras complicações: enquanto partes do MeToo defendem o contrato sexual, a ideologia subjacente a este movimento adotou a lição marxista sobre a assimetria oculta que sustenta a ideia do contrato de parceiros iguais e livres. Baseando-se na ideia de Marx do desequilíbrio no contrato entre o trabalhador e o capitalista, no qual os dois são formalmente iguais, Jean-Claude Milner([7]) sublinhou recentemente a diferença entre a fraqueza objetiva e a fraqueza estrutural. Mesmo que, no contrato de trabalho, o trabalhador receba todo o seu valor, a transação entre o trabalhador e o capitalista não é igual; existe exploração porque o trabalhador é uma mercadoria que produz mais-valia, ou seja, mais valor do que o seu próprio valor. Neste sentido, o contrato é injusto, o trabalhador está numa posição estrutural mais fraca, mesmo que seja «objetivamente» mais forte, com mais poder social empírico. Segundo Milner, o movimento MeToo transpõe implicitamente a mesma lógica para a relação sexual entre um homem e uma mulher: ainda que concordem formalmente em fazer amor como parceiros iguais, ou seja, mesmo que a aparência seja a de uma troca igual de favores sexuais, há uma desigualdade estrutural e a mulher está na posição mais fraca. Tal como no contrato entre o trabalhador e o capitalista, devemos enfatizar o carácter estrutural (formal) desta fraqueza: mesmo que a mulher tenha iniciado a relação sexual, mesmo que ela seja social ou financeiramente muito mais forte, é estruturalmente mais fraca. Aqui reside a lição do escândalo de Harvey Weinstein: se por «violação» entendermos uma relação sexual forçada, então qualquer ato (heteros)sexual é, em última instância, um caso de violação. Escusado será dizer que muito poucos membros do MeToo estão dispostos a admitir esta implicação radical (que já foi teorizada há anos por algumas feministas radicais como Andrea Dworkin e Catherine McKinnon): a grande maioria não está disposta a afirmar que um ato sexual é, enquanto tal, um ato de violência masculina, e proclamam como objetivo apenas a luta pela sexualidade que não assente numa posição masculina de poder e que dê prazer aos dois parceiros. No entanto, a implicação de que o ato sexual é, enquanto tal, um ato de violação, de imposição violenta

---

([7]) Baseio-me aqui na intervenção de Jean-Claude Milner no debate sobre direitos humanos e sexualidade no Birkbeck College, Londres, em 27 de junho de 2018.

e coerção, funciona claramente como pressuposto implícito do movimento MeToo, com o seu foco nos casos de coerção e violência masculina — os seus membros tratam exclusivamente os homens como potenciais violadores e as mulheres como potenciais vítimas do poder masculino.

Milner mostra também como Donald Trump é o exato oposto do MeToo: o MeToo privilegia a fraqueza estrutural à custa da fraqueza objetiva; Trump ignora a fraqueza estrutural e concentra-se exclusivamente na fraqueza objetiva e no poder — para ele, a política é basicamente um jogo imoral de poder em que todos os princípios podem (e devem) ser ignorados ou virados contra si próprios quando as circunstâncias (por exemplo, os interesses da «América primeiro») o exigem. Diaboliza Kim Jong-un como uma ameaça para a humanidade e, depois, trata-o como amigo, etc., etc.; o exemplo derradeiro é separar os filhos dos pais imigrantes ilegais — no universo imoral de Trump, é totalmente lógico atacar o opositor fraco no seu ponto mais fraco (filhos). Como Milner conclui, Trump é o Weinstein da política norte-americana.

No entanto, esta simetria também assinala a limitação fatídica e até as implicações eticamente problemáticas do movimento MeToo. O seu foco exclusivo na fraqueza estrutural permite-lhe jogar o seu próprio jogo de poder, usando implacavelmente a fraqueza estrutural como meio para adquirir poder. Quando uma pessoa na posição de poder estrutural é acusada de maltratar outra pessoa na posição estrutural fraca, todos os factos que provem claramente que a pessoa estruturalmente «fraca» tem fortes posições institucionais, que as suas acusações são muito problemáticas ou até falsas, etc., são rejeitados como irrelevantes. Isto não acontece apenas no domínio sexual — para dar um exemplo que aconteceu comigo: se, num debate académico, eu fizer algumas observações críticas sobre, por exemplo, uma lésbica negra, respondendo às suas críticas sobre mim, sou mais ou menos automaticamente suspeito de pelo menos agir como um supremacista branco homofóbico e sou pelo menos culpado de insensibilidade racial e sexual. A posição dela de fraqueza estrutural dá-lhe o poder e a minha posição estrutural como homem branco torna-me impotente.

Entramos assim num mundo cruel de jogos de poder brutais disfarçados como uma nobre luta das vítimas contra a opressão. Devemos recordar aqui o aforismo de Oscar Wilde: «Tudo na vida tem que ver com sexo, menos o sexo. O sexo tem que ver com poder.» Algumas partidárias do MeToo falam de sexo, mas a sua posição de enunciação é uma de poder (e das que o não têm, obviamente) — seguindo Wilde, reduzem o sexo a um jogo de poder e aquilo que excluem (da sua posição de enunciação) é precisa e simplesmente o sexo. O seu objetivo é manter os homens, independentemente das suas qualidades, formalmente reduzidos a opressores, constantemente sob ameaça: tem cuidado com o que fazes, pois podemos destruir-te a qualquer momento mesmo que penses que não fizeste nada de mal... O espírito, aqui, é de vingança e não de conciliação. Neste mundo cruel, não há espaço para o amor — não admira que o amor seja raramente mencionado quando as partidárias do MeToo falam de sexo.

Esta culpa formal de um sujeito masculino, independentemente de qualquer um dos seus atos reais, é a única maneira de explicar o facto de, quando um homem é acusado de violência sexual por feministas radicais, a sua defesa ser rejeitada como hipócrita ou irrelevante — a velha regra judicial «inocente até que seja provado culpado» é aqui suspensa ou, melhor, substituída pelo seu oposto: «culpado até que seja provado inocente.» Uma pessoa é considerada culpada *a priori*, de tal maneira que é obrigada a esforçar-se arduamente para introduzir alguma dúvida na acusação. A mensagem é a seguinte: «Os factos não importam, és *a priori* culpado e, portanto, arrepende-te e talvez tenhas uma chance, pois, se quisermos, podemos destruir-te facilmente!»

ESCÓLIO 2.3

A repetição hegeliana

A repetição de um gesto funcional é o modelo básico da sexualização de uma atividade humana. Façamos um simples exercício intelectual: imaginemos que um indivíduo me aperta a mão como um gesto de saudação, mas, depois, continua a apertar-me a mão ritmicamente por nenhuma razão óbvia — eu sentiria certamente esta experiência de aperto contínuo da mão como uma indicação de que se estava a passar qualquer coisa «indecente», uma sexualização indesejada... Por esta razão, e como Hegel é a nossa referência básica neste livro, vale a pena olhar de perto a repetição em Hegel.

Se a inversão que caracteriza a fita de Möbius é a principal característica de um processo dialético, não nos devemos admirar por encontrar a forma mínima da fita de Möbius na teoria hegeliana da repetição: por meio da sua mera repetição, um termo interseta o seu oposto. Recordemos o tópico liberal comum da inversão do bem em mal: o fundamentalismo religioso não demonstra como a obsessão extrema com o bem se torna em mal, ou seja, numa posição exclusiva que visa destruir todas as alternativas? Ainda mais interessante para pensar é o caso contrário de como o próprio mal, quando radicalizado, se pode transformar em bem. Recordemos o cristianismo primitivo: do ponto de vista da substância ética judaica, Cristo só pode surgir como um mal, como um momento abstrato que perturba a harmonia interna da vida comunitária, minando as formas tradicionais da hierarquia e da interdependência («se não odiares o teu pai e a tua mãe não és meu discípulo», etc.); quando o cristianismo vence, o próprio mal é elevado ao bem supremo... No entanto, para evitarmos estes exemplos comuns, comecemos com um caso mínimo da fita de Möbius: a repetição no nosso uso quotidiano da linguagem. Será que a fórmula de amor — «Tu és... tu!» — não assenta na divisão que está no centro de qualquer tautologia? Tu — esta pessoa empírica, cheia de defeitos — és *tu*, o objeto sublime do amor, ou seja, a própria tautologia torna visível a divisão/fosso radical. Esta tautologia surpreende repetidamente o amante: como podes tu ser *tu*? Mas lembremos aqui o uso aparentemente oposto da tautologia na nossa prática quotidiana: quando se diz que «um homem é um homem», isto significa precisamente que nenhum homem está ao nível desta noção, que cada homem é cheio de imperfeições; ou, quando dizemos que «a lei é a lei», a implicação é que temos de lhe obedecer, mesmo quando viola claramente o nosso sentido de justiça — «a lei é a lei» significa que a lei assenta fundamentalmente na violência ilegal. Nesta versão da fita de Möbius, uma ideia «elevada» (homem, lei) encontra-se no seu nível mais baixo, como o duplo obsceno que sustenta a ideia «elevada».([1])

Enquanto, neste exemplo, a repetição mostra o lado obsceno do termo repetido, Hegel concentra-se no caso oposto em que a repetição causa idealização, a «superação» de um termo no seu nível superior. Imaginemos uma fita de Möbius em que um dos lados é a contingência e o outro a necessidade: como Hegel explicou, o mesmo gesto, repetido no mesmo lado da contingência, vê-se no lado oposto da necessidade. Ainda que a repetição possa parecer algo que, na sua persistência cega, resiste à superação (*Aufhebung*) dialética, Hegel arranja maneira de a incluir na sua explicação do movimento histórico: um acontecimento histórico, na sua primeira forma de aparecimento, é uma ocorrência contingente, e é só pela sua repetição que a sua necessidade conceptual interna é afirmada, como Hegel ilustra com a sorte de Júlio César:

([1]) Outro exemplo muito óbvio desta inversão seria o do mercado e do Estado; se seguirmos a linha do mercado até ao fim, tentando expandir o seu domínio, teremos de depender cada vez mais das intervenções do Estado, pois, entregue à sua lógica imanente, o mercado tende a abolir-se a si mesmo (os monopólios destroem a concorrência, etc.), e só a regulação externa o pode salvar.

> vemos os mais nobres homens de Roma a supor que o governo de César é apenas uma coisa adventícia e que todos os assuntos dependem da sua individualidade. Assim pensavam Cícero, Bruto e Cássio. Acreditavam que se este indivíduo fosse afastado, a República seria *ipso facto* restaurada. Possuídos por esta alucinação extraordinária, Bruto, um homem de carácter altamente nobre, e Cássio, dotado de mais energia prática do que Cícero, assassinaram o homem cujas virtudes apreciavam. Mas tornou-se imediatamente manifesto que só uma vontade única poderia orientar o Estado romano e, agora, os Romanos estavam obrigados a adotar essa opinião; como em todos os períodos do mundo, uma revolução é sancionada nas opiniões dos homens quando se repete. Assim, Napoleão foi duas vezes derrotado e os Bourbons duas vezes expulsos. Por repetição, aquilo que parecia inicialmente uma questão de acaso e contingência torna-se uma existência real e ratificada.([2])

O exemplo de César é especialmente pertinente porque diz respeito à sorte de um nome: Aquilo que, na sua primeira ocorrência, era o nome contingente de um indivíduo particular torna-se, pela sua repetição, um título universal (Augusto como o primeiro César). E se procedermos da mesma maneira com os fantasmas? Neste caso, a superação falhada dos mortos (após a qual continuam a assombrar-nos como fantasmas) não é apenas uma complicação não-dialética, algo que perturba a forma «normal» do progresso dialético, mas sim uma complicação necessária que cria as condições para o segundo passo, a superação bem-sucedida. Voltemos a César: lembremos que, segundo a lenda, César apareceu a Bruto como fantasma na véspera da batalha que os conspiradores perderam, e, se lermos a história de César através de *Hamlet,* foi só depois de César ser reduzido ao seu crânio, depois de já não assombrar os vivos como um fantasma, que se pôde transformar num título universal, «César».

Aqui, porém, devemos sublinhar a diferença entre os dois exemplos de Hegel: enquanto, nos dois casos, a repetição superava a contingência na necessidade conceptual, só no caso de César foi um nome pessoal superado num título universal. No caso de Napoleão, pelo contrário, a questão é que, pela repetição,

---

([2]) Citado de www.marxists.org/reference/archive/hegel/works/hi/lectures3.htm.

a necessidade de um acontecimento é confirmada: Napoleão teve de perder duas vezes para perceber que o seu tempo acabara, que a sua derrota não era apenas um acidente. César não teve de perder duas vezes, morreu só uma vez e regressou como um título universal, ou seja, triunfou através da sua morte, enquanto Napoleão, como uma pessoa contingente, sobrevive às suas duas derrotas (1813 e 1815), mas como uma não-entidade, fora da história, a escrever as suas memórias na remota ilha de Santa Helena. Regressou como um fantasma, não como uma ideia universal: como o espectro que assombrou o seu sobrinho Napoleão III, onde, como Marx diz, a tragédia (da queda de Napoleão) se repetiu como farsa. As duas repetições são, portanto, totalmente diferentes: a primeira dá origem a um título universal; a segunda confere apenas a dimensão de universalidade a uma derrota.

Contudo, a situação é efetivamente mais complexa. Embora Napoleão tenha fracassado, o seu código serviu de alicerce para o sistema legal burguês moderno; além disso, o seu sonho de uma Europa unida sobrevive hoje (União Europeia). Por outro lado, ainda que César tenha reemergido como um título universal, a sua vitória póstuma assinala o início da queda do Estado romano: o cesarismo teve de depender sempre do poder militar. As versões alternativas do passado que persiste numa forma espectral constituem a «abertura» ontológica do processo histórico, como era evidente para Chesterton:

> Se alguém disser que o mundo estaria agora melhor se Napoleão nunca tivesse caído, mas tivesse estabelecido a sua dinastia imperial, as pessoas precisarão de se recompor do choque de tal declaração. A própria ideia é nova para elas. No entanto, teria evitado a reação prussiana; salvado a igualdade e o iluminismo sem uma luta mortal com a religião; unido os europeus e, talvez, evitado a corrupção do parlamentarismo e as vinganças fascistas e bolcheviques. Mas, nesta era de livres-pensadores, as mentes dos homens não são realmente livres para pensar tal ideia. ([3])

Isto não significa que, numa repetição histórica no sentido benjaminiano radical, recuemos no tempo para o momento aberto

([3]) G. K. Chesterton, «The Slavery of the Mind», www.dur.ac.uk/martin.ward/gck/books/The_Thing.txt.

de decisão e, desta vez, façamos a escolha certa. A lição da repetição é, antes, que a nossa primeira escolha era necessariamente errada, e isto por uma razão muito precisa: a «escolha certa» só é possível na segunda vez, após a errada, ou seja, só a primeira escolha errada gera literalmente as condições para a escolha certa. A ideia de que podemos ter feito a escolha certa já na primeira vez e que, acidentalmente, estragámos a oportunidade, é uma ilusão retroativa. Assim, o paradoxo da fita de Möbius também funciona se concebermos um dos lados como o lado do erro e o outro como o lado da verdade: ao avançarmos no lado do erro, podemos encontrar-nos no lado da verdade.

No entanto, o limite deste exemplo do surgimento da universalidade pela repetição é que continua a depender da oposição (kantiana) entre a forma simbólica universal e o seu conteúdo particular contingente. O que falta aqui é a sua mediação, aquilo a que Hegel chamava «universalidade concreta». O núcleo da negatividade dialética não será o curto-circuito entre o género e as (uma das) suas espécies, de maneira que o género aparece como uma das suas próprias espécies oposta às outras, entrando com elas numa relação negativa? Recordemos a réplica de Ambedkar a Gandhi: «Haverá proscritos enquanto houver castas.» Enquanto houver castas, haverá sempre um elemento excremental excessivo de valor-zero que, embora faça formalmente parte do sistema, não tem um lugar próprio nele e, enquanto tal, representa a universalidade (reprimida) desse sistema. Neste sentido, a universalidade concreta é precisamente uma universalidade que se inclui entre as suas espécies, surgindo como momento singular sem conteúdo particular — em suma, são precisamente os que não têm lugar próprio no Todo social (como a ralé) que representam a dimensão universal da sociedade que os gera. É por isso que a ralé não pode ser abolida sem se transformar radicalmente todo o edifício social (e Hegel está bem ciente disto; é suficientemente consistente para confessar que uma solução para este «problema perturbador» é impossível não por razões contingentes externas, mas por razões conceptuais estritamente imanentes). Este enredamento convoluto da universalidade e das suas espécies particulares é uma característica essencial do movimento de Hegel para além do transcendentalismo de Kant, em que a forma transcendente é um quadro *a priori* esvaziado do seu conteúdo particular, não mediado por ele.

ESCÓLIO 2.4

Sete pecados mortais

Todos os sete pecados mortais são definidos na sua oposição a uma virtude: Soberba *versus* Humildade; Avareza (não tomar para gastar, mas tomar para *ter*) *versus* Generosidade; Inveja *versus* Caridade; Ódio/Ira *versus* Gentileza; Luxúria *versus* Autocontrolo; Gula *versus* Temperança; Preguiça *versus* Zelo. O contraste entre os sete pecados mortais e o Decálogo é claro: da proibição legalista de atos externos precisamente definidos (homicídio, roubo, veneração de falsos deuses, etc.), passamos para as atitudes internas que causam o mal externo. Isto explica a estrutura dos sete pecados: em primeiro lugar, os três pecados do Ego na sua relação *consigo mesmo*, como a sua falta ou incapacidade de autocontrolo, como a sua explosão excessiva e destemperada (luxúria, gula, ira); depois, os três pecados do Ego na sua relação com o seu *objeto* de desejo, ou seja, a interiorização reflexiva dos primeiros três pecados (soberba de o *ter*, avareza para o *conservar*, inveja do *outro* que o tem — em simetria com a luxúria de o consumir, a gula de o engolir, a ira em relação ao outro que o tem); por último, a preguiça como o nível zero, como a afirmação do hiato em relação ao objeto de desejo, que, segundo Agamben (ver as suas *Stanzas*), volta a ser secretamente estruturado em três — a tristeza melancólica por não o *ter*, a «acédia» como o desespero por não poder *conservá-lo*, a indolência como indiferença em relação aos que o têm («demasiado preguiçoso para me importar, até mesmo para ter inveja»;

como uma atitude ética: eu sei qual é o meu dever, mas não o cumpro, não me importa). Deveremos então dizer que existem pecados mortais?

Por outro lado, não será possível opor os primeiros seis pecados ao longo do eixo do Si-mesmo e do Outro? A Temperança é assim o oposto da Inveja (o desejo de ter *versus* invejar o Outro que alegadamente tem), a Soberba (em relação a Si) é o oposto da Ira (em relação ao Outro) e a Luxúria (experienciada pelo Si) é o oposto da Gula (o desejo insaciável do objeto). E os três aspetos da Preguiça também podem ser apresentados ao longo deste eixo: a acédia não é Temperança nem Inveja em relação à posse do Bem; a melancolia não é luxúria autoindulgente masoquista nem desejo insatisfeito; e, por fim, a indolência não é Luxúria nem Gula, mas indiferença. A Preguiça não é a simples indolência (anti)capitalista, mas uma desesperada «doença para-a-morte», a atitude de conhecer o nosso dever eterno, mas evitá-lo; a acédia, portanto, é a *tristitia mortifera*, não apenas indolência, mas resignação desesperada — quero o objeto, não o modo de o obter, por isso resigno-me ao fosso entre o desejo e o seu objeto. Neste sentido preciso, a acédia é o oposto do Zelo.([1]) Aquilo que, em última instância, a acédia denuncia é portanto o próprio desejo — a acédia é não-ética no sentido de Lacan de um compromisso no desejo, de *céder sur son désir*.

Somos até tentados a historicizar o último pecado: antes da modernidade, era a melancolia (resistir à própria busca do Bem); com o capitalismo, foi reinterpretado como simples indolência (resistir à ética do trabalho); hoje, na nossa sociedade «pós-», é depressão (resistir ao gozo da vida, ser feliz no consumo). Um drama japonês a preto e branco da Segunda Guerra Mundial, de inícios dos anos 1960 — por razões traumáticas, esqueci o título, mas não é *O Paciente Japonês* —, conta a história de um soldado que está a convalescer num hospital depois de perder as duas mãos em combate. Desejando desesperadamente algum prazer sexual, pede a uma enfermeira amistosa que o masturbe (privado das suas mãos, não o pode fazer sozinho). A enfermeira fá-lo e, tendo pena dele, no dia seguinte senta-se em cima dele na cama, realizando

([1]) Como relacionar o par Zelo e Preguiça com o par budista «oriental» do desejo e do nirvana (libertação do desejo)? Será o nirvana a preguiça elevada ao absoluto? Será o zelo o desejo elevado ao nível ético?

um ato sexual completo. No dia seguinte, quando a enfermeira vai ter com ele, encontra a sua cama vazia e dizem-lhe que, durante a noite, o soldado se suicidara atirando-se da janela — o prazer inesperado foi demasiado para ele... Enfrentamos aqui um simples dilema ético: seria melhor se a enfermeira não tivesse feito sexo com o soldado, de maneira que ele teria provavelmente sobrevivido (e levado uma existência miserável), ou terá ela feito a coisa certa, ainda que isso tivesse provocado o suicídio do soldado (ter um gosto passageiro do prazer pleno, estando consciente de que isso não duraria, pois em breve seria privado disso para sempre, foi demasiado para ele)? O «não comprometas o teu desejo» de Lacan impõe a segunda opção como a única ética.

TEOREMA III

Os três não-orientáveis

Um dos processos tradicionais da crítica a Hegel é olhar para os locais específicos do seu edifício teórico onde «faz batota», no sentido em que uma passagem de um conceito para outro ou de uma figura de consciência para outra não funciona. Um destes locais é o início da *Lógica*. Schopenhauer já dissera que a passagem do Ser/Nada para o Devir não funciona: Ser e Nada formam um par estático em que os opostos coincidem de imediato, enquanto, com o Devir, entramos no domínio de um processo vivo, de uma totalidade dinâmica estranha à coincidência dos opostos fixos. Na *Fenomenologia*, um dos pontos visados por esta crítica é quando Hegel lida com Antígona: o ato de Antígona, dizem os críticos, é um excesso na dialética histórica progressista e não pode ser «superado» num momento de progresso. Outro ponto excessivo é o Terror revolucionário — a maneira como Hegel tenta «superá-lo» na moralidade kantiana não funciona, o trauma persiste. A nossa resposta, aqui, deve ser que esta crítica bate numa porta aberta, imputando a Hegel uma visão que não é a sua. O seu «sistema» não é uma máquina lógica bem «oleada», mas sim uma cadeia de falhanços, bloqueios, impasses, a cada ponto tentando transformar uma derrota numa saída, recuando e alterando as coordenadas.

Este encadeamento de fracassos não é apenas um aspeto do processo dialético de Hegel: de acordo com a unidade do nível epistemológico e ontológico defendido por Hegel, caracteriza a própria realidade. Isto leva-nos à premissa axiomática deste livro: as coisas ex-sistem, existem pela sua própria impossibilidade — a sua condição de impossibilidade, o obstáculo que impede a atualização plena dos seus potenciais, é a sua condição de possibilidade. É isto que Hegel visa com o seu conceito de universalidade concreta: uma universalidade que não é apenas o denominador comum das suas formas particulares, mas também o nome de uma tensão/antagonismo/fosso, da impossibilidade de se tornar o que é, de atualizar os seus potenciais — e as suas formas particulares são as tentativas (falhadas) de resolver o seu impasse constitutivo. Um exemplo clássico: o «Estado» nunca pode ser um verdadeiro Estado, a unidade harmoniosa das suas partes, e as diferentes formas de Estado são tentativas de resolver (ou melhor, ofuscar) este impasse. O mesmo vale para a arte: as formas particulares da arte são tentativas de resolver o impasse inscrito no seu próprio conceito.

Não estamos aqui a lidar (ainda) com a dualidade, mas com um Um retorcido, um Um marcado por uma «contradição» imanente. Mao opunha o lema revolucionário «o Um divide-se em dois» ao lema conservador «o Dois une-se no um»; mas talvez devêssemos propor um lema revolucionário diferente: «o Dois divide-se em um», e opô-lo ao conservador «o Um une-se em dois». Do ponto de vista estritamente dialético, «Um» não é o nome da unidade, mas de uma autodivisão reflexiva; portanto, «dois dividido em um» significa que a posição externa de dois polos complementares cuja harmonia é a unidade do Um é transposta para a contradição imanente do Um. O movimento conservador, pelo contrário, consiste em resolver a autodivisão do Um propondo os dois polos como os polos opostos de uma unidade superior: a harmonia (ou «luta eterna») entre os dois sexos substitui a rutura imanente da sexualidade, a harmonia de classes que forma um Todo social substitui a luta de classes, etc.

Esta estrutura retorcida gera um sujeito que é a sua própria impossibilidade: um sujeito fracassa na sua representação, e este fracasso *é* o sujeito. Robert Pippin exemplifica em que sentido o Espírito hegeliano é «o seu próprio resultado», com referência ao final de *Em Busca do Tempo Perdido* de Proust: como é que Marcel se «torna o que é»? Rompendo com a ilusão platónica de que o seu Si-mesmo pode ser «garantido por alguma coisa, algum valor ou realidade que transcenda todo o mundo humano temporal»:

> ao fracassar tornar-se «o que um escritor é», realizar a sua «essência de escrita» interior — como se esse papel tivesse de ser transcendentalmente importante ou fosse até um papel específico e substancial —, Marcel percebe que tal devir é importante não por ser garantido pelo transcendente, mas por ser totalmente temporal e finito, sempre e em toda a parte em suspenso, mas ainda assim capaz de alguma iluminação... Se Marcel se tornou o que é — e isto, de certa maneira, é uma continuação e um produto da experiência do seu próprio passado —, é pouco provável que possamos entender isso recorrendo a um si-mesmo substancial ou subjacente agora descoberto, ou até recorrendo a si-mesmos substanciais sucessivos, cada um ligado ao futuro e ao passado por uma espécie de auto-olhar.([1])

Por conseguinte, só aceitando completamente esta circularidade abissal, na qual a própria busca cria o que se procura, é que o Espírito «se encontra». É por isso que o verbo «fracassar», tal como usado por Pippin, deve assumir todo o seu peso: o fracasso em alcançar o objetivo (imediato) é absolutamente crucial e constitutivo para esse processo. (Uma circularidade análoga ocorre na forma como lidamos com a ameaça de uma catástrofe global (ecológica, bélica...): em muitos casos, a catástrofe é a forma como lidamos com a sua ameaça. Adiando-a passivamente, acabamos por fazer coisas que são por si só catastróficas, ou seja, o nosso esforço para evitar X é a melhor maneira de manter a sua ameaça. O caso mais óbvio é, evidentemente, uma ameaça de guerra: se nos armarmos para manter a paz, conservamos a ameaça viva — neste caso, a única verdadeira solução é tentar alterar as coordenadas de toda a situação que origina a ameaça, e não apenas agir «razoavelmente» dentro dessas coordenadas.) Então, se, como Hegel repete, é apenas como resultado de si mesmo que o espírito o é, isto significa que o discurso tradicional sobre o Espírito hegeliano que se aliena a si mesmo em relação a si mesmo, depois se reconhece a si mesmo na sua alteridade e depois se reapropria do seu conteúdo, é profundamente enganador: o Si-mesmo a que o Espírito regressa é produzido no próprio momento desse regresso, ou, aquilo para que o processo de regresso regressa é produzido pelo próprio processo de regresso. A circularidade singular do processo

---

([1]) Robert Pippin, *The Persistence of Subjectivity*, Cambridge: Cambridge University Press, 2005, pp. 332–334.

dialético é, assim, estritamente diferenciada da circularidade do Saber tradicional (pré-moderno), do antigo tópico do «ciclo da vida», a sua geração e corrupção. Por conseguinte, como devemos ler a descrição de Hegel, que parece evocar um círculo completo no qual uma coisa se torna apenas no que é?

> A necessidade só se mostra no fim, mas de tal maneira que, precisamente, esse fim revela como era também o Primeiro. Ou, o fim revela esta prioridade de si mesmo pelo facto de, na mudança por ele efetuada, nada emergir que já lá não estivesse.([2])

O problema deste círculo completo é ser demasiado perfeito, já que o seu autoencerramento é duplo — a sua própria circularidade é remarcada numa outra marca circular. Por outras palavras, a própria repetição do círculo mina o seu encerramento e, sub-repticiamente, introduz uma falha na qual a contingência radical está inscrita: se o encerramento circular, para ser plenamente efetivo, tem de ser reafirmado enquanto tal, isto significa que, em si mesmo, ainda não é verdadeiramente um encerramento — é apenas a (o excesso contingente da) sua repetição que faz dele um encerramento. Assim, quando Hegel afirma que, no desenvolvimento dialético, as coisas se tornam o que são, o círculo não está aqui fechado: o seu redobramento aponta para o abismo da impossibilidade, ou seja, uma coisa «torna-se o que é» tentando apanhar-se a si mesma, superar a sua impossibilidade constitutiva. Como tal, este círculo mina-se a si mesmo: só funciona se o complementarmos com outro círculo interno, e ficamos assim com a figura do «oito internamente invertido», regularmente referido por Lacan e, surpreendentemente, também invocado por Hegel. O facto de o próprio Hegel falar do «oito internamente invertido» justifica a nossa tentativa de expandir a sua referência a um paralelismo completo entre a apresentação da lógica de Hegel e as

---

([2]) G. W. F. Hegel, *Phenomenology of Spirit*, Prefácio, citado de www.marxists.org/reference/archive/hegel/works/ph/phprefac.htm. (Contrariamente ao que aponta o autor, o excerto citado não pertence ao prefácio, pelo que não pode ser encontrado seguindo o link referido. A origem da tradução utilizada, de resto, não foi identificada, já que também não pertence à edição da Oxford University Press que o autor segue acima — onde a passagem se encontra na p. 157, secção C. (AA.) Reason —, nem à da Cambridge University Press. [N. do R.])

outras complexidades da fita de Möbius. De uma forma análoga à autoapresentação da tríade hegeliana de ser, essência e conceito, podemos deformar a fita de Möbius num *cross-cap*, e dois *cross-caps* juntos nas suas extremidades formam uma garrafa de Klein.

- A fita de Möbius é uma superfície com apenas um lado (quando integrada num espaço euclidiano tridimensional) e só uma extremidade, que tem a propriedade matemática de ser não-orientável. Um exemplo da fita de Möbius pode ser criado agarrando numa fita de papel e dando-lhe meia volta, juntando depois as extremidades da fita para formar um laço: uma linha traçada a partir da junção até ao meio volta a encontrar a junção, mas no outro lado. Se continuada, esta linha volta ao ponto de partida e tem o dobro do comprimento da fita original.
- O *cross-cap* é uma fita de Möbius continuamente deformada: uma superfície bidimensional num espaço tridimensional que se intersecta a si mesma num intervalo; a imagem invertida deste intervalo é um intervalo mais comprido que o mapeamento no espaço tridimensional dobra ao meio. Este intervalo de auto-intersecção, que impede o *cross-cap* de ser homomórfico em relação à fita de Möbius, introduz a principal novidade do *cross-cap* relativamente à fita de Möbius: um corte de descontinuidade.
- Dois *cross-caps* juntos nas suas extremidades formam um modelo da garrafa de Klein, desta vez com dois intervalos de auto-intersecção. A garrafa de Klein também é uma superfície não-orientável: uma variedade bidimensional contra a qual não pode ser consistentemente definido um sistema para determinar um vetor normal. Informalmente, é uma superfície de um só lado que, se percorrida, devolve o viajante invertido ao ponto de partida. Como tal, a garrafa de Klein não tem interior ou exterior, e só pode ser fisicamente realizada num espaço tridimensional, pois tem de passar através de si mesma sem a presença de um orifício (o que não pode ser imaginado numa apresentação tridimensional).

Agora, podemos propor os primeiros traços de como esta tríade evoca a tríade hegeliana ser-essência-conceito. A fita de

Möbius representa a dinâmica básica da ordem do ser, aquilo a que se chama tradicionalmente a «coincidência dos opostos» dialética: levado ao seu extremo, um aspeto passa para o seu oposto. O ser «enquanto tal» torna-se em nada, a liberdade radical torna-se o terror autodestrutivo, o amor levado ao extremo torna-se em ódio, a necessidade revela-se como a maior contingência (a contingência da própria necessidade: porque é necessária precisamente *esta* lei arbitrária?). Não há aqui uma verdadeira diferença (ou, já agora, identidade), apenas a passagem incessante de um aspeto para o seu oposto — a diferença só aparece quando, numa faixa Möbius redobrada que nos dá um *cross-cap*, o processo contínuo de passagem é interrompido por um corte. O corte já estava na fita de Möbius, mas de forma implícita, «em si mesmo», como o abismo em redor do qual a fita vira, tentando apanhar-se a si mesma: embora a fita de Möbius pareça representar uma passagem contínua, o que Lacan afirma «é precisamente que a fita de Möbius implica um corte, resulta de um corte; ainda que não tenha um exterior simples, tanto o exterior como o interior estão na mesma fita» ([3]).

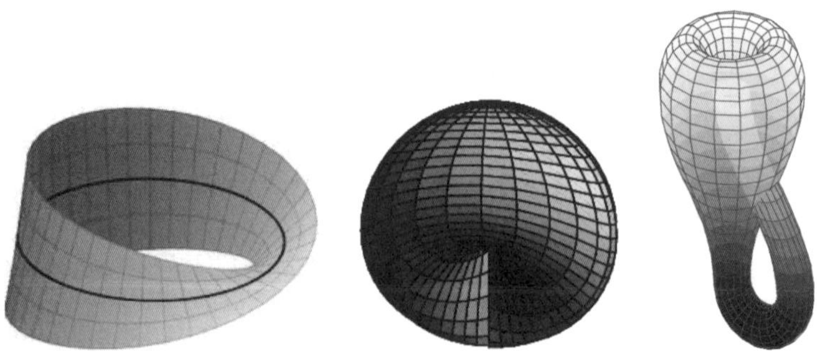

Por meio deste redobramento da fita de Möbius, os polos opostos não só passam de um para o outro, como também são privados de qualquer espaço partilhado que nos permitiria determinar a sua diferença enquanto tal. Aqui, o esforço do pensamento é um de mediar os dois polos opostos determinando a sua diferença, mas este esforço falha uma e outra vez. Identidade e diferença,

---

([3]) Mladen Dolar, «Touching Ground», *Filozofski vestnik* 29, n.º 2 (2008), p. 89.

essência e aparência, causa e efeito, substância e os seus acidentes são incessantemente refletidos uns nos outros, e aquilo que escapa a esta mediação reflexiva não é uma identidade mais profunda dos opostos, mas a sua diferença enquanto tal. Levada ao seu fim, a lógica da reflexão confronta-nos com o paradoxo da pura diferença no sentido preciso daquela que não é uma diferença entre duas entidades estabelecidas, mas uma que precede os dois termos que diferencia — por exemplo, a diferença sexual não é a diferença entre os dois sexos, mas o nome de um impasse que qualquer posição sexual tenta estabilizar; ou, a luta de classes não é uma luta entre grupos sociais preexistentes, mas o nome de um antagonismo social em relação ao qual emergem todas as posições sociais. Isto significa que não há um espaço comum partilhado entre os dois sexos ou as classes — aquilo que partilham, aquilo que mantém unido o espaço social ou o espaço da sexualidade, é, em última análise, o próprio antagonismo. A imagem do *cross-cap* (acima reproduzido) apresenta esta característica fundamental de uma forma imaginativa: a primeira impressão geral é a de um Todo orgânico arredondado (como um corpo social harmonioso), mas, olhando melhor, vemos fendas e desarmonias neste Todo: as linhas horizontais das duas metades não se ajustam (o que significa que estamos a lidar com um compósito remendado), de maneira que o corpo arredondado parece mais uma montagem excêntrica.

Se, portanto, a mudança do ser para a essência é a mudança da passagem convoluta contínua para a diferença pura/impossível que separa as duas fitas, no domínio do conceito (a garrafa de Klein, o resultado do *cross-cap* redobrado), regressamos à continuidade da passagem que, porém, se torna aqui mais convoluta: o espaço tridimensional regressa para si mesmo e, assim, envolve-se em si mesmo, ou seja, se um X cair no buraco central, regressa como parte do próprio corpo que rodeia esse buraco. Esta convolução não é possível na nossa realidade tridimensional: o corte, o ponto em que o pequeno tubo interior abre caminho para fora através da parede exterior, só pode funcionar numa quarta dimensão. Não devemos recear mobilizar aqui toda a força imaginária desta metáfora: o abismo central é o da boca de um pólipo, um buraco negro que nos engole, reduzindo o sujeito àquilo a que os místicos chamam a «noite do mundo», o ponto zero da subjetividade, e o sujeito regressa do exterior como o próprio corpo redondo no meio do qual o buraco se abre. Ou, nos termos de uma imagem, um sujeito (cujo ponto de vista define a moldura da imagem) cai no ponto cego como o ponto evanescente da imagem e depois regressa como sendo a sua moldura, de maneira que, como diz Derrida, a própria moldura é emoldurada por uma parte do seu conteúdo (o ponto cego na imagem).

Podemos assim alargar o conceito lacaniano de ponto de estofo (*le point de capiton*) à tríade formada pelo ponto de estofo (ao nível da fita de Möbius, o ponto onde um elemento se encontra a si mesmo no lado oposto, como quando o significante cai no significado), a linha de estofo (*la ligne de capiton*, a linha que separa as duas metades do *cross-cap*, que as mantém juntas e, ao mesmo tempo, impossibilita que se reúnam num Todo harmonioso) e o tubo de estofo (*le tube de capiton*), o tubo retorcido que se afasta do buraco abismal e regressa a si mesmo e, literalmente, «acolchoa» todo o corpo da garrafa de Klein.(4)

E quanto à crítica «hegeliana» de que usamos um modelo (figural) «mais baixo» para explicar um processo (conceptual) «mais elevado»? A resposta é que, ao nível «mais baixo» do modelo figural (por exemplo, a inversão que caracteriza a fita de Möbius), aquilo que só pode parecer um paradoxo, uma exceção, é, ao nível «mais elevado» do pensamento conceptual, a própria característica básica do processo: o pensamento conceptual *é* uma questão de torsões autorreferenciais e viragens para dentro que, ao nível do figural, daquilo a que Hegel chamava «representação» (*Vorstellung*), só podem aparecer como um paradoxo desconcertante.

A fita de Möbius ou as convoluções da universalidade concreta

Comecemos com a «coincidência dos opostos» como o princípio básico da dialética. A perspetiva comum que reduz esta coincidência à ideia da realidade como uma luta permanente das tendências opostas nada tem que ver com a verdadeira dialética; é apenas uma nova versão da antiga visão do cosmos como uma

---

(4) Devemos acrescentar que este não é um livro sobre estruturas topológicas em Lacan (ou Hegel); muito menos a respeito de Lacan e da topologia matemática. Há obras muito mais pormenorizadas sobre este tópico. Este é apenas um ensaio para elucidar uma das matrizes básicas do pensamento dialético.

luta de dois princípios opostos (masculino e feminino, luz e trevas, etc.). O último eco desta visão encontra-se na dialética de Mao: quando Mao fala de «contradições», quer dizer apenas tendências opostas e o seu antagonismo (como a luta de classes). A verdadeira dialética não implica coincidência dos opostos num sentido negativo-teológico, ou seja, a ideia de que, no infinito divino, todos os opostos (bem e mal, espírito e matéria, etc.) se juntam no Uno absoluto. Em contraste com estas duas perspetivas, a coincidência dialética dos opostos refere-se a algo mais preciso: a um espaço retorcido ou convoluto no qual uma linha, levada ao seu extremo, coincide (ou melhor, intersecta) pontualmente com o seu oposto.

Em topologia, a forma mais elementar desta coincidência é a fita de Möbius. Vejamos um exemplo (talvez surpreendente). Segundo um rumor que ainda hoje circula em Espanha, quando, quase no fim da vida de Francisco Franco, o seu jovem sobrinho lhe perguntou o que devia fazer na vida, Franco respondeu: «Sê como eu, faz apenas o teu trabalho e evita tudo o que tenha que ver com política!» A ironia deste conselho é ter sido dado por Franco, o ditador que governou a Espanha durante mais de três décadas. No entanto, a lógica implicada neste paradoxo é o próprio núcleo da política fascista: não se veem a si mesmos, o seu movimento, como «políticos» num sentido estrito — a política é parcial, o campo de corrupção e de conflito de interesses, enquanto os fascistas estão acima dessas lutas demagógicas e defendem a nação como tal. Esta divisão radical entre os fascistas e os outros é, obviamente, um gesto político por excelência. A política atinge assim o seu auge num gesto de autonegação: ser político enquanto tal é apresentar-se como apolítico; no fascismo, a divisão política alcança assim o nível da autorrelação, coincide com a divisão entre política e apolítica, ou seja, no fascismo, o género da política encontra-se na sua determinação oposicional.

O antissemitismo está preso num paradoxo semelhante. A crítica antissemita comum é que os judeus, enquanto promovem o multiculturalismo, enfraquecendo as identidades nacionais, etc., em todo o mundo, apoiam totalmente e exigem o monoculturalismo para o seu próprio povo: a universalidade de um mundo global com grupos étnicos, religiões e orientações sexuais misturadas e em transformação é sustentada pela exceção dos próprios judeus, os principais promotores do multiculturalismo — e o instrumento ideológico desta destruição de todas as ordens estáveis religiosas, morais e sexuais é o espectro do «marxismo cultural» que assombra a nova direita. Mas será mesmo assim? Não estaremos a assistir a uma situação totalmente diferente em que o antagonismo entre o multiculturalismo e o monoculturalismo atravessa todas as sociedades, incluindo a judaica? Os judeus estão assim a perder a sua posição de exceção: por um lado, temos sionistas a trabalhar para um Estado-nação judaico forte e expansivo (normalmente com o apoio dos antissemitas europeus); por outro, temos (pelo menos entre os académicos) os judeus «que se odeiam a si próprios», que também põem em dúvida a identidade nacional exclusiva judaica — o «marxismo cultural», alegadamente um instrumento judeu para destruir os valores cristãos ocidentais, voltou assim o sionismo contra si mesmo. Na perspetiva lacaniana, é difícil não observar como esta mudança evoca as fórmulas de sexuação de Lacan: em primeiro lugar, temos a promoção da dissolução universal das identidades e dos valores sustentada pela exceção judaica; depois, temos uma série não-toda (inconsistente, antagónica) sem exceção. Em primeiro lugar, na identidade judaica, a dissolução multicultural das identidades encontra-se a si mesma na sua determinação oposicional (identidade judaica); depois, a «exceção» judaica é abolida, ou seja, já não temos uma universalidade sustentada pela sua exceção constitutiva, mas a universalidade do próprio antagonismo.([5])

([5]) Um paradoxo semelhante (mas não igual) é visível no modo como os anticomunistas veem a relação entre os judeus e o comunismo. Desde o início do poder soviético na Rússia, os conservadores (e não só) insistiam que a Revolução de Outubro foi organizada por judeus (em certas versões, diz-se até que os banqueiros de Wall Street deram aos bolcheviques judeus o dinheiro para a fazerem). As listas estão feitas: quantos judeus havia no primeiro governo soviético, qual era a presença dos judeus nos primeiros anos da Cheka (mais de metade, havia até mais lituanos e letónios do que russos na Cheka), de maneira que alguns até chamam à Revolução de Outubro a ocupação judaica da Rússia. Esta posição é bem ilustrada pelo famoso póster do Exército Branco, que mostra Trotsky como diabo vermelho. Com Estaline, porém, assiste-se a uma desconfiança crescente em relação aos judeus, que culmina no antissemitismo quase aberto de inícios dos anos 1950 («a conspiração dos médicos»). A tese agora sustentada por muitos liberais é que o bolchevismo é inerentemente antissemita — ou, como disse Bernard-Henri Lévy, o novo antissemitismo será esquerdista ou desaparecerá. Ainda que existam alguns argumentos que possam tornar compreensíveis (mas não justificar) as duas opiniões, a mudança de um extremo para o outro

Uma inversão ligeiramente diferente da fita de Möbius ocorre quando a resignação cínica se transforma em fidelidade. O filme *O Nosso Amor de Ontem* (*The Way We Were*, 1973), de Sydney Pollack, pode ser caracterizado como a história que fracassa na inversão da fita de Möbius — e podemos especular sobre como essa inversão teria tornado o filme muito melhor. Trata-se da história de Katie e Hubbell, cujo relacionamento amoroso vai desde meados dos anos 1930 até meados dos anos 1950. Katie é ríspida, politicamente empenhada, lutadora por causas esquerdistas radicais, enquanto Hubbell é basicamente um oportunista resignado e cínico. Embora ela engravide, resolvem separar-se quando ela compreende finalmente que ele não é o homem que idealizara quando se apaixonara por ele e que escolherá sempre a saída mais fácil, quer sendo infiel no casamento, quer escrevendo histórias previsíveis para comédias de situação. Hubbell, por outro lado, está exausto, incapaz de viver no pedestal que Katie lhe erguera e de enfrentar a desilusão dela por causa da sua decisão de comprometer o seu potencial. Na última cena do filme, Katie e Hubbell encontram-se por acaso, alguns anos após o divórcio, em frente do hotel Plaza em Nova Iorque. Hubbell está acompanhado de uma beldade elegante e parece contente, estando então a escrever para uma comédia popular num grupo de escritores anónimos, enquanto Katie se manteve fiel àquilo que era: folhetos na mão, faz agora campanha por uma nova causa política, «Proíbam a bomba».([6]) Após uma breve conversa amistosa, cada um vai para o seu lado... O filme perdeu aqui uma oportunidade única de inverter a situação: e se descobríssemos que, por de trás da resignação cínica de Hubbell, há um compromisso político muito mais profundo devido ao qual a sua grande carreira fora arruinada e está agora reduzido a um escritor anónimo de comédias, enquanto Katie se tornou uma celebridade local, tolerada como uma manifestante inofensiva, parte do folclore local? O empenho superficial, por muito fanático

(o comunismo é judaico, o comunismo é antissemita) revela as inconsistências do anticomunismo, a grande mudança na política soviética (a ascensão do antissemitismo está estritamente ligada à viragem «conservadora» da política soviética de inícios dos anos 1930 — a reavaliação positiva do passado colonial czarista, a orientação nacionalista e a favor da família, etc.), bem como a viragem do sionismo no Estado-nação.

([6]) Recorri aqui, de maneira descarada, ao artigo da Wikipédia sobre o filme.

que pareça, por muito sincero que seja, nunca conduz à verdadeira fidelidade a uma Causa — esta fidelidade só surge na luta constante com a resignação cínica.

É assim que a fita de Möbius fornece um modelo daquilo a que Hegel chama a «negação da negação».(7) A realidade contingente externa a que estamos expostos é gradualmente simbolizada/ /interiorizada, a sua estrutura significante e racional é gradualmente revelada, a contingência é superada numa necessidade mais profunda. Na psicanálise, por exemplo, aquilo que é inicialmente experienciado como uma contingência externa sem significado — um lapso linguístico, um sonho ou ato «irracional» — é gradualmente revelado como um momento do destino interior do sujeito, como uma expressão «reificada» da turbulência da sua vida interior, como parte de uma estrutura simbólica significante. Esta é a posição idealista tradicional, mesmo que sublinhemos que o processo de idealização/superação permanece sempre incompleto, que há sempre um resto que resiste à simbolização/ /interiorização. Para chegarmos a uma posição materialista, temos de acrescentar aqui uma inversão final, um regresso à contingência externa. Imaginemos o processo de interiorização/simbolização do caos externo como um progresso gradual numa fita de Möbius, que nos conduz da contingência externa sem significado ao seu oposto, à necessidade simbólica externa. No entanto, em vez de concebermos este processo como um progresso infindável rumo ao ideal da simbolização completa, devemos acrescentar que, a certo ponto, voltamos à contingência externa. O momento fundamental do tratamento psicanalítico não é a interpretação simbólica das formações inconscientes caóticas, mas o isolamento de um encontro

---

(7) E não vemos a mesma inversão que caracteriza a «negação da negação» na política atual dos partidos comunistas que adotaram uma economia capitalista (como na China)? A sua justificação é que o marxismo requer um desenvolvimento rápido das forças produtivas e, hoje, a forma mais eficiente de fazer isso é por meio de uma economia de mercado capitalista. A ironia é que, enquanto, para Marx, o comunismo surge quando as relações de produção capitalistas se tornam um obstáculo ao desenvolvimento dos meios de produção, de maneira que o desenvolvimento só pode ser garantido pelo progresso (súbito ou gradual) da economia de mercado capitalista para a economia socializada, as «reformas» de Deng Xiaoping invertem Marx — a certo ponto, é preciso regressar ao capitalismo para permitir o desenvolvimento económico do socialismo.

ou choque traumático (não simbolizável), que, como o grão de areia do velho ditado, despoletou a formação de uma «pérola» sintomática. Não se trata apenas de o processo de simbolização nunca ser concluído — em certo sentido, *tem* de ser concluído para funcionar como um facto simbólico, e esta conclusão só pode ser fornecida por um pedaço de real contingente em bruto. É a lição ensinada por Hegel na sua teoria do monarca: o Estado como uma totalidade racional só pode realizar-se, adquirir verdadeira existência, quando a sua estrutura complexa é encabeçada por uma figura contingente do monarca determinada pelas contingências da biologia (um rei não é escolhido pelas suas capacidades, torna-se rei por puro acaso de nascimento). Em suma, o «ponto de estofo» do processo simbólico conduz-nos de volta ao princípio, é um elemento do Real contingente.

É agora o momento de introduzir alguma ordem conceptual nesta série de exemplos que ilustram uma característica ou versão particular da inversão da fita de Möbius. O primeiro passo consiste em especificar os dois lados da fita de Möbius como os do significante e do significado, de maneira a que o ponto de intersecção seja o ponto em que, como diz Lacan, o significante cai no significado. O processo dialético no qual o erro cria o espaço para a verdade, e no qual a universalidade e o seu conteúdo particular são mediados, exemplifica o espaço simbólico, por isso não admira que este espaço (aquilo a que Lacan chama «o grande Outro») seja ele próprio estruturado como uma fita de Möbius: a linguagem (um sistema diferencial em que cada termo é definido apenas pela sua diferença em relação aos outros termos) como um todo tem de girar num círculo abissal, sem uma base positiva. Seja como for que se tente basear a ordem das palavras na realidade, a linguagem como um todo continua suspensa no ar, pois esta falta de um fundamento externo é constitutiva da linguagem. É por isso que o limite externo da linguagem — o limite que a separa da realidade a que se refere — é ao mesmo tempo o seu limite interno, tornando a própria linguagem incompleta, nunca capaz de alcançar a autoidentidade plena como instrumento de comunicação.

Por causa desta incompletude da linguagem, os seus dois níveis, o do significante e o do significado, nunca podem corresponder totalmente um ao outro: nunca dizemos exatamente o que queremos, o significado desliza sempre por baixo do significante, foge-lhe, nunca pode ser firmemente identificado. Então, como é que a linguagem, ainda assim, cria a ilusão de encerramento semântico, de um sentido estável? É aqui que volta a entrar a fita de Möbius: a linguagem implica sempre uma espécie de curto-circuito, um «ponto de estofo» em que o significante cai no significado. Ainda que Lacan fale muito do fosso que separa o significante do significado, a relação entre estes também é convoluta, e o caso exemplar desta estrutura convoluta é o de um nome. Conferir um nome a alguém é um gesto muito problemático e violento que provoca necessariamente uma reação histérica: na ligação histérica, o sujeito está dividido, traumatizado, por ser um objeto para o Outro, o papel que desempenha no desejo do Outro: «Porque sou eu o que dizes que sou?», ou, para parafrasear a Julieta de Shakespeare, «Porque sou eu esse nome?».

Assim, o que divide o sujeito? A resposta de Lacan é simples e radical: a sua própria identidade (simbólica) — antes de ser dividido entre diferentes esferas psíquicas, o sujeito é dividido entre o vazio do seu *cogito* (o sujeito puro evasivamente pontual da enunciação) e as características simbólicas que o identificam no/para o grande Outro (o significante que o representa para os outros significantes).

Um nome, portanto, funciona como caso exemplar daquilo a que Lacan chamava *le point de capiton*, o «ponto de estofo» que sutura os dois campos, o do significante e o do significado, agindo como o ponto em que, como Lacan diz de forma precisa, «o significante cai no significado». É assim que devemos ler a tautologia «o socialismo é o socialismo» — recordemos a velha piada polaca anticomunista: «O socialismo é a síntese das mais elevadas conquistas de todas as épocas históricas anteriores: da sociedade tribal, retirou a barbárie; da antiguidade, retirou a escravatura; do feudalismo, retirou as relações de dominação; do capitalismo, retirou a exploração; e do socialismo, retirou o nome.» O mesmo não valerá para a imagem antissemita do judeu? Dos banqueiros ricos, retirou a especulação financeira, dos capitalistas, retirou a exploração, dos juristas, retirou a habilidade legal, dos jornalistas corruptos, retirou a manipulação dos *media*, dos pobres, retirou a indiferença em relação à higiene corporal, dos libertinos sexuais, retirou a promiscuidade e dos judeus retirou o nome. Ou consideremos o tubarão do filme *Tubarão* (*Jaws*) de Spielberg: dos imigrantes estrangeiros, retirou a sua ameaça à vida quotidiana de uma pequena povoação, das catástrofes naturais, retirou a sua fúria cega destruidora, do grande capital, retirou os efeitos devastadores de uma causa desconhecida na vida quotidiana de pessoas comuns e do tubarão retirou a sua imagem. Em todos estes casos, o «significante cai no significado» no sentido preciso de que o nome é incluído no objeto que designa — o significante tem de intervir *no* significado para criar a unidade de sentido. Aquilo que une uma multiplicidade de características-propriedades num único objeto é, em última análise, o seu *nome*. É por isso que todos os nomes acabam por ser tautológicos: uma «rosa» designa um objeto com uma série de propriedades, mas aquilo que une essas propriedades, que faz delas as propriedades do mesmo Um, é o próprio nome.

Também se pode dizer que, em contraste com as características particulares de uma coisa, o nome é um sintoma da coisa que nomeia: na medida em que é um significante que cai no significado, representa o *objet a*, o X, o *je ne sais quoi*, que faz de uma coisa uma coisa. Recordemos mais uma vez a interpretação precisa que Lacan faz do conceito freudiano de *Vorstellungsrepräsentanz*: não apenas (como Freud provavelmente o pretendia) uma representação mental ou ideia que é o representante psíquico do instinto biológico, mas (de forma muito mais engenhosa) o representante (mandatário, substituto) de uma representação em falta. Neste sentido, cada nome é uma *Vorstellungsrepräsentanz*: o significante que representa essa dimensão é o objcto designado que foge à representação, ou seja, que não pode ser coberto pelas nossas ideias-representações das propriedades positivas desse objeto. Há numa pessoa «algo mais do que ela mesma», o evasivo *je ne sais quoi* que faz de alguém aquilo que é, que explica o seu «sabor específico», e o nome, longe de se referir à coleção das suas propriedades, refere-se, no fundo a esse X evasivo batizado por Lacan como *objet a*, o objeto-causa do desejo.([8])

Assim, como se relacionam o Significante-Mestre e o *objet a*? Devemos introduzir aqui a diferença entre S_1 (Significante-Mestre) e S (A barrado), o significante da falta/inconsistência do grande Outro. Os dois são, num certo sentido, o mesmo, pois a presença aurática do Significante-Mestre preenche uma falta no grande Outro, ofusca a inconsistência da ordem simbólica, e a passagem de S_1 (Significante-Mestre) para S (A barrado) é

([8]) Retomo aqui a linha de pensamento do Capítulo 9 do meu *Less Than Nothing*, Londres: Verso Books, 2012.

apenas uma mudança na perspetiva que torna palpável esta função ofuscante do Significante-Mestre. É aqui que entra o *objet a*: no Significante-Mestre, o *objet a* está unido com a função significadora, é o misterioso *je ne sais quoi* que confere a aura ao Significante-Mestre, enquanto S_1 se transforma em S (A barrado) quando o *objet a* é subtraído ao espaço significador, ou seja, quando S_1 e o *objet a* são separados — através desta separação, S_1 surge em toda a sua impotência e miséria, como um mero preenchimento da falta. A noção de *objet a* pode ser assim concebida como o argumento derradeiro contra a chamada Navalha de Ockham, que

> se pode condensar na regra: «Não multiplicar entidades para além do necessário.» Embora seja certamente um sentimento de Ockham, esta formulação particular não se encontra nos seus textos. A Navalha de Ockham, nos sentidos em que se encontra no próprio Ockham, nunca nos permite *negar* entidades putativas; quando muito, permite que nos refreemos de postulá-las na falta de razões convincentes conhecidas para fazer isso. Em parte, isto deve-se ao facto de os seres humanos nunca poderem ter a certeza de que sabem o que é e o que não é «para além do necessário»: as necessidades nem sempre são claras para nós. Mas, mesmo que soubéssemos, Ockham continuaria a não permitir que a sua Navalha nos deixasse *negar* entidades que são desnecessárias. Para Ockham, a única entidade verdadeiramente necessária é deus; tudo o resto, toda a criação, é radicalmente contingente. Em suma, Ockham não aceita o Princípio da Razão Suficiente.(9)

Devemos observar aqui a oscilação da Navalha de Ockham entre dois extremos: para o próprio Ockham, a única entidade verdadeiramente necessária é deus, enquanto, para o senso comum nominalista, deus é o exemplo de um suplemento ilegítimo que deveria ser cortado pela Navalha de Ockham. Do nosso ponto de vista, o *objet a* é esse algo — uma entidade virtual/fictícia — que se acrescenta sempre à série de entidades atuais/necessárias. Do ponto de vista freudiano, não podemos deixar de observar a dimensão castradora da Navalha de Ockham: compele-nos a cortar o suplemento embaraçoso que se destaca. No entanto, de um verdadeiro ponto de vista lacaniano, devemos inverter esta ideia:

---

(9) Citado de http://plato.stanford.edu/entries/ockham/.

o *objet a* não é o objeto a ser «castrado», é antes um objeto que emerge como o remanescente da própria operação de castração, um objeto que preenche a falta criada pela castração, um objeto que mais não é do que a própria falta a adquirir uma forma positiva.

Assim, será o *objet a* o significado do S_1, do Significante-Mestre? Pode parecer assim, pois o Significante-Mestre significa precisamente esse X imponderável que escapa à série de propriedades positivas significadas pela cadeia de significantes «ordinários» (S_2). Mas, olhando mais de perto, vemos que a relação é exatamente a inversa: a respeito da divisão entre significante e significado, o *objet a* está no lado do significante, preenche a falta no/do significado, enquanto o Significante-Mestre é o «ponto de estofo» entre o significante e o significado, o ponto em que, como Lacan diz, o significante cai no significado.

O «oito interior»

Devemos dar aqui mais um passo na determinação da fita de Möbius: as duas superfícies ou níveis não só se intersectam, como também, nesse ponto de intersecção, se viram e replicam, formando aquilo a que normalmente se chama o «oito interior». Consideremos a relação entre o poder e os seus súbditos. Baseando-se no *Homo Hierarchicus*([10]), de Louis Dumont, Jean-Pierre Dupuy demonstra como a hierarquia implica não só uma ordem hierárquica, mas também o seu *loop* ou inversão imanente: é verdade que o espaço social está dividido em níveis hierárquicos superiores e inferiores, mas, *no nível inferior, o inferior é superior ao superior.*([11]) Um exemplo é fornecido pela relação entre a Igreja e o Estado no cristianismo: em princípio, obviamente, a Igreja está acima do Estado; no entanto, como alguns pensadores, de Agostinho a Hegel, mostraram, *na ordem secular do Estado, o Estado está acima da Igreja* (por outras palavras, a Igreja *como instituição social* deve estar subordinada ao Estado) — se não estiver, se a Igreja

---

([10]) Louis Dumont, *Homo Hierarchicus*, Nova Deli: Oxford University Press, 1988.

([11]) Ver Jean-Pierre Dupuy, *The Mark of the Sacred*, Palo Alto: Stanford University Press, 2013.

quiser governar diretamente também como poder secular, então torna-se inevitavelmente corrompida por dentro, reduzindo-se a mais um poder secular que utiliza os seus ensinamentos religiosos como a ideologia para justificar o seu poder secular.([12])

O passo seguinte de Dupuy é formular esta inversão na lógica da hierarquia em termos da autorrelação negativa entre o universal e o particular, entre o Todo e as suas partes; ou seja, de um processo no decurso do qual o universal se encontra entre as suas espécies como a sua «determinação oposicional». Para regressarmos ao nosso exemplo: a Igreja é a unidade que engloba todas as vidas humanas, que representa a sua mais alta autoridade e confere a todas as suas partes o seu lugar na grande ordem hierárquica do universo; no entanto, encontra-se como um elemento subordinado do poder estatal secular que, em princípio, lhe está subordinado: a Igreja como instituição social é protegida pelas leis do Estado, às quais tem de obedecer. Na medida em que o superior e o inferior também se relacionam aqui como o bem e o mal (o bom domínio divino *versus* a esfera mundana das lutas de poder, dos interesses egoístas, da busca do prazer, etc.), também se pode dizer que, através deste *loop* ou inflexão imanente à hierarquia, o bem «superior» domina, controla e usa o mal «inferior», mesmo que pareça, superficialmente (para um olhar limitado pela perspetiva temporal), que a religião, com a sua pretensão de ocupar um lugar «superior», é apenas uma legitimação ideológica de interesses «inferiores» (por exemplo, que a Igreja, no fundo, apenas legitima as relações socialmente hierárquicas), que a religião puxa secretamente os cordelinhos, como o poder oculto que nos autoriza e mobiliza o mal para o bem geral. Somos quase tentados a usar aqui o termo «sobredeterminação»: ainda que seja o poder secular que desempenha imediatamente o papel determinante, este papel é em si mesmo sobredeterminado pelo Todo religioso/sagrado. Como devemos ler este complexo entrelaçamento autorrelativo do «superior» e do «inferior»? Há duas grandes alternativas, que se ajustam perfeitamente à oposição entre idealismo e materialismo:

([12]) Como Dumont demonstrou, muito antes do cristianismo, esta inversão paradoxal é claramente visível nos antigos Vedas indianos, a primeira ideologia da hierarquia completamente elaborada: a casta de pregadores é, em princípio, superior à casta dos guerreiros, mas, dentro da estrutura de poder do Estado, estão de facto subordinados aos guerreiros.

1. A matriz teológica (pseudo-)hegeliana tradicional de contenção do *pharmakon*: o Todo superior e englobante permite o mal inferior, mas contém-no, colocando-o ao serviço do objetivo superior. Há muitas figuras desta matriz: a «astúcia da Razão» (pseudo-)hegeliana (a Razão é a unidade de si mesma e das paixões egoístas particulares, mobilizando estas para alcançar o seu objetivo secreto de racionalidade universal); o processo histórico de Marx no qual a violência serve o progresso; a «mão invisível» do mercado, que mobiliza o egoísmo individual para o bem comum; etc.

2. Uma noção mais radical (e genuinamente hegeliana) do mal, que se distingue de si mesmo externalizando-se numa figura transcendente do bem. Nesta perspetiva, longe de o mal ser englobado como um momento subordinado, a diferença entre o bem e o mal é inerente ao mal, o bem não é mais do que o mal universalizado, o mal é em si mesmo a unidade de si mesmo e do bem. O mal controla-se ou contém-se a si mesmo gerando um espectro de bem transcendente; no entanto, só pode fazer isto superando o seu modo «ordinário» de mal num mal infinitizado ou absolutizado.

É por isso que a autocontenção do mal pela postulação de algum poder transcendente que o limita pode sempre explodir; por isso, Hegel tem de admitir um excesso de negatividade que ameaça sempre perturbar a ordem racional. Toda a conversa sobre a «inversão materialista» de Hegel, sobre a tensão entre o Hegel «idealista» e o «materialista», é supérflua se não se basear precisamente neste tópico dos dois modos opostos e contraditórios de ler a autorrelação negativa da universalidade. Na leitura materialista, «reconciliação» não significa que a negatividade destrutiva seja «superada» num momento subordinado da autoapresentação da Ideia; significa que *nos devemos reconciliar com a negatividade destrutiva em todas as suas formas* (loucura, sexo, guerra...) como o fundo «insuperável» da nossa existência e todas as suas realizações criativas. Neste ponto crucial, há outra armadilha a ser evitada: para ser verdadeiramente materialista, não basta afirmar apenas o primado das formas particulares da negatividade «má» e, depois, explicar como estas formas se negam a si próprias em Bem como mal absolutizado/autossuperado (o processo descrito por Dupuy como autotranscendência). Esta posição está ao nível do materialismo «vulgar», que descreve como o ideal transcendente Um emerge dos antagonismos e da autossuperação da pluralidade material, a derradeira «realidade atual». Nesta perspetiva, a transcendência emerge das tensões na imanência material. Mas a questão essencial é a seguinte: como deve esta «pluralidade material» ser estruturada de forma a possibilitar essa autotranscendência? A única resposta radical é: a imanência da pluralidade material já está quebrada, o Um em falta já lá está como «barrado», à guisa da sua ausência, como um vazio. Este é o paradoxo a ser subscrito: a perda do Um vem antes do Um, qualquer figura espectral do Um preenche o vazio da sua ausência.

Na encenação pioneira de Romeo Castellucci da ópera *Tannhäuser*, em 2017, representada na Ópera Estatal da Baviera, em Munique, a primeira cena desenrola-se em Venusberg, o lugar de prazeres carnais do qual Tannhäuser quer fugir, apresentado como um monte feio e cheio de criaturas hediondas, vagamente femininas, que se vão tornando cada vez maiores, com gorduras penduradas dos seus corpos e misturadas num campo de flacidez trémula como celulite — uma imagem de decadência asfixiante, tédio e saciação. Mas não é tudo: acima deste movimento de vida sujo e repugnante, há um círculo (uma moldura fantástica) no ar, dentro da qual aparece a versão idealizada desses mesmas criaturas (Vénus e as suas companheiras), desta vez como criaturas esguias e etéreas a flutuar no ar e a dançar delicadamente, privadas da sua carnalidade grosseira. Isto lembra a cena já aqui mencionada de *Brazil*, de Terry Gilliam, em que, num restaurante exclusivo, o empregado recomenda aos seus clientes as melhores ofertas da ementa do dia («Hoje, o nosso turnedó é realmente especial!», etc.), mas aquilo que os clientes recebem depois de escolherem é uma fotografia bem colorida da comida num suporte por cima do prato e, no próprio prato, uma pasta nojenta: temos a divisão entre a imagem da comida e a realidade do seu resto excremental informe, ou seja, entre a aparência insubstancial e espectral e o material grosseiro do real, exatamente como no *Tannhäuser* de Castellucci, em que temos a imagem dividida entre a realidade repugnante da carne e a imagem desmaterializada. Devemos sublinhar aqui que não há nada de «autêntico» na experiência desta divisão: não torna visível a realidade repugnante do sexo, testemunha apenas a divisão psicótica de Tannhäuser entre o Real e o Imaginário que ocorre quando o terceiro termo, o Simbólico, é excluído. Por outras palavras, a flacidez trémula não é o Real do sexo suplementado pela fantasia de raparigas etéreas a dançar: a fantasia não é apenas a visão etérea das raparigas esguias a dançar, mas também a imagem da flacidez trémula repugnante cuja função é ofuscar o facto de o sexo ser sempre-já «barrado», frustrado por uma impossibilidade constitutiva.

Regressando à nossa questão principal, esta inversão autorrefletida da hierarquia é aquilo que distingue a Razão do Entendimento: enquanto o ideal do Entendimento é uma hierarquia simples e claramente articulada, a Razão complementa-o com uma inversão pela qual, como Dupuy diz, no nível inferior de uma hierarquia, o inferior está acima do superior. Como vimos, os sacerdotes (ou os filósofos) estão acima do poder secular bruto, mas, no domínio do poder, estão-lhe subordinados — o fosso que permite esta inversão é fundamental para o funcionamento do poder, razão pela qual o sonho platónico da união dos dois aspetos na figura do filósofo-rei (só realizado por Estaline) tem de falhar miseravelmente.(13)

Outro caso exemplar desta convolução dialética é fornecido pelo paradoxo da perversão no edifício teórico freudiano: a perversão demonstra a insuficiência da lógica da transgressão. A sabedoria tradicional diz-nos que os pervertidos praticam (fazem) aquilo com que os histéricos apenas sonham (que sonham fazer), ou seja, «tudo é permitido» na perversão, um pervertido atualiza abertamente todos os conteúdos reprimidos — no entanto, como Freud sublinha, a repressão nunca é tão forte como na perversão, um facto mais do que confirmado pela nossa realidade capitalista tardia, na qual a permissividade sexual total provoca, em vez de libertação, ansiedade e impotência ou frigidez. Isto leva-nos a estabelecer uma distinção entre o conteúdo reprimido e a forma de repressão, em que a forma continua operativa depois de o conteúdo já não estar reprimido — em suma, o sujeito pode apropriar-se totalmente do conteúdo reprimido, mas a repressão

(13) É claro que poderíamos dizer que o estatuto superior do sacerdote é apenas uma ilusão ideológica tolerada pelos guerreiros para legitimarem o seu poder, mas esta ilusão é necessária, é um aspeto essencial do carisma do poder.

permanece. Porquê? Ao comentar um sonho breve de uma das suas pacientes (uma mulher que, inicialmente, se recusava a descrever o sonho a Freud «porque era muito indistinto e confuso»), que se revelou referir-se ao facto de a paciente estar grávida, mas ter dúvidas sobre quem era o pai do bebé (ou seja, a paternidade era «indistinta e confusa»), Freud retira uma conclusão dialética importante:

> a falta de clareza revelada pelo sonho era uma parte do material que instigou o sonho: parte deste material era representada na forma do sonho. A forma de um sonho ou a forma em que é sonhado é usada com uma frequência surpreendente para representar a sua matéria oculta.([14])

O fosso entre forma e conteúdo é aqui especificamente dialético, em contraste com o fosso transcendental, em que cada conteúdo aparece dentro de um quadro formal *a priori*, e devemos ter sempre em mente o quadro transcendental invisível que «constitui» o conteúdo que vemos — ou, em termos estruturais, devemos distinguir entre os elementos e os lugares formais que esses elementos ocupam. Só alcançamos a análise propriamente dialética de uma forma quando concebemos um certo procedimento formal não como exprimindo um certo aspeto do conteúdo (narrativo), mas como marcando/assinalando a parte do mesmo que é excluída da linha narrativa explícita, de maneira que — e este é o ponto propriamente teórico —, se quisermos reconstruir «todo» o conteúdo narrativo, temos de ir além da narrativa explícita enquanto tal e incluir alguns aspetos formais que agem como o substituto do aspeto «reprimido» do conteúdo.([15]) Consideremos o exemplo elementar muito conhecido da análise dos melodramas: o excesso emocional que não pode ser diretamente exprimido na linha narrativa encontra saída no acompanhamento musical ridiculamente sentimental ou noutros

---

([14]) Sigmund Freud, *The Interpretation of Dreams*, Harmondsworth: Penguin Books, 1976, p. 446.

([15]) A tese de que a forma é parte do seu conteúdo, ou seja, que aquilo que é reprimido do conteúdo regressa na sua forma, deve, obviamente, ser complementada pela sua inversão: o conteúdo, no fundo, mais não é do que um efeito e uma indicação da incompletude da forma, do seu carácter «abstrato».

elementos formais. Neste aspeto, os melodramas devem ser opostos a *Ondas de Paixão* (*Breaking the Waves*), de Lars von Trier: nos dois casos, lidamos com a tensão entre forma e conteúdo; no entanto, em *Ondas de Paixão*, o excesso localiza-se no conteúdo, e a forma discreta de pseudodocumentário torna visível o conteúdo excessivamente melodramático. Aqui reside a principal consequência da passagem de Kant para Hegel: o próprio fosso entre conteúdo e forma reflete-se no próprio conteúdo, como uma indicação de que este não é total, de que algo foi reprimido ou dele excluído. Esta exclusão que estabelece a própria forma é a «repressão primordial» (*Ur-Verdrängung*), e por muito que se mostre todo o conteúdo reprimido, este fosso da repressão primordial persiste.

O entrelaçamento de forma e conteúdo conduz-nos a outro par no qual cada termo, levado ao seu extremo, se converte no seu oposto. (Aqui, a fita de Möbius já aponta para o *cross-cap*.) Por um lado, a matéria que resiste à sua forma é, na sua própria densidade impenetrável, um efeito da formalização incompleta ou falhada, é «concretizada por operações puramente formais e pelas suas inconsistências produzidas»; por outro, a forma, na sua distância em relação à matéria, não é apenas uma expressão da matéria, mas emerge para preencher um vazio na textura da matéria (a forma não exprime um conteúdo oculto, representa de uma maneira distorcida o que é «reprimido», excluído do próprio conteúdo). Estas duas inversões não são simétricas: a matéria emerge para preencher o vazio do não-todo da forma, enquanto a forma é uma exceção que dá a moldura à matéria — ou, para usar os termos das fórmulas de sexuação de Lacan, a forma é não-todo, enquanto a matéria é universal com uma exceção (da forma). Aqui reside a passagem de Kant a Hegel: Kant é um formalista, afirma a forma (transcendental) como a exceção constitutiva da matéria, que é «tudo o que existe» (na nossa realidade fenoménica), enquanto Hegel leva o formalismo ao absoluto e, assim, à sua autossuperação. O ponto derradeiro desta autossuperação é, obviamente, o sujeito e, aqui, a limitação fatal do formalismo de Kant torna-se palpável. O eu transcendental de Kant é um sujeito vazio e dessubstancializado, reduzido a pura forma, com todo o conteúdo positivo apagado; no entanto, Kant preenche-o com conteúdo fixo (com o *a priori* das categorias transcendentais), ou seja, as suas determinações da forma são, mais uma vez, conteúdo. Por conseguinte, o problema de Kant não está em ser demasiado formalista e ignorar a mediação histórica concreta das formas transcendentais, mas em não ser suficientemente formalista:

> Kant esvaziou a razão e a subjetividade de todo o conteúdo substancial, mas apenas para o assentar numa base trans-histórica estável de formas existentes que ele toma como garantidas (que só esperam ser descobertas pela introspeção crítica). O problema do formalismo kantiano não é o facto de ser «vazio», de lhe faltar conteúdo ou preenchimento, mas sim o contrário: ao considerar formas específicas como transcendental ou trans-historicamente dadas, *Kant não é suficientemente formalista*. Não levanta a questão da própria constituição das formas que ele diz ter explorado: considera-as como dadas. A questão perene sobre se a tábua das categorias de Kant é ou não completa é um sintoma disto. Substancializou a forma da própria forma e, assim, encheu-a de conteúdo — ou melhor, eliminou a diferença entre forma e conteúdo ao transformar a própria forma no seu próprio conteúdo.([16])

Aqui, era preciso dar dois passos. Em primeiro lugar, a fim de dessubstancializar o sujeito, temos de levar o formalismo a um extremo e conceber o sujeito como forma pura que coincide com um vazio, com um vácuo sem forma: o sujeito é a autossuperação de toda a forma determinada, é a própria negatividade que mina uma dada moldura transcendental. (Isto não significa que o sujeito possa tornar-se um vazio — precisa de um suporte material, o *objet a* lacaniano, um pedaço de real contingente. Mas isso é outra história.) Devemos assim evitar a oposição sartreana entre sujeito enquanto vazio de negatividade autorrelativa e o Em-si substancial inerte: a negatividade enquanto forma pura tem de ser concebida como inerente à substância, como o seu próprio vazio.

É fácil perceber como a estrutura deste espaço convoluto vai para além do modelo da fita de Möbius: exige um modelo mais complexo, um que inclua um antagonismo radical entre dois espaços sem denominador comum — o *cross-cap*.

([16]) Citado de Rebecca Comay e Frank Ruda, *The Dash — The Other Side of Absolute Knowing*.

A sutura redobrada

Como passar da fita de Möbius (onde o corte é implícito) para o *cross-cap* (onde o corte aparece como tal)? Repetindo a fita de Möbius. Este redobramento não é possível sem um corte que separe e, ao mesmo tempo, mantenha juntas as suas partes. O caso mais elementar desde redobramento é o do significante e do significado: os espaços do significante e do significado são torcidos em volta de um abismo central. A ordem do significante é diferencial, a identidade de cada significante reside na série de diferenças em relação aos outros significantes; no entanto, se isto se aplicar a todos os significantes, todo o edifício colapsa sobre si mesmo porque nos movemos aqui num círculo vicioso, sem identidade definitiva que serviria como referência à série de diferenças. De um modo diferente, o mesmo se aplica ao significado, onde cada sentido particular tem de depender de outros e de se referir a outros, sem sentido Absoluto como ponto definitivo de referência.

Regressando a Hegel, consideremos o exemplo elementar da dialética da essência e da aparência: para entendermos bem a sua dinâmica, temos de a redobrar. Em primeiro lugar, a própria essência só é essência na medida em que aparece, tem de aparecer como essência por oposição às aparências «ordinárias», ou seja, dentro da esfera das aparências, a própria essência tem de aparecer como aparência que está para além das aparências. Um exemplo clássico de Marx: o valor como a «essência» universal das mercadorias tem de aparecer como uma mercadoria especial oposta a todas as outras mercadorias. Ou um exemplo de Hegel: o monarca (como a encarnação da universalidade do ser humano) tem de aparecer na sua «determinação oposicional», como um ser humano particular oposto a todos os outros seres humanos (porque é o único que não se faz pelo trabalho da automediação, mas é o que é por nascimento). A essência, portanto, é apenas esta autodiferenciação das aparências, um fosso que separa a aparência de si própria. Em segundo, o fosso que separa a essência da aparência tem de ser refletido de volta na própria essência como a sua divisão interna: a essência aparece porque é incompleta/frustrada em si mesma, ou seja, aquilo que aparece não é a riqueza interior esmagadora da essência; a aparência é o regresso daquilo que é reprimido na/da própria essência. A aparência, portanto, é apenas a autodiferenciação da essência, um fosso que separa a essência de si própria.

O elemento que mantém os dois níveis juntos, que os «sutura», funciona como o seu ponto de estofo, e a repetição (da fita de Möbius) que caracteriza o *cross-cap* assume a forma de uma inversão na maneira como a sutura funciona: o «interior» (o espaço do significante) tem de ser suturado por um elemento adicional que ocupa dentro da ordem significante o lugar daquilo que dela é excluído (como o famoso paradoxo da lista de todas as raças de cães que também inclui «os cães não incluídos nessas raças»), e a própria realidade externa tem de ser suturada por um elemento que ocupe nela o lugar do processo simbólico (*objet a*). Então, como funciona a sutura? Num dos poucos casos em que Lacan utiliza este termo (que foi elevado a conceito, mais tarde, por Miller), no seu seminário *Problemas Cruciais Para a Psicanálise* (1964–1965), relaciona-a com o funcionamento de um nome próprio, observando que o seu uso tem de depender de uma «deslocação, de um salto» ([17]): qualquer pessoa, qualquer detentor de um nome, pode ser caracterizado por uma cadeia interminável de descrições, mas há algo que escapa sempre a todas estas descrições, e o seu nome próprio cobre esta falta: «É concebido para preencher os buracos, para ser uma obturação, para os fechar, para lhe dar uma falsa aparência de sutura.» ([18]) Um nome parece logo apontar para a profundidade do seu detentor, parece capturar a sua essência mais interior, o seu *je ne sais quoi*, o X fugidio e misterioso que faz dele o que é, mas o efeito de completude, aqui, é apenas cobrir um certo vazio, acolchoar a impossibilidade de nunca se conseguir preencher adequadamente esse vazio. Neste sentido, o nome próprio funciona como um ponto de estofo: opera de maneira que todas as descrições atribuídas ao detentor do nome façam sentido ou, pelo menos, deem a ilusão de uma entidade com sentido. Um nome próprio é, portanto, um Significante-Mestre, um significante sem o significado, e, como tal, dá às características ou propriedades do seu detentor a ilusão de completude, de um sentido pleno, o que significa que, paradoxalmente, um Significante-Mestre abre um vazio e, ao mesmo tempo, cria a ilusão de o preencher.

([17]) *The Seminar of Jacques Lacan: Crucial Problems of Psychoanalysis*, trad. Cormac Gallagher, http://esource.dbs.ie/bitstream/handle/10788/161/Book-12-Crucial-problems-for-psychoanalysis.pdf?sequence=1.

([18]) *Ibid.*

Esta complexidade da «suturação» perde-se no uso predominante do termo, em que «sutura» diz respeito à relação entre o círculo fechado da representação (ideológica) e o seu lugar externo de produção: para fechar o círculo de representação, tem de haver um elemento sintomático que «suture» o campo de representação na medida em que funciona como o substituto do exterior excluído, um elemento que, dentro do espaço de representação, ocupe o lugar da produção excluída/externa. No entanto, esta noção de sutura, por muito «materialista» que possa parecer, tem de ser complementada pela sua inversão: a «realidade externa», para alcançar a sua existência plena, tem de ser complementada («suturada») por um elemento «subjetivo». Segundo a noção «realista» comum da realidade ontologicamente constituída em pleno, a realidade existe «aí, independentemente da nossa mente» e é imperfeitamente «refletida» na cognição humana; contra esta ideia, a lição do idealismo transcendental de Kant deve ser aqui totalmente consumida: é o próprio ato subjetivo da síntese transcendental que transforma uma série caótica de impressões sensíveis na «realidade objetiva». (Observe-se, mais uma vez, a inversão específica da fita de Möbius: passamos do pandemónio das impressões subjetivas para a realidade «objetiva» acrescentando a essas impressões um gesto subjetivo de síntese.) Ignorando sem qualquer vergonha a crítica de que confundimos os níveis ontológico e empírico, devemos evocar aqui a física quântica: é o colapso das ondas quânticas no ato de perceção que fixa as oscilações quânticas numa única realidade objetiva. A própria aparência das «coisas» como coisas, como entidades substanciais, é resultado do colapso da função de onda pela perceção, de maneira que a relação tradicional é invertida: a noção de coisas «objetivas» é subjetiva, depende da perceção, enquanto as oscilações de onda precedem a perceção e, por isso, são mais «objetivas». Assim, o que se passa não é que os objetos desfocados são incompletos por causa da limitação e do efeito de distorção da nossa visão, sendo, porém, em si mesmos aquilo que são em pleno: desfocadas e incompletas é como as coisas são em si mesmas, enquanto a nossa perceção as completa. Aqui, um paralelismo com o teatro ou o cinema pode ajudar: para que uma cena montada num estúdio possa ser vista como «realista», os objetos do pano de fundo (automóveis, mesas, etc.) têm de ser complementados por um fundo pintado (por exemplo, uma estrada ou um bosque). Mais uma vez, o espaço é aqui convoluto: só chegamos à objetividade seguindo a subjetividade até ao fim, focando-nos no complemento subjetivo ao campo da realidade objetiva — exatamente da mesma maneira que, na ordem simbólica, uma coisa só se torna uma coisa quando lhe acrescentamos um nome.

No último filme de Chaplin, *A Condessa de Hong Kong* (*A Countess from Hong Kong*, 1967, que, de resto, foi um fracasso miserável), há uma cena em que um casal de passageiros cegos de um cruzeiro recebe na sua cabina o capitão do navio (que não sabe que eles são cegos); de repente, ouve-se alguém a bater à porta e os dois passageiros ficam em pânico, reagindo confusamente e agitando as mãos, pois sabem que a pessoa que está a bater à porta e que entrará na cabina irá reconhecê-los como são realmente (passageiros cegos). A piada da cena é que o capitão (que não devia saber nada sobre o jogo do engano) também reage com pânico... Uma versão análoga deste estranho curto-circuito ocorre em alguns *thrillers* complexos nos quais não temos a certeza do que está realmente a acontecer (quem trabalha para quem, quem faz jogo duplo, etc.), até que, perto do fim, após algumas reviravoltas vertiginosas, ficamos a saber a verdade... Por vezes, porém, acontece uma coisa estranha e geralmente despercebida: numa cena que visa mostrar o que está a acontecer «em si mesmo», a verdadeira história, um dos atores faz uma coisa que só se pode explicar se assumirmos que ele também não sabe o que «está realmente a acontecer» — age assim não só para enganar a testemunha, mas também como se ele próprio fosse ignorante. Um exemplo simples: recordo-me de uma história de espiões em que um agente duplo assume uma personalidade falsa quando lida com os seus chefes enganados; no entanto, numa das cenas, prossegue esta representação mesmo quando interage com pessoas que sabem quem ele é realmente (ou age como se não soubesse algo que faz parte da sua verdadeira identidade, ou seja, como se a sua verdadeira identidade fosse, também para ele, um mistério), e ninguém se surpreende com isso... Nestas cenas, não é realidade que irrompe pela ficção — a própria ficção aparece como parte da realidade, como o seu elemento de suturação.

As duas versões da sutura não devem ser opostas como certa e errada, pois são ambas verdadeiras, segundo a estrutura do *cross-cap*: a segunda versão pressupõe logicamente a primeira, só pode emergir como a sua repetição. No entanto, há uma assimetria subtil entre as duas, e esta assimetria diz respeito ao lugar da falta. Na primeira versão da sutura, a falta está localizada no interior, na cena de representação: esta cena tem de ser «suturada» para cobrir a sua falta, a sua incapacidade de representar completamente o seu processo de produção. Na segunda versão, a falta está no exterior, na própria realidade externa, que tem de ser complementada por um elemento subjetivo para se tornar o que é, realidade externa plena. É apenas com a segunda versão que a subjetividade emerge, a subjetividade como inscrita na própria ordem das coisas: na primeira versão, a subjetividade é reduzida a um efeito de falso reconhecimento, de ofuscamento do processo de vida atual (no estilo da teoria da ideologia de Althusser).

No caso da sutura, é então essencial ter em mente a mudança do círculo interno sustentado por um elemento estranho para a externalidade sustentada por um substituto de um elemento interno — uma mudança que, ao mesmo tempo, representa a mudança da subjetividade imaginária para o sujeito simbólico. É aqui que encontramos a diferença entre o materialismo ordinário e o materialismo dialético. Do ponto de vista do primeiro, «idealismo» e «metafísica» designam a ilusão de que o círculo de representação pode fechar-se em si mesmo, apagando totalmente os vestígios do seu processo de produção descentrado; a antifilosofia desenvolve aqui a sua própria versão da lógica da «sutura»: concebe a sutura como o modo no qual o exterior está inscrito no interior, «suturando» assim o campo, produzindo o efeito de autoencerramento sem necessidade de um exterior, apagando os vestígios da sua própria produção; os vestígios do processo de produção, as suas falhas, os seus mecanismos, são obliterados, de maneira que o produto possa aparecer como um todo orgânico naturalizado (o mesmo acontece com a identificação, que não é uma mera imersão emocional na quase realidade da história, mas um processo de divisão muito mais complexo). No entanto, o aspeto muito mais crucial é o contrário: não apenas «nenhum interior sem exterior», mas também «nenhum exterior sem interior». Aqui reside já a lição do idealismo transcendental de Kant: para aparecer como um Todo consistente, a realidade externa tem de ser «suturada» por um elemento subjetivo, um suplemento artificial que tem de lhe ser acrescentado para criar o efeito de realidade, como o pano de fundo pintado que confere a uma cena o efeito ilusório de «realidade». Este é o *objet a* para Lacan: o elemento subjetivo constitutivo da realidade objetiva-externa.

A matriz de um lugar externo de produção que se inscreve no domínio das ilusões que gera tem, pois, de ser suplementada: esta matriz não explica a emergência do *sujeito*. Segundo a teoria tradicional (cinemática) da sutura, o «sujeito» é o substituto ilusório, *dentro* do domínio do constituído-gerado, da sua causa ausente, do seu processo de produção: o «sujeito» é o agente imaginário que, embora resida dentro do espaço dos fenómenos constituídos, é visto (erradamente) como o seu gerador. Mas isto não é o «sujeito barrado» lacaniano: na teoria tradicional da sutura, o sujeito é aquilo que representa, dentro do espaço constituído, a sua causa/exterior ausente (processo de produção), enquanto o sujeito lacaniano só pode ser conceptualizado quando levamos em conta que a própria externalidade do processo generativo só ex-siste na medida em que o substituto do domínio constituído está nele presente.

Este espaço convoluto no qual o limite externo é simultaneamente interno é aquilo que Lacan visa na sua referência constante ao toro e a outras variações das estruturas do tipo da fita de Möbius, em que a relação entre o interior e o exterior é invertida: se quisermos perceber a estrutura mínima da subjetividade, a oposição evidente entre a experiência subjetiva interna e a realidade objetiva externa não é suficiente — há um excesso nos dois lados. Por um lado, devemos aceitar a lição do idealismo transcendental de Kant: a «realidade objetiva» emerge da multiplicidade confusa de impressões através da intervenção do ato transcendental do sujeito. Por outras palavras, Kant não nega a distinção entre a multiplicidade de impressões subjetivas e a realidade objetiva; diz apenas que esta distinção resulta da intervenção de um gesto subjetivo da constituição transcendental. De forma análoga, o Significante-Mestre lacaniano é o elemento significador «subjetivo» que sustenta a própria estrutura simbólica «objetiva»: se abstrairmos da ordem simbólica objetiva este excesso subjetivo, a própria objetividade desta ordem desintegra-se. A sutura, portanto, não é um curto-circuito secundário dos dois níveis — vem primeiro, ou seja, precede logicamente os dois níveis que nela se sobrepõem: é o gesto subjetivo de suturação que constitui (aquilo que nos aparece como) a realidade objetiva. A falha, a inflexão autorreferencialmente convoluta, já é operativa na própria «presença produtiva».

Mas não estaremos aqui a confundir o significado (como parte de qualquer signo) e a realidade que lhe é externa? A lição do transcendentalismo é precisamente que o significado e a realidade (externa) não podem ser simplesmente separados: para que a realidade (externa) adquira a sua consistência ontológica mínima, é necessária a intervenção de um gesto significante.

O *cross-cap* e a luta de classes

Dito em termos marxistas clássicos, não basta demonstrar como as lutas político-ideológicas são um teatro de sombras que refletem a «verdadeira realidade» do processo económico; devemos suplementá-lo com o modo como a luta político-ideológica está inscrita no próprio núcleo do processo económico (era a isto que Marx chamava «luta de classes»», é por isso que fala de «economia política», e um dos nomes desta estranha «ideologia» no próprio núcleo do processo económico, da «ilusão» que sustenta a própria realidade, é «fetichismo da mercadoria»). Por conseguinte, devemos deixar para trás o conceito vulgar do Um (em todas as suas vertentes, até ao Significante-Mestre) como uma «totalização» secundária do campo inconsistente e primordialmente disperso da produtividade. Para exprimir o paradoxo na sua forma mais radical: é o próprio Um que introduz a inconsistência — sem o Um, haveria apenas multiplicidade plana e indiferente. O «Um» é originalmente *o* significante da (auto)divisão, o suplemento/ /excesso decisivo: ao remarcar o real preexistente, o Um divide-o em si mesmo, introduz a sua não-coincidência consigo mesmo. É através desta autodivisão que emerge a subjetividade, e na medida em que, para Marx, o nome desta autodivisão da sociedade é «luta de classes», não nos devemos admirar por, no fim do último volume de *O Capital*, onde Marx tenta definir a luta de classes, encontrarmos novamente a estrutura convoluta da fita de Möbius.([19])

A luta de classes não pode ser reduzida a um conflito entre agentes particulares no seio da realidade social: não é uma diferença entre agentes positivos (que podem ser descritos por meio

---

([19]) Retomo aqui a linha de pensamento do Capítulo 3 do meu *Living in the End Times*, Londres: Verso Books, 2010.

de uma análise social pormenorizada), mas um antagonismo («luta») que constitui esses agentes. O objetivismo «marxista» deve, portanto, ser quebrado duas vezes: no que diz respeito ao *a priori* subjetivo-objetivo da forma de mercadoria e no que diz respeito ao antagonismo trans-subjetivo da luta de classes. A verdadeira tarefa é pensar as duas dimensões juntas: a lógica transcendental da mercadoria como modo de funcionamento da totalidade social, e a luta de classes como o antagonismo que atravessa a realidade social, como o seu ponto de subjetivização. É indicativo deste papel transversal da luta de classes que o manuscrito do *Capital*, vol. III, se interrompa precisamente quando Marx está prestes a fornecer uma clara análise de classe «objetiva» de uma sociedade capitalista moderna:

> A pergunta a responder de seguida é esta: o que é que forma uma classe?, e certamente que isto resulta por si do respondimento à outra pergunta: o que é que faz dos operários assalariados, [dos] capitalistas e [dos] proprietários fundiários os formadores das três grandes classes sociais?
>
> À primeira vista, a mesmidade dos *revenues* e das fontes de *revenue*. São três grandes grupos sociais cujos componentes [os indivíduos que os formam] vivem resp[etivamente] do salário, [do] lucro e [da] renda da terra: da valorização da sua força de trabalho, do seu capital e da sua propriedade fundiária.
>
> Entretanto, deste ponto de vista, p. ex., os médicos e os funcionários formariam também duas classes, pois eles pertencem a dois grupos sociais diferentes, nos quais os *revenues* dos membros de cada um deles decorrem da mesma fonte. O mesmo valeria para a infinita fragmentação dos interesses e das posições em que a divisão do trabalho social cinde os operários, tal como os capitalistas e os proprietários fundiários — estes últimos, p. ex., em possuidores de vinhas, de agros, de florestas, de minas, de pescarias.
>
> [O manuscrito interrompe-se aqui.] ([20])

([20]) Karl Marx, *Capital*, Vol. III, Parte VII: Rendimentos e as Suas Fontes, Capítulo 52, Classes, www.marxists.org/archive/marx/works/1894-c3/ch52.htm. [*O Capital*, Livro Terceiro, Tomo VIII, trad. José Barata-Moura, Lisboa: Editorial «Avante!», 2017, p. 978.]

Este impasse não pode ser resolvido por outra análise «objetiva--social» com cada vez mais distinções aperfeiçoadas — em algum ponto, este processo tem de ser travado com uma intervenção brutal e maciça da subjetividade: a pertença a uma classe nunca é um facto social puramente objetivo, mas é sempre o resultado da luta e do compromisso subjetivo. É interessante observar como o estalinismo se envolveu num impasse similar na sua busca de determinações objetivas de pertença a uma classe: lembremos o impasse classificatório que os ideólogos e ativistas políticos estalinistas enfrentaram na sua luta pela coletivização nos anos 1928–1933. Na sua tentativa de explicar o esforço para esmagar a resistência dos camponeses em termos marxistas «científicos», dividiram os camponeses em três categorias (classes): os camponeses pobres (sem terra ou com um mínimo de terra, que trabalhavam para outros), aliados naturais dos operários; os camponeses médios autónomos, que oscilavam entre os explorados e os exploradores; os camponeses ricos *kulaks* (que empregavam outros trabalhadores, que lhes emprestavam dinheiro ou sementes, etc.), a «classe inimiga» exploradora que, como tal, tinha de ser «liquidada». Contudo, na prática, a classificação era cada vez mais indistinta e inoperante: na pobreza generalizada, os critérios mais claros já não se aplicavam e as outras duas categorias incluíam frequentemente os *kulaks* na sua resistência à coletivização forçada. Uma categoria adicional foi então introduzida, a de *subkulak*, um camponês que, a respeito da sua situação económica, era demasiado pobre para ser considerado um *kulak*, mas que partilhava a atitude «contrarrevolucionária» dos *kulaks*. O *subkulak* era

> um termo sem qualquer verdadeiro conteúdo social mesmo pelos padrões estalinistas, mas apenas mascarado como tal e de forma muito pouco convincente. Como era oficialmente afirmado, «por *kulak* entendemos o detentor de certas tendências políticas que são frequentemente visíveis no *subkulak*, homem ou mulher». Deste modo, qualquer camponês era passível de «*dekulakização*»; e o conceito de *subkulak* era largamente usado, ampliando assim a categoria das vítimas muito para além da maior estimativa oficial de *kulaks*.([21])

([21]) Robert Conquest, *The Harvest of Sorrow*, Nova Iorque: Oxford University Press, 1986, p. 119.

Não admira que os ideólogos e economistas oficiais tenham acabado por renunciar ao esforço de dar uma definição «objetiva» de *kulak*: «As justificações dadas num comentário soviético são que "as velhas atitudes de um kulak quase desapareceram e as novas não se prestam ao reconhecimento".» ([22]) Assim, a arte de identificar um *kulak* já não era uma questão de análise social objetiva; tornou-se uma questão de complexa «hermenêutica da suspeita», de identificar as «verdadeiras atitudes políticas» de uma pessoa escondidas por detrás das proclamações públicas enganadoras, de tal maneira que o *Pravda* teve de reconhecer que «nem os melhores ativistas conseguem, em muitos casos, detectar o *kulak*» ([23]).

Tudo isto aponta para a mediação dialética das dimensões «subjetiva» e «objetiva»: «*subkulak*» já não designa uma categoria social «objetiva»; designa o ponto em que a análise social objetiva entra em rutura e a atitude política subjetiva se inscreve diretamente na ordem «objetiva»; em termos lacanianos, «*subkulak*» é o ponto de subjectivização da cadeia «objetiva», camponês pobre — camponês médio — *kulak*. Não é uma subcategoria (ou subdivisão) «objetiva» da classe dos *kulaks*, mas apenas o nome da atitude política subjetiva «*kulak*»; isto explica o paradoxo de, embora parecendo uma subdivisão da classe dos *kulaks*, os *subkulaks* serem uma espécie que extravasa o seu próprio género (o dos *kulaks*), pois os *subkulaks* também se encontram entre os camponeses médios e até pobres. Em suma, «*subkulak*» designa a divisão política enquanto tal, o Inimigo cuja presença atravessa *todo* o corpo social dos camponeses, razão pela qual se encontra em toda a parte, em todas as três classes de camponeses: «*subkulak*» designa o elemento excessivo que atravessa todas as classes, a excrescência que tem de ser eliminada.

Em todas as classificações «objetivas» de grupos sociais, há um elemento que funciona como *subkulaks* — o ponto de subjectivização disfarçado de subespécie de elementos «objetivos» do corpo social. É este ponto de subjectivização que, no sentido mais estrito do termo, *sutura* a estrutura social «objetiva» — e devemos ter em mente o contraste desta noção de sutura em relação ao uso predominante do termo (o elemento que «sutura» o espaço ideológico, apagando os vestígios da sua dependência da sua «Outra Cena»

([22]) *Ibid.*, p. 120.

([23]) *Ibid.*

descentrada, permitindo-lhe apresentar-se como autossuficiente): o ponto de subjectivização não «sutura» o Interior ideológico, mas *o próprio Exterior*: «sutura» é o ponto de subjectivização que garante a consistência do próprio campo «objetivo». Isto também significa que o processo de diérese não é interminável: chega ao seu fim quando uma divisão já não é uma divisão em duas espécies, mas uma divisão numa espécie e um resto excremental, um substituto informe de nada, uma «parte de parte nenhuma». Neste ponto final, o excremento singular reúne-se com o seu oposto, o universal, ou seja, o resto excremental funciona como um substituto direto do Universal.

Regressemos a Marx e ao seu conceito de luta de classes: a luta de classes também não é uma luta entre grupos sociais que podem ser objetivamente classificados, mas uma divisão que, de forma diagonal, atravessa todo o espaço social. É assim que devemos responder à crítica tradicional de que o problema do cristianismo reside no seu próprio universalismo: esta atitude totalmente inclusiva envolve uma exclusão dos que não aceitam ser incluídos na comunidade cristã. Noutras religiões «particularistas» (e até no islamismo, apesar do seu expansionismo global), há espaço para os outros, são tolerados, mesmo que sejam olhados de forma condescendente. O lema cristão «Todos os homens são irmãos», porém, *também* significa que «Os que não são meus irmãos *não são homens*». Os cristãos costumam enaltecer-se a si mesmos por superarem a noção exclusivista do Povo Eleito e englobarem toda a humanidade — o problema é que, na sua insistência em serem o Povo Eleito com uma ligação direta a deus, os judeus aceitam a humanidade dos outros povos que veneram deuses falsos, enquanto o universalismo cristão tende a excluir os não-crentes da própria universalidade da humanidade. No entanto, esta crítica ignora que o cristianismo não exclui simplesmente os não-crentes noutro gesto classificatório: a sua universalidade é precisamente a universalidade de todos os que são excluídos, do «resto invisível» de todas as divisões classificatórias.

Na sua obra-prima sobre Adorno, Fredric Jameson ([24]) mostra como uma análise dialética inclui o seu próprio ponto de suspensão: numa análise complexa das mediações, Adorno faz de repente

---

([24]) Ver Capítulo 1 em Fredric Jameson, *Late Marxism: Adorno, Or, The Persistence of the Dialectic*, Londres: Verso Books, 1990.

um gesto vulgar de «reducionismo», interrompendo um fluxo de elegância dialética afirmando algo simples como «no fundo, tudo tem que ver com a luta de classes». É assim que a luta de classes funciona numa totalidade social: não é a sua «base mais profunda», o seu princípio estrutural profundo que medeia todos os seus momentos, mas algo muito mais superficial, o ponto em que falha uma análise complexa infindável, um gesto de salto em frente para uma conclusão quando, num ato de desespero, erguemos as mãos e dizemos: «Mas, afinal de contas, tudo isto tem que ver com a luta de classes!» Aquilo que devemos ter aqui em mente é que esta falha da análise é imanente à própria realidade: é como a sociedade se totaliza a si mesma através do seu antagonismo constitutivo. Por outras palavras, a luta de classes *é* uma pseudototalização rápida no momento em que a totalização propriamente dita falha, é uma tentativa desesperada de usar o próprio antagonismo como princípio de totalização.

Assim, há uma justiça (não tanto poética quanto) teórica no facto de o manuscrito de *O Capital* se interromper com a análise da classe: devemos ler esta interrupção, não como um indicador da necessidade de mudar a abordagem teórica da análise social--objetiva para uma análise mais subjetiva, mas como um indicador da necessidade de virar o texto reflexivamente para si mesmo, vendo como todas as categorias até então analisadas, desde o início como uma simples mercadoria, envolvem a luta de classes. E para se perceber claramente esta estrutura paradoxal da luta de classes não apenas como a luta entre dois grupos sociais particulares, mas como a luta de duas universalidades, a luta que divide a própria universalidade, temos de introduzir outra complicação na lógica da sutura. Não basta dizer que o elemento de sutura (ponto de estofo) é uma ponte que «estofa» dois níveis diferentes (a nossa realidade e o Mundo Médio na *Torre Negra* de Stephen King, a representação subjetiva e a realidade objetiva na ontologia social, etc.) Devemos dar mais um passo e redobrar o próprio ponto de estofo: para usar o exemplo da teoria da sociedade de Hegel, num edifício social, o ponto que o sutura tem uma face dupla, é simultaneamente o excesso no topo do edifício social (rei, líder) e o excesso na sua base, a «parte de parte nenhuma» do corpo social, os que nele não têm lugar próprio, a que Hegel chamava *Pöbel* (ralé). É claro que estamos a ler aqui Hegel contra a sua letra, pois ignorava como a ralé, no seu próprio estatuto de excesso destrutivo da totalidade social, é «parte de parte nenhuma», é a «determinação reflexiva» da totalidade enquanto tal, a encarnação imediata da sua universalidade, o elemento particular graças ao qual a totalidade social se encontra entre os seus elementos e, como tal, a constituinte fundamental da sua identidade. (Observe-se a subtileza dialética desta última característica: aquilo que «sutura» a identidade de uma totalidade social enquanto tal é o próprio elemento «flutuante» que dissolve toda a identidade fixa de um elemento intrassocial.) É por isso que Frank Ruda(25) tem toda a razão em ler as passagens breves de Hegel sobre a ralé (*Pöbel*) na sua *Filosofia do Direito* como um ponto sintomático de todo o seu pensamento do direito ou até de todo o seu sistema. Se Hegel tivesse percebido a dimensão universal da ralé, teria inventado o sintoma (como fez Marx, que via no proletariado a encarnação dos impasses da sociedade existente, a classe universal).(26) Ou seja, aquilo que torna sintomática a noção de ralé é o facto de descrever um excesso «irracional» do Estado racional moderno que é necessariamente produzido, um grupo de pessoas para quem não há lugar no seio da totalidade organizada do Estado moderno, embora dele façam formalmente parte; enquanto tal, exemplificam perfeitamente a categoria da universalidade singular (um singular que encarna diretamente uma universalidade, contornando a mediação pelo particular), daquilo a que Jacques Rancière chamava a «parte de parte nenhuma» do corpo social.(27)

É correto conceber o sintoma como um sintoma de normalidade: não é apenas um sinal de que a ordem normal não funciona, que algo está nela errado, de maneira que, para recuperar a normalidade, temos de eliminar as causas que deram origem a um sintoma; de forma mais radical, um sintoma é um sintoma da própria normalidade, de algum desequilíbrio que faz parte da própria ordem normal. Por exemplo, para os marxistas, as crises económicas não são apenas perturbações no funcionamento normal da vida económica: são perturbações que indicam que há algo de errado no próprio sistema normal, de maneira que, para eliminar essas perturbações, temos de alterar radicalmente

(25) Baseio-me aqui na obra de Frank Ruda, *Hegel's Rabble: An Investigation into Hegel's Philosophy of Right*, Nova Iorque: Continuum, 2011.

(26) Devo esta formulação a Mladen Dolar.

(27) Ver Jacques Rancière, *La Mésentente*, Paris: Galilée, 1995.

o próprio sistema. No mesmo sentido, para Freud, um sintoma histérico, por exemplo, indica que há algo de errado na própria constituição básica do sujeito — a lição de Marx e de Freud é que só focando-nos nos sintomas (falhas, maus funcionamentos) podemos trazer ao de cima a estrutura verdadeira mais profunda do sistema (económico, psíquico) «normal». No entanto, devemos dar aqui mais um passo: um sintoma não é apenas um sintoma de normalidade (do que nele está errado, gorado); *a normalidade é enquanto tal um sintoma*, uma formação de sintoma que cobre um antagonismo no núcleo do aparelho psíquico. A normalidade, a ordem normal das coisas (como a estrutura psíquica «normal» de um indivíduo funcional e totalmente adaptado aos seus ambientes sociais) é sempre uma formação-compromisso de sintomas, uma maneira de combinar forças antagónicas num equilíbrio precário que me permite sobreviver na minha sociedade. Por isso, se quisermos entender a psique normal(izada), temos de a interpretar como um sintoma. Por exemplo, os «desvios» sexuais não devem ser apenas tratados como sintomas para explicar como emergiram devido a perturbações no funcionamento normal da sexualidade — a própria norma(lidade) heterossexual também deve ser tratada como um sintoma, como uma tentativa desesperada de permitir que um ser humano encontre algum equilíbrio na confusão contraditória da sua sexualidade. A heterossexualidade «normal» não emerge num processo suave «natural», a sua formação envolve cortes brutais, repressões e regressos dos oprimidos.

Do *cross-cap* à garrafa de Klein

Este caso extremo de antagonismo conduz-nos ao limiar da topologia do *cross-cap*. No *cross-cap*, o antagonismo ou diferença separa os dois níveis convolutos que são suturados com uma linha de estofo, enquanto, no caso da diferença que separa as aparências do Em-si, os dois níveis já não são simétricos, pois, estruturalmente (e não temporariamente, claro), um nível vem primeiro, mas é barrado por uma impossibilidade imanente, e o segundo nível surge para preencher o vazio desta impossibilidade. O limite da reflexão (essência) reside no facto de a diferença continuar a ser uma diferença entre dois polos externos (duas classes, dois sexos); aquilo que nos escapa neste nível é a assimetria radical dos dois polos: não há Dois, só há Um e o seu resto/excesso, a marca da sua impossibilidade — em suma, a diferença não é entre os dois Uns, há apenas o Um e a sua Diferença.

Consideremos o caso (talvez inesperado) da diferença sexual. Para resolver o problema da classificação exaustiva que enumeraria todas as orientações sexuais, de maneira a que ninguém ficasse de fora, a ideologia LGBT acrescentou um + que serve para incluir todas as orientações deixadas de fora: LGBT+. No entanto, isto levanta a questão: o + é apenas um substituto das orientações em falta como «e outras», ou uma pessoa poderá ser diretamente um +? A resposta propriamente dialética é: sim, pode ser — na série, há sempre um elemento excecional que, claramente, não lhe pertence e, assim, dá corpo a +. No caso das listas LGBT+, podem ser «aliados» (indivíduos «honestos» não-LGBT), «assexuais» (que negam todo o campo da sexualidade) ou «indecisos» (que flutuam, incapazes de adotar uma orientação determinada). (A propósito, aqui, os «aliados» desempenham exatamente o mesmo papel que os *subkulaks* no inventário estalinista: sendo alegadamente apenas outro ponto na lista classificatória das identidades de género, é efetivamente o marcador de uma orientação subjetiva em relação às identidades de género sem qualquer característica específica de género.) Não podemos deixar de observar como os «assexuais», os «indecisos» e os «aliados» formam uma espécie de tríade hegeliana: enquanto seres universais, todos somos assexuais; no que diz respeito à nossa identidade particular, estamos sempre indecisos; quanto à tarefa ético-política singular, devemos ser sempre aliados. Assim, como nos devemos identificar com esta tríade? A única coisa certa a fazer é afirmar os três termos como componentes universais da sexualidade: na medida em que somos seres sexualizados, todos «questionamos» a nossa identidade sexual (a incerteza sobre a nossa identidade faz parte do ser sexualizado), somos potencialmente «assexuais» (tentados pela perspetiva de abandonar a sexualidade, pois só deste modo podemos adquirir alguma certeza: dado que qualquer forma de sexualidade é sempre particular, a única maneira de ser universalmente sexual é parecer assexual — deste modo, o género da sexualidade encontra-se a si mesmo como a sua própria espécie, na sua determinação oposicional), e «aliados» (numa perspetiva emancipatória, todos devemos tratar-nos uns aos outros como «aliados» na luta pela emancipação).

No entanto, do ponto de vista lacaniano, devemos passar do X como sinal de uma tarefa ética infinita (o trabalho nunca está feito, novas identidades surgirão ou serão sempre descobertas) para o impasse ontológico: como diz Alenka Zupančič, a fórmula mínima da diferença sexual é simplesmente M+: a identidade masculina (fálica) mais algo a ser acrescentado.([28]) A feminilidade não é outra identidade, uma contraposição para complementar a posição masculina, mas o seu suplemento impossível. Esta falha da classificação *é* a sexualidade; assim, não basta dizer que a classificação sexual falha sempre — a falha da identidade é constitutiva da sexualidade. É claro que isto não implica, de modo algum, que as mulheres sejam menos que os homens, apenas uma adenda enigmática à identidade masculina: muito pelo contrário, o + significa a própria subjetividade como o questionamento de qualquer identidade. Na medida em que o questionamento da identidade que nos é atribuída é a característica básica da histeria — a questão do histérico é a seguinte: «Porque sou o que dizes que sou?» — e na medida em que a histeria é feminina, podemos agora entender porque podemos escrever a diferença sexual (não como M/F, mas) como M+: a posição da mulher é a do questionamento da identidade. Infelizmente, grande parte da ideologia transgénero é permeada pelo impulso (obsessivo «masculino») de impor uma nova classificação das identidades de género.

Podemos dizer o mesmo em termos de nominalismo *versus* realismo. Na perspetiva nominalista, + é um sinal do excesso de realidade que nunca podemos apreender por completo com os nossos quadros conceptuais; assinala que a nossa classificação nunca será completa, que algo sempre lhe escapará; assim, devemos estar cientes disto e manter o espírito aberto em relação a novas entidades. Não há universalidade *per se*, há apenas listas sempre incompletas de particulares. Do ponto de vista transgénero, devemos apenas esforçar-nos por estabelecer uma lista de todas as identidades sexuais, com a consciência de que algo nos escapará sempre. Na perspetiva realista (hegeliana e materialista-dialética), pelo contrário, a questão não é que, pela autoarticulação do conceito, podemos estabelecer uma lista completa das espécies particulares (ou uma classificação completa): +, o marcador daquilo que é deixado de fora, não é apenas um sinal da nossa limitação

---

([28]) Comunicação pessoal.

epistemológica, mas uma entidade positiva em si mesma, uma entidade que dá corpo à negatividade que caracteriza qualquer universalidade. Em suma, uma classificação mínima de um género nas suas espécies particulares não é a sua divisão em duas espécies (como humanos = homens + mulheres), mas numa espécie e um +, uma entidade paradoxal que, no interior do espaço da espécie, representa a universalidade do género na sua determinação oposicional, um ponto onde o género se encontra a si mesmo entre a sua espécie.

Vale exatamente a mesma lógica para o *objet a* em relação à série de outros objetos de desejo «normais» (empíricos e contingentes). Podemos desejar isto ou aquilo e, no caso LGBT+, a lista nunca está completa; assim, ao descrevermos o alcance do nosso desejo, devemos ter sempre o cuidado de acrescentar um + para novos objetos que possam aparecer. Kant permanece neste nível: a nossa capacidade de desejar é empírica, não tem uma dimensão transcendental *a priori*, não há desejo «puro», não há desejo que não vise objetos empíricos contingentes. Pode dizer-se que Lacan radicaliza Kant neste ponto: há um desejo «puro», um desejo que visa um objeto formal *a priori*; de maneira que podemos dizer que Lacan apresenta uma crítica do desejo puro. Este objeto puro do desejo é o *objet a*, que, de forma análoga ao LGBT+, pode ser visto como dando corpo ao próprio +, a esse «algo» que visamos no nosso desejo e que é mais do que todos os objetos de desejo empíricos e contingentes. O *objet a* é este excesso reflexivamente concebido como um objeto particular, o vazio em torno do qual o desejo circula, o não-objeto que surgia como um objeto adicional.

Aqui reside o cerne da questão: o movimento LGBT tem razão em «desconstruir» a oposição sexual normativa tradicional, em desontologizá-la, reconhecendo nela uma construção histórica contingente repleta de tensões e inconsistências; no entanto, reduz esta tensão ao facto de a pluralidade das orientações sexuais estar presa no colete-de-forças normativo da oposição binária do masculino e do feminino, com a ideia de que, se nos libertarmos deste colete-de-forças, teremos uma multiplicidade florescente de orientações sexuais (LGBT, etc.), cada uma com uma consistência ontológica plena: depois de nos libertarmos do colete-de-forças binário, posso reconhecer-me plenamente como homossexual, bissexual ou qualquer outra coisa. Do ponto de vista lacaniano, porém, a tensão antagónica é irredutível, é constitutiva do sexual enquanto tal, e nenhuma quantidade de diversificação e multiplicação classificatória pode salvar-nos dela. A homologia com o antagonismo de classes pode ser aqui útil. Na sua crítica concisa da noção de «modernidade alternativa», Fredric Jameson refere-se à «universalidade concreta» hegeliana:

> Como podem os ideólogos da «modernidade», no sentido corrente da palavra, distinguir o seu produto — a revolução da informação e a modernidade do mercado livre e globalizado — do tipo detestável mais antigo, sem se envolverem nas sérias questões políticas, económicas e sistémicas que o conceito de uma pós-modernidade torna inevitável? A resposta é simples: falam de modernidades «alternativas». Toda a gente conhece agora a fórmula: isto significa que pode haver para cada um uma modernidade que seja diferente do modelo comum ou hegemónico anglo-saxónico. Tudo aquilo de que não se goste neste modelo, incluindo o facto de colocar tantos numa posição subalterna, pode-se eliminar pela noção tranquilizadora e «cultural» de que é possível moldar uma modernidade própria de maneira diferente, de modo que pode haver um tipo latino-americano, um tipo indiano, um tipo africano, etc... Mas isto é ignorar o outro sentido fundamental da modernidade, que é o de um capitalismo mundial.([29])

A importância desta crítica vai muito além do caso da modernidade — diz respeito à limitação fundamental da historicização nominalista. O recurso à multiplicidade («não há uma modernidade com uma essência fixa, há múltiplas modernidades, cada uma irredutível às outras») é falso, não por não reconhecer uma «essência» única e fixa da modernidade, mas porque a multiplicação funciona como a rejeição do antagonismo inerente à noção de modernidade como tal: a falsidade da multiplicação reside no facto de libertar a noção universal de modernidade do seu antagonismo, do modo como está integrado no sistema capitalista, relegando este aspeto para apenas uma das suas subespécies históricas. (Não devemos esquecer que a primeira metade do século XX já foi marcada por dois grandes projetos que se encaixam perfeitamente nesta noção de «modernidade alternativa»: o fascismo e o comunismo.

([29]) Fredric Jameson, *A Singular Modernity*, Londres: Verso Books, 2002, p. 12.

A ideia básica do fascismo não era a de uma modernidade que fornecesse uma alternativa à modernidade liberal e capitalista anglo-saxónica, de salvar o núcleo da modernidade capitalista ao eliminar a sua distorção «contingente» individualista judaica baseada no lucro? E a rápida industrialização da URSS em finais dos anos 1920 e nos anos 1930 não era também uma tentativa de modernização diferente da capitalista ocidental?) E, na medida em que este antagonismo inerente podia ser designado como uma dimensão «castradora» e em que, segundo Freud, a rejeição da castração é representada como a multiplicação dos representantes do falo (uma multidão de falos assinala a castração, a falta de um falo), é fácil conceber essa multiplicação de modernidades como uma forma de rejeição fetichista.

A crítica de Jameson à noção de modernidades alternativas fornece assim um modelo da relação propriamente dialética entre o Universal e o Particular: a diferença não está no lado do conteúdo particular (como a tradicional *differentia specifica*), mas no lado do Universal. O Universal não é o repositório que engloba o conteúdo particular, o pano de fundo médio e pacífico do conflito das particularidades; o Universal «enquanto tal» é o lugar de um antagonismo insustentável, de autocontradição, e as (a multidão das) suas espécies particulares são apenas as muitas tentativas de ofuscar, reconciliar, dominar este antagonismo. Por outras palavras, o Universal designa o lugar de um Problema-Impasse, de uma Questão gritante, e os Particulares são as Respostas tentadas, mas falhadas a este Problema. Por exemplo, o conceito de Estado identifica um certo problema: como conter o antagonismo de classes de uma sociedade? Todas as formas particulares de Estado são outras tantas tentativas (falhadas) de propor uma solução para este problema… E o mesmo vale para a diferença sexual: é claro que cada forma particular de diferença sexual é historicamente específica, mas todas estas formas são uma reação à universalidade do antagonismo que define a sexualidade, e não a atualização imperfeita de uma forma ideal.

A diferença sexual, portanto, não é a diferença entre os dois sexos, mas a (mesma) diferença que brota do interior de cada um dos dois sexos, que frustra cada um deles, tornando-o diferente de si mesmo. Não é uma diferença de duas identidades, masculina e feminina, mas uma diferença entre identidade e diferença enquanto tal, uma diferença «pura»: + não representa a espécie ainda-não-identificada de sexualidade, mas a diferença enquanto tal. Esta diferença não é uma *differentia specifica*, mas uma diferença autorrelativa universal, enquanto M representa uma identidade específica/particular. No pensamento social de Hegel, o + é a ralé, um grupo social sem lugar na ordem social; no que diz respeito à diferença sexual, o + é mulher. Isto significa que a humanidade não é um género com duas espécies (homens e mulheres, que podem então ser pulverizadas numa série de espécies): a diferença sexual é, no fundo, a diferença entre o homem como uma espécie e a mulher como um +, o elemento que representa a universalidade do ser humano. Mais uma vez (como sugere a antropologia tradicional), não é que o homem seja universal, representante do ser humano enquanto tal, e a mulher particular; o homem representa a particularidade de uma espécie do género humano e a mulher é o elemento fora do lugar que representa a sua universalidade.

Ainda temos outra opção: Ciara Cremin propôs a escolha de outro sinal em vez do + para aquilo que escapa à identidade classificatória, uma vez que

> o + representa um nome que está alegadamente ausente da cadeia de significação LGBT: há orientações que as letras não representam. Mas e aqueles que não têm um nome por não quererem ser definidos pela mesma categoria de sexo ou género a que esta cadeia particular pertence? Será necessário outro sinal para reconhecer uma rejeição dos nomes? [...] Um sinal para uma identificação sem identidade ou rejeição de um nome [...] é necessário para que seja registada uma atitude de solidariedade com os que se identificam como não-normativos. Talvez parêntesis retos para a identidade na não-identidade e, de forma a politizar toda a cadeia de significantes, para representar uma posição antagónica em relação ao capitalismo patriarcal, uma barra inclinada para a frente, compondo assim LGBT+[]/. Quando o último sinal, a barra inclinada para a frente, deixar de ser necessário porque o antagonismo já não existe, todas as outras significações da cadeira tornam-se desnecessárias porque já não há uma inibição estrutural à expressão livre da sexualidade humana.([30])

([30]) Ciara Cremin, *Man-Made Woman*, Londres: Polity Press, 2017, p. 42.

Embora eu reconheça totalmente a pertinência destas observações, acho-as problemáticas. Em primeiro lugar, não penso que o inimigo antagónico, hoje, seja o «capitalismo patriarcal»: a oposição entre patriarcado (dos conservadores da direita alternativa) e a afirmação da fluidez das múltiplas orientações sexuais é estritamente imanente ao capitalismo global atual e, nesta oposição, a afirmação da fluidez é a hegemónica, enquanto a reação patriarcal a isso é estritamente uma reação secundária.([31]) Os verdadeiros representantes do capitalismo global são figuras como Tim Cook, que apoiam totalmente o LGBT+.

Em segundo, a ideia de que devemos lutar por uma situação em que «já não há uma inibição estrutural à expressão livre da sexualidade humana» ignora os antagonismos e as inibições que são constitutivos da sexualidade humana enquanto tal, ou seja, ignora aquilo que Lacan tenta capturar com a sua fórmula «não há relação sexual». Um dos lemas da ideologia transgénero é «Que o mundo desaprenda o género!» — como disse uma artista-ativista em Pittsburgh: «Penso que desaprender o género significa que os rapazes e as raparigas devem exprimir-se como quiserem e sem que as pessoas lhes digam "Tu és uma rapariga, portanto tens de fazer isto" ou "Tu és um rapaz, tens de ir para ali". É a grande questão e é muito difícil para as pessoas sentirem uma coisa ou a outra.» A artista-ativista prossegue, afirmando que «muitos povos indígenas, culturas não-ocidentais e pessoas intersexuais acreditam há muito que há mais do que dois géneros»([32]). Pondo de lado o carácter dúbio da afirmação, será que as culturas não-ocidentais não permeadas pela cosmologia sexualizada dos dois princípios (masculino e feminino, *yin* e *yang*, luz e trevas) estão presas na luta eterna? O pressuposto do feminismo radical moderno não é que o sujeito é o *cogito* cartesiano, um sujeito «vazio» privado de aspetos

([31]) Há cerca de um ano, fui convidado para jantar numa grande universidade da Ivy League e, antes de começarmos a comer, pediram-nos que revelássemos o nosso campo de trabalho e a nossa orientação sexual. Uma jovem descreveu-se como «alegremente bissexual» e, depois, quando me envolvi numa conversa, ela disse-me que era estritamente heterossexual, mas não quis dizer isto porque pareceria inapropriadamente conservadora, o que poderia prejudicar-lhe as oportunidades — a fluidez bissexual era o que estava na berra...

([32]) Da reportagem «Changing Frame», *Pittsburgh City Paper*, 1 de novembro de 2017, p. 10.

positivos? Devemos levar em conta a oposição entre a imposição social do binário de género (a sociedade a dizer-nos o que devemos ser) e a necessidade de os indivíduos «se exprimirem como quiseram e sem que as pessoas lhes digam», como se os indivíduos tivessem uma identidade interna anterior à sua mediação social, um Si-mesmo interior que quer exprimir-se sexualmente, ou seja, como se o seu núcleo interno não pudesse estar já frustrado em si mesmo, preso em antagonismos.

Em terceiro, por causa deste antagonismo constitutivo, é demasiado fácil celebrar os que rejeitam qualquer identidade fixa (capturada num nome): a sexualidade humana enquanto tal mina qualquer identidade fixa, qualquer determinação simbólica fixa, de maneira que qualquer identidade (até as mais elementares, «masculino» e «feminino») já é uma «identidade na não-identidade». Quanto à rejeição da normatividade patriarcal, nunca devemos esquecer que a posição LGBT+ envolve a sua própria contranormatividade: os que rejeitam a identidade são claramente vistos como ética e politicamente superiores aos que seguem a normatividade heterossexual tradicional.

Uma crítica muitas vezes feita às minhas observações sobre o MeToo ou o LGBT+ é que a posição de enunciação importa: quando um sujeito transgénero ou uma mulher falam publicamente sobre a sua situação difícil, não devemos interpretar as suas declarações apenas tendo em conta os seus conteúdos objetivos, pois a posição subjetiva a partir da qual falam faz parte do seu valor de verdade. Por outras palavras, o MeToo e o LGBT+ não são apenas conjuntos de (novas) proposições sobre as identidades e práticas sexuais que devem ser julgadas «objetivamente»; são sobretudo autodescrições dos participantes (desprivilegiados) nessas práticas, ou seja, são atos performativos que mudam o próprio (sujeito-)objeto da sua descrição: quando uma mulher apresenta opiniões do MeToo, este ato muda a própria mulher de uma vítima passiva para uma lutadora empenhada pelos seus direitos. No entanto, embora isto seja verdade, também devemos ter em mente que a referência à posição de enunciação não torna as proposições do MeToo e do LGBT+ automaticamente autênticas: o (novo) sujeito que emerge assim também pode ser ideologicamente distorcido, assombrado pela autovitimização moralista ou por uma raiva agressiva, mascarando os antagonismos que atravessam a sua identidade fraturada.

Um pescoço na caverna de Platão

Em outubro de 2017, noticiou-se que fora descoberto por arqueólogos um túnel de trinta metros de comprimento escondido nas paredes de calcários e granito da Grande Pirâmide de Gizé; dado que a sua função não é clara, referem-se a ele simplesmente — e de forma muito adequada — como «o Vazio».([33]) A pirâmide confirma-se assim uma *Ding* gigantesca no sentido heideggeriano, uma forma maciça envolvendo o vazio que é o seu verdadeiro «objeto». De onde vem esta estranha necessidade de redobrar o vazio, de isolar um espaço no vazio infinito do nosso universo e, no meio deste enclave, reproduzir outro vazio? Para percebermos isto, temos de alterar a nossa visão mais básica da realidade.

Atualmente, a visão filosófica predominante é uma de abertura ao mundo: não estamos separados da realidade externa pela parede ou pelo ecrã das nossas representações mentais, estamos sempre-já no mundo, lançados para ele e envolvidos nele; assim, a questão (como Heidegger disse) «como podemos ir além das representações para a própria realidade?» é errada, pressupõe o fosso (entre as nossas representações das coisas e as próprias coisas) que tenta atravessar. A visão predominante é correta no sentido em que toda a imagem do nosso Si-mesmo «dentro» e da realidade externa «fora», com o problema concomitante de como sair da minha mente e aceder à realidade externa tal como é em si mesma, deve ser descartada; no entanto, não deve ser descartada nesta maneira predominante de afirmar o nosso «ser-no-mundo» (estamos sempre-já lançados no mundo). Seguindo o modelo do espaço convoluto, devemos, ao invés, explorar como, se formos bem ao fundo do «interior» do nosso Si-mesmo, atrás da autoexperiência fenoménica do nosso pensamento, voltamos a encontrar-nos no exterior (imanente) dos processos neuronais: o nosso Si-mesmo singular dissolve-se num pandemónio de processos cujo estatuto é cada vez menos «psíquico» no sentido habitual do termo. O paradoxo, portanto, é que só «sou» um Si-mesmo à distância, não só da realidade externa, mas também do meu interior mais profundo: o meu interior permanece interior apenas na medida em que não me aproximar muito dele. Assim, devemos propor outro modelo

([33]) Ver http://edition.cnn.com/2017/11/02/world/new-void-in--pyramid-of-giza-trnd/index.html.

para substituir o par da minha vida «interior» e da realidade «exterior»: do Si como um ecrã frágil, uma superfície fina que separa os dois exteriores, o da realidade externa e o do real.

Contra a visão predominante, devemos, portanto, afirmar descaradamente a ideia de que vivemos num universo fechado, como prisioneiros na caverna de Platão. Podemos assim recontar a história da caverna. Numa abordagem geral, devemos ler a parábola de Platão como um mito no sentido de Lévi-Strauss, de maneira a procurarmos o seu significado não pela sua interpretação direta, mas identificando-o numa série de variações, ou seja, comparando-o com outras variações da mesma história. O quadro elementar do chamado pós-modernismo pode, de facto, ser concebido como a rede de três modos de inversão da alegoria de Platão. Em primeiro lugar, temos a inversão do sentido da fonte central de luz (Sol): e se este centro for uma espécie de Sol Negro, uma Coisa Má, terrível e monstruosa, e, por *esta* razão, impossível de sustentar? Em segundo, e se (na esteira das *Esferas* de Sloterdijk) invertermos o sentido da caverna? Lá fora, na superfície do planeta, está frio e vento, demasiado perigoso para sobreviver e, assim, as pessoas decidiram escavar a caverna para terem um abrigo, um lar, uma esfera. Deste modo, a caverna surge como o primeiro modelo de construção de um lar, um local seguro e isolado para viver — a construção da nossa caverna é aquilo que nos distingue dos animais, o primeiro ato de civilização. Por último, temos a variação pós-moderna tradicional: o verdadeiro mito é precisamente a ideia de que, fora do teatro das sombras, há alguma «verdadeira realidade» ou um Sol central — tudo o que existe são teatros de sombras diferentes e a sua interação interminável. A inversão lacaniana da história teria sido que, para nós, dentro da caverna, o Real fora da caverna só pode aparecer-nos como uma *sombra de uma sombra*, como uma diferença entre diferentes modos ou domínios de sombras. Assim, o que acontece não é apenas que a realidade desaparece no jogo das aparências; o que acontece nesta mudança é que a própria irredutibilidade da aparência em relação ao seu suporte substancial, a sua «autonomia» em relação a este suporte, engendra uma Coisa própria, a verdadeira «Coisa real».

Além disso, há um aspeto da história da caverna de Platão que diz respeito à tensão mais interna do processo de emancipação, gerando outra versão da inversão da fita de Möbius, desta vez entre liberdade e servidão:

> A saída da caverna não começa quando um dos prisioneiros é libertado das suas correntes (como Heidegger mostra, isto não é suficiente para o libertar do apego libidinal às sombras), mas sim quando é obrigado a sair. Este deve ser claramente o lugar para a função (libidinal, mas também epistemológica, política e ontológica) do senhor. Este só pode ser um senhor que não me diz precisamente o que fazer, um senhor do qual não me posso tornar um instrumento, mas deve ser um senhor que apenas «me devolve a mim mesmo». E, num certo sentido, podemos dizer que isto pode ser ligado à teoria da anamnese de Platão (recordar aquilo que nunca se soube) e implica que o senhor apenas afirme ou me dê a possibilidade de afirmar que «eu posso fazer isto», sem me dizer o que é isto e, assim, sem me dizer (demasiado) quem eu sou.([34])

Este aspeto crucial da figura do autêntico senhor foi apresentado em termos simples e precisos na segunda estrofe de «Sketches of China», de Paul Kantner e Grace Slick — apesar da mítica China a que a canção se refere, a referência maoista é facilmente discernível:

> Não sabes como é esse homem
> Ele não quer saber se pensas que sabes
> Alguém te irá conduzir
> Se esse homem tiver um sorriso no rosto
> Mais tarde ou mais cedo estás destinado a ir

O senhor autêntico que nos irá conduzir *não* é aquele que se preocupa connosco, que diz «Sinto a tua dor» à maneira de um Bill Clinton e tretas similares; ele é profundamente *indiferente* à nossa situação, o sorriso no seu rosto não se dirige a nós, mas à Causa universal que o move. Esta indiferença significa que o senhor autêntico não se dirige diretamente a mim com um apelo a segui-lo — segui-lo é a minha própria decisão livre. A questão que Ruda aqui apresenta é subtil: não é apenas que, se ficar sozinho na caverna, mesmo sem correntes, prefiro ficar aí, de maneira que um senhor tem de me obrigar a sair — tenho de me voluntariar a ser obrigado a sair, da mesma maneira que, quando um sujeito

---

([34]) Frank Ruda, comunicação pessoal.

entra na psicanálise, voluntaria-se, ou seja, aceita voluntariamente o psicanalista como seu senhor (ainda que de um modo muito específico):

> A referência ao senhor em termos psicanalíticos levanta uma questão: significará isto que aqueles que precisam de um senhor estão — sempre já — na posição do analisando? Se — politicamente — esse senhor é necessário para que um indivíduo se torne o que é (para usar a expressão de Nietzsche) e isto puder ser estruturalmente ligado à libertação do prisioneiro da caverna (forçado a sair depois de as correntes lhe terem sido retiradas e mesmo assim não querer sair), levanta-se a questão sobre como ligar isto à ideia de que o analisando deve constitutivamente ser um *voluntário* (e não apenas escravo ou servo). Em suma, tem de haver uma dialética do senhor e do voluntário: uma dialética porque o senhor, em certa medida, constitui o voluntário como voluntário (liberta-o da posição que antes parecia inquestionável), de maneira que se torna voluntariamente seguidor da injunção do senhor pela qual este se torna supérfluo — mas talvez apenas por um certo período, depois do qual é preciso repetir este processo (nunca saímos totalmente da caverna, por assim dizer, de maneira que temos de reencontrar constantemente o senhor, e a ansiedade a ele ligada, de maneira que tem de haver sempre uma repontuação se as coisas voltarem a ficar presas ou mortalmente habituais).([35])

O que complica mais esta imagem é que

> o capitalismo assenta maciçamente no trabalho não-pago e, por isso, estruturalmente «voluntário». Para usar os termos de Lenine, há voluntários e «voluntários»; assim, talvez tenhamos de distinguir não só entre diferentes tipos de figuras de senhor, mas também de ligá-los (se a ligação à psicanálise for deste modo pertinente) a diferentes compreensões do voluntário (ou seja, o analisando). Mesmo o analisando enquanto voluntário deve ser, de algum modo, forçado à análise. Isto pode parecer uma recuperação das leituras clássicas da dialética do senhor e do escravo, mas penso que devemos ter em mente que, logo que o escravo se identifica como escravo, deixa de ser escravo, enquanto o trabalhador voluntário

([35]) Frank Ruda, comunicação pessoal.

no capitalismo se pode identificar como aquilo que é sem que nada mude (o capitalismo interpela as pessoas como «nadas», voluntários, etc.).([36])

Os dois níveis de voluntariado (que são, ao mesmo tempo, dois níveis de *servitude volontaire*) não só são diferentes em relação ao conteúdo da servidão (aos mecanismos do mercado, a uma causa emancipadora), como a sua própria forma é diferente. Na servidão capitalista, sentimo-nos simplesmente livres, enquanto, na libertação autêntica, aceitamos a servidão voluntária como servindo uma causa e não a nós próprios. No funcionamento cínico do capitalismo atual, posso saber muito bem o que estou a fazer e continuar a fazê-lo — o aspeto libertador do meu conhecimento é suspenso —, enquanto, na dialética autêntica da libertação, a consciência da minha situação já é o primeiro passo para a libertação. No capitalismo, sou escravizado precisamente quando me «sinto livre», este sentimento é a própria forma da minha servidão; no processo emancipatório, por outro lado, sou livre quando me «sinto como escravo», ou seja, o próprio sentimento de ser escravizado já testemunha o facto de, no centro da minha subjetividade, eu ser livre — só quando a minha posição de enunciação é a de um sujeito livre é que posso experienciar a minha servidão como uma abominação. Assim, temos aqui duas versões da inversão da fita de Möbius: se seguirmos até ao fim a liberdade capitalista, torna-se a própria forma de servidão, e se quisermos sair da *servitude volontaire* capitalista, a nossa afirmação da liberdade tem de assumir a forma do seu oposto, da servidão voluntária a uma causa.

Por conseguinte, acrescentemos outra versão da caverna de Platão, a do interior da garrafa de Klein. Um viajante/sujeito caminha pela superfície arredondada da protorrealidade e cai no abismo (como um átomo a cair no atomismo grego antigo); em vez de desaparecer simplesmente no abismo, o viajante/sujeito faz um desvio clinamenesco, vira para o lado o tubo para onde está a cair, depois faz uma inversão de sentido e acaba a olhar para a superfície arredondada da caverna (que é a mesma superfície em que caminhava no início, mas desta vez vista a partir de dentro). Aquilo que um espectador vê dentro da garrafa é como o monólito apresentado na pintura *Ilha dos Mortos* de Arnold Böcklin (entre

([36]) Frank Ruda, comunicação pessoal.

muitas outras referências, foi usado por Patrice Chéreau como o modelo da rocha de Brünnhilde na sua famosa encenação do *Anel* de Wagner em 1976) — um espaço fechado que evoca um cenário de palco.

Este espaço circular fechado é, obviamente, sustentado por uma complexa maquinaria de palco — mas a nossa consciência disso, paradoxalmente, não lhe arruína o efeito mágico. Mais ameaçadora do que a consciência desta maquinaria é a protuberância (tubo) que funciona como ponto cego na imagem, o ponto em que nós, espectadores, estamos nele inscritos. Se chegar um idiota a querer eliminar esta protuberância, o resultado não seria uma imagem perfeita, mas a dissolução do nó que a mantém coesa e, assim, uma desintegração completa da (sua) realidade. «Eu era o mundo no qual caminhava, e o que via / ouvia ou sentia só vinha de mim mesmo» (Wallace Stevens) — a tarefa é ler estas linhas de uma forma totalmente não-solipsista: não é que eu seja a única fonte da minha realidade, de tal maneira que ela só exista na minha mente, mas eu e a minha realidade formam um todo (truncado) que se desintegra se eu me separar dela, e aquilo que o modelo da garrafa de Klein nos permite fazer é mostrar o processo pelo qual emerge este todo fechado.

Devemos observar aqui que esta perspetiva é confirmada pelas ciências cognitivas atuais. Thomas Metzinger([37]) propõe uma releitura/radicalização das três metáforas tradicionais da mente humana: a caverna de Platão, a metáfora representacionalista e a metáfora de um simulador total de voo. Quanto à caverna de Platão, Metzinger subscreve a sua premissa básica: tomamos erradamente um «teatro de sombras» fenoménico (a nossa experiência imediata da realidade) pela realidade, somos constrangidos por esta ilusão de uma forma necessariamente «automática» e temos de nos esforçar para alcançar o verdadeiro autoconhecimento. Metzinger diverge desta metáfora num ponto muito preciso: não há um si-mesmo preso no meio da caverna que pudesse sair dela em busca da verdadeira luz do sol:

([37]) Thomas Metzinger, *Being No One: The Self-Model Theory of Subjectivity*, Cambridge (Ma.): MIT Press, 2004, p. 331. (Os números entre parêntesis após as citações referem-se neste capítulo ao livro de Metzinger.) Retomo aqui a linha de pensamento do Capítulo 4 do meu *The Parallax View*, Londres: Verso Books, 2006.

> Há sombras fenoménicas de baixa dimensão de objetos percetivos externos a dançar na superfície neuronal do cérebro do homem da caverna. Tudo isto é verdade. Também há uma sombra-de-si fenoménica. Mas esta sombra de baixa dimensão é a projeção *de quê*? […] Não é a sombra de uma pessoa cativa, mas da caverna como um todo […] Não há verdadeiro sujeito nem homúnculo na caverna que possa confundir-se com alguma coisa. É a caverna como um todo que, episodicamente, durante fases de vigília e de sonho, projeta uma sombra de si mesma para uma das suas muitas paredes internas. A sombra da caverna está ali. A caverna está vazia. (550)

Isto conduz-nos à segunda metáfora, a representacionalista: a nossa experiência fenoménica é um mapa dinâmico e multidimensional do mundo — mas com uma diferença: «tal como muito poucos dos mapas *externos* usados pelos seres humanos, também tem uma setinha vermelha […] O si fenoménico *é* a setinha vermelha no nosso mapa consciente da realidade.» (551) Metzinger refere-se aos mapas de cidades, de aeroportos ou de centros comerciais nos quais uma setinha vermelha representa a localização do observador dentro do espaço mapeado («Você está aqui!»):

> Os modelos-de-si mentais são como as setinhas vermelhas que ajudam um geógrafo fenoménico a navegar no seu próprio mapa mental complexo da realidade […] A diferença mais importante entre a setinha vermelha no mapa do metropolitano e a setinha vermelha no nosso cérebro neurofenomenológico de troglodita é que a seta externa é *opaca*. É sempre claro que se trata apenas de uma representação — um substituto de qualquer outra coisa […] O modelo-de-si consciente é o próprio cérebro do homem da caverna, mas com grandes porções transparentes: […] é o si-mesmo fenoménico caracterizado não só pela encarnação pré-reflexiva completa, mas também pela experiência subjetiva, todo-abrangente e englobante, do *ser situado*. (552)

Esta «seta vermelha» é, obviamente, aquilo a que Lacan chamava o significante, que representa o sujeito para outros significantes; e a nossa imersão total no mapa conduz-nos à terceira metáfora, a de um simulador total de voo:

> O cérebro distingue-se do simulador de voo por não ser usado por um piloto em formação, que «entra» nele de vez em quando [...] Um simulador total de voo é um avião que se modela a si-mesmo e que voou sempre sem um piloto e gerou uma imagem interna complexa de si mesmo dentro do *seu próprio* simulador de voo interno. A imagem é transparente. A informação de que é uma imagem internamente gerada ainda não está acessível a todo o sistema [...] Tal como o homem da caverna neurofenomenológico, «o piloto» nasceu numa realidade virtual desde o início — sem ter tido hipótese de alguma vez descobrir este facto. (557)

No entanto, há um círculo vicioso nesta versão do argumento da caverna (uma caverna projeta-se a si mesma na sua parede interna e *gera-simula o próprio observador*): ainda que a caverna possa simular a identidade/conteúdo substancial do observador, não pode simular a *função* do observador, pois, neste caso, teríamos uma ficção a observar-se a si mesma, como a mão de Escher que desenha a mão que, por sua vez, desenha a primeira mão. Por outras palavras, embora aquilo com que o observador se identifica imediatamente na experiência de autoconsciência seja uma ficção, algo sem estatuto ontológico positivo, *a sua própria atividade de observar é um facto ontológico positivo.* E é neste ponto que devemos regressar ao modelo da garrafa de Klein: aquilo que Metzinger ignora é a convolução adicional, o «pescoço» que dá origem ao próprio observador. Ou, para o dizer de uma maneira mais simples: o limite de Metzinger é que o seu modelo implica uma distinção clara entre a realidade (do mecanismo neuronal) e a ficção (do si-mesmo autónomo como agente livre); ainda que este modelo explique como a ficção é gerada por processos neuronais objetivos, ignora como estes processos neuronais objetivos têm de assentar numa ficção eficiente, ou seja, só podem funcionar se, na figura do «pescoço» que é sujeito, a ficção intervier na realidade.

No segundo assassínio na escadaria (do detetive Arbogast) de *Psycho* de Hitchcock, vemos primeiro o plano do ponto de vista de deus, acima de toda a cena, do corredor e das escadas do primeiro piso; quando a criatura guinchante entra no quadro e começa a esfaquear Arbogast, passamos para o ponto de vista da criatura, um grande plano do rosto de Arbogast a cair pelas escadas e a ser esfaqueado — como se, nesta mudança do plano objetivo para o subjetivo, deus perdesse a sua neutralidade e «caísse» no mundo, intervindo brutalmente nele para administrar a justiça. Outro caso exemplar desta subjetividade impossível pode ser visto em *Os Pássaros* (*The Birds*), no famoso plano do ponto de vista de deus de Bodega Bay a arder: com a entrada dos pássaros no quadro (como se viessem de trás do observador), o plano adquire um novo sentido, é subjetivizado, transformado da vista a partir de nenhures objetiva de toda a cidade no ponto de vista dos próprios agressores maléficos. É preciso fazer uma inversão similar para sair efetivamente da caverna de Platão: a questão não é penetrar na «verdadeira» realidade externa para além da parede curva, mas levar em conta como a nossa visão «objetiva» da realidade já está subjetivizada, como funciona enquanto visão do ponto de vista da Coisa impossível/monstruosa — a tarefa não é eliminar o meu ponto de vista subjetivo, mas recolocá-lo na própria Coisa, ou, como diriam os místicos cristãos medievais, a tarefa não é eliminar a minha subjetividade e imergir-me diretamente na substância divina, mas tornar-me consciente de como a minha visão de deus é, em simultâneo, a visão do próprio deus sobre si mesmo. Mais uma vez, aqui reside a lição da garrafa de Klein: na medida em que a minha visão da parede curva no interior da garrafa se origina no pescoço retorcido, é o próprio Real que se observa a si mesmo na parede da caverna de Platão. De forma análoga, Bohr rejeitava a crítica de que a sua interpretação da física quântica envolve subjetivismo, pois nega a realidade objetiva, tornando o colapso da função de onda dependente da medição: insiste na objetividade (independência da subjetividade do cientista) da medição, definindo esta objetividade como o facto de a medição, por muito que se repita em diferentes momentos e locais, dar o mesmo resultado — isto não estará próximo da definição de Real de Lacan como aquilo que regressa sempre ao seu mesmo lugar? A objetividade (do nosso conhecimento) — o facto de não estarmos presos nas nossas representações subjetivas — não deve ser assim procurada no domínio da «realidade objetiva» independente da nossa atividade, mas na totalidade da situação em que estamos incluídos.

A característica que é irrepresentável na garrafa de Klein (irrepresentável no nosso espaço tridimensional) é a abertura tipo pescoço pela superfície exterior, e este pescoço é o sujeito. Quando este pescoço regressa ao corpo principal, encontramo-nos no interior, num espaço redondo como uma caverna cuja abertura é obstruída pelo mesmo pescoço visto do interior e que liga o topo arredondado à parede de fundo circular; este espaço circular interior, como o interior da caverna de Platão, é a nossa realidade e, olhando para esta parede da realidade, o sujeito vê-a como uma imagem completa, ou seja, não vê o pescoço protuberante porque esse é o ponto cego da imagem, a própria inscrição do sujeito na imagem.([38]) O pescoço é no interior um tubo vazio, o sujeito ($), e, no exterior (olhado como aparece na caverna), um objeto, o *objet a*, o substituto do sujeito. A superfície redonda fechada que é a nossa realidade parece ser o oposto da noção científica moderna de um universo «frio» e aberto: lembra os desenhos medievais do universo como uma cúpula gigante e finita na qual as estrelas estão pintadas, e podemos sair dela e ver o infinito caótico no exterior.

Levada a um extremo, esta visão dá-nos a chamada teoria da Terra oca, que era popular na pseudociência obscurantista de inícios do século XX, com muitos defensores entre os nazis. Segundo esta teoria, a Terra está no lado interior de uma esfera em vez de no lado exterior, um buraco no vasto gelo eterno, e o Sol está no meio deste vazio. (Na Alemanha nazi, usaram espelhos e telescópios para tentar olhar «através» do interior da Terra e detetar navios britânicos no mar do Norte.) Note-se que os defensores desta teoria viam-na como a resposta ariana à visão científica judaica de um universo infinito.

Assim, como pode este universo fechado criar a ilusão de abertura? Recordemos a engenhosa resposta cristã ao desafio darwinista: um dos contemporâneos de Darwin propôs uma reconciliação ridiculamente perspicaz entre a Bíblia e a teoria da evolução: se Bíblia é literalmente verdadeira, o mundo foi criado por volta de 4000 a.C. — então, como explicar os fósseis? Foram criados diretamente por deus como fósseis, para dar à humanidade uma falsa sensação de abertura, de viver num universo mais antigo

([38]) Quando, numa palestra pública recente, projetei no ecrã um pequeno vídeo que mostrava a emergência gradual de uma garrafa de Klein a partir de uma simples fita, o público reagiu com um riso embaraçado — e tinham razão, pois o movimento das formas tubulares a penetrarem em si mesmas numa inversão só pode gerar a impressão de que «está a acontecer alguma coisa perversa, ainda que não saibamos o que é exatamente». (Após a apresentação, um membro do público abordou-me e disse-me que a cena lhe parecia um homem com um pénis tão comprido que podia torcê-lo e penetrar-se analmente a si mesmo.)

— em suma, quando deus criou o universo, criou vestígios do seu passado imaginário. O transcendentalismo pós-kantiano responde ao desafio da ciência objetiva de uma forma semelhante: se, para os literalistas teológicos, deus criou os fósseis para expor os homens à tentação de negar a criação divina, ou seja, para lhes testar a fé, os transcendentalistas pós-kantianos concebem a ideia «ingénua» e comum da realidade objetiva existindo independentemente de nós como uma armadilha similar, que expõe os humanos ao teste, desafiando-os a ver através desta «evidência» e a perceber como a realidade é constituída pelo sujeito transcendental. No entanto, devemos insistir que a solução cristã — obviamente absurda como teoria científica — contém um grão de verdade: oferece implicitamente uma teoria adequada da ideologia. Qualquer ideologia cria diretamente fósseis, cria um passado imaginário que se encaixa no presente. É por isso que a verdadeira historicidade se opõe ao historicismo evolucionista, ou é por isso que, paradoxalmente, a verdadeira historicidade afirma sempre aquilo que o estruturalismo francês formulava como o «primado da sincronia sobre a diacronia». Normalmente, este primado era entendido como a negação definitiva da historicidade no estruturalismo: um desenvolvimento histórico pode ser reduzido à apresentação temporal (imperfeita) de uma matriz atemporal preexistente de todas as variações/combinações possíveis. Esta ideia simplista do «primado da sincronia sobre a diacronia» ignora a tese (verdadeiramente dialética), há muito afirmada (entre outros) por T. S. Eliot, sobre como cada fenómeno artístico verdadeiramente novo muda o próprio passado. Em qualquer conjuntura histórica, o presente não é apenas presente, também engloba uma perspetiva do passado imanente ao presente — por exemplo, após a desintegração da União Soviética em 1991, a Revolução de Outubro já não é o mesmo acontecimento histórico, ou seja, (para a perspetiva liberal-capitalista triunfante) já não é o início de uma nova era progressista na história da humanidade, mas sim o início de um desvio catastrófico da história que teve o seu fim em 1991.

O nosso universo de sentido ideológico, portanto, *é* fechado, a sua abertura é ilusória, o resultado da invisibilidade da sua limitação. Além disso, não se trata apenas de não vermos a limitação do nosso universo de sentido ideológico; aquilo que também não vemos é o «pescoço», o ponto cego, desse universo. A exclusão deste objeto-pescoço é constitutiva da aparência da realidade:

como a realidade (e não o real) é correlativa ao sujeito, só se pode constituir pela retirada dela do objeto que «é» o sujeito, ou seja, pela retirada do correlato objetal do sujeito.

Podemos ver aqui claramente a diferença entre a fita de Möbius e a garrafa de Klein: na fita de Möbius, passamos de um lado para o outro da fita, ou de um extremo para o seu oposto, enquanto, na garrafa de Klein, passamos do buraco no meio de um corpo circular para a substância do próprio corpo, ou seja, o vazio regressa como o próprio corpo que o envolve. Só deste modo chegamos à subjetividade. Porquê? O sujeito *é* diferença pura, e emerge como tal quando esta diferença já não é reduzida a uma diferença entre partes do mesmo conteúdo substancial.

COROLÁRIO 3

O deus retardado da ontologia quântica

Os nossos exemplos das estruturas convolutas não serão retirados predominantemente do domínio das estruturas significantes? E não significará isto que a nossa abordagem continua a ser transcendental no sentido em que pressupõe o horizonte dos processos simbólicos? Indo um pouco mais longe, será que o mesmo não se aplica à ciência? Lacan diz que a ciência nasceu «no momento em que Galileu estabeleceu relações minuciosas de uma letra a outra com um travessão no intervalo [...] é aqui que a ciência tem o seu ponto de partida. E é por isso que tenho esperança no facto de, passando por trás de cada representação, podermos talvez chegar a alguns dados mais satisfatórios sobre a vida» (1). Segundo Milner, esta afirmação torna claro que, para Lacan, «as relações de letra a letra, e não a matemática, são aqui o verdadeiro ponto de partida»: «Após um longo período em que a matemática anexou as letras na ciência, as letras como tal reapareceram agora na sua autonomia plena. Porquê? Porque o ressurgimento das letras autónomas na ciência moderna ocorreu na biologia.» (2) A figura da vida que obtemos deste modo exclui radicalmente todos os principais aspetos da nossa noção intuitiva da vida como uma unidade orgânica:

---

(1) Jacques Lacan, «La Troisième», *La Cause freudienne*, n.º 79 (2011), p. 32.

(2) *Ibid.*

> Esta construção química que, partindo de elementos distribuídos por qualquer meio e de qualquer maneira que se queira qualificar, construiria, apenas pelas leis da ciência, uma molécula de ADN — como pode ter começado? A ciência conduz apenas à perceção de que não há nada mais real do que isso; por outras palavras, nada mais impossível de imaginar. ([3])

Quais são as implicações ontológicas desta referência às letras? (E a mesma questão se levanta a propósito da homologia entre o espaço simbólico e o espaço das oscilações quânticas.) A única maneira de evitar o círculo hermenêutico é aventar a hipótese de que a própria realidade material é sustentada por uma rede que apresenta homologia com o espaço simbólico: a viragem autorreflexiva que caracteriza a garrafa de Klein deve ser de algum modo inerente à própria realidade ao seu nível mais básico — é aqui que reside a lição da física quântica.

As implicações da gravidade quântica

Tomemos como ponto de partida a tese de Carlo Rovelli sobre a gravidade quântica. ([4]) Rovelli tenta reunir a teoria da relatividade e a mecânica quântica postulando a natureza quântica do espaço e do tempo: estes não são um *continuum* que possa ser dividido *ad infinitum*, há uma unidade mínima de espaço/tempo que não pode ser mais dividida. (A propósito, desta maneira, é fácil resolver o paradoxo de Zenão em que Aquiles não consegue apanhar uma tartaruga — Aquiles só não a apanha se pressupusermos a

---

([3]) *Ibid.*, p. 30.

([4]) Ver Carlo Rovelli, *Reality Is Not What It Seems*, Londres: Penguin Books, 2017. (Todos os números entre parêntesis neste corolário referem-se às páginas deste livro.) Tenho de destacar aqui duas coisas. O próprio Rovelli observa que a teoria da gravidade quântica é uma teoria em concorrência com outras (a teoria das cordas, por exemplo) e, enquanto tal, não é universalmente aceite. (No entanto, devemos notar que o prémio Nobel da Física de 2017 foi atribuído a Rainer Weiss, Barry Barish e Kip Thorne pela sua descoberta das ondas gravitacionais: a chamada experiência Lido que realizaram detetou ondulações no tecido do espaço-tempo.) Além disso, é óbvio que não posso seguir os pormenores matemáticos desta teoria — baseio-me apenas na sua descrição geral.

divisibilidade infinita do tempo e do espaço.) As consequências desta premissa são radicais. Em primeiro lugar, destroem a hipótese do Big Bang, o ponto de matéria infinitamente condensado que depois explodiu, dando origem ao nosso universo. Se o tempo e o espaço são entidades quânticas, não podem ser infinitamente condensados, há um limite para a sua densidade definido pelos quanta mínimos de espaço e tempo (não podem ser mais pequenos do que os seus quanta), o que significa que se impõe um modelo cosmológico diferente, o dos «éones» do universo e do Grande Salto: um universo colapsa num buraco negro, mas esta contração nunca pode chegar ao seu ponto zero, o seu quantum impõe um limite; assim, após um certo ponto, tem de «saltar para trás» e explodir. A grande implicação da gravidade quântica é que o espaço e o tempo não são os constituintes básicos da realidade: se o espaço-tempo é uma onda quântica composta (cujas convoluções dão origem à gravidade, de maneira que temos a unidade da mecânica quântica e da relatividade), então a última dualidade do espaço-tempo e das partículas ou ondas que flutuam *no* espaço-tempo tem de ser abandonada. À grande questão «de que é feito o mundo?», Rovelli responde assim:

> as partículas são quanta de campos quânticos; a luz é formada por quanta de um campo; o espaço nada mais é do que um campo, que também é composto de quanta; e o tempo emerge dos processos deste mesmo campo. Por outras palavras, o mundo é inteiramente feito de campos quânticos.
>
> Estes campos não vivem *no* espaço-tempo; vivem, se assim se pode dizer, um por cima do outro: campos sobre campos. O espaço e o tempo que vemos em grande escala são a nossa imagem desfocada e aproximativa de um desses campos quânticos: o campo gravitacional.
>
> Os campos que vivem em si mesmos, sem necessidade de um espaço-tempo para servir de substrato, de suporte, e que são capazes de gerar eles próprios espaço-tempo, chamam-se «campos quânticos covariantes». (167)

Até a dualidade mais elementar de espaço-tempo e partículas (ou campos compostos de ondas) que se movem e vibram *no* espaço-tempo se dissipa assim nesta «gramática básica do mundo» (219) — neste nível, temos de renunciar à «ideia do espaço e do tempo como estruturas gerais que enquadram o mundo» (169). Os campos quânticos não vibram no espaço-tempo, eles próprios são segmentos de espaço-tempo — temos aqui outra versão da inversão que caracteriza a fita de Möbius: se começarmos com a nossa realidade comum em que as coisas e os processos ocorrem *no* espaço e no tempo, e depois prosseguirmos a nossa análise científica dos constituintes mais básicos da realidade, encontramos no domínio das ondas (aquilo que experienciamos na nossa realidade como) a sua forma temporal/espacial como outro elemento de conteúdo, como outra função de onda quântica. O espaço-tempo é (na nossa realidade) a forma/contentor dos processos materiais e (ao nível mais básico) estes próprios processos no seu grau mais fundamental — mais uma vez, a forma está inscrita no seu conteúdo como um dos seus momentos. A grande questão aqui é, evidentemente: como é que o tempo e o espaço — no sentido comum, como os invólucros formais *no interior* dos quais ocorrem os processos materiais — emergem desta realidade básica dos campos quânticos? Rovelli responde assim:

> O que significa a «passagem do tempo» se o tempo não desempenha nenhum papel na descrição fundamental do mundo? A resposta é simples. A origem do tempo pode ser similar à do calor: vem de médias de muitas variáveis microscópicas. (220–221)

A ideia subjacente é que «é sempre o calor e apenas o calor que distingue o passado do futuro» (221). Quando um processo é totalmente reversível (como mover-se para cima e para baixo, etc.), não há nele verdadeira temporalidade, o futuro e o passado coincidem porque podemos alterar a direção do tempo e o processo permanece o mesmo; só quando um processo é irreversível — por exemplo, quando queimamos um pedaço de papel até ficar em cinzas, não podemos voltar atrás e mudar as cinzas para papel — é que temos tempo, ou seja, um movimento temporal que é univocamente do passado para o futuro. Próximo passo: estes processos temporais só ocorrem ao nível macroscópico, na nossa realidade comum, pois, ao nível microscópico da «textura básica» da realidade (ondas quânticas), os *loops* são sempre fechados, os processos são reversíveis. Próximo passo: os processos irreversíveis envolvem sempre, por definição, calor — quando um objeto arde, não podemos voltar atrás e reconstituí-lo; quando um objeto perde calor (arrefece), não pode voltar a aquecer sem intervenção externa; etc. O calor surge quando partículas subatómicas se misturam e se entrechocam, e estes processos só ocorrem acima da textura básica do universo, a um nível mais microscópico em que lidamos não com partículas singulares, mas com médias de milhões de ocorrências singulares:

> Quando temos uma descrição *completa* de um sistema, todas as variáveis do sistema estão ao mesmo nível; nenhuma delas age como variável de tempo. Ou seja, nenhuma está relacionada com fenómenos irreversíveis. No entanto, quando descrevemos o sistema com médias de muitas variáveis, temos uma variável preferida que funciona como o tempo comum. Um tempo ao longo do qual o calor se dissipa. O tempo da nossa experiência quotidiana.
>
> Por conseguinte, o tempo não é um constituinte fundamental do mundo, mas aparece porque o mundo é imenso, e nós somos pequenos sistemas no mundo, interagindo apenas com variáveis macroscópicas que são uma média entre inúmeras variáveis microscópicas. Nas nossas vidas quotidianas, nunca vemos uma partícula elementar ou um quantum de espaço. Vemos pedras, montanhas, os rostos dos nossos amigos — e cada uma destas coisas que vemos é formada por miríades de componentes elementares. Estamos sempre correlacionados com médias: dispersam o calor e, intrinsecamente, geram tempo [...] O tempo é um efeito de não vermos os microestados físicos das coisas. O tempo é a informação que não temos.
>
> O tempo é a nossa ignorância. (222–223)

A fim de explicar a passagem da realidade quântica para a realidade comum, Rovelli baseia-se, assim, na ideia de média estatística, que não é obviamente adequada: quando vemos um objeto como uma cadeira ou uma mesa, ou uma letra como uma letra, vemos uma forma idealizada que persiste como a mesma e que, na sua identidade, é mais do que uma média. As «ilusões» macroscópicas baseadas na nossa ignorância têm um estatuto e uma eficiência próprios. A questão essencial, portanto, é a seguinte: porque é que uma «descrição completa» não inclui ordens de alto nível? Rovelli parece sugerir que a «completude» cobre apenas a textura básica da realidade quântica sem quaisquer fenómenos de nível superior (como a vida orgânica ou o universo da significação), uma vez que ocorrem na realidade temporal e baseiam-se assim na nossa ignorância dos microestados físicos das coisas. Pensemos na linguagem: para percebermos o significado das palavras faladas, temos de ignorar a sua realidade microscópica (das vibrações sonoras, etc.). Ou, a um nível mais elementar, pensemos na areia do deserto movida por um vento forte: aos nossos olhos, parece que a mesma forma se move lentamente pelo deserto, ainda que uma descrição mais «completa» tivesse de cobrir uma miríade de grãos de areia movendo-se e friccionando-se. Do ponto de vista hegeliano, ignorar o nível mais básico é uma condição positiva para perceber a unidade superior; assim, uma verdadeira «descrição completa» teria de incorporar esta ignorância — não há «síntese» entre o nível básico da onda quântica e, por exemplo, a nossa fala que produz sentido: para ter um, temos de ignorar o outro. Isto conduz-nos à ideia hegeliana de totalidade, que também inclui níveis assentes na ignorância de partes da realidade. Rovelli escreve que «não devemos confundir o que conhecemos de um sistema com o estado absoluto do mesmo sistema. Aquilo que conhecemos é algo que tem que ver com a relação entre o sistema e nós mesmos.» (223) No entanto, neste sentido, o «estado absoluto» de um sistema não está restringido à interação dos seus constituintes básicos sem ter em conta as ordens de nível superior que dele surgem? O «estado absoluto» não deixa fora de consideração muitos níveis «superiores»? Como podemos considerar «completa» uma descrição da atividade da linguagem que não considera o efeito de sentido? Para evitar este problema, Rovelli recorre às disposições ordenadas das partículas elementares:

> Como Demócrito disse, não se trata apenas dos átomos, mas também da *ordem* em que estão dispostos. Os átomos são como as letras de um alfabeto: um alfabeto extraordinário, tão rico que pode ler, refletir e até pensar sobre si mesmo. Nós não somos átomos, somos ordens em que os átomos estão dispostos, capazes de espelhar outros átomos e de nos espelharmos a nós mesmos. (226)

As disposições, obviamente, começam no nível quântico básico, mas — pelo menos do nosso ponto de vista — as disposições fundamentais ocorrem a níveis macroscópicos superiores, precisamente como letras num alfabeto; assim, como é que (seguindo Demócrito) Rovelli usa a metáfora do alfabeto para descrever as disposições no nível quântico mais básico da realidade? Regressemos à sua afirmação de que «não devemos confundir o que conhecemos de um sistema com o estado absoluto do mesmo sistema. Aquilo que conhecemos é algo que tem que ver com a relação entre o sistema e nós mesmos» — aquilo a que Rovelli chama «estado absoluto» é obviamente a «gramática básica do mundo», feita de ondas quânticas, em contraste com o nosso conhecimento, que está limitado às relações de um dado sistema, às suas interações com o ambiente que o rodeia. No entanto, a respeito do homem, Rovelli afirma também que a sua natureza

> não é a sua estrutura interna, mas a rede de interações pessoais, familiares e sociais na qual ele existe. São estas que nos «fazem», que nos guardam. Enquanto humanos, somos aquilo que os outros conhecem de nós, aquilo que conhecemos de nós mesmos e aquilo que os outros conhecem sobre o nosso conhecimento. Somos nódulos complexos numa rede rica de informação recíproca. (227)

A questão não é apenas que estas interações ocorram ao nível macroscópico superior; também devemos acrescentar que, quando Rovelli fala de todas as permutações de conhecimento (o que os outros conhecem sobre nós, o que conhecemos sobre nós mesmos, o que os outros conhecem sobre o nosso conhecimento), que significam o «registo» simbólico dos estados de coisas, esquece-se de juntar o nível fundamental, o do conhecimento «objetivado», o conhecimento encarnado na entidade virtual a que Lacan chama o grande Outro. Quando falo sobre as opiniões de outros, nunca se trata apenas daquilo que eu ou outros indivíduos pensam, mas trata-se também daquilo que «a gente» impessoal pensa. Quando violo uma regra de decência, nunca faço simplesmente algo que a maioria dos outros não faz — faço o que «a gente» não faz. Recordemos os sons como «ups!» que nos sentimos obrigados a emitir quando tropeçamos ou fazemos alguma coisa estúpida — o mistério aqui é que também é possível outra pessoa que testemunha a nossa asneira dizer «ups!» por *nós*, e funciona. A função do «ups!» é exprimir o registo simbólico do tropeção estúpido: o grande Outro virtual tem de ser informado disso. Recordemos também a típica situação delicada em que todas as pessoas de um grupo fechado sabem algum facto indecente (e também sabem que todos os outros sabem), mas quando um deles deixa escapar inadvertidamente esse facto, todos se sentem embaraçados — porquê? Se ninguém ficou a saber alguma coisa nova, porque é que todos se sentem embaraçados? Porque já não podem fingir que não o sabem (ou agir como se não o soubessem) — por outras palavras, porque, agora, *o grande Outro sabe-o*. É aqui que reside a lição de «O Rei Vai Nu» de Hans Christian Andersen: nunca devemos subestimar o poder das aparências. Por vezes, quando perturbamos inadvertidamente as aparências, a própria coisa por trás das aparências também se desmorona. O grande Outro é frágil, insubstancial, *virtual*, no sentido em que o seu estatuto é o de um pressuposto subjetivo. Só existe na medida em que os sujeitos *agem como se existisse*. O seu estatuto é semelhante ao de uma causa ideológica como o comunismo ou a nação: é a substância dos indivíduos que se reconhecem nela, a base de toda a existência deles, o ponto de referência que concede às suas vidas o derradeiro horizonte de sentido, algo pelo qual esses indivíduos estão dispostos a dar a vida; mas a única coisa que realmente existe são esses indivíduos e a sua atividade. Assim, esta substância só é atual na medida em que os indivíduos acreditam nela e agem em conformidade.

Então, o que tem este conhecimento do grande Outro que ver com a física quântica? Tudo, pois diz diretamente respeito ao chamado colapso da função de onda (que, como Rovelli observa com razão, envolve uma redução maciça de informação): quando os físicos quânticos tentam explicar o colapso da função de onda, recorrem repetidamente à metáfora da linguagem — este colapso ocorre quando um acontecimento quântico «deixa um vestígio» no aparelho de observação, quando é «registado» de alguma maneira. Obtemos aqui uma relação de externalidade — um acontecimento só se torna pleno, só se realiza, quando os seus ambientes externos «tomam nota» dele — o que evoca o processo de realização simbólica no qual um acontecimento só se atualiza plenamente por meio do seu registo simbólico, da sua inscrição numa rede simbólica, que lhe é externa. Há um grande debate sobre o momento exato do colapso da função de onda; as três principais respostas encaixam perfeitamente na tríade lacaniana do Real/Simbólico/Imaginário: o real da medição (quando o resultado é registado na máquina de medição, estabelecendo o contacto entre a microrrealidade quântica e a macrorrealidade comum), o imaginário da perceção (quando este resultado é percecionado por uma consciência), a inscrição simbólica (quando o resultado é inscrito na linguagem partilhada pela comunidade de investigadores). Este debate não assinalará uma inconsistência ontológica na física quântica? A física quântica explica o colapso da função de onda (e, assim, a emergência da realidade «comum») em termos do ato de perceção/registo (uma realidade única emerge no ato de medição), mas depois explica (ou melhor, descreve) esta medição em termos da realidade comum que só emerge através dela (a máquina de medição é atingida por eletrões, etc.), e, obviamente, isto envolve um *circulus vitiosus*.

Isto significa que o grande problema não é como passar do universo clássico para o universo das ondas quânticas, mas exatamente o oposto — porque e como é que o universo quântico requer imanentemente o colapso da função de onda, a sua «descoerência» no universo clássico, ou seja, porquê e como é que o colapso é inerente ao universo quântico. Em vez de ficarmos apenas espantados face à maravilha do universo quântico, devemos inverter a nossa perspetiva e ver o surgimento da nossa realidade espaciotemporal «comum» como a verdadeira maravilha. Não se trata apenas de não haver uma realidade clássica que não seja sustentada por flutuações quânticas difusas; devemos acrescentar que não há universo quântico que não esteja sempre-já preso a uma parte da realidade clássica. O problema do colapso da função de onda pelo ato de medição é ter de ser formulado em termos clássicos e não quânticos — é por isso que «o colapso da função de onda ocupa uma posição anómala na mecânica quântica. É *requerido* pelo facto de ocorrerem observações, mas não é previsto pela teoria quântica. *É um postulado adicional, que tem de ser feito para que a mecânica quântica seja consistente.*» (5) Devemos observar esta formulação precisa: é necessária uma medição formulada em termos de realidade clássica para que a mecânica quântica seja consistente, é uma adição da realidade clássica que «sutura» o campo quântico. Assim, qual é o estatuto da «realidade quântica», ou seja, da chamada função de onda psi que representa a panóplia dos estados sobrepostos?

---

(5) Greenstein e Zajonc, citado de Karen Barad, *Meeting the Universe Halfway: Quantum Physics and the Entanglement of Matter and Meaning*, Durham: Duke University Press, p. 285.

> Devemos ver a psi como representação efetiva da realidade física? Ou deverá ser vista apenas como uma ferramenta de cálculo para descobrir as probabilidades dos resultados das experiências que *podem* ser realizadas, sendo os resultados destas «reais», mas não a própria função de onda? [...] Parte da interpretação de Copenhaga da física quântica adotava esta segunda perspetiva e, também de acordo com outras escolas de pensamento, a psi deve ser vista como uma conveniência de cálculo sem estatuto ontológico além de fazer parte do estado de espírito do experimentador ou do teórico. (198)(*)

Esta relutância em atribuir qualquer estatuto ontológico à psi «decorre da aversão sentida por muitos físicos pelo facto de o estado do mundo atual poder «saltar» subitamente de tempos em tempos da maneira aparentemente aleatória que é característica das regras da medição quântica»(6): no ato de medição, a função de onda «colapsa», é reduzida a uma só realidade; assim, como é que esse ato pode afetar a realidade objetiva, eliminando a multiplicidade de estados sobrepostos? («Na mecânica quântica, quando interagimos com um sistema, não estamos apenas a aprender alguma coisa — também "cancelamos" uma parte da informação relevante sobre o sistema» (217); esta redução é impensável na nossa realidade tradicional.) A versão oposta mais radical é a da IMM (interpretação dos muitos mundos), que não admite essa redução: *todas* as possibilidades contidas numa função de onda são atualizadas. No entanto, como já vimos, o verdadeiro oposto da ortodoxia de Copenhaga não é a IMM, mas a interpretação que, pelo contrário, vê a função de onda (o espaço-tempo quântico) como a realidade definitiva e concebe a nossa realidade espaciotemporal como uma espécie de ilusão ontológica, como um produto da nossa ignorância e da nossa limitação cognitiva. Então, qual é a versão certa ou, pelo menos, melhor? Para parafrasear Estaline, são ambas piores, a própria oposição binária está errada — devemos insistir na impossibilidade desta escolha, nenhum dos dois níveis deve ser elevado à verdadeira realidade.

(*) Esta citação não pertence ao livro de Carlo Rovelli, como indicado na nota 4, mas sim ao de Roger Penrose que está referido na nota 6. [N. do R.]

(6) Roger Penrose, *Fashion, Faith, and Fantasy in the New Physics of the Universe*, Princeton: Princeton UP, 2016, p. 198.

Esta impossibilidade de escolha não implica uma simetria dos dois níveis. Como materialistas, devemos postular que não há nada senão ondas quânticas que formam a «gramática básica» da realidade; não há outra realidade, mas este nada é em si mesmo um facto positivo, que significa que deve haver algum tipo de fenda ou corte nesta «gramática básica», uma fenda ou corte que abre espaço para o colapso da função de onda. Isto leva-nos de volta ao modelo da garrafa de Klein: na medida em que a sua superfície redonda representa o Real, ou seja, o «molusco» da textura básica das ondas quânticas, e na medida em que esta textura é pré-ontológica, um «menos que nada», o buraco no seu meio indica que algo, uma espécie de atrator abissal, puxa para baixo o campo, empurrando o «menos que nada» para o Nada, para o Vazio sobre o fundo do qual algo (a nossa realidade) pode emergir. Assim, não temos apenas a dualidade das ondas quânticas «infraestruturais» e da realidade macroscópica «superestrutural»: há um terceiro nível, o Vazio abissal pelo qual o Real pré-ontológico é transubstanciado em realidade macroscópica; através desta transubstanciação, todas as entidades de nível superior emergem, incluindo os agentes de observação/medição das ondas quânticas, mas também aquilo que experienciamos como a forma (espacial e temporal) vazia da realidade macroscópica. Neste ponto, Kant tinha razão: o tempo e o espaço são formas, não apenas a média estatística de oscilações do espaço-tempo, e o enigma é o seguinte: como é que esta forma se separa do conteúdo e se impõe a todo o conteúdo como forma? A resposta é que o Vazio abissal providencia a distância a partir da qual a forma pode aparecer como o contentor externo do seu conteúdo. Ao nível mais abstrato, a sinuosidade do pescoço da garrafa de Klein (possibilitada pelo Vazio abissal que torna o «molusco» das ondas quânticas instável, incompleto) explica o aparecimento da realidade espaciotemporal «objetiva» a partir desse «molusco». Assim, o que se passa não é que o «molusco», a textura das ondas quânticas, vibre alegremente e seja aqui e ali acidentalmente perfurado por um corte abissal que dá origem a um pescoço: na circularidade fechada não-orientável da garrafa de Klein, o próprio pescoço dá retroativamente origem ao molusco do Real.

Este pescoço assenta noutra característica surpreendente (para a nossa ontologia quotidiana) do universo quântico: as suas três principais características — atualidade do possível, «conhecimento no real», atraso no registo (simbólico), ou seja, a retroatividade — também ocorrem na nossa ordem simbólica; como interpretar este estranho facto? Devemos simplesmente rejeitar o modelo evolucionista linear de como níveis superiores de realidade emergem de níveis inferiores (a vida que emerge da matéria inanimada, a mente que emerge da vida) nos quais o nível básico é o da matéria inanimada sem ausenciais e apenas causalidade mecânica direta, e, a partir deste nível básico, os ausenciais desempenham gradualmente um papel cada vez maior. («Ausencial» refere-se à propriedade intrínseca e paradoxal de uma entidade que só pode existir em relação a algo em falta, separado ou até não existente. Ainda que esta propriedade seja irrelevante em termos das coisas inanimadas, é uma propriedade fundamental da vida e da mente.) A falta e as ausências devem estar aqui desde o início, já no nível zero, o que significa que a realidade física determinista externa não pode ser o nível zero. Como quebrar este impasse sem regressar ao espiritualismo? A física quântica dá uma resposta: é a fenda entre a realidade material e a protorrealidade quântica que possibilita a autossuperação gradual da realidade material. Assim, temos de postular uma espécie de tríade ontológica: a protorrealidade quântica (as oscilações quânticas pré-ontológicas), a realidade física comum e o nível virtual «imaterial» dos Eventos de Sentido (linguagem) nos quais regressa o real pré-ontológico. (Devemos observar que voltamos a encontrar aqui a inversão da fita de Möbius: o Espírito não será uma espécie de «ponto de estofo» no qual a realidade, no seu ponto mais alto de desenvolvimento, estabelece uma ligação com o real pré-ontológico?) Este puro real pré-ontológico (e não lógico, como Hegel pensava) é o «mundo sombrio» que precede a realidade.

Na ontologia de Badiou, os «mundos» fenoménicos, cada um dos quais estruturado pela sua lógica transcendental específica, não estão enraizados no nosso universo simbólico — como Badiou disse certa vez (numa conversa privada), são uma versão da sua própria «dialética da natureza», ou seja, descrevem como as coisas «em si mesmas», fora do nosso universo humano, estão estruturadas. Por conseguinte, Badiou rejeita a crítica (formulada, entre outros, por mim mesmo) de que a sua ideia de um «mundo» é estruturada como um universo simbólico (recorde-se como a sua noção de «ponto» funciona claramente como o *point de capiton* lacaniano, um Significante-Mestre que [r]estrutura um dado campo).

Se, porém, aceitarmos a noção dos três níveis ontológicos (real pré-ontológico, realidade objetiva «comum», universo simbólico no qual regressam algumas características do real pré-ontológico), podemos, de certo modo, ter o nosso bolo e comê-lo: as características «tipo linguagem» do universo quântico (retroatividade, etc.) podem ser vistas como uma «potência inferior» do nosso universo simbólico. Aqui, o paradoxo adicional é, obviamente, que a nossa própria noção de realidade comum lá fora, «fora da linguagem», resulta de uma operação de significação (no decurso da qual esta operação se apaga a si própria).

Como é que estes três níveis se relacionam? A característica básica da realidade simbólica é a sua incompletude ontológica, o seu «não-todo»: não tem consistência imanente, é uma multiplicidade de «significantes flutuantes» que só podem ser estabilizados pela intervenção de um Significante-Mestre — em claro contraste, aparentemente, com a realidade natural, que é diretamente o que é, sem qualquer intervenção simbólica. Mas será assim mesmo? A principal consequência ontológica da física quântica não é que a realidade física também precisa de um «ponto de estofo» homólogo (aqui chamado colapso da função de onda) para se estabilizar na realidade comum dos objetos e dos processos temporais quotidianos? Encontramos, então, também aqui a fenda (temporal) entre a protorrealidade inconsistente e a agência descentrada do seu registo que a constitui em realidade plena: também aqui, a realidade não é plenamente ela mesma, mas está descentrada em relação a si mesma; torna-se ela mesma de forma retroativa, através do seu registo.

Na filosofia, esta fenda está prefigurada na distinção de Schelling entre Ser e Fundamento do Ser, entre realidade e protorrealidade. Ou seja, em que consiste a revolução filosófica de Schelling? Segundo a *doxa* académica tradicional, Schelling saiu da prisão da automediação do Conceito afirmando uma bipolaridade mais equilibrada do Ideal e do Real: a «filosofia negativa» (a análise da essência conceptual) tem de ser complementada pela «filosofia positiva», que lida com a ordem positiva da existência. Tanto na natureza como na história humana, a ordem racional ideal só pode medrar enquanto enquadrada no Fundamento impenetrável das pulsões e paixões «irracionais». O auge do desenvolvimento filosófico, o ponto de vista do Absoluto, não é assim a superação (*Aufhebung*) de toda a realidade no seu Conceito ideal, mas o meio neutro das duas dimensões — o Absoluto é ideal-real. No entanto, esta interpretação ofusca a verdadeira revolução de Schelling, a sua distinção, introduzida pela primeira vez no seu ensaio sobre a liberdade humana, de 1807([7]), entre a Existência (lógica) e o impenetrável Fundamento da Existência, o Real das pulsões pré-lógicas: este domínio de pulsões proto-ontológicas não é a simples «natureza», mas o domínio espectral da realidade ainda-não-plenamente constituída. A oposição de Schelling entre o Real proto-ontológico das pulsões (o Fundamento do ser) e o próprio Ser ontologicamente constituído em pleno (que, obviamente, é «sexuado» como a oposição do Feminino e do Masculino) afasta assim radicalmente os pares filosóficos tradicionais de Natureza e Espírito, Real e Ideia, Existência e Essência, etc. O verdadeiro Fundamento da Existência é impenetrável, denso, inerte, mas, ao mesmo tempo, espectral, «irreal», ontologicamente não constituído em pleno, enquanto a Existência é ideal, mas, ao mesmo tempo, em contraste com o Fundamento, totalmente «real», totalmente existente. Esta oposição entre a realidade totalmente existente e a sua sombra espectral proto-ontológica é assim irredutível às oposições metafísicas tradicionais entre o Real e o Ideal, Natureza e Espírito, Existência e Essência, etc.

Esta linha de pensamento pode parecer totalmente estranha a Hegel: parece não haver espaço para o caos pré-conceptual no seu sistema, que começa com o Ser como o primeiro e mais vazio conceito puro. Mas será isto verdade? As primeiras palavras de Hegel na sua *Ciência da Lógica* (Capítulo 1, A., Ser) são: «Ser, puro ser, — sem mais nenhuma determinação» (*Sein, reines Sein, — ohne alle weitere Bestimmung*). O paradoxo, obviamente, é que esta qualificação negativa, «sem mais nenhuma determinação», acrescenta-se à característica principal, a idealização mínima. Assim, deveríamos ler esta repetição de um modo wittgensteiniano, como uma frase que ecoa proposições quotidianas do tipo «O que te levou a fazer isso?», «Dever, puro dever, —.» Não será esta a primeira repetição hegeliana, uma repetição que introduz uma idealização mínima? Não é a repetição do mesmo, pois, através dela, o X pré-ontológico alcança a sua pureza ideal. Em suma, o que acontece nesta repetição

---

([7]) Ver F. W. J. Schelling, «Philosophical Investigations into the Essence of Human Freedom and Related Matters», in *Philosophy of German Idealism*, org. Ernst Behler, Nova Iorque: Continuum, 1987.

mínima é que passamos de algo que só se pode designar como «menos-que-nada» para o Nada. O primeiro ser ainda não é puro ser que coincide com o seu oposto, mas um «menos-que--nada» pré-ontológico cujo nome em Demócrito é *den*; através da repetição primordial, este (proto-)ser é colocado na pureza (no espaço vazio) do Nada e torna-se assim algo.(8) Lidamos aqui claramente com a lógica da retroatividade: o primeiro ser (em «Ser, puro ser, —») só retroativamente, pela sua repetição, se torna ser:

> «Ser Vírgula Puro Ser Vírgula Travessão» pode então ser lido assim: «O ser é o que terá sido pela ocorrência do puro ser na série de diferenças fracas.» Isto significa que o imediatismo indeterminado é um produto, mas um produto retroativo do advento da própria retroatividade... Como formalizar aquilo que só pode ser acedido por meio da formalização, por meio da lógica da diferença fraca como aquilo que retroativamente está antes disso e até retroativamente precede a retroatividade em operação nisso?(9)

(A «diferença fraca» refere-se aqui à diferença entre os elementos numa cadeia de significação, oposta à «diferença forte» entre esta mesma cadeia e a sua base ausente.) No entanto, talvez devêssemos acrescentar aqui outro «como»: como surge a diferença «forte» que sustenta a série de diferenças fracas? Por outras palavras, o verdadeiro problema não é «como formalizar aquilo que só pode ser acedido por meio da formalização, mas que é anterior à formalização?», mas antes: «como surge a formalização a partir do não-formalizado?» Não só «como pensar aquilo que precede o pensamento?», mas: «como pensar o próprio aparecimento do pensamento a partir do não-pensamento?»

Schelling não foi o primeiro a esboçar uma estrutura homóloga no seu par de protorrealidade pré-ontológica e realidade (transcendentalmente constituída)? Aqui, o paradoxo (para a tradição metafísica) é que a nossa realidade estável comum emerge como o resultado do ato subtrativo (descoerência) a partir das oscilações quânticas fluidas. Na nossa tradição metafísica

---

(8) Ver o fantástico artigo de Frank Ruda, «Dialectics, Contradiction, Iteration. Thinking by Dividing» (manuscrito, 2012).

(9) *Ibid.*

dominante (e do senso comum), a realidade primordial são objetos firmes rodeados pela aura de ondas virtuais que emanam deles. A respeito da distinção entre subjetivo e objetivo, as coisas reais atuais existem «objetivamente», enquanto as oscilações virtuais surgem da sua perceção (errada) subjetiva. Aquilo que existe «objetivamente» no universo quântico são, pelo contrário, apenas oscilações de onda, e são as intervenções do sujeito que as transformam numa única realidade objetiva. Por outras palavras, aquilo que causa a descoerência destas oscilações, que constitui a realidade objetiva, é o gesto subjetivo de uma decisão simplificadora (medição).

O que isto pressupõe é uma diferença mínima entre as coisas na sua protorrealidade bruta imediata e o registo desta realidade em algum meio (do grande Outro): o segundo está atrasado em relação ao primeiro. A agência que regista o colapso da função de onda não «cria» de modo algum a realidade observada; regista um resultado que se mantém totalmente contingente.

As implicações teológicas desta diferença entre a protorrealidade virtual e a realidade totalmente constituída são especialmente interessantes. Na medida em que «deus» é o agente que cria as coisas observando-as, a indeterminação quântica leva-nos a postular um deus que é *omnipotente, mas não omnisciente.* «Se Deus colapsa as funções de onda das coisas grandes na realidade pela Sua observação, as experiências quânticas indicam que Ele não está a observar as pequenas.»([10]) A batota ontológica com partículas virtuais (um eletrão pode criar um protão e, assim, violar o princípio da energia constante, na condição de a reabsorver antes de o seu ambiente «tomar nota» da discrepância) é uma maneira de enganar o próprio deus, a agência definitiva que toma nota de tudo o que acontece: deus não controla os processos quânticos — esta é a lição ateísta da física quântica. Einstein tinha razão ao dizer que «deus não faz batota»; mas esqueceu-se de acrescentar que ele pode ser enganado. Na medida em que a tese materialista diz que «deus é inconsciente» (deus não sabe), a física quântica é efetivamente materialista: há microprocessos (oscilações quânticas) que não são registados pelo deus-sistema. E na medida em que deus é um dos nomes do grande Outro, percebemos em que

([10]) Bruce Rosenblum e Fred Kuttner, *Quantum Enigma: Physics Encounters Consciousness*, Oxford: Oxford University Press, 2006, p. 171.

sentido não nos podemos livrar simplesmente de deus e desenvolver uma ontologia sem o grande Outro: deus é uma ilusão, mas uma ilusão necessária.

O interesse da física quântica, portanto, reside no facto de conferir à ignorância um estatuto ontológico positivo: a ignorância não é apenas a limitação do observador que nunca pode adquirir um conhecimento completo da realidade, a ignorância está inscrita na estrutura da própria realidade. A ideia de um grande Outro como o observador perfeito é destruída a partir de dentro: as oscilações quânticas ocorrem numa esfera pré-ontológica que escapa ao alcance do grande Outro; por isso, não podemos «fazer batota» ontologicamente, as partículas podem aparecer e desaparecer antes de a sua presença ser registada.

Este paradoxo de um deus restringido, um deus cujo conhecimento é limitado, leva-nos de volta ao Saber Absoluto hegeliano. Há uma diferença fundamental entre saber *isto* (saber que o conhecimento do Outro é limitado, que não há um grande Outro que conhece tudo) e aquilo a que se chama, numa tradição socrática ou mística, a *docta ignorantia*: esta refere-se ao facto de o *sujeito* se tornar consciente (conhecedor) da sua ignorância, enquanto a ignorância registada pelo sujeito do Saber Absoluto é a *do grande Outro*. Assim, a fórmula do verdadeiro ateísmo é a seguinte: o conhecimento divino total e a sua existência são incompatíveis, deus só existe na medida em que não conhece (toma nota de, regista) a sua própria inexistência. No momento em que deus conhece, colapsa no abismo da inexistência, como o gato dos desenhos animados que só cai quando repara que não tem chão debaixo dos pés.

Dito de um modo mais rigoroso: uma verdadeira posição materialista não é que deus não existe, mas que deus — o grande Outro — é estúpido e pode ser enganado; o registo simbólico que deus realiza chega sempre demasiado tarde. Como aprendemos na Bíblia, deus criou o mundo a partir do nada, o que significa: conferiu a forma simbólica (a forma das oposições simbólicas: luz e trevas, dia e noite, etc.) ao real pré-ontológico, transformando-o em realidade (simbólica). O termo da física quântica para isto é descoerência, e a descoerência implica a dualidade ontológica que é totalmente estranha às dualidades metafísicas clássicas (a esfera das Ideias em contraste com a esfera «inferior» dos objetos materiais, a esfera da experiência efetiva da vida em contraste com as ilusões que gera, etc.). A descoerência refere-se ao chamado colapso do campo quântico das oscilações, à passagem do universo quântico definido pela sobreposição de estados (uma sobreposição que forma uma multiplicidade coerente) para o universo «realista» clássico composto de objetos autoidênticos. Nesta passagem, dá-se uma simplificação radical: a multiplicidade coerente dos estados sobrepostos perde a coerência, uma opção é separada do *continuum* das outras e postulada como uma única realidade.

O que resta do transcendental nesta visão? É frequente ouvir dizer-se que a física quântica implica a passagem do realismo científico (a ciência como — abordando — o conhecimento da realidade tal como é em si mesma, independentemente de qualquer observador) para uma nova versão do transcendentalismo kantiano (os objetos da realidade só surgem com o colapso das ondas quânticas por meio da intervenção de um observador). No entanto, do ponto de vista da física quântica, Kant está errado quando afirma a idealidade do tempo e do espaço (a ideia de que o tempo e o espaço não são uma propriedade dos objetos, mas uma pura forma subjetiva de percecionar os objetos e, como tal, ideal): se, como diz Rovelli, o espaço-tempo também é estruturado em termos quânticos (ou seja, se a realidade definitiva é feita de pedaços quânticos), então o espaço e o tempo não podem ser uma mera forma ideal da realidade. Mas será que voltamos assim ao realismo? Por outras palavras, quais são as implicações ontológicas da ideia de que o espaço-tempo, e não apenas a matéria, é composto de mínimos indivisíveis?

Kant (que defendia o estatuto subjetivo do espaço e do tempo como a forma *a priori* transcendental da realidade fenoménica, e não como uma propriedade das coisas em si mesmas) lidou com o problema da divisibilidade na sua segunda antinomia da razão pura. A tese desta antinomia afirma a indivisibilidade definitiva: «Toda a substância composta, no mundo, é constituída por partes simples e não existe nada mais que o simples ou o composto pelo simples.» ([11]) Conclui a sua prova com a afirmação de que «as coisas do mundo são todas elas seres simples; que a composição é apenas um estado exterior dessas coisas e que, muito embora nunca possamos retirar as substâncias elementares desse estado

(11) Immanuel Kant, *Critique of Pure Reason*, Londres: Everyman's Library, 1988, p. 264. [*Crítica da Razão Pura*, p. 398.]

de ligação e isolá-las, a razão tem, no entanto, que as pensar como primeiros sujeitos de toda a composição e, por conseguinte, como seres simples, anteriores a esta.» ([12])

E a antítese da mesma antinomia? «Nenhuma coisa composta, no mundo, é constituída por partes simples, e no mundo não existe nada que seja simples.» E se aceitarmos a sua implicação — que, em última análise, «nada existe» (uma conclusão rejeitada por Kant como absurda e, já agora, exatamente a mesma conclusão do *Parménides* de Platão: «Não podemos então resumir o argumento numa palavra e dizer realmente: se o Uno não existe, então nada existe?»)? Não é esta a posição de Badiou, a afirmação de multiplicidades de multiplicidades como o verdadeiro real? Não admira que Badiou seja maoista: quando os cientistas conseguiram dividir não só o átomo, mas também o seu núcleo, Mao Tsé-Tung, com entusiasmo, referiu-se a estas descobertas como outra prova de que não há Um que não se divida em dois…

O que está em causa não é que esta afirmação da divisibilidade infinita das coisas nos conduza ao paradoxo do nada como a base definitiva do ser; a afirmação oposta também não é redutível a uma posição de senso comum — se insistirmos na indivisibilidade definitiva, também caímos num paradoxo. Quando chegamos ao fim das divisões, não encontramos apenas os constituintes simples finais da realidade; chegamos também ao ponto (absurdo, para o nosso senso comum) em que algo já não é dividido em duas partes — noutras duas coisas —, mas em algo e nada. Porquê? Porque, como os antigos atomistas gregos já sabiam, os átomos indivisíveis não são apenas pequenas partículas que flutuam no espaço vazio como o seu contentor formal; isto é a representação (*Vorstellung*) errada no sentido hegeliano preciso. A forma e a matéria não são externas, a forma do espaço deve estar inscrita numa partícula como algo que a divide a partir de dentro, a diferença entre algo e nada tem de ser interna a algo. É aqui que entra a dialética de Hegel da relação entre universal, particular e singular, ou seja, a sua ideia do singular como o regresso do universal no particular: a universalidade é o ponto de partida, o espaço neutro indiferente em relação às características particulares de um objeto; quando estas são combinadas num objeto, a universalidade regressa como a Unidade (*Oneness*) pontual do objeto, que une uma série de

([12]) *Ibid.* pp. 264–265. [*Ibid.*, p. 400]

características particulares. Uma coisa não é redutível às suas características particulares, é o Um que as combina, e este Um é vazio, um ponto pontual de Nada, e, como tal, outra vez universal: cada Um é, como Um, o mesmo Um. Aquilo que é indivisível numa coisa não é alguma das suas propriedades, mas a Unidade de uma coisa separada das propriedades: o Nada (o vazio da Unidade) é o coração de uma coisa, a sua autoidentidade. Como Samuel Beckett diz à maneira hegeliana: «Tudo se divide em si mesmo, acho eu.»([13]) Observemos a sua formulação precisa: uma coisa não se divide simplesmente *a si mesma* (em duas, na sua essência e aparência ou qualquer outra coisa), divide-se *em si mesma*, ou seja, realiza uma divisão que estabelece a sua identidade, que a estabelece como si mesma. Também não se divide (distingue) a partir dos seus ambientes — divide-se *de* si mesma, de maneira que a divisão que a estabelece a si mesma é a divisão em um e nada.

Regressemos ao nosso problema: assim, será que a afirmação do carácter quântico do espaço-tempo (ou seja, da indivisibilidade da realidade) invalida a tese de Kant sobre o carácter ideal do tempo e do espaço? Se Rovelli estiver certo, então o espaço e o tempo como formas abstratas emergem com o colapso da função de onda. Como já vimos, neste sentido, Kant tinha razão: o tempo e o espaço são formas, não apenas a média estatística das oscilações do espaço-tempo, e o enigma é o seguinte: como é que esta forma se separa do «molusco» (fazendo dele o seu conteúdo) e se impõe a todo o conteúdo como forma? A resposta é que, já no «molusco», tem de haver um Vazio abissal que providencia a distância a partir da qual a forma pode aparecer como o contentor externo do seu conteúdo. Ao nível mais abstrato, a sinuosidade do pescoço da garrafa de Klein (possibilitada pelo Vazio abissal que torna o «molusco» das ondas quânticas instável, incompleto) explica o surgimento da realidade espaciotemporal «objetiva» a partir deste «molusco».

É aqui que devemos aplicar uma vez mais a distinção kantiana entre juízo negativo e juízo infinito. A proposição «a realidade material é tudo o que existe» pode ser negada de duas maneiras, na forma de «a realidade material *não é tudo que existe*» e «a realidade material *é não-tudo*». A primeira negação (de um predicado) conduz à metafísica tradicional: a realidade material não é tudo,

([13]) Samuel Beckett, *Malone Dies*, Londres: Faber e Faber, 2010, p. 176.

há outra realidade superior, espiritual... Como tal, esta negação é, segundo as fórmulas de sexuação de Lacan, inerente à afirmação positiva de que «a realidade material é tudo o que existe»: como a sua exceção constitutiva, fundamenta a sua universalidade. Se, porém, afirmarmos um não-predicado e dissermos que a «a realidade material *é não-tudo*», isto afirma apenas o não-Tudo da realidade sem implicar qualquer exceção — paradoxalmente, devemos então dizer que a «realidade material é *não-tudo*» (porque não há nada que não seja realidade material), e *não* «a realidade material é tudo o que existe», é a verdadeira fórmula do materialismo.

Os dois vácuos: do menos que nada ao nada

No entanto, este esquema não aparece, não funciona, se lidarmos apenas com elementos positivos e vazio/nada; temos de incluir elementos que, na escala ontológica, contam literalmente menos que nada (MQN), elementos batizados por Demócrito como *den*. O MQN já está implicado na estrutura da fita de Möbius, cujo movimento circular funciona como uma pulsão; assim, de onde é que este movimento circular retira a sua energia, porque é que não colapsa no seu abismo e alcança a imobilidade de uma espécie de nirvana? A única resposta é esta: porque o seu estatuto é o de MQN, e os MQN precisam de um fornecimento adicional de energia para alcançarem o Vazio. Assim, devemos inverter o tópico místico tradicional da Queda primordial, de como algo emerge da Queda primordial: o verdadeiro acontecimento não é o aparecimento de algo a partir do Vazio que está sempre-já aqui, mas o aparecimento do próprio Vazio. Por outras palavras, o problema não é como alguma coisa aparece do nada, mas como é que o próprio Nada surge no enxame pré-ontológico dos MQN e abre o espaço para que os Algos existam.

Por outras palavras, para explicar a estrutura da garrafa de Klein, a sua viragem reflexiva para si mesma que não pode ser representada no nosso espaço tridimensional comum, não basta acrescentar outra (quarta) dimensão do espaço; a dimensão a ser acrescentada é uma dimensão puramente negativa, a de menos-que-nada, de um espaço que tem de ser suplementado, ao qual algo tem de ser acrescentado (e não subtraído), para obter nada. Regressemos à nossa imagem da garrafa de Klein: «menos que nada» é a superfície externa da garrafa, e o «pescoço» torcido que vira para dentro é o X a ser acrescentado ao MQN para obter o Nada, o abismo/tela contra cujo pano de fundo algo (entidades positivas, seres) pode aparecer. Em suma, este X é o operador da passagem de MQN para algo, a passagem (constitutiva da subjetividade) pela contração absoluta de tudo para aquilo a que os místicos chamavam a «noite do mundo». Mas, mais uma vez, isto não significa que a «realidade-em-si-mesma» seja uma profusão de MQN em que, aqui e ali, de vez em quando, a viragem reflexiva ocorre num ponto de contração para o Nada. O Nada é, antes, o eixo abissal em torno do qual os menos-que-nada e os mais-que-nada (algos) circulam.

Podemos agora abordar o enigma básico da garrafa de Klein: o que é vazio e o que é substancial nela? Será o estranho interior do corpo arredondado a forma de uma matéria substancial? E se esse fora e dentro pertencerem a diferentes realidades, e o esquema da garrafa de Klein tentar mostrar a sua conjunção impossível? Quando estamos fora e caímos no buraco abissal, o corpo arredondado parece substancial, mas, quando estamos fora, estamos num corpo arredondado no meio de uma matéria espessa (algo como a caverna de Platão). Será esta a nossa realidade — uma caverna atravessada por uma protuberância estranha, um ponto cego, no seu meio? Mais uma vez, não há aqui espaço partilhado, o vazio numa realidade é a matéria espessa na outra.

Devemos imaginar aqui uma estranha «negação da negação»: não apenas um objeto que é uma sombra de nada, uma aparência espectral sem substância por trás, mas um objeto que é menos que nada, um objeto que tem de ser *acrescentado* a um estado de coisas para obtermos nada.

Todas as especulações teosóficas convergem neste ponto: no começo (ou, mais precisamente, *antes* do começo), não há nada, o vazio da potencialidade pura, a vontade que nada quer, o abismo divino anterior a deus, e este vazio é depois inexplicavelmente perturbado, perdido. Para usar os termos de Nietzsche, a primeira passagem é a passagem de querer nada (não querer nenhuma coisa) para querer o próprio Nada. No entanto, há aqui uma última armadilha que temos de evitar: conceber o MQN como um campo de oscilações pré-ontológicas do qual, aqui e ali, a negatividade/sujeito/realidade emerge pelo clinamen/pescoço. A garrafa de Klein (também) é um não-orientável, o círculo está fechado:

sim, a queda da superfície para o buraco adquire uma viragem clinamenesca numa protuberância tipo pescoço, mas este volta-se para dentro, para si mesmo, e este movimento produz o ponto de partida, o topo curvado de oscilações pré-ontológicas: o clinamen é constitutivo daquilo do qual é clinamen. Por outras palavras, o MQN não é apenas caos anterior ao Nada, «nem sequer nada», é algo mais preciso, uma entidade particular que é «menos que nada», algo que supostamente existe apenas no espaço simbólico e não na realidade. Ou seja, a nossa reação de bom senso a tudo isto é: mas não se trata de podermos falar apenas do «menos que nada» no espaço simbólico onde, por exemplo, o meu saldo bancário pode ser 15 000 euros negativos? Na verdade, por definição, não há nada que seja «menos que nada» — ou haverá? A física quântica mina este pressuposto ontológico elementar e prova que Nietzsche estava errado: as dívidas, os estados negativos, já existem na realidade pré-simbólica.

A solução materialista deste enigma é muito precisa e diz respeito ao paradoxo fundamental do campo de Higgs na física quântica: tal como qualquer outro, o campo de Higgs é caracterizado pela sua densidade de energia e pela sua força — no entanto, «é energeticamente favorável que o campo de Higgs seja ligado e que as simetrias entre as partículas e as forças sejam quebradas» ([14]). Em suma, quando temos um vácuo puro (com o campo de Higgs desligado, inoperante), o campo de Higgs tem de despender alguma energia — o nada não é grátis, não é o ponto zero em que o universo está «repousado em si mesmo» em paragem total; o nada tem de ser sustentado por um investimento de energia, ou seja, energeticamente, há um preço para manter o nada (o vazio do vácuo puro).

Este paradoxo leva-nos a introduzir a distinção entre dois vácuos: em primeiro lugar, há o vácuo «falso» no qual o campo de Higgs está desligado, ou seja, há a pura simetria sem partículas ou forças diferenciadas; este vácuo é «falso» porque só pode ser sustentado por um certo dispêndio de energia. Depois, há o vácuo «verdadeiro», no qual, ainda que o campo de Higgs esteja ligado e a simetria quebrada, ou seja, que haja uma certa diferenciação de partículas e forças, a quantidade de energia despendida é zero,

---

([14]) Paul J. Steinhardt e Neil Turok, *Endless Universe: Beyond the Big Bang*, Londres: Phoenix, 2008, p. 82.

ou seja, energeticamente, o campo de Higgs está no estado de inatividade, de repouso absoluto.([15]) No início, há o vácuo falso; este vácuo é perturbado e a simetria é quebrada porque, tal como em qualquer sistema energético, o campo de Higgs tende para a minimização do seu dispêndio de energia. É por isso que «há algo e não nada»: porque, energeticamente, algo é mais barato que nada. Regressamos aqui à noção de *den* em Demócrito: um «algo mais barato do que nada», um estranho «algo» pré-ontológico que é menos que nada.

Como já vimos, é fundamental distinguir os dois Nadas: o Nada do *den* pré-ontológico, dos «menos-que-nada», e o Nada afirmado como tal, como negação direta — para que algo apareça, o Nada pré-ontológico tem de ser negado, ou seja, tem de ser postulado como um vazio direto/explícito, e é só aqui que Algo pode aparecer, que pode haver «Algo em vez de Nada». (Alguns dos ensinamentos da Cabala contêm uma ideia semelhante: antes de criar o mundo dos entes, deus teve de «criar» o nada contraindo-se em si mesmo.) O primeiro ato de criação é, portanto, o esvaziamento do espaço, a criação do Nada (ou, em termos freudianos, a pulsão de morte e a sublimação criativa estão intimamente ligadas).

Talvez isto nos dê uma definição mínima do materialismo: a distância irredutível entre os dois vácuos. E é por isso que até o budismo continua a ser «idealista»: os dois vácuos confundem-se aí na noção de nirvana. Foi também isto que Freud não entendeu claramente, confundindo por vezes a pulsão de morte com o «princípio-nirvana», ou seja, passando ao lado do centro da sua noção de pulsão de morte como a imortalidade obscena «não-morta» de uma repetição que persiste para além da vida e da morte: o nirvana como o regresso a uma paz pré-orgânica é um vácuo «falso», pois custa mais do que o movimento circular da pulsão. No domínio da pulsão, a mesma fenda surge como a diferença entre meta e objetivo de uma pulsão, tal como elaborada por Lacan: a meta da pulsão — alcançar o seu objeto — é «falsa», mascara o seu «verdadeiro» objetivo, que é reproduzir o seu próprio movimento circular falhando repetidamente o seu objeto. Se a unidade fantasiada com o objeto teria dado o gozo incestuoso pleno/impossível, a falha repetida do objeto pela pulsão não nos leva simplesmente a ficarmos satisfeitos com um gozo menor, mas

([15]) *Op. cit.*, p. 92.

gera um gozo excedentário próprio, o *plus-de-jouir*. O paradoxo da pulsão de morte é, assim, estritamente homólogo do do campo de Higgs: do ponto de vista da economia libidinal, é «mais barato» para o sistema atravessar repetidamente o círculo da pulsão do que permanecer em repouso absoluto.([16])

Podemos perceber agora claramente a diferença entre *den* e *objet a*: enquanto o *den* é «menos que nada», o *objet a* é «mais que um, mas menos que dois», um suplemento espectral que assombra o Um, impedindo o seu encerramento ontológico. A implicação fundamental desta oposição é que não há nada entre Nada e Um, não há «muito pouco, quase nada, mais que nada e menos que Um». Este é o axioma principal do materialismo: não há nada entre zero e um — em contraste com o idealismo, que gosta muito de discernir traços («quase nadas») de alguma ordem espiritual superior. Ao mesmo tempo, devemos ter em mente que Lacan não é um poeta do dois, do respeito pela Alteridade: a sua lição é a do paradoxo de Górgias sobre Aquiles e a tartaruga — nunca se pode passar do Um para o Dois (é por isso que o significante binário é primordialmente reprimido, é por isso que não há relação sexual). Em suma, o *objet a* é o *den* processado através do Um. E se levarmos em conta o terceiro elemento excessivo que se acrescenta a si mesmo a um par ($1 + 1 + a$), como o limpa-chaminés no famoso exemplo de Kierkegaard da categorização de todos os seres humanos em oficiais, criadas e limpa-chaminés, podemos articular três níveis de funcionamento do elemento excessivo:

1. Menos Que Zero. Há um elemento paradoxal que só pode ser contado como menos que zero e cujas figuras vão do *den* (o nome que Demócrito dá ao átomo) ao «bosão de Higgs» na física quântica, um elemento que «faz o nada custar mais que alguma coisa», ou seja, que deve ser acrescentado ao caos pré-ontológico para termos o vácuo puro — mas temos de introduzir aqui outra distinção.

2. Entre Um e Dois. Depois, há o $1 + a$: o Um nunca é um Um puro, é sempre suplementado pelo seu duplo sombrio, um «mais que um, mas menos que dois». Em alguns desenhos de

([16]) Retomo aqui a linha de pensamento apresentada no Capítulo 14 de Slavoj Žižek, *Less Than Nothing*, Londres: Verso Books, 2012.

Francis Bacon, vemos um corpo (normalmente nu) acompanhado por uma estranha forma semelhante a uma mancha vaga, que parece sair dele, quase ligada ao corpo, como uma espécie de protuberância estranha que o corpo não pode recuperar nem reintegrar em pleno, e que, assim, destabiliza irremediavelmente o Todo orgânico do corpo — era isto que Lacan visava com a sua ideia de lamela (ou *hommelette*). Também o podemos dizer desta maneira: para Lacan, a diferença sexual não é uma diferença entre dois sexos, mas uma diferença que separa Um (Sexo) de si mesmo — o Um nunca pode alcançar o Dois, o seu homólogo complementar, ou seja, como Lacan diz, não há Outro Sexo. Este elemento excessivo é o *objet a*: mais que Um e menos que Dois, a sombra que acompanha qualquer Um e que o torna incompleto.

3. Entre Dois e Três. Por último, como Lacan diz, Três não é o conjunto de três Uns, mas, no seu nível mais elementar, 2 + *a*, o Dois mais um excesso que lhes perturba a harmonia — Masculino e Feminino mais o *objet a* (o objeto assexual, como Lacan lhe chama), as duas classes principais mais a ralé (o excesso de não-classe). É este excesso que faz de uma diferença mais do que uma mera diferença simbólica, o Real de um antagonismo. Para designarmos este excesso, também podemos usar o neologismo lacaniano *sinthome* (o sintoma mais elementar): o Dois, um par (*yin-yang*, masculino-feminino, as duas classes da sociedade) mais o Um do *y'a de l'un* que torna a relação sexual (ou classe) impossível e possível ao mesmo tempo como o seu obstáculo constitutivo (limpa-chaminés, judeu, ralé).

Vai Seguir-te (*It Follows*), um filme americano de terror psicológico de 2014, escrito e realizado por David Robert Mitchell, narra a história de Jay, uma estudante universitária de Detroit que é perseguida por uma entidade sobrenatural após cada encontro sexual. Quando vai ao cinema com o novo namorado, Hugh, este aponta para uma rapariga que Jay diz não conseguir ver e, mais tarde, depois de os dois fazerem amor, ele explica-lhe que será perseguida por uma entidade que só ela pode ver, que pode assumir a aparência de qualquer pessoa. Embora a entidade só se mova a passo, saberá sempre onde Jay está e aproximar-se-á constantemente dela e, se a apanhar, matá-la-á e perseguirá a pessoa anterior a quem Jay a passou: Hugh. Depois de verem uma mulher nua a caminhar na direção deles, Hugh leva Jay para casa de carro e foge. No dia seguinte, na escola, Jay vê uma idosa, vestida com uma camisa de hospital, a caminhar na sua direção, invisível para os outros. Mais tarde, Jay faz sexo com Greg, o seu vizinho que não acredita na existência da entidade. Dias depois, Jay encontra na casa de Greg a entidade na forma da mãe seminua de Greg, que lhe bate à porta; ataca e mata Greg… Não admira que *Vai Seguir-te* tenha dado origem a numerosas interpretações sobre a entidade: na maioria dos casos, é interpretada como uma parábola da sida ou de outra doença sexualmente transmissível, ou, de um modo mais geral, da própria revolução sexual e até das «ansiedades primárias» sobre a intimidade. No entanto, devemos rejeitar todas estas interpretações: não é uma parábola ou uma «metáfora» da sida, mas uma representação alucinatória (alucinatória porque só é vista pelo sujeito afetado) de um corte/obstáculo formal à relação sexual, uma figuração da impossibilidade da relação sexual. A noção tradicional de sublimação é aqui invertida: não é uma figura sublimada da sida; a própria sida é uma parte da nossa realidade comum que retira o seu poder de fascínio do facto de dar corpo ao nosso medo dela.

Usando termos brutalmente simplificados, a lição de *Vai Seguir-te* (a propósito, o seu título original, *It Follows*, é ambíguo — pode ser lido como a designação de um espectro monstruoso que assombra todos os pares sexuais e como um sinal de uma marca de conclusão lógica — «daquilo que se disse, segue-se [*it follows*] que…») é que, num nível abstrato formal, 1 + 1 nunca é simplesmente dois, uma vez que dá sempre origem a um suplemento indesejado, de maneira que obtemos 1 + 1 + *a*. Isto não vale apenas para a sexualidade — em que o par (se houver um par) nunca está sozinho, mas sim sempre acompanhado por um terceiro elemento (espectral) —, mas também para a luta de classes. O antagonismo de classe, a impossibilidade de relação de classe, significa que nunca há apenas duas classes. Empiricamente, há sempre um «resto indivisível», um elemento que mina a clara divisão de classes (ralé, «classes médias», etc.). Para parafrasear as famosas linhas de Quincey sobre a arte do assassínio, quantas pessoas começaram com uma pequena afirmação de múltiplas posições de géneros contra o binário sexual, e acabaram a afirmar múltiplas posições de classe contra o binário de classe e a luta de classes...

O argumento tradicional contra a homologia entre diferença sexual e luta de classes mostra a sua diferença óbvia: enquanto o antagonismo de classe é um fenómeno historicamente especificado que deve ser abolido pela emancipação radical, a diferença sexual tem raízes antropológicas muito mais profundas (existe desde o início da raça humana e também em partes do reino animal). A ironia é que, atualmente, com a perspetiva das intervenções biogenéticas na «natureza» humana, podemos ver-nos na situação oposta: a diferença sexual será deixada para trás, enquanto a diferença de classe continuará a reinar... Num nível mais básico, devemos insistir que, nos dois casos, não há uma superação imanente da diferença (como a ideia de uma sexualidade multiverso não-antagónica ou uma relação de classe harmoniosa); a única solução é eliminar a sexualidade ou as classes enquanto tais.

Devemos ser aqui mais precisos. A oposição básica é entre uma diferença não-antagónica como entre culturas ou raças, em que, apesar de um potencial antagónico, pode-se em princípio encontrar a paz se essas múltiplas culturas arranjarem maneira de se reconhecerem mutuamente, e entre uma diferença antagónica (como a diferença de classe), em que a saída não é um reconhecimento mútuo, mas a destruição de um polo (a classe dirigente) e/ou a passagem para uma organização social totalmente diferente sem classes. (O reconhecimento mútuo das classes está no centro da visão fascista da sociedade.) Mas onde entra aqui a diferença social? É claro que não se encaixa plenamente em nenhum dos dois polos: é claramente demasiado antagónica para ser transformada em reconhecimento mútuo dos sexos, o antagonismo é irredutível porque é constitutivo da identidade sexual, mas também não pode ser resolvida pela «vitória» e pelo desaparecimento de um sexo (ou ambos por novas formas de reprodução) — neste caso, a própria sexualidade desapareceria. Assim, temos aqui uma espécie de interseção das duas lógicas: a diferença sexual é um antagonismo que surge como a coexistência de duas subespécies que se complementam uma à outra (masculino e feminino). O problema é que, mesmo ao nível biológico, o masculino e o feminino não são duas espécies de um género (da humanidade), mas uma diferença que opera ao nível do próprio género, dividindo-o em dois.

A partir deste ponto, podemos regressar à grande questão metafísica: o que vem primeiro? Nem a multiplicidade nem o Um, mas um Um barrado/frustrado: a multiplicidade surge porque o Um é barrado, e o próprio Um (como entidade autoidêntica positiva) surge para preencher o vazio da sua própria impossibilidade. Em qualquer campo de multiplicidades, devemos assim distinguir entre a série de entidades que surgem para preencher o espaço do vazio aberto pelo Um barrado, e o Um (como entidade positiva) que substitui diretamente o vazio da sua própria impossibilidade. Ou, a respeito da relação entre o género e as suas espécies, há muitas espécies particulares de um género, e surgem porque o género é em si mesmo antagónico, atravessado pela sua própria impossibilidade imanente; no entanto, entre estas espécies, há uma exceção, uma espécie na qual o género se encontra a si mesmo na sua determinação oposicional. Uma sociedade está dividida em grupos, cada um com o seu lugar na totalidade social, mas há um grupo sem lugar próprio no corpo social e que, enquanto tal, representa a universalidade ou, mais precisamente, o antagonismo que destrói esta universalidade e a vira contra si mesma — o grupo a que Hegel chamava a ralé. Levada ao extremo, reduzida ao seu mínimo, a multiplicidade das entidades particulares pode ser reduzida a um, de maneira que, como Hegel diz algures, ficamos com um género que tem duas espécies, uma espécie como tal e si mesma. É assim que funciona a diferença sexual: é a diferença entre espécies (masculino) e a universalidade do género encarnada num excesso não localizável (feminino).

Contudo, devemos, outra vez, ser mais precisos aqui: o nível zero, o ponto de partida, não é zero, mas menos que zero, um puro menos sem um termo positivo em relação ao qual funcionaria como uma falta/excesso. O nada (vazio) é o espelho (ecrã) através do qual o menos-que-nada aparece como algo, através do qual o caos pré-ontológico aparece como entidades ônticas. Por outras palavras, o ponto de partida não é a impossibilidade do Um em atualizar-se plenamente como Um, mas a impossibilidade do Zero (Vazio) em alcançar a estabilidade do Vazio: o próprio Vazio está irredutivelmente dividido entre o caos pré-ontológico e o Vazio (aquilo que a física quântica teoriza como a diferença dos dois vácuos), e é esta tensão de nível-zero, a tensão que divide a partir de dentro o próprio Vazio, que engendra todo o movimento do aparecimento do Um, Dois, etc., ou seja, toda a matriz das quatro versões acima descritas: a tensão dos dois vácuos, o Vazio da protorrealidade pré-ontológica e o próprio Vazio, é resolvida pelo aparecimento do Um (que é o *den* pré-ontológico que passa através do ecrã do Vazio); a incompletude deste Um dá origem ao seu suplemento, o duplo obscuro excessivo; desta tensão, surge um Dois, outro Um, a tradução do duplo obscuro na ordem do Um; no entanto, como esta dualidade também não pode funcionar como um par harmonioso, o Dois é sempre suplementado por um elemento excessivo. (Isto também explica o que pode parecer uma inconsistência na nossa abordagem à diferença sexual: quando a escrevemos como M+ e depois como MF+, estamos a referir-nos simplesmente aos dois níveis de toda a série, que é: +, M+, MF+.)

Neste nível, somos obrigados a introduzir outra distinção fundamental, a distinção entre os *dens* — o campo das ondas quânticas, das oscilações pré-ontológicas, dos «menos que nadas» — e o operador da transformação dos *dens* em Uns, o «purificador» do vazio pré-ontológico em nada. Este operador não deve ser identificado com o *objet a*; é, antes, uma espécie de *objet a* invertido. Ou seja, o *objet a* é um X insubstancial virtual/espectral que suplementa os objetos atuais, preenchendo o vazio no centro da realidade, enquanto, aqui, lidamos com um X que tem de ser acrescentado a um vácuo pré-ontológico para fazer dele o Nada contra cujo pano de fundo os objetos atuais podem aparecer. E se este X que regista o antagonismo do Nada, a sua impossibilidade de ser nada, o homólogo do *objet a*, for o $, o sujeito (barrado) na sua protoforma, no seu nível mais básico? Não encontramos uma prefiguração disto já em Kant, onde o sujeito transcendental, por meio da sua atividade sintética, constitui a realidade fenoménica «objetiva» a partir da multiplicidade confusa das impressões sensíveis? E o estatuto ontológico deste sujeito não será totalmente ambíguo? Não é empírico, parte da realidade fenoménica (pois é um sujeito livre dotado de espontaneidade, enquanto a realidade fenoménica está presa no determinismo causal), mas também não é simplesmente numénico (uma vez que aparece a si mesmo na autoexperiência empírica).

E não seria possível ler da mesma maneira as coordenadas mais elementares do pensamento de Heidegger? Heidegger insiste repetidamente que o desvelamento ontológico não causa/cria onticamente os entes — há algo «aí» anterior ao desvelamento ontológico, mas que ainda não existe no sentido ontológico pleno, e este X seria a versão heideggeriana do «menos que nada», do puro Real. Depois, no meio deste Real pré-ontológico, surge um *Dasein*, um «ser-aí», o «aí», o local, do desvelamento do Ser. Este *Dasein* (a que, por razões bem conhecidas, Heidegger recusa chamar «sujeito») é (ou melhor, mantém aberto) o sítio do Nada, do próprio Ser como o Vazio contra cujo pano de fundo os entes aparecem; assim, mais uma vez, o *Dasein* é o «operador» da transformação do Vazio pré-ontológico no Vazio do Nada (*Nothingness*) ontológico (o Ser em contraste com os entes) como o pano de fundo contra o qual os entes aparecem e desaparecem. Nestes dois casos, o processo formal é o mesmo: o $, uma espécie de falha no campo pré-ontológico, desencadeia a sua atualização ontológica, mas esta realidade ontologicamente constituída nunca é plenamente atualizada, precisa de ser suturada por um objeto paradoxal, o *objet a*, que é o homólogo do sujeito no mundo dos objetos, a inscrição anamórfica do sujeito na realidade.

Podemos agora imaginar o círculo completo: começamos com o enxame de *dens* pré-ontológicos (os MQN) em redor do abismo do Vazio; depois, o $ entra como o operador da emergência do Vazio/Nada enquanto tal; só então temos algo contra o pano de fundo deste Vazio. O Nada (o Vazio) só é postulado enquanto tal com a subjetividade; no entanto, o sujeito não é diretamente este vazio (*à la* Sartre), mas sim o operador singular da sua emergência, ou, para usar os termos de Heidegger, o sujeito é o *Da-Sein*, ser-*aí*, o ente singular que é o «aí» do Vazio que é o Ser. Para que o vazio abissal emerja no real pré-ontológico, o pescoço retorcido tem de estar aqui como o operador da sua emergência. O nome antigo desta inflexão do pescoço é, obviamente, o *clinamen*, o nome que Lucrécio deu ao desvio imprevisível dos átomos, e temos de ter em mente a circularidade do movimento: o pescoço não apenas se desvia do buraco descendente do abismo, mas ele mesmo, quando volta para a sua origem, produz o seu ponto de partida, a superfície redonda com o buraco central. É por isso que toda a estrutura da garrafa de Klein continua a ser uma superfície não-orientável: quando deslizamos ao longo da sua superfície para o abismo central, regressamos ao nosso ponto de partida no interior, como a sua imagem de espelho côncavo.([17])

O problema da interpretação ontológica da física quântica também é o problema do pescoço: se as oscilações quânticas são o estado original do mundo, de onde vem o ponto externo de observação/medição (que regista o colapso da função de onda)? Deve, de algum modo, emergir através de uma convolução interior do espaço quântico; de outro modo encontramo-nos no simples dualismo com um observador externo a medir a realidade. Podemos formular facilmente este dilema em termos teológicos: se identificarmos deus como a figura do grande Outro que regista os acontecimentos e, assim, «cria-os», ou seja, transpõe-nos de um obscuro estado pré-ontológico para a nossa realidade comum, a lição da física quântica é não só que podemos enganar deus, mas também que talvez deus não exista, que tem de emergir de alguma maneira da confusão pré-ontológica.

Temos assim três níveis de antagonismo: o Dois nunca é dois, o Um nunca é um, o Nada nunca é nada. O *sinthome* — o significante do Outro barrado — regista o antagonismo do dois, a sua não-relação. O *objet a* regista o antagonismo do Um, a sua impossibilidade de ser um. O $ regista o antagonismo do nada, a sua impossibilidade de ser o Vazio em paz consigo mesmo, a anulação de todas as lutas. A posição de Sabedoria é que o Vazio traz a paz definitiva, um estado no qual todas as diferenças são eliminadas; a posição do materialismo dialético é que não há paz sequer no Vazio — há uma incontinência constitutiva do vazio. Poucos leitores repararam na ligação entre um dos meus últimos livros e o último de Zupančič, indicada nos seus títulos respetivos, que podem (e devem) ser lidos como uma pergunta e a sua resposta: *O Que É o Sexo? Incontinência do Vazio.*

E esta tríade não nos conduz de regresso aos três espaços convolutos dos não-orientáveis? O movimento circular da fita de Möbius providencia a forma básica do *den*, representa o movimento dos MQN a tentarem alcançar o zero e a falharem uma e outra vez

([17]) Encontramos muitas vezes a mesma circularidade na nossa vida quotidiana. A oportunidade faz o ladrão, como se costuma dizer — mas um ladrão faz a oportunidade. Só alguém que já seja potencialmente (em si mesmo) ladrão é capaz de perceber numa situação uma oportunidade para roubar — a oportunidade faz o ladrão… a partir de um ladrão.

porque o zero nunca é zero. O *cross-cap* surge do paradoxo do Um que nunca é Um, que é sempre minimamente autodividido, acompanhado por uma sombra frágil que é mais que Um e menos que Dois. A garrafa de Klein representa a convolução de um *sinthome* que surge do facto de o Dois nunca ser Dois, e esta não-relação do Dois tem de ser controlada por um *sinthome.*

O colapso de uma onda quântica é como um lançamento de dados?

Na sua interpretação das implicações ontológicas da física quântica, Gabriel Catren([18]) propôs uma leitura extraordinária do colapso da onda quântica, cujas referências filosóficas são Schelling e Hegel, bem como Lacan, Badiou e Meillassoux. Embora o seu rigor e a sua abordagem sejam extraordinários, discordo do seu regresso ao «realismo pré-crítico» contra a abordagem transcendental de Kant. Neste regresso, Catren segue o *Après la Finitude* («Após a Finitude») de Meillassoux, mas com um tom crítico: enquanto subscreve o regresso de Meillassoux ao realismo filosófico pré-kantiano (a capacidade de os humanos descreverem e teorizarem a natureza tal como é «em si mesma»), Catren rejeita a sua universalização da contingência num axioma básico de ontologia — para ele, é possível uma explicação conceptual das leis naturais, que mostra a sua necessidade imanente no sentido da física especulativa de Schelling e Hegel. Meillassoux rejeita esta viragem hegeliana por causa da sua absolutização da contingência, mas esta absolutização permanece na abordagem transcendental kantiana — Meillassoux mais não faz do que transpor a limitação epistemológica autoimposta de Kant (não podemos descrever as leis imanentes da natureza-em-si, ela está irredutivelmente para além do alcance do nosso conhecimento) numa característica da natureza-em-si que parece um reino sem leis e de pura contingência:

([18]) Gabriel Catren, «A Throw of the Quantum Dice Will Never Abolish the Copernican Revolution», *Collapse: Philosophical Research and Development* 5 (2009), disponível online em http://philpapers.org/rec/CATATO. Os números entre parêntesis referem-se às páginas deste texto.

> o primeiro passo para avançar a desantropomorfização da ciência é reduzir a ilusão narcisista de se converter um limite conjetural num princípio absoluto. Temos de evitar a todo o custo ser como uma pessoa com surdez congénita a tentar demonstrar a impossibilidade absoluta da música. De facto, Hume e Kant estavam perfeitamente certos em rejeitar qualquer tipo de extrapolação ontológica das limitações epistemológicas. Tal como Hegel, por seu lado, tinha razão em negar o carácter inevitável dessas limitações. (466)

Mas a grande surpresa é que, contra a interpretação subjetivista predominante da física quântica (que torna a realidade comum dos objetos dependente do nosso ato da sua medição), Catren afirma que é precisamente a física quântica que nos dá a descrição mais completa da natureza-em-si:

> Einstein tinha absoluta razão em exigir, apesar das tentativas críticas de interpretar a mecânica quântica numa moldura «transcendental», que a teoria física fosse «realista» e «completa». Segundo a posição que defenderemos, só não reconheceu que, ao contrário da mecânica clássica, a própria mecânica quântica permite uma descrição «realista» e «completa» da realidade física. (459)

Como funciona esta interpretação realista da mecânica quântica? Comecemos com a afirmação kantiana tradicional de que, enquanto os nossos sentidos são bombardeados por uma multiplicidade de impressões, é a nossa intervenção subjetiva que transforma esse pandemónio numa realidade coerente de objetos autoidênticos. Do ponto de vista realista de Catren, pelo contrário, a síntese das múltiplas aparências em objetos autoidênticos não é o ato do sujeito transcendental, antes é imanente aos objetos: um objeto é em si mesmo a força sintética que se expressa nas suas aparências, e a multiplicidade destas aparências forma «as transformações de fase (ou "variações eidéticas") que permutam as diferentes fases do objeto sem o alterarem objetivamente» (480). Estas variações eidéticas são assim «os conjuntos múltiplos de aspetos que o objeto oferece a todos os observadores virtuais possíveis» (488). Consideremos o exemplo de uma mesa: as múltiplas maneiras como a mesa pode afetar-nos (os nossos sentidos), ou seja, as múltiplas maneiras como nos aparece, são todas «variações eidéticas» que não a modificam «objetivamente» (ou seja, não afetam o que a mesa é em si mesma, na sua identidade invariante) — o alcance das «variações eidéticas» é circunscrito pela estrutura invariante da mesa-em-si-mesma.

É claro que isto é a ontologia do realismo ingénuo pré-crítico — a afirmação surpreendente de Catren é que esta «estrutura "representação-transformação-invariância", que permite a definição das propriedades objetivas como invariantes sob transformações entre diferentes representações de um sistema físico, continua a ser válida na mecânica quântica» (489). E vai mais longe: só a mecânica quântica fornece uma descrição completa da realidade objetiva, pois só ela pode demonstrar como a multiplicidade das aparências de uma coisa é «induzida pelas próprias propriedades objetivas [da coisa]» (489) — em contraste com a física clássica, na qual as aparências não são totalmente mediadas com a essência de uma coisa, mas são percebidas como dependendo da sua interação externa com os observadores. Em termos hegelianos, só na mecânica quântica é que a essência «eterna» de uma coisa e as suas aparências são totalmente mediadas, ou seja, é só aí que a essência de uma coisa é apenas a estrutura que regula as suas aparências: «a mecânica quântica completa a caracterização habitual da objetividade e, pela primeira vez, oferece uma definição satisfatória dos objetos físicos» (489).

Como é que a mecânica quântica chega a esta descrição completa da realidade? É aqui que ocorre o momento mais problemático do raciocínio de Catren, que invoca um paralelismo entre o colapso de uma função de onda (a sobreposição de todos os colapsos de onda possíveis) e o lançamento de um dado no qual só uma das suas seis faces aparece virada para cima. Catren concorda com Einstein, que «pensava nos objetos quânticos em termos de dados», mas, para Einstein, este facto demonstra que a descrição da realidade fornecida pela mecânica quântica não é completa (pois deus não lança dados), enquanto, para Catren, o princípio da incerteza de Heisenberg implica que deus lança dados — é exatamente isto que acontece no colapso de uma função de onda. Assim, o colapso de uma onda (ou seja, de múltiplos estados sobrepostos) não diz respeito à realidade objetiva («essência») do objeto, mas apenas a uma das suas fases fenoménicas, da mesma maneira que o lançamento de um dado não altera a realidade objetiva de um dado:

> De facto, aquilo que Deus obteria se lançasse um dado não seria uma propriedade objetiva do dado, mas sim uma das suas faces. E, aqui, o ponto importante é que a face de um dado é a fase de um dado. Procurar a posição objetiva q de um elefante quântico com um momento objetivo p é tão absurdo como procurar a face objetiva (ou privilegiada) de um dado. (492)

É neste sentido que «a medição de um objeto quântico pode ser entendida como o lançamento de um dado [...] O resultado obtido não será uma propriedade objetiva do objeto, mas sim uma das suas fases não-objetivas.» (494) Catren, porém, sabe que há uma diferença fundamental entre os objetos quânticos e os dados comuns: enquanto todas as seis faces de um dado coexistem no mesmo objeto real, as diferentes fases de um objeto/onda quântico estão sobrepostas: «a sobreposição quântica decorre do facto intuitivo de um objeto ser uma sobreposição de fases, aspetos ou perfis» (494). Catren interpreta de um modo similar o princípio da incerteza de Heisenberg: não podemos medir a posição e a velocidade de uma partícula ao mesmo tempo, no mesmo sentido em que, quando lançamos um dado, o resultado não pode ser dois números ao mesmo tempo. Por conseguinte,

> o facto de uma posição q e o momento p não poderem ser propriedades objetivas do mesmo objeto não significa que a quididade do objeto dependa do sujeito observador, do dispositivo de medição ou do contexto experimental. Isto significa que já não é necessário recorrer a um argumento «transcendental» para explicar porque não é possível ter acesso a toda a informação objetiva que define um objeto. (497)

Para explicar isto, devemos simplesmente ter em conta que a impossibilidade de estabelecer a posição quando se mede o momento (e vice-versa) é uma propriedade objetiva da partícula, da mesma maneira que a impossibilidade de obter dois números no lançamento de um dado é uma propriedade objetiva do dado. Mas será que esta explicação funciona? Será válido o paralelismo entre as seis faces de um dado e os múltiplos percursos sobrepostos de uma partícula numa função de onda? A diferença entre os dois casos não será maior do que Catren admite, uma vez que diz respeito à diferença entre atualidade e potencialidade? Não há nada de virtual em relação aos seis lados de um dado: são características do dado como um objeto invariante que faz parte da nossa realidade comum. Por outras palavras, um dado existe mesmo que ninguém o lance, enquanto uma função de onda é apenas uma sobreposição dos seus «lançamentos» possíveis. Há aqui uma inversão quase simétrica: no caso do lançamento do dado, a coisa «em-si-mesma» é um objeto físico substancial da nossa realidade, enquanto as suas aparências são apenas isso, as emanações ou os efeitos da coisa; no caso dos percursos sobrepostos de uma partícula, a coisa «em-si-mesma» é o alcance dos percursos virtuais sem uma coisa substancial por trás, e a coisa substancial é algo que emerge como uma das aparências possíveis.

É por isso que nos devemos limitar ao projeto da «física especulativa», mas não no sentido realista-ingénuo pré-crítico em que Catren o subscreve. Nunca devemos esquecer que Schelling e Hegel (que Catren evoca como os fundadores da física especulativa) não defendem um regresso ao realismo pré-crítico: mantêm-se dentro do horizonte aberto por Kant, ou seja, para ambos, toda a realidade é subjetivamente mediada. É também por isso que, embora concorde com Catren que (tanto quanto se pode dizer hoje) a mecânica quântica oferece uma descrição completa da realidade, devo insistir no gesto kantiano de transposição do obstáculo epistemológico para a condição (limitação) ontológica: o movimento básico antieinsteiniano da física quântica reside em reinterpretar aquilo que Einstein via como a incompletude da sua descrição da realidade (ou seja, o seu fracasso epistemológico) na «incompletude» da própria realidade.

O Real «em si mesmo» é virtual (uma panóplia de possibilidades sobrepostas), enquanto a nossa realidade «dura» das coisas é subjetivamente constituída — esta lição kantiana continua a ser válida para Schelling e Hegel. De forma mais precisa, mesmo que não lidemos com o sujeito no sentido tradicional, tem de haver algum tipo de agência de registo (de grande Outro) por meio da qual a função de onda colapsa numa realidade, e esta agência tem de estar minimamente descentrada (ou em atraso) relativamente à função de onda. Por outras palavras, o colapso da função de onda, mesmo quando pensada como descoerência, não pode ocorrer de uma maneira totalmente imanente — tem de haver uma fenda que abre o espaço para os processos quânticos não registados pelo grande Outro. Regressando a Einstein: como já dissemos, se deus não faz batota, pode muito bem ser enganado.

ESCÓLIO 3.1

A fita de Möbius ética

Na nossa época de decadência ideológica, em que a inconsistência é cada vez menos considerada um defeito, o velho tema da «coincidência dos opostos» adquiriu uma forma específica: a brutalidade opressiva é apresentada como o seu oposto, como um instrumento de libertação. Não falamos das intervenções militares brutais recorrentemente apresentadas como missões de paz ou até como ajuda humanitária. Encontramos o esforço de impor algum tipo de «coincidência dos opostos» até em domínios onde nunca o esperaríamos. Haverá alguma coisa mais violenta e destrutiva do que um confronto militar direto? Sim, obviamente (ataques químicos e nucleares), mas, para a maioria das pessoas, disparar contra um inimigo continua a ser o paradigma de agressão. Deveremos ficar admirados com o facto de os militares americanos estarem agora a desenvolver balas biodegradáveis que contêm sementes para gerar plantas onde caem no solo? Leia-se esta notícia:

> As armas de fogo são uma parte reconhecida da guerra e das operações militares modernas, mas, depois do trabalho feito, o ambiente sofre. A paisagem não só fica cheia de cápsulas de balas, como estas cápsulas são ainda uma ameaça para a vida selvagem local — já para não falar do impacto que os resíduos químicos, como os metais e a ferrugem das balas, podem ter no crescimento e na sustentabilidade das plantas futuras. Os militares dos Estados Unidos reconhecem que isto constitui um problema e, agora,

> estudam propostas para mitigar a questão por meio de balas biodegradáveis e formas de plantar sementes enquanto prosseguem as operações no campo. Em janeiro de 2017, o Departamento de Justiça americano anunciou publicamente que pretendia receber propostas para o «desenvolvimento de munições de treino biodegradáveis, carregadas com sementes especiais a fim de desenvolverem plantas benéficas para o ambiente que possam eliminar os resíduos de munições e os elementos contaminantes [...] Este esforço recorrerá a sementes que possam gerar plantas úteis para o ambiente, capazes de remover os contaminantes do solo e de consumir as componentes biodegradáveis desenvolvidas no âmbito deste projeto. Os animais deverão poder consumir estas plantas sem que sofram quaisquer efeitos nocivos.» (1)

Estas balas serão inicialmente usadas em treinos, e depois... imagine-se bombardear um país para o tornar verde, cheio de plantas, sem detritos no solo? A mesma estrutura — a própria coisa é o remédio contra a ameaça que representa — é bem visível na paisagem ideológica atual. Veja-se, por exemplo, a figura do investidor e filantropo George Soros. Soros personifica a especulação financeira, combinada com a sua preocupação humanitária e de agente duplo com as catastróficas consequências sociais da economia de mercado desenfreada. Até a sua rotina diária é marcada por um contraponto autoexclusivo: metade do seu tempo de trabalho é dedicada à especulação financeira e a outra metade a atividades humanitárias — como financiar atividades culturais e democráticas em países ex-comunistas, ou escrever ensaios e livros —, o que acaba por combater os efeitos da sua própria especulação. As duas faces de Bill Gates fazem um paralelismo com as duas faces de Soros. O homem de negócios determinado destrói ou adquire os concorrentes, visa um monopólio total e recorre a todos os truques do sistema para alcançar os seus objetivos. Entretanto, o maior filantropo da história da humanidade pergunta: «De que vale ter computadores se as pessoas não têm comida suficiente e morrem de disenteria?»

De forma análoga, dado que, na nossa sociedade, a escolha livre foi elevada a valor supremo, o controlo e o domínio social já

(1) Citado de www.zdnet.com/article/us-military-wants-biodegradable-bullets-which-transform-into-plants/.

não podem ser vistos como violando a liberdade do sujeito — têm de ser vistos (e defendidos) como a própria autoexperiência dos indivíduos enquanto livres. Há uma miríade de formas desta falta de liberdade disfarçada do seu oposto: quando somos privados de um sistema universal de saúde, dizem-nos que temos uma nova liberdade de escolha (de escolher o nosso prestador de cuidados de saúde); quando já não podemos contar com um emprego a longo prazo e somos obrigados a procurar um novo emprego precário de dois em dois anos, dizem-nos que nos estão a dar a oportunidade de nos reinventarmos e de descobrir novos potenciais criativos que se escondiam na nossa personalidade; quando temos de pagar pela educação dos nossos filhos, dizem-nos que nos tornámos «empreendedores de nós mesmos», agindo como um capitalista que tem de escolher livremente como investir os recursos que possui (ou que possui como empréstimo) em educação, saúde, viagens... Constantemente bombardeados por «escolhas livres» impostas, obrigados a tomar decisões para as quais a maioria de nós nem sequer está qualificada (ou sem deter informação suficiente), vivemos cada vez mais a nossa liberdade como aquilo que é realmente: um encargo que nos priva da verdadeira escolha de mudança.

E assim continuamente... Num discurso a licenciados de Harvard, em maio de 2017, Mark Zuckerberg declarou: «A nossa tarefa consiste em criar um sentido de propósito!» — isto dito por um homem que, com o Facebook, criou o maior instrumento do mundo de perda de tempo sem propósito! Ficamos cansados deste modo de coincidência dos opostos e começamos a ter saudade da velha brutalidade imperialista. Para chegarmos à dimensão mais básica da coincidência dos opostos, consideremos um exemplo bastante diferente, uma das lendas da Segunda Guerra Mundial, o assassinato de Reinhard Heydrich.

Em 1942, o governo checoslovaco no exílio decidiu assassinar Heydrich; Jan Kubiš e Jozef Gabčik, líderes da equipa escolhida para a operação, foram lançados de paraquedas nos arredores de Praga. Em 27 de maio de 1942, sozinho com o seu motorista num automóvel descapotável (para demonstrar a sua coragem e confiança), Heydrich ia a caminho do seu gabinete; quando o automóvel abrandou num cruzamento num subúrbio de Praga, Gabčik saltou para a frente do carro e fez pontaria com uma pistola-metralhadora, mas a arma encravou. Em vez de ordenar ao motorista que acelerasse, Heydrich mandou parar o carro e enfrentou os atacantes. Neste momento, Kubiš lançou uma bomba para a retaguarda do automóvel, cuja explosão feriu Heydrich e Kubiš. Quando o fumo se desvaneceu, Heydrich emergiu dos destroços com a sua arma na mão; perseguiu Kubiš durante algum tempo, mas, enfraquecido com o choque, caiu prostrado. Ordenou ao motorista que perseguisse Gabčik a pé, enquanto, ainda com a pistola na mão, se agarrava ao lado esquerdo do seu corpo, que sangrava abundantemente. Uma mulher checa foi ajudar Heydrich e fez sinal a uma carrinha que passava. Foi inicialmente colocado ao lado do motorista da carrinha, mas, queixando-se de que o movimento do veículo lhe estava a causar dores, foi deitado de barriga para baixo na caixa traseira e levado rapidamente para um hospital próximo. (A propósito, embora Heydrich tenha morrido alguns dias depois, poderia muito bem ter sobrevivido e, assim, esta mulher teria entrado na história como a pessoa que lhe salvou a vida.) Ainda que um simpatizante nazi pudesse destacar a coragem pessoal de Heydrich, aquilo que me fascina é o papel da mulher checa anónima: ajudou Heydrich, que estava no chão a sangrar, sem proteção militar ou policial. Saberia ela quem seria aquele homem? Em caso positivo, e se não era uma simpatizante nazi (os casos mais prováveis), por que razão fez aquilo? Terá sido uma mera reação semiautomática de compaixão humana, de auxiliar o próximo em dificuldades, independentemente de quem fosse? Deveria esta compaixão ter triunfado sobre o facto de aquele «vizinho» ser um criminoso nazi responsável pela morte de milhares (e, mais tarde, milhões) de pessoas? Aquilo com que lidamos aqui é a escolha entre o humanismo liberal abstrato e a ética implicada pela luta emancipatória radical, e esta escolha é mais uma vez estruturada como uma fita de Möbius: se seguirmos o humanismo liberal até ao fim, vemo-nos a perdoar os piores criminosos, e se seguirmos o compromisso político parcial até ao fim, vemo-nos no lado da universalidade emancipatória — no caso de Heydrich, para que a pobre mulher checa agisse universalmente, teria de resistir à sua compaixão e tentar acabar com Heydrich quando este estava ferido…

ESCÓLIO 3.2

A torre negra da sutura

Para termos uma imagem mais plástica da fita de Möbius redobrada, consideremos a obra-prima de Stephen King, a série de romances *A Torre Negra*, que assenta numa bela visão ingénua de um *point de capiton* (ponto de estofo), uma misteriosa torre negra que «sutura» a nossa realidade e, assim, mantém a sua integridade: se esta torre for destruída, a nossa realidade desintegrar-se-á, desmoronar-se-á, e ficaremos reduzidos a um universo bárbaro de violência obscura. A versão em filme (Nikolaj Arcel, 2017) decorre na Nova Iorque atual e no «Mundo Médio», um universo paralelo ao estilo do Velho Oeste, que representa o universo bárbaro da violência. Foca-se num conflito entre Roland Deschain, um pistoleiro numa demanda para proteger a Torre Negra, e a sua némesis, Walter Padick, o Homem de Negro.(1)

Jake Chambers, de onze anos, tem visões que envolvem um homem de negro que pretende destruir uma torre e arruinar o mundo, e um pistoleiro que se lhe opõe. A mãe, o padrasto e os psiquiatras de Jake dizem que esses sonhos decorrem do trauma da morte do seu pai no ano anterior. No seu apartamento em Nova Iorque, um grupo de trabalhadores de uma suposta instituição psiquiátrica oferece-se para reabilitar Jake: reconhecendo-os das

---

(1) Este enredo foi descaradamente resumido da entrada da Wikipédia sobre *The Dark Tower*.

suas visões como monstros que usam pele humana, Jake foge e procura uma casa abandonada de uma das suas visões, descobre um portal de alta tecnologia e viaja para um mundo pós-apocalíptico chamado Mundo Médio. Aí, encontra Roland, o último Pistoleiro que aparecia nas suas visões, e fica a saber que este está a perseguir Walter Padick, o Homem de Negro que matou o pai dele. Roland explica que Walter tem vindo a raptar crianças espíritas e tenta usar os poderes delas para destruir a Torre Negra, uma estrutura lendária localizada no centro do universo; isto permitirá que os monstros das trevas saiam para invadir e destruir a realidade.

Roland leva Jake a uma aldeia para que as suas visões sejam interpretadas por um vidente. Entretanto, ao saber da fuga de Jake para o Mundo Médio, Walter investiga e percebe que o rapaz tem potencial psíquico para destruir a torre sozinho. Mata o padrasto de Jake, depois interroga a mãe sobre as visões do filho e mata-a. No Mundo Médio, o vidente explica que Roland pode encontrar a base de operações de Walter em Nova Iorque. Depois de os lacaios de Walter, os Taheen, atacarem a aldeia e de Roland os matar, Jake e o pistoleiro regressam à Terra. Quando o rapaz volta para casa para ver os pais, encontra os seus cadáveres e colapsa. Roland jura vingá-los e reconforta Jake ao ensinar-lhe a doutrina dos Pistoleiros e os elementos básicos da luta com pistolas.

Enquanto Roland vai a uma loja adquirir mais armas, Walter captura Jake. Na sua base, prende o rapaz a uma máquina para que este destruísse a torre. Jake utiliza os seus poderes mentais para alertar o pistoleiro da sua localização, que força o caminho entre os sequazes de Walter. Walter enfrenta Roland, ferindo-o. Depois de Jake lhe recordar o credo dos Pistoleiros, Roland recupera e mata Walter com um tiro habilidoso após uma breve luta. Roland destrói a máquina, salvando a torre, Jake e as outras crianças. Depois, diz que tem de regressar ao seu próprio mundo; oferece a Jake um lugar como seu companheiro, que o rapaz aceita, e os dois partem para o Mundo Médio.

Pondo de lado muitos pormenores interessantes (por exemplo, o facto de Jake viver numa família disfuncional com um padrasto que substitui o seu pai assassinado, de tal maneira que a Torre Negra pode ser interpretada como o seu *sinthome* que conserva a integridade deste mundo; ou a visão do lado inferior bárbaro e obsceno do nosso mundo civilizado como uma versão do Oeste Selvagem repleto de ruínas do nosso mundo, como os restos de um parque temático, em vez da imagem habitual de um universo gótico primitivo), a história envolve uma ontologia correta: a integridade da nossa realidade «civilizada» é mantida por um elemento (a Torre Negra) que lhe é estranho e que funciona como a ponte, o ponto de passagem, para outro mundo negro não-civilizado. Se esta passagem for destruída, a nossa realidade desintegrar-se-á. No entanto, o enigma é o seguinte: será o Mundo Médio apenas a fundação bárbara do nosso mundo «civilizado», a violência sem lei que sustenta o estado de direito e que pode sobreviver ao seu desaparecimento, ou será que esse mundo sem lei e bárbaro também precisa de ser suturado, e haverá uma relação com a Lei já inscrita no seu coração? O Mundo Médio é a fundação violenta e o destroço do nosso mundo «civilizado», o seu eco negro. A destruição da Torre Negra provoca o desaparecimento de todos os universos paralelos — então, o que resta? Um exterior caótico, sem nome e cheio de forças demoníacas. A ideia correta aqui é que quando, do caos pré-ontológico, emerge um mundo/realidade em redor de uma versão da Torre Negra, é sempre composto de múltiplos mundos/realidades — por razões *a priori* conceptuais, nunca há apenas uma ilha de realidade persistindo heroicamente no caos circundante, qualquer realidade está sempre dividida pelo menos em duas.

ESCÓLIO 3.3

Sutura e hegemonia

Na medida em que Ernesto Laclau chama ao ponto de estofo que sutura um campo social o significante vazio hegemónico, devemos concentrar-nos na ambiguidade do elemento hegemónico: é o elemento particular privilegiado que «colora» a sua universalidade (no capitalismo, todos os domínios de produção são vistos como espécies de produção industrial); mas também é o elemento «vazio» que, dentro de uma estrutura, ocupa o lugar daquilo que dela é excluído, da sua externalidade (mais uma vez, no marxismo, o «modo asiático de produção» ocupa de facto o lugar, dentro da série universal dos modos de produção, daquilo que não se encaixa no conceito marxista de modo de produção). O equilíbrio da universalidade e das suas espécies é assim perturbado em duas direções opostas: o elemento excecional é o elemento particular que hegemoniza a universalidade e, ao mesmo tempo, o elemento que representa dentro de uma série a dimensão externa que escapa à sua universalidade. Aqui, a hipótese hegeliana-marxista é que uma universalidade existe como tal, em contraste com as suas espécies particulares, como a sua «determinação oposicional» — para citar o exemplo famoso de Marx, a monarquia como tal, em contraste com as suas espécies particulares, existe como republicanismo, ou, a espécies humana como tal, em contraste com os seus grupos particulares, existe como proletariado, como os que não tem um lugar específico no corpo social.

Como se relacionam estas duas exceções? O elemento hegemónico — a produção industrial como a «cor específica» de qualquer produção no capitalismo — não é obviamente o mesmo que a negação da universalidade à guisa da qual a universalidade como tal vem a existir em contraste com as suas espécies. Podemos até dizer que a relação entre estas duas universalidades providencia a forma mínima de antagonismo social (ignorada por Laclau na sua elaboração do conceito de antagonismo): este é, em última análise, o antagonismo entre o elemento particular que hegemoniza a universalidade e o elemento que, dentro dessa universalidade, representa aquilo que dela é excluído. E é fácil perceber a ligação entre as duas: numa universalidade (por exemplo, da sociedade burguesa) não há lugar para um dos seus elementos que é excluído da sua dimensão universal precisamente porque esta dimensão universal é secretamente particularizada, distorcida pelo predomínio hegemónico de um dos seus elementos. Hoje, por exemplo, quando até indivíduos que não têm nada ou trabalhadores esfomeados são definidos como empreendedores de si mesmos, de tal maneira que o empreendedorismo é a característica particular que colora toda a gente envolvida no trabalho, o antagonismo é entre os empreendedores e os proletários, entre estas duas universalidades: do ponto de vista da ideologia hegemónica, somos todos empreendedores, enquanto «proletários» designa os que estão subjetivamente excluídos desta universalidade. Só se concebermos o antagonismo de classe neste sentido, como a luta que irrompe da própria universalidade e não como uma luta de dois grupos particulares, é que podemos afirmá-la como mais «básica» do que as outras lutas emancipatórias.

ESCÓLIO 3.4

O mundo com (sem) um pescoço

Em *A Imanência das Verdades*, o volume final da sua majestosa trilogia de filosofia sistemática (os dois volumes anteriores são *O Ser e o Acontecimento* e *Lógicas dos Mundos*), Badiou mostrava em pormenor como uma Verdade «eterna» e infinita pode surgir de uma situação histórica contingente. O seu objetivo é evitar aqui os dois extremos: o metafísico tradicional de alguma forma do Uno absoluto transcendental (Deus, Substância, Sujeito, Ideia...) que garante a unidade do universo multifacetado, bem como o relativismo historicista pós-metafísico para o qual tudo o que atualmente existe é a multiplicidade relativa sem Verdade absoluta eterna — existem apenas jogos de aparências e jogos de linguagem. Todos os seus três grandes volumes se concentram no problema de como a Verdade eterna pode emergir de uma realidade múltipla: *O Ser e o Acontecimento* mostra como, na medida em que a matemática é a única forma aceitável de ontologia geral, os paradoxos autorrelativos da teoria dos conjuntos abrem o espaço para exceções eventuais; *Lógicas dos Mundos* mostra como, num mundo particular, o seu ponto de «torção *sintomal*» é um lugar de acontecimento; por último, *A Imanência das Verdades* mostra a estrutura imanente da emergência da Verdade. Mais uma vez, aqui, o objetivo de Badiou é o oposto exato da narrativa metafísica tradicional de como a realidade temporal finita emerge pela Queda no tempo (autodivisão, desintegração) do Uno divino-eterno: descreve como o Absoluto é «tocado» pelo procedimento genérico usado por um agente/sujeito histórico — «a inteligibilidade desta ação do infinito pressupõe que aceitemos que essa ação grave nos mundos uma espécie de "toque" do absoluto.» [1] Se, então, o Absoluto não preexiste a este «toque», mas é gerado no seu processo, como é possível essa fenda na textura da realidade finita, esse aparecimento nele de uma dimensão totalmente heterogénea da Verdade eterna?

> Neste ponto, o progressismo filosófico está exposto a múltiplos perigos. Em primeiro lugar, o perigo da totalização subjetiva (como foi mostrado pelo génio de Sartre); em seguida, em reação contra esta grande figura, os perigos do positivismo, que pode ser científico ou estrutural (de que Althusser se aproximava), ou os perigos do positivismo vitalista ou da Totalidade (de que Deleuze se aproximava), bem como os perigos do positivismo das pulsões (cujo esquema foi fixado por Lacan e de que Žižek se aproxima). Entre 1940 e hoje, estes cinco grandes filósofos, Sartre, Althusser, Deleuze, Lacan e Žižek — digamos, sem qualquer modéstia, que eu sou o sexto —, propuseram que o pensamento deve estar no seu próprio princípio ligado a conhecimentos, a experiências, a práticas e a obras de verdade do seu tempo, e, sem qualquer recurso a deuses mortos ou a leis estabelecidas, procuravam como determinar o que podia bem ser uma emancipação subjetiva, de maneira que podemos, sem dúvida, extrair do trabalho deles numerosos conceitos, figuras ou proposições e transferi-los para o trabalho comum do pensamento. No entanto, em certo sentido, estes filósofos não seguiram suficientemente as lições clássicas dos seus antecessores. [2]

Apesar de me sentir honrado por estar incluído na lista de Badiou, considero a minha caracterização — «positivismo das pulsões» — inadequada: no sentido em que eu e, claro, Alenka Zupančič a desenvolvemos, a «pulsão de morte» no nosso trabalho não se refere a nenhum tipo de «positividade», mas à fenda básica na realidade positiva (e isto, por conseguinte, também abre o espaço para aquilo a que Badiou chama Acontecimento e procedimento de Verdade). Para nós, a «pulsão de morte» é o

(1) Alain Badiou, *L'Immanence des vérités*, Paris: Fayard, 2018, p. 35.

(2) Badiou, *op. cit.*, *ibid.*

nome paradoxal de Freud para o seu oposto exato, para a imortalidade, o seu nome para aquilo a que os idealistas alemães como Hegel chamavam negatividade radical (autorrelativa). Não é uma categoria (ôntica ou) ontológica, mas uma que aponta para a limitação fatal de qualquer edifício ontológico, para a impossibilidade que reside na sua fundação, tornando-o «não-todo», incompleto (sem implicar que haja para ele um limite externo, que algo, alguma entidade transcendente, escape à realidade). Em suma, do nosso ponto de vista, é o próprio Badiou que é, num sentido básico, demasiado «positivista» na sua noção de Acontecimento de Verdade: para ele, a exceção à ordem do Ser só poder ser uma Verdade positiva (afirmativa), enquanto, para nós, o espaço para tal exceção é aberto pelo vazio da negatividade radical. Para Badiou, nós, humanos, tocamos o Absoluto num Acontecimento de Verdade positivo quando o próprio infinito se inscreve na nossa realidade; para nós, tocamos o Absoluto na experiência de um fracasso redobrado.

O nosso *différend* com Badiou também pode ser formulado nos termos da relação entre o sexo (sexualidade) e o amor. Para Badiou, como seria de esperar, a sexualidade pertence à ordem do Ser, da realidade determinista, enquanto o amor é um acontecimento, uma fenda miraculosa na ordem do Ser. Embora ele se refira aqui a Lacan, obscurece o significado radical do axioma de Lacan de que *il n'y a pas de rapport sexuel*, não há relação sexual: a sexualidade humana não pode ser localizada na ordem do Ser, introduz um corte de impossibilidade nesta ordem, e é este corte que abre o espaço para o amor como aquilo que complementa a não-relação sexual. Por conseguinte (como desenvolvemos detalhadamente no Teorema II), a sexualidade é o lugar primordial da rutura com o «animal humano», do encontro de outra dimensão meta-física que nos leva a deixar para trás a nossa posição egoísta de sobrevivência, e o amor (sexual) é um movimento secundário que complementa o impasse da sexualidade.

Podemos prosseguir este *différend* com mais pormenor. No que respeita ao apaixonar-se, Badiou estabelece uma distinção subtil entre o *objet a*, algo no amado «mais do que o próprio amado» que gera a minha atração por ele, e o ato *acontecimental* de estar apaixonado: a atração criada pelo *objet a* permanece no nível ôntico da realidade e, aqui, a psicanálise pode realizar a sua análise reducionista, demonstrando como aquilo que me atrai para uma pessoa era alguma característica repetida (da minha memória) da minha mãe ou irmã, mas o ato de estar apaixonado não pode ser reduzido a este processo libidinal, uma vez que envolve um passo para além das qualidades da pessoa amada, uma ação de aceitação incondicional do abismo do Outro amado como sujeito para além de todas as qualidades. Neste sentido, na medida em que o *objet a* é o objeto da fantasia, a atração sexual é regida por fantasias e o verdadeiro amor é uma forma de atravessar a fantasia... Mas, mais uma vez, temos de problematizar esta solução: esta distinção entre atração sexual e amor está demasiado próxima da visão cristã tradicional que rejeita a sexualidade como uma paixão animal e vê uma dimensão espiritual apenas no amor. Contra esta solução, devemos insistir que aquilo a que Lacan chama *objet a* não é apenas um elemento do Ser (da ordem ôntica, da realidade), o que significa que o seu estatuto não pode ser reduzido ao de objeto de fantasia: já há uma «infinitização» em ação no *objet a*, este é um substituto finito do próprio Vazio. Na medida em que Lacan define a sublimação como «a elevação de um objeto ao nível da Coisa (impossível-real, ou seja, absoluta)», e na medida em que a pulsão sexual, para Lacan, é indissociável da sublimação (as pulsões não são secundariamente sublimadas, a pulsão é, como tal, uma forma de sublimação), a passagem do sexo ao amor está inteiramente localizada dentro do espaço «imortal» da sublimação. O amor não eleva a sexualidade ao nível do Absoluto, o amor complementa o impasse do nosso encontro com o Absoluto que é a sexualidade.

Expliquemos esta diferença fundamental através de um desvio por Peter Sloterdijk. A ideia básica de «esferas» em Sloterdijk é que, dado que os humanos nascem prematuramente e não podem sobreviver se forem lançados diretamente na abertura do mundo, têm de construir diferentes formas de esferas, ambientes protetores fechados que providenciam uma espécie de abrigo, real ou imaginário, contra as ameaças da realidade externa. Geneticamente, a «esfera» ponto zero é, claro, o conforto biológico e utópico do útero da mãe, que os humanos tentam recriar através da ciência, da ideologia e da religião. Numa longa série de deslocamentos, a microesfera primordial (o feto e a sua placenta) repete-se em macroesferas cada vez maiores: as cavernas dos primeiros humanos, comunidades tribais, famílias, cabanas, casas e castelos, aldeias muradas e cidades, nações e Estados, até à globalização atual, que constitui a esfera global do mercado mundial. Sloterdijk analisa as esferas em que os humanos tentam, sem sucesso, viver e estabelece uma relação entre a crise vital (por exemplo, o vazio e o desapego narcísico) e as crises que ocorrem quando uma esfera se rompe. Devemos observar aqui a passagem gradual do ôntico para o ontológico: a própria linguagem é uma «casa do ser» (Heidegger), uma esfera simbólica/virtual que nos protege do real insignificante/contingente, que nos permite experienciar a realidade como outra esfera fechada com algum significado mais profundo.([3]) Do nosso ponto de vista, falta alguma coisa nesta descrição de uma esfera: aquilo a que chamávamos o seu «pescoço», uma protuberância torcida ou tubo que a liga ao seu exterior. Além disso — o outro lado da mesma questão —, embora Sloterdijk baseie esta necessidade de construir esferas no nascimento prematuro dos humanos (e, até certo ponto, de todos os mamíferos), não leva em conta a dimensão especificamente filosófica da desarticulação da existência humana que tentamos contrariar ao construir esferas; esta dimensão tem muitos nomes, desde a negatividade hegeliana até à pulsão de morte freudiana. Em suma, Sloterdijk não localiza as esferas no espaço retorcido de uma garrafa de Klein.

Ainda que Alain Badiou seja um opositor firme de Sloterdijk, podemos dizer o mesmo da noção de «mundo» de Badiou. A esfera no interior da garrafa de Klein é obviamente o nosso equivalente daquilo a que Badiou chama um «mundo» (transcendentalmente constituído); assim, em que é que reside a diferença entre os dois? A nossa tese é que Badiou não pode responder a esta questão: como é que os mundos emergem da multiplicidade indiferente, como é que a aparência emerge do ser? Ou, em termos filosóficos: como passamos da lógica para a fenomenologia? Em primeiro lugar, contra Badiou, devemos afirmar que é ilegítimo propor uma lógica universal quase transcendental dos mundos (de todos os mundos possíveis): podemos facilmente imaginar mundos que, embora suficientemente consistentes para existirem, não se enquadram. Mas, mesmo ao nível da descrição de Badiou, devemos acrescentar que não pode haver um mundo sem, pelo menos, *outro* mundo, e a lógica da interação destes é aquilo que abre o espaço para o Acontecimento. Em suma, logicamente, e não

---

([3]) Ver Peter Sloterdijk, *Spheres*, vol. 1, *Bubbles*, Cambridge (Ma.): MIT press, 2011.

apenas empiricamente, um mundo não é autoconsistente, implica uma tensão antagónica com outro mundo. Aquilo a que Badiou chama «torção *sintomal*» de um mundo, o cordão umbilical que o liga àquilo que teve de ser «primordialmente reprimido» para que esse mundo nascesse, também é uma espécie de portal para outro mundo.

A nossa outra tese é que, para responder a essa questão, a tríade do Ser, Mundo e Acontecimento de Badiou tem de ser complementada por outro termo, um nome para o vazio aterrador a que alguns místicos chamavam «a noite do mundo», o reino da pura pulsão de morte: só em referência a este abismo é que podemos responder a esta questão: como pode um Acontecimento explodir no meio do Ser? Como deve ser estruturado o Ser para que, nele, um Acontecimento seja possível? Badiou — como materialista — está ciente do perigo idealista contido na afirmação da sua heterogeneidade radical, ou seja, da irredutibilidade do Acontecimento à ordem do Ser:

> Devemos observar que, no que diz respeito ao seu material, o acontecimento não é um milagre. Ou seja, aquilo que compõe um acontecimento é sempre extraído de uma situação, está sempre relacionado com uma multiplicidade singular, com o seu estado, com a linguagem a que está ligado, etc. De facto, para não sucumbirmos a uma teoria obscurantista da criação *ex nihilo*, temos de admitir que um acontecimento é apenas parte de uma dada situação, apenas um *fragmento de ser.*([4])

No entanto, devemos ir aqui um pouco mais longe do que Badiou está disposto a ir: não há um Além do Ser que se inscreva na ordem do Ser — não há nada mais do que a ordem do Ser. Devemos voltar a recordar o paradoxo da teoria da relatividade geral de Einstein, na qual a matéria não curva o espaço, antes é um efeito da curvatura do espaço: um Acontecimento não curva o espaço do Ser pela sua inscrição nele — pelo contrário, um Acontecimento é *nada mais* do que esta curvatura do espaço do Ser. «Tudo o que existe» é o interstício, a não-autocoincidência, do Ser, ou seja, o não-encerramento ontológico da ordem do Ser. A diferença entre

---

([4]) Alain Badiou, *Theoretical Writings*, Nova Iorque: Continuum, 2006, p. 43.

Acontecimento e Ser é a diferença pela qual a «mesma» série de ocorrências reais, que, para um observador neutral, são apenas parte da realidade comum, são, para um participante ativo, as inscrições da fidelidade a um Acontecimento. Por exemplo, as «mesmas» ocorrências (lutas nas ruas de Petrogrado) que, para um historiador neutral, são apenas reviravoltas na história russa, são, para um revolucionário ativo, partes do Acontecimento histórico da Revolução de Outubro.

Mas, mais uma vez, como devemos entender a tese de que «um acontecimento é nada mais do que parte de uma dada situação, apenas *um fragmento de ser*»? Se faz parte da situação, porque é então irredutível a essa situação, porque é que não pode ser causalmente «deduzido» dela? Aqui, a escolha filosófica subjacente é outra vez a seguinte: Kant ou Hegel, a finitude transcendental kantiana ou a infinitude especulativa hegeliana. Na perspetiva kantiana, um Acontecimento surge como irredutível à sua situação (à ordem do Ser), por causa da finitude radical do sujeito, que é «tocado pela graça» de um Acontecimento e envolvido nele. É aqui que entra a distinção de Badiou entre a multiplicidade do Ser e um Mundo particular (situação, modo de Aparecimento do Ser), a distinção que corresponde basicamente à distinção de Kant entre o Em-si e o Para-nós: como Meillassoux demonstrou, o único Em-si admissível no nosso universo moderno científico é o da multiplicidade matematizada radicalmente contingente, e não há Acontecimentos ao nível da multiplicidade do Ser — qualquer afirmação sobre os Acontecimentos ao nível do Ser levar-nos-ia de volta à noção pré-moderna do Sentido imanente à realidade. Mas, mais uma vez, a própria diferença entre Acontecimento e Ser está ligada à finitude da nossa subjetividade: em última análise, por causa da nossa finitude, não podemos adotar a visão neutral sobre a infinidade do Ser, uma visão que nos permitiria localizar o Acontecimento como um «fragmento de ser» na totalidade do ser. A única alternativa a esta perspetiva kantiana é uma hegeliana: podemos e devemos afirmar plenamente a criação *ex nihilo* de um modo materialista (não-obscurantista) se afirmarmos o não-Todo (incompletude ontológica) da realidade. Deste ponto de vista, um Acontecimento é irredutível à ordem do Ser (ou a uma situação em relação à qual é Acontecimento); *além disso, em si mesmo, ele* não é *apenas um «fragmento de ser»*, não porque se baseie numa realidade espiritual «superior», mas porque emerge do vazio na ordem do ser. É a este vazio que a sutura se refere.

A única solução é admitir que o par Ser-Acontecimento não é exaustivo, que tem de haver um terceiro nível. Na medida em que um Acontecimento é uma distorção/torção do Ser, não será possível pensar esta distorção do Ser *independentemente* (ou como anterior) do Acontecimento, de maneira que «Acontecimento» designe uma «fetichização» mínima da distorção imanente da textura do Ser no seu objeto-causa virtual? E o nome freudiano-lacaniano desta distorção não é *pulsão*, pulsão de morte? Badiou distingue o homem enquanto «animal humano» mortal do sujeito «inumano» como o agente de um procedimento de Verdade: o homem busca a felicidade e os prazeres, preocupa-se com a morte, etc., é um animal dotado de instrumentos superiores para alcançar os seus objetivos, enquanto apenas como sujeito fiel a um Acontecimento de Verdade é que ascende acima da animalidade. Por isso, para Badiou, o sujeito não é sexuado, mas diretamente universal; e não será por isso que não há lugar para o inconsciente freudiano na dualidade de Badiou do animal humano e do sujeito (definido pela sua relação com o Acontecimento de Verdade)? A respeito do estatuto do inconsciente, Bruno Bosteels propôs uma solução claramente ao estilo de Badiou:

> As operações formais de incorporação no lugar do Outro e da divisão do sujeito constituem, com o nome inconsciente, a subestrutura do animal humano, e não a ocorrência — por muito rara que seja — do processo de uma verdade que um corpo subjetivado trata ponto por ponto. ([5])

Esta solução deve ser rejeitada: não há maneira de explicar o Inconsciente freudiano nos termos daquilo a que Badiou chama o «animal humano», um ser vivo limitado à sobrevivência, um ser cuja vida persegue interesses «patológicos» (no sentido kantiano do termo): o «animal humano» leva uma vida regida pelo princípio do prazer, uma vida não perturbada pela intrusão chocante do Real, que introduz um ponto de fixação que persiste «para além do princípio do prazer». Aquilo que distingue os humanos dos

([5]) Bruno Bosteels, «Force of Nonlaw: Alain Badiou's Theory of Justice» (manuscrito inédito).

animais (incluindo os «animais humanos») não é a consciência — podemos facilmente admitir que os animais tenham algum tipo de autoconsciência —, mas o inconsciente: os animais não têm o Inconsciente. Assim, deveríamos dizer que o Inconsciente, ou melhor, o domínio da «pulsão de morte», a distorção-destabilização da vida instintiva animal, é aquilo que torna uma vida capaz de se transformar num sujeito de Verdade: só um ser vivo com um Inconsciente pode tornar-se recetáculo de um Acontecimento de Verdade.

O problema com a dualidade de Ser e Acontecimento em Badiou é que ignora a lição básica de Freud: não há «animal humano», um ser humano é, desde que nasce (e até antes), destituído das restrições animais, os seus instintos são «desnaturalizados», está preso na circularidade da pulsão (de morte), age «para além do princípio do prazer», marcado pelo estigma daquilo a que Eric Santner chamava a «não-morte» ou o excesso de vida. É por isso que não há lugar para a «pulsão de morte» no edifício de Badiou, para a «distorção» da animalidade humana que precede a fidelidade a um Acontecimento. Não é apenas o «milagre» de um encontro traumático com um Acontecimento que descarrila um sujeito humano da sua animalidade: a sua líbido já está em si mesma descarrilada. (Poderíamos até dizer que não há animal *tout court*, se por «animal» designarmos um ser vivo plenamente adaptado ao seu ambiente: a lição do darwinismo é que qualquer equilíbrio harmonioso na relação entre um organismo e o seu ambiente é um equilíbrio frágil, que pode explodir a qualquer momento; a ideia de animalidade como o equilíbrio perturbado pela húbris humana é uma fantasia humana.) Assim, não admira que Badiou tenha problemas com a ideia de pulsão (de morte), que ele normalmente rejeita como uma obsessão mórbida, etc.

A crítica tradicional de Badiou diz respeito à emergência «divina» e miraculosa do Acontecimento, que, do nada, intervém na ordem complacente do Ser: esta noção de Acontecimento não fará lembrar o pensamento religioso, razão pela qual Badiou fala da «graça» e do «milagre» do Acontecimento? Esta crítica aceita como um facto a ordem do Ser com a sua «vida animal» e, depois, identifica a diferença entre o materialismo e o idealismo nesta questão: será que se pode gerar «materialisticamente» o Acontecimento a partir da ordem do Ser, ou deveremos proceder como «idealistas» e concebê-lo como uma intervenção externa na ordem do Ser? Nos dois casos, a ordem «finita» do Ser é admitida como um facto positivo; o problema é apenas se esta ordem pode gerar o Acontecimento «infinito» a partir de si mesmo. Aqui, uma ação especificamente hegeliana seria problematizar esta premissa partilhada. Ou seja, a crítica de Hegel de todas as tentativas de provar a existência de deus a partir da estrutura do mundo natural finito (não se pode explicar a sua teleologia sem uma entidade racional superior, etc., etc.) é que aceitam «dogmaticamente» a nossa realidade finita comum como um facto não problemático e depois, a partir desta premissa, demonstram a existência de deus — deste modo, o seu próprio procedimento mina a sua tese (afirmar a origem da realidade finita em deus): deus vem depois, depende daquilo que devia depender dele. Em contraste com este recurso de senso-comum ao facto da realidade finita, um verdadeiro pensamento dialético deveria começar por problematizar toda a atualidade da própria realidade finita: será que *esta* realidade existe plenamente, ou será apenas uma quimera que se supera a si mesma? (Também é neste nível que Hegel identifica a diferença entre o ceticismo antigo e o ceticismo moderno: a grandeza do ceticismo antigo consistia em duvidar da existência da realidade material finita «óbvia», enquanto o ceticismo empírico moderno duvida da existência de qualquer coisa para além da realidade.)

Regressemos a Badiou: quando vemos como a noção de Badiou de Acontecimento é religiosa, um milagre que perturba a vida finita do animal humano, devemos reiterar a questão: mas esse «animal humano» existe realmente ou é apenas um mito — um mito *idealista*, já agora? Ou seja, a estratégia idealista habitual é, em primeiro lugar, reduzir a natureza (a realidade corpórea) a um nível primitivo que, obviamente, exclui as capacidades «superiores», criando assim o espaço para a intervenção externa de uma dimensão espiritual «superior». O caso de Kant é um bom exemplo: segundo Kant, se me vir sozinho no mar com outro sobrevivente de um naufrágio perto de um pedaço de madeira flutuante que só pode servir para uma pessoa, as considerações morais deixam de ser válidas — não há uma lei moral que me impeça de lutar até à morte com o outro sobrevivente pelo lugar na jangada; posso lutar com impunidade moral. Talvez seja aqui que encontramos o limite da ética kantiana: e se uma pessoa estiver disposta a sacrificar-se para dar a outra uma hipótese de sobreviver — e, além disso, estiver disposta a fazê-lo por razões não patológicas? Como não há uma lei moral que me obrigue a fazer isso, significará isto que tal ato não tem estatuto ético? Esta estranha exceção não demonstra que o egoísmo impiedoso, o interesse na sobrevivência e no ganho pessoal, é o pressuposto «patológico» silencioso da ética kantiana — nomeadamente, que o edifício ético kantiano só se pode manter se pressupusermos silenciosamente a imagem «patológica» de um homem como um egoísta utilitarista impiedoso? Exatamente da mesma maneira, o edifício político kantiano, a sua noção de poder legal ideal, só se pode manter se pressupusermos silenciosamente a imagem «patológica» dos sujeitos deste poder como «uma raça de demónios».

Lidamos aqui com a parte mais sensível e mais obscura do «sistema» filosófico de Badiou, a transição do ser para o aparecer. Ainda que o objetivo confesso de *Lógicas do Mundo* seja responder à questão sobre como um mundo (ao aparecer) emerge da pura multiplicidade do ser, não responde (nem sequer finge responder) à questão — postula apenas esta transição, ou seja, a emergência de um mundo, como um facto e, depois, descreve a estrutura transcendental de um mundo. De vez em quando, porém, arrisca uma formulação que roça o *Schwärmerei* gnóstico, como nesta passagem:

> Uma espécie de impulso, que é essencialmente topológico, faz com que o múltiplo não esteja satisfeito com o que é, porque, ao aparecer, é *aí* que tem de ser o que é. Mas o que significa este «ser-aí», este ser que existe na medida em que aparece? Não é possível separar uma extensão daquilo que se encontra nela, ou um mundo dos objetos que o compõem.([6])

Observe-se como Badiou afirma aqui exatamente o oposto de Heidegger: a questão da «diferença ontológica» de Heidegger como a diferença entre os entes que aparecem e o horizonte-mundo de aparecimento é que podemos e devemos separar um mundo dos objetos que o compõem — a diferença ontológica *é* esta separação. Aqui, o problema é *o* problema: não a questão de como podemos passar das aparências para o verdadeiro ser, mas o contrário, a questão realmente difícil — como podemos passar do ser para o aparecer, ou seja, como e porque é que o ser começa a aparecer a si mesmo. Por outras palavras, o problema é o seguinte:

([6]) Alain Badiou, *Second manifeste pour la philosophie*, Paris: Fayard, 2009, p. 39.

como passamos da totalidade «plana» e do Real incomensurável//desfocado da multiplicidade para um Mundo focado, para um campo constituído por meio de uma medida transcendental? Heidegger rejeita este problema como, precisamente, metafísico: para ele, o horizonte de aparecimento é o horizonte definitivo, não há nada para além deste, apenas o jogo abissal do *Ereignis*, e se tentarmos ir além, ficamos envolvidos num esforço absurdo para deduzir o próprio horizonte ontológico da realidade ôntica a partir desta realidade. Badiou aponta para uma resposta possível e a principal frase da passagem citada deve voltar a ser lida: «Uma espécie de impulso, que é essencialmente topológico, faz com que o múltiplo não esteja satisfeito com o que é, porque, ao aparecer, é *aí* que tem de ser o que é.» O aparelho que expusemos permite-nos ler isto da seguinte maneira: o facto de «o múltiplo não estar satisfeito com o que é» significa que há uma negatividade, um autobloqueio, inscrito nele; o «impulso topológico» para o aparecer é a curvatura (o «pescoço») da garrafa de Klein. A confusão começa na última parte da frase: implica que a não-satisfação só surge em relação ao aparecimento, quando o aparecimento está aí — «o múltiplo quer ser o que é também aí», no domínio do aparecimento, ou seja, quer aparecer como aquilo que é, e não pode fazê-lo. Devemos rejeitar esta versão e substituí-la por uma mais radical: o «impulso» primordial não é um impulso para o aparecimento, mas, de forma mais elementar, um «impulso» para se ser o que se é, para superar o autobloqueio constitutivo, e o domínio do aparecer surge precisamente porque o Real «em si mesmo» não pode ser o que é. Na versão de Badiou, o aparecer é pressuposto, a sua emergência não é explicada pela tensão no seio do múltiplo do próprio Real, ou seja, Badiou não enfrenta a questão: porque é que o Real precisa de aparecer?(7)

---

(7) Também temos de estabelecer aqui uma distinção clara entre esta estrutura retorcida da garrafa de Klein e o velho tópico estruturalista-materialista da estrutura como a máquina que gera efeitos imaginários (espectáculo no palco ideológico): mesmo que olhemos para trás do palco e conheçamos a maquinaria que o sustenta, o mistério do efeito permanece. A razão desta persistência do mistério é que a máquina que produz o espectáculo no palco não faz parte da realidade material, mas da simbólica: o seu estatuto é puramente virtual. (As coisas tornam-se mais complicadas com a digitalização da linguagem, em que esta aparece como parte da realidade externa da máquina digital.)

Também podemos formular esta diferença entre Badiou e Lacan nos termos das «fórmulas de sexuação» de Lacan, como a diferença entre a universalidade baseada na sua exceção e o não-Todo sem exceção. O Acontecimento de Badiou é uma exceção à universalidade do Ser, subtraída da ordem do Ser; aquilo a que Freud chamava a «pulsão de morte» não é uma exceção em relação à vida psíquica regida pelo princípio do prazer (e o princípio de realidade como o seu prolongamento imanente), mas, como Deleuze percebeu claramente, é o quadro formal (transcendental) dentro do qual funciona o princípio do prazer. Por outras palavras, não se trata de, embora o princípio do prazer regule a nossa vida psíquica em geral, haver alguns momentos excecionais quando a nossa psique obedece a uma lei diferente e, em vez de lutar pelo prazer máximo, fica presa num redemoinho autodestrutivo — não há exceção ao princípio do prazer, qualquer acontecimento psíquico pode ser explicado nos seus termos, mas não pode ser totalizado, ou seja, a vida psíquica, na sua totalidade, não luta por prazer, mas anda às voltas como uma repetição cega e sem sentido (da própria busca de prazer), e a «pulsão de morte» é a própria forma, o «qual é o sentido?» autodestrutivo da busca do prazer. O mesmo vale para o sujeito: o sujeito de Badiou (o sujeito de um Acontecimento de Verdade) é a exceção masculina ao «animal humano», enquanto o sujeito de Lacan é feminino, a retirada autossabotadora que mina a partir de dentro o bom funcionamento do «animal humano».

Há uma vaga homologia entre a posição de Badiou — a Verdade eterna/absoluta é imanente à realidade empírica, emerge como um milagre das circunstâncias históricas contingentes — e o processo dialético hegeliano, no qual a Verdade eterna também emerge de uma constelação histórica contingente. No entanto, esta homologia torna imediatamente visível a diferença radical que separa Badiou de Hegel. Em Badiou, a Verdade é um processo imanente à ordem do Ser, mas radicalmente heterogéneo em relação a esta, uma exceção singular a essa ordem; move-se num ritmo próprio, não está presa a ela em nenhuma interação dialética, o que possibilitaria que os caprichos da realidade corroessem o processo do acontecimento — o esgotamento do processo do acontecimento é-lhe puramente imanente, não pode ser explicado pela sua incapacidade de impregnar a realidade. É também por isso que Badiou, para caracterizar um Acontecimento de Verdade, utiliza termos como «corte» ou «novo começo»: um Acontecimento é algo que não pode ser reduzido ou explicado nos termos do Ser, da estrutura complexa da realidade, é uma entidade *sui generis*. Quando ocorre, aparece outra dimensão na realidade, como um milagre secular ou ato de graça, corta o fluxo da realidade. Por outras palavras, podemos observar a realidade como um processo histórico contínuo, podemos adquirir um conhecimento total do encadeamento das causas e dos efeitos que lhe deram origem, ignorando completamente o nível do acontecimento, e, em certo sentido, não perdemos nada — por exemplo, podemos contar uma história contínua da Revolução de Outubro (ou da Revolução Francesa) como um processo histórico local russo (ou francês) que emergiu das suas condições específicas que também provocaram o seu eventual fracasso.

A imanência hegeliana da eternidade à realidade temporal é de uma ordem radicalmente diferente: a «eternidade» é em si mesma histórica, representa uma estrutura conceptual que, uma vez aí, quando emerge como um «mundo», está aí «eternamente», transformando retroativamente o passado e abrindo um novo futuro. Isto implica que qualquer realidade (ordem do Ser) assenta num Acontecimento de Verdade, que emerge como a sua sedimentação, «reificação»: por meio da sua sedimentação, um Acontecimento torna-se um Mundo, de maneira que qualquer Mundo é um Acontecimento sedimentado.

ESCÓLIO 3.5

Para um platonismo quântico

A referência platónica de Catren é profundamente justificada: o procedimento que descreve não se limita a uma simples relativização, mas tem de ser ler lido num contexto platónico. Um exemplo paralelo da arte: a obra-prima absoluta de Krzysztof Kieślowski, *O Acaso* (1981), lida com três resultados diferentes de um homem (Witek) que corre para um comboio: apanha o comboio e torna-se um ativista comunista; perde o comboio e torna-se um dissidente; não há comboio e ele assenta numa vida mundana. Esta ideia de um mero acaso que pode determinar o desfecho da vida de um homem era inaceitável tanto para os comunistas como para os seus opositores (priva a atitude dissidente da sua base moral profunda). A questão é que, em cada um dos três casos, a contingência que «dava a volta» à sua vida seria «reprimida», ou seja, o protagonista construiria a sua história de vida como uma narrativa que conduziria ao seu resultado final (um dissidente, um homem vulgar, um ativista comunista) com uma «necessidade profunda». Não era a isto que Lacan se referia como o *futur antérieur* do Inconsciente, que «terá sido»? Embora *O Acaso* esteja cheio de referências políticas diretas, estas estão claramente subordinadas à visão metafísica-existencial dos acasos insignificantes que determinam o desfecho das nossas vidas. No entanto, a questão principal do filme não é apenas como a nossa vida depende do puro acaso: também devemos ter em mente como, em todos os três universos alternativos,

Witek continua basicamente a ser a mesma pessoa decente e atenciosa que tenta não prejudicar os outros. Assim, também podemos interpretar o filme como três variações eidéticas que nos permitem extrair a «Ideia eterna» de Witek, que permanece a mesma em todos os universos possíveis.

Quando um sujeito experiencia realmente uma série de formações fantasmáticas que se interligam como permutações mútuas, esta série nunca é completa: é sempre como se a série realmente experienciada apresentasse muitas variações da mesma fantasia «fundamental» subjacente que *nunca* é realmente experienciada pelo sujeito. No seu breve ensaio «"Uma Criança É Espancada"», Freud analisa a fantasia de uma criança que vê outra criança a ser selvaticamente espancada; localiza esta fantasia como a última de uma cadeia de três, sendo as duas anteriores «Vejo o meu pai a espancar uma criança» e «Uma criança é espancada». As duas fantasias conscientemente experienciadas pressupõem e relacionam-se assim com um terceira, «O meu pai está a espancar-me», que nunca foi realmente experienciada e que só pode ser retroativamente reconstruída como a referência pressuposta das — ou, neste caso, o elo em falta, o termo intermédio entre as — outras duas fantasias. Só podemos discernir os contornos desta fantasia//fenómeno «impossível» através do «olho inumano». No seu ensaio «A Tarefa do Tradutor», Walter Benjamin chegou à mesma conclusão quando usou a noção luriana do vaso partido para discernir o funcionamento interno do processo de tradução:

> tal como os cacos de um vaso, para se poderem ajustar, têm de encaixar uns nos outros nos mais pequenos pormenores, embora não precisem de ser iguais, assim também a tradução, em vez de querer assemelhar-se ao sentido do original, deve antes configurar-se, num ato de amor e em todos os pormenores, de acordo com o modo de querer dizer [*Art des Meinens*] desse original, na língua da tradução, para assim tornar ambos, original e tradução, reconhecíveis como fragmentos de uma língua maior, tal como os cacos são os fragmentos do vaso inteiro.(1)

O movimento aqui descrito por Benjamin é uma espécie de transposição da metáfora em metonímia: em vez de conceber a

(1) Walter Benjamin, «The Task of the Translator», in *Illuminations*, Londres: Collins, 1973, p. 69.

tradução como uma substituição metafórica do original, como algo que deve transmitir o mais fielmente possível o sentido do original, tanto o original como a sua tradução são vistos como pertencendo ao mesmo nível, partes do mesmo campo (da mesma maneira que Claude Lévi-Strauss dizia que as principais interpretações do mito de Édipo são novas versões do mito). O fosso que, na visão tradicional, separa o original da sua tradução (sempre imperfeita) é assim transposto de volta para o próprio original: o próprio original já é o caco de um vaso partido, de maneira que o objetivo da tradução não é alcançar a fidelidade ao original, mas complementar o original, tratar o original como um caco do «vaso partido» e produzir outro caco que não imitará o original, mas que se encaixará como um fragmento de um Todo partido se encaixa noutro. Isto significa que uma boa tradução destrói o mito da Totalidade orgânica do original, torna esta Totalidade visível como uma falsificação. Podemos até dizer que, longe de ser uma tentativa de restaurar o vaso partido, a tradução é o próprio ato de partir: quando a tradução se instala, o vaso orgânico original surge como um caco que tem de ser complementado — partir o vaso *é* a sua abertura ao seu restauro.

No domínio da narração de histórias, um gesto análogo à tradução seria uma alteração no enredo da narrativa original que nos leve a pensar que «só agora é que percebemos realmente o sentido da história». É assim que devemos abordar muitas tentativas recentes de encenar algumas óperas clássicas, não só transpondo a sua ação para uma época diferente (na maioria dos casos, contemporânea), mas também alterando alguns factos básicos da própria narrativa. Não há um critério abstrato *a priori* que nos permita ajuizar o seu sucesso ou fracasso: cada uma destas intervenções é um ato arriscado que deve ser julgado pelos seus próprios critérios imanentes. Em muitos casos, estas experiências fracassam ridiculamente — mas *nem sempre*, e não há maneira de saber de antemão e, por isso, é preciso correr o risco. Só uma coisa é certa: a única maneira de ser fiel a uma obra clássica é correr esse risco — evitá-lo, seguir a letra tradicional, é o modo mais seguro de trair o espírito do clássico. Por outras palavras, a única maneira de manter viva uma obra clássica é tratá-la como «aberta», apontando para o futuro, ou, para usar a metáfora evocada por Walter Benjamin, agir como se a obra clássica fosse um filme que só mais tarde poderia ser revelado, porque o líquido químico apropriado ainda não fora inventado — de maneira que só hoje podemos ver todo o filme. Nestes dois casos, o da tradução e o da narração (ou nova narração) de histórias, o resultado é o mesmo: em vez do original e da sua tradução (ou nova narração), ambas as versões são concebidas como variações fragmentárias de uma Ideia impossível que só pode ser discernida através da apresentação de todas as suas variações.

Especialmente importantes são as implicações políticas da ideia de que as novas possibilidades abertas por um certo ato são parte do seu conteúdo — foi por isso que, para consternação de muitos dos meus amigos (que, obviamente, já não são meus amigos), eu disse, a propósito das eleições presidenciais norte-americanas de 2016, que a vitória de Trump seria melhor do que a de Clinton para o futuro das forças progressistas. É verdade que Trump é altamente contestável, mas a sua eleição pode abrir possibilidades e mover o polo liberal de esquerda para uma nova posição mais radical. Fiquei admirado ao saber que David Lynch adotou a mesma posição: numa entrevista em junho de 2018, Lynch (que votou em Bernie Sanders nas eleições primárias do partido Democrata de 2016) declarou que Trump «pode sair como um dos maiores presidentes da história pela forma como conturbou todo o sistema. Ninguém é capaz de contrariar esse tipo de uma maneira inteligente.» Ainda que Trump não esteja a fazer um bom trabalho, Lynch pensa que ele está a abrir um espaço onde outros poderão fazê-lo. «Os nossos supostos líderes não são capazes de levar o país para a frente, não fazem nada. São como crianças. Trump tem demonstrado tudo isto.» (2)

A «grandeza» perversa de Trump é que ele, de facto, age — não receia quebrar as regras não-escritas (e escritas) para impor as suas decisões. Como aprendemos com Hegel (e não só), a nossa vida é regida por uma rede espessa de regras escritas e não-escritas, regras que nos ensinam como praticar as regras explícitas (escritas). Ainda que Trump siga (mais ou menos) os regulamentos jurídicos explícitos, tende a ignorar os pactos tácitos não-escritos que determinam como devemos exercer essas regras — a forma como lidou com Kavanaugh foi apenas um exemplo disto. Em vez de se limitar a criticar Trump, a esquerda devia aprender com ele

(2) Citado de www.theguardian.com/film/2018/jun/23/david-lynch-gotta-be-selfish-twin-peaks.

e fazer o mesmo. Quando uma situação o exige, devemos fazer descaradamente o impossível e quebrar as regras não escritas. Infelizmente, a esquerda atual tem horror aos atos radicais — mesmo quando está no poder, tem sempre estas preocupações: «Se fizermos isto, como reagirá o mundo? As nossas ações irão criar pânico?» Em última análise, este medo significa: «Os nossos inimigos irão ficar zangados e reagir?» Para se agir na política, é preciso superar este medo e assumir o risco, dar um passo no desconhecido.

Isto abre a possibilidade de outra fenomenologia, não-husserliana, uma fenomenologia que procure praticar a visão inumana para isolar este fenómeno impossível. Quando um tal fenomenólogo se confronta com uma série de variações fenoménicas experienciadas por um sujeito, avança (aquilo a que Husserl chamaria) o procedimento das variações eidéticas e discerne o «fenómeno impossível», o *eidos* puramente virtual que, pela sua exclusão, sustenta a série dos fenómenos experienciados (o «meu pai está a espancar-me» de Freud é um exemplo). Esta fenomenologia já não está concentrada naquilo a que Heidegger chamava o *in-der-Welt-sein*, a nossa relação significativa com a realidade, mas no nosso afastamento que nos permite percecionar a realidade como se a víssemos de fora.

A «Ideia» (*eidos*) tem de ser aqui entendida de um modo muito específico: não no sentido habitual de uma abstração platónica (o conceito abstrato de uma mesa em contraste com as mesas individuais), mas mais no sentido daquilo a que Deleuze chamava o «empirismo transcendental), como a rede espessa de variações virtuais que cerca a realidade de uma coisa. No que diz respeito a este denso campo transcendental, a realidade é o resultado da sua redução a uma versão, como o colapso de uma função de onda na física quântica. É neste sentido que, como Hegel já disse, um bom retrato de uma pessoa se assemelha mais à pessoa do que esta própria pessoa: uma boa pintura de uma mulher complementa a realidade fotográfica da mulher com o seu campo transcendental de possibilidades; todas as camadas de possibilidades que subjazem à existência real de um mulher, a potencial agressividade ou a ameaça de explosão libidinal que podem estar adormecidas por baixo da sua aparência delicada, a sua vulnerabilidade e exposição à violência masculina, a melancolia que muitas vezes marca a vida de uma mulher, até à disparidade da compostura do corpo feminino que, de repente, pode impressionar um olhar externo. Todas estas possibilidades (que, na pintura, estão diretamente inscritas na figura feminina e distorcem a sua forma «realista) não são apenas perceções erradas e subjetivas da «realidade objetiva» do corpo, trazem ao de cima potencialidades inscritas na própria coisa. Consideremos a pintura *Mulher Atirando uma Pedra* (Picasso, 1931): os fragmentos distorcidos de uma mulher numa praia a atirar uma pedra são, obviamente, uma representação grotesca, se a julgarmos pela norma da reprodução realista; no entanto, na sua própria distorção plástica, transmitem de forma imediata e intuitiva a Ideia de uma «mulher atirando uma pedra», a «forma interna» dessa figura. Se olharmos mais de perto, podemos distinguir facilmente os passos do processo de «redução eidética» da mulher aos seus traços principais: mão, pedra, seios... a pintura *pensa*, realiza o processo violento de separar os elementos que, no seu estado natural, coexistem na realidade, no sentido exato em que Hegel caracteriza o poder infinito do entendimento: «A atividade do separar é a força e o trabalho do *entendimento*, o poder maior e mais maravilhoso, ou antes, o poder absoluto.» ([3])

Aristóteles estava, portanto, errado na sua crítica da teoria da arte de Platão como mimese: a mimese é da ideia do objeto, não do próprio objeto, e para que esta ideia apareça/brilhe através da realidade do objeto, é preciso distorcer brutalmente o objeto na sua realidade imediata. Numa leitura materialista de Platão, pode até dizer-se que a própria Ideia vem-a-ser através desta distorção da realidade. A ontologia aqui implicada é, portanto, uma espécie de materialismo platónico que podemos exemplificar bem com *O Homem do Castelo Alto*, o livro clássico de história alternativa de Philip K. Dick de 1963. Desenrola-se em 1962, quinze anos depois de um fim alternativo da Segunda Guerra Mundial, em que a guerra durou até 1947, quando as potências vitoriosas do Eixo — o Japão imperial e a Alemanha nazi — dominam os antigos

([3]) Devemos observar como a diferença sexual intervém neste exemplo: é um pintor masculino que disseca brutalmente o corpo (a imagem) de uma mulher para dele extrair a sua Ideia. Significará isto que a minha apresentação é imanentemente sexuada a partir da posição masculina agressiva? Ainda que a simetria não seja perfeita (ou seja, não podemos dizer que o mesmo vale exatamente para uma mulher que pinte um homem), o processo de abstração violenta opera nos dois casos.

Estados Unidos. Aí inclui-se um «romance dentro do romance», que descreve uma história alternativa dentro desta história alternativa, em que os Aliados derrotam o Eixo... Podemos ler esta inversão dupla como uma alegoria negra do nosso próprio tempo, em que, embora o fascismo tenha sido derrotado na realidade, é cada vez mais triunfante na fantasia.(4) No entanto, esta leitura ignora o facto de a realidade alternativa descrita no «romance dentro do romance» *não* ser simplesmente a nossa realidade, mas de diferir dela em muitos pormenores essenciais.(5) Se seguirmos a afirmação de Lacan de que o Real, em regra, surge como uma ficção dentro de uma ficção, devemos então conceber a realidade alternativa (representada no romance) e a nossa realidade como duas realidades, duas variações da realidade, enquanto o Real é a ficção (o romance dentro do romance ou, na versão televisiva, o filme dentro do filme), que não é nenhuma das realidades — a nossa realidade é uma das realidades alternativas com referência ao Real da Verdade-Ficção. Isto significa que há ficções que deviam ser levadas mais a sério do que a realidade precisamente porque são «meras ficções». Para compreendermos a nossa realidade, devemos começar por imaginar as realidades alternativas possíveis e, depois, construir o «Real impossível» que serve como seu ponto de referência secreto, como o seu «núcleo duro». O que temos aqui é uma espécie de versão freudiana da variação eidética fenomenológica: em Husserl, variamos o conteúdo empírico de, por exemplo, uma mesa para chegarmos àquilo que une todas as variações empíricas, as componentes absolutamente necessárias e invariáveis que fazem de uma mesa o que é, o *eidos* da mesa; na psicanálise, recolhemos todas as variações para reconstruir o seu «centro ausente», uma forma puramente virtual (inexistente na realidade) negada (distorcida, deslocada, etc.) de uma maneira específica por qualquer variação dada na realidade.

Isto leva-nos de volta às implicações políticas da noção de Ideia platónica. Numa entrevista em 15 de julho de 2018, logo depois de ter participado num encontro agitado com líderes da União Europeia, Trump referiu-se à UE como o primeiro dos

(4) Devo esta ideia a Todd McGowan.

(5) Devo esta leitura do romance a uma conversa com Julian Assange, um famoso teórico dos *media* que, na altura da escrita deste livro, vivia na Embaixada do Equador em Londres.

«adversários» dos Estados Unidos, à frente da Rússia e da China. Em vez de condenarmos esta declaração como irracional («Trump trata os aliados dos Estados Unidos pior do que os seus inimigos», etc.), deveríamos colocar uma simples questão: porque é que a União Europeia perturba tanto Trump? A guerra de tarifas de Trump e os seus ataques às exportações europeias «injustas» para os Estados Unidos são questões menores que podem ser (pelo menos temporariamente) controladas pelas tréguas de tarifas Trump-Juncker; a insatisfação de Trump com a Europa é muito mais profunda e, por isso, deveríamos colocar esta questão: de que Europa está Trump a falar? Quando os jornalistas questionaram Trump sobre os imigrantes que entravam na Europa, respondeu como o populista anti-imigrante que ele é: os imigrantes estão a rasgar o tecido dos costumes e dos modos de vida europeus, representam um perigo para a identidade espiritual europeia... em suma, através dele, falavam pessoas como Orbán ou Salvini.

Então, que Europa perturba Trump? É a Europa da unidade transnacional, a Europa vagamente consciente de que, para lidar com os desafios da nossa época, temos de superar os constrangimentos dos Estados-nação; a Europa que também luta desesperadamente para se manter fiel ao velho lema iluminista da solidariedade com as vítimas, a Europa consciente do facto de a humanidade ser hoje Una, de estarmos todos no mesmo barco (ou, como se diz, na mesma Nave Espacial Terra), de tal maneira que a miséria dos outros também é um problema nosso. Devemos mencionar aqui Peter Sloterdijk, que observou que, hoje, a luta é sobre como garantir a sobrevivência da maior conquista económico-política europeia, o Estado social da social-democracia. Segundo Sloterdijk, a nossa realidade é — pelo menos na Europa — a «social-democracia objetiva», oposta à social-democracia «subjetiva»: devemos fazer uma distinção entre a social-democracia como a panóplia de partidos políticos e a social-democracia como a «fórmula de um sistema» que «descreve precisamente a ordem político-económica das coisas, que é definida pelo Estado moderno como o Estado dos impostos, como o Estado da infraestrutura, como o Estado de direito e, por último, como o Estado social e o Estado terapêutico»: «Em toda a parte, vemos uma social-democracia fenoménica e uma social-democracia estrutural, uma manifesta e uma latente, uma que se mostra como um partido e outra que é mais ou menos irreversivelmente construída nas próprias definições, funções e procedimentos do Estado moderno enquanto tal.» ([6])

No decorrer normal das coisas, a Ideia que subjaz à Europa unida foi corrompida, meio esquecida, e só num momento de perigo é que somos obrigados a regressar a esta dimensão essencial da Europa, ao seu potencial oculto. Mais precisamente, a questão não é apenas regressar a esta Ideia, mas (re)inventá-la, «descobrir» o que nunca esteve realmente nela. Como diz Alenka Zupančič a propósito da ameaça da (auto)destruição nuclear da humanidade: «A verdadeira escolha é entre perder tudo e criar o que podemos perder: só isto pode salvar-nos, num sentido profundo. [...] O possível alerta da bomba não é apenas "vamos fazer tudo o que está ao nosso alcance para o evitar antes que seja demasiado tarde", mas antes "vamos construir primeiro esta totalidade (unidade, comunidade, liberdade) que podemos perder por causa da bomba".»

É aqui que reside a única hipótese aberta pela verdadeira ameaça da destruição nuclear (ou também ecológica): quando nos tornamos conscientes do perigo de podermos perder tudo, ficamos automaticamente presos numa ilusão retroativa, um curto-circuito entre a realidade e os seus potenciais ocultos — aquilo que queremos salvar não é a realidade do nosso mundo, mas a realidade tal como poderia ter sido se não tivéssemos sido entravados pelos antagonismos que deram origem à ameaça nuclear. E o mesmo vale para uma Europa unida: os Estados Unidos e a Rússia querem visivelmente desmembrar a Europa; tanto Trump como Putin apoiam o Brexit, apoiam os eurocéticos em toda a parte, da Polónia à Itália. O que é que os perturba em relação à Europa quando todos sabemos da miséria da UE, que falha todos os testes — desde a sua incapacidade de implementar uma política consistente sobre os imigrantes até à sua reação miserável à guerra de tarifas de Trump? Não é evidentemente esta Europa atualmente existente, mas a Ideia de Europa que se reanima contra todas as probabilidades e se torna palpável nos momentos de perigo.

De forma análoga, também podemos isolar a Ideia de uma fantasia que serve como o ponto de referência virtual/impossível (ou seja, real) das verdadeiras fantasias. Há poucas décadas, passou na televisão britânica um anúncio encantador a uma cerveja.

([6]) Peter Sloterdijk, «Aufbruch der Leistungstraeger», *Cicero*, novembro de 2009, p. 99.

Na primeira parte, vemos o famoso conto de fadas: uma rapariga passeia por um ribeiro, encontra um sapo, pega nele cuidadosamente, beija-o e, claro, o sapo feio transforma-se milagrosamente num belo jovem. No entanto, a história não acabava aí: o jovem olha sedentamente para a rapariga, puxa-a, beija-a e ela transforma-se numa garrafa de cerveja, que o homem segura triunfalmente na mão. Para a mulher, o seu amor e afeição (assinalados pelo beijo) transformam um sapo num belo homem, uma presença fálica completa; para o homem, trata-se de reduzir uma mulher a um objeto parcial, a causa do seu desejo. Temos, ou uma mulher com um sapo, ou um homem com uma garrafa de cerveja — o que nunca se pode obter é o par «natural» da bela mulher e do homem. Porque não? Porque o suporte fantasioso deste «par ideal» seria a figura inconsistente de *um sapo a abraçar uma garrafa da cerveja.* Isto, então, abre a possibilidade de minar a influência que uma fantasia exerce sobre nós pela identificação excessiva com ela, ou seja, *abraçando simultaneamente, no mesmo espaço, a multiplicidade dos elementos fantasiosos inconsistentes.* Quando, em junho de 2018, após uma cimeira em Singapura, Trump declarou a sua intenção de convidar Kim Jong-un para a Casa Branca, fui assombrado por um sonho — não o do nobre Martin Luther King, mas um sonho muito mais estranho (muito mais fácil de realizar, porém, que o sonho dele). Trump já revelara o seu amor por paradas militares ao propor fazer uma em Washington, mas os americanos não terão gostado da ideia; assim, e se o seu novo amigo Kim lhe desse uma mãozinha? E se retribuísse o convite e preparasse um espectáculo para Trump no grande estádio de Pyongyang, com centenas de milhares de norte-coreanos bem treinados a empunharem bandeiras coloridas para formarem imagens gigantes de Kim e Trump a sorrirem? Não será esta a fantasia partilhada que subjaz à relação entre Trump e Kim, o sapo Trump a abraçar a lata de cerveja Kim? (Num desenvolvimento de muito mau gosto, podemos até imaginá-lo a beijar Melania e, depois, alegremente a vê-la transformar-se numa lata de cerveja...) Outro caso da mesma série: numa entrevista à CNN também em junho de 2018, Steve Bannon declarou que o seu ideal político era a unidade do populismo de direita e esquerda contra o velho sistema político. Louvou a coligação da Liga do Norte de direita com o movimento esquerdista populista Cinco Estrelas que agora governa a Itália como o modelo a ser seguido pelo mundo e como prova de que a política está a ir para além da esquerda e da direita — mais uma vez, a fantasia da *alt-right* com forma de sapo a abraçar o movimento de Sanders e a transformá-lo numa garrafa de cerveja. O objetivo desta ideia (política e esteticamente) repugnante é, obviamente, ofuscar o antagonismo social básico, razão pela qual está condenada a fracassar (ainda que possa provocar muitas desgraças antes do seu fracasso final).

TEOREMA IV

A persistência da abstração

Na superfície retorcida dos não-orientáveis que é a nossa realidade, a abstração não é apenas uma característica do nosso pensamento, mas a característica mais básica da própria realidade, cuja unidade orgânica está sempre e por definição arruinada.

Loucura, sexo e guerra

O nosso último teorema tenta responder a uma questão ingénua: o que é que a visão da ontologia frustrada (como apresentada neste livro) significa para a nossa abordagem à realidade? Será mais do que uma ressalva cética em relação a tudo o que fazemos e dizemos (no sentido de «estejamos apenas cientes de que há uma incerteza marginal em tudo o que fazemos, mas deixemos as coisas andarem como de costume»)? Sim, é mais que isso, porque o obstáculo é imanente, não externo: a negatividade radical que ameaça destabilizar qualquer identidade está inscrita no seu próprio núcleo. Consideremos um edifício social sustentado por uma textura espessa de costumes (*Sitten*): a sua estabilidade não é ameaçada apenas a partir de fora (guerra com outros Estados), pois esta ameaça externa (da guerra) é aquilo que sustenta uma civilização a partir de dentro (como Hegel sabia muito bem). É por isso que uma inversão da fita de Möbius complica a atual tarefa urgente de civilizar (a relação entre) as próprias civilizações (como Sloterdijk diz). Até agora, cada cultura disciplinava/ /educava os seus membros e garantia a paz cívica entre eles com o poder do Estado, mas a relação entre diferentes culturas e Estados estava permanentemente sob a ameaça da potencial guerra, em que cada momento de paz era apenas um armistício temporário. Tal como conceptualizada por Hegel, a ética de um Estado culmina no ato superior de heroísmo, a disposição para sacrificar a própria vida pelo Estado-nação, o que significa que as relações bárbaras e selvagens *entre* Estados servem de fundação da vida ética *no interior* de cada Estado. A Coreia do Norte atual, com a sua busca implacável de armas e mísseis nucleares para atingir alvos distantes, não será o exemplo perfeito desta lógica de soberania incondicional do Estado-nação? No entanto, a partir do momento em que aceitamos o facto de vivermos numa Nave Espacial Terra, a tarefa que se impõe urgentemente é a de civilizar as próprias civilizações, de impor a solidariedade e a cooperação universais entre todas as comunidades humanas, uma tarefa dificultada pelo crescimento constante da violência «heroica» religiosa e étnica sectarista e pela disposição de se sacrificarem (e de sacrificarem o mundo) por uma Causa específica. É aqui que está o problema: não podemos «civilizar a civilização» diretamente expandindo apenas as relações pacíficas garantidas pela lei à esfera global das relações internacionais (esta era a ideia de Kant de uma república mundial); o que falta, como Hegel sabia, é o núcleo bárbaro (a guerra, a morte dos inimigos) no centro de cada civilização que sustenta o seu edifício ético.

Encontramos aqui a inversão da fita de Möbius: se avançarmos para o centro do edifício ético de um Estado, vemo-nos no lado oposto, na batalha brutal pela sobrevivência com o edifício externo, e a disposição de cada indivíduo para participar neste barbarismo é o suporte derradeiro do edifício ético do Estado. Como resolver este dilema? O procedimento desesperado tradicional é oferecer outra luta para substituir a guerra entre os Estados, outra luta que supere os limites do Estado-nação e funcione como universal: desde a luta («guerra») de classes que une todos os indivíduos que combatem pela emancipação independentemente da sua nacionalidade, até à luta contra as ameaças *ecológicas* (que exige unidade mundial e esforços coordenados), ou até a guerra contra possíveis ataques extraterrestres (Reagan evocou esta possibilidade a Gorbachov no fim da Guerra Fria). A ameaça ecológica confronta-nos com a necessidade de mudarmos o foco nos miseráveis *da* Terra para a *própria* Terra miserável.

Regressemos a um nível mais geral: a estrutura retorcida com que lidamos aqui foi bem capturada por Schelling na sua «fórmula do mundo» (*Weltformel*) do terceiro rascunho dos seus fragmentos *Weltalter*:

$$\left(\frac{A^3}{A^2 = (A = B)}\right)B$$

A e B representam aqui os aspetos ideal e real de cada processo da nossa realidade: B é a força contrativa da densidade material e A é a contraforça da sua idealização, «superação» em estruturas espirituais cada vez mais elevadas. A matéria é, portanto, gradualmente «idealizada», primeiro em forças de magnetismo, depois em vida vegetal, depois em vida animal e, por fim, em vida espiritual, de maneira que nos afastamos cada vez mais da materialidade bruta imediata. No entanto, todo este processo enraíza-se num ponto externo de densidade singular extrema (o Ego como a derradeira autocontração), da mesma maneira que o edifício social de formas éticas cada vez mais elevadas é sustentado pela violência brutal da guerra.([1])

Isto significa que, no edifício hegeliano, a abstração (o excesso de negatividade abstrata que não pode ser superado numa totalidade concreta) persiste. Não é apenas a guerra que desempenha este papel de negatividade abstrata que ameaça destruir a ordem social racional: a guerra é o terceiro termo da tríade de loucura-sexualidade-guerra. Como Hegel diz em termos proto-foucauldianos, a loucura não é um lapso acidental, uma distorção ou uma «doença» do espírito humano, mas algo que está inscrito na constituição ontológica básica do espírito do indivíduo: ser humano significa ser potencialmente louco:

([1]) Para uma explicação mais pormenorizada da fórmula de Schelling, ver o Capítulo 1 do meu *The Indivisible Remainder*, Londres: Verso Books, 1996.

> Esta interpretação da loucura como uma forma ou fase que ocorre necessariamente no desenvolvimento da alma não deve ser naturalmente entendida como se afirmássemos que *cada* mente, *cada* alma, tem de passar por esta fase de disfunção extrema. Esta afirmação seria tão absurda como dizer que, dado que na Filosofia do Direito o crime é visto como uma manifestação necessária da vontade humana, então cometer um crime é uma necessidade inevitável para *cada* indivíduo. O crime e a loucura são *extremos* que a mente humana *em geral* tem de superar ao longo do seu desenvolvimento.([2])

Embora não seja uma necessidade factual, a loucura é uma possibilidade formal constitutiva da mente humana: é algo cuja ameaça tem de ser superada para que nos desenvolvamos como sujeitos «normais», o que significa que a «normalidade» só pode emergir como a superação dessa ameaça. É por isso que, como Hegel diz umas páginas depois, «a loucura tem de ser discutida antes da consciência saudável e intelectual, ainda que tenha essa consciência como seu *pressuposto*» ([3]). Hegel evoca aqui a relação entre o abstrato e o concreto: embora, no desenvolvimento empírico e no estado das coisas, as determinações abstratas estejam sempre-já integradas num Todo concreto como o seu pressuposto, a reprodução/dedução conceptual desse Todo tem de progredir do abstrato para o concreto: os crimes pressupõem o Estado de direito, só podem ocorrer como a sua violação, mas também têm de ser vistos como um ato abstrato que é «superado» pela lei; as relações legais e a moralidade estão efetivamente sempre integradas em alguma totalidade concreta de costumes, mas a *Filosofia do Direito* tem de progredir dos momentos abstratos da legalidade e da moralidade para o Todo concreto dos costumes (família, sociedade civil, Estado). Aqui, o ponto interessante não é apenas o paralelismo entre a loucura e o crime, mas o facto de a loucura se localizar num espaço aberto pelo desacordo entre o verdadeiro desenvolvimento histórico e a sua representação conceptual, ou seja, no espaço que mina a noção vulgar e evolucionista do desenvolvimento dialético como a reprodução conceptual

---

([2]) G. W. F. Hegel, *Encyclopaedia of Philosophical Sciences*, vol. 3, *Philosophy of Mind*, Oxford: Claredon Press, 1979, parag. 410.

([3]) *Ibid.*

do desenvolvimento histórico factual que purifica este das suas contingências empíricas insignificantes. Na medida em que a loucura, de facto, pressupõe a normalidade, ainda que, conceptualmente, preceda a normalidade, pode dizer-se que um «louco» é precisamente o sujeito que quer «viver» — reproduzir na própria atualidade — a ordem conceptual, ou seja, agir como se a loucura também precedesse *efetivamente* a normalidade.

Depois vem a sexualidade, que, na sua forma extrema, também pode ser caracterizada como uma figura especial de loucura. Longe de providenciar a base natural das vidas humanas, a sexualidade é o terreno onde os humanos se separam da natureza: a ideia de perversão sexual ou de uma paixão sexual mortífera é totalmente estranha ao universo animal. Aqui, Hegel comete uma falha no que diz respeito aos seus próprios critérios: apenas mostra como, no processo de cultura, a substância natural da sexualidade é cultivada, superada, mediada — nós, humanos, já não fazemos amor apenas para procriar, envolvemo-nos num processo complexo de sedução e casamento através do qual a sexualidade se torna uma expressão da ligação espiritual entre um homem e uma mulher, etc. No entanto, aquilo que Hegel ignora é como, quando estamos na condição humana, a sexualidade não só é transformada/civilizada, mas também, muito mais radicalmente, *alterada na sua própria substância*: já não é a pulsão instintiva de reprodução, mas uma pulsão que se vê frustrada em relação ao seu objetivo natural (reprodução) e, assim, explode numa paixão infinita, propriamente metafísica. Deste modo, a civilização/Cultura postula/ /transforma retroativamente o seu próprio pressuposto natural: a cultura «desnaturaliza» retroativamente a própria natureza. Era a isto que Freud chamava o Id, a líbido. É assim que, também aqui, ao combater o seu obstáculo natural, a substância natural oposta, o Espírito luta contra si mesmo, contra a sua própria essência.([4])

O verdadeiro problema subjacente é o seguinte: o esquema «hegeliano» normal da morte (negatividade) como o momento de Vida subordinado/mediado só pode ser sustentado se permanecermos na categoria da Vida, cuja dialética é a da Substância automediadora que regressa a si mesma da sua alteridade. No momento em que passamos efetivamente da Substância para o

---

([4]) Para um desenvolvimento mais pormenorizado destas afirmações, ver Interlúdios 2 e 3 do meu *Less Than Nothing*, Londres: Verso Books, 2012.

Sujeito, da (do princípio de) Vida para a (o princípio de) Morte, não há «síntese» abrangente, a morte na sua «negatividade abstrata» permanece para sempre como uma ameaça, um excesso que não pode ser economizado. Significará isto que regressamos ao *topos* tradicional do excesso de negatividade que não pode ser «superado» numa «síntese» conciliatória, ou até à ideia ingénua de Engels da alegada contradição entre a abertura do «método» de Hegel e o encerramento forçado do seu «sistema»? Há sinais que apontam nesta direção: como foi observado por muitos comentadores perspicazes, os escritos políticos «conservadores» dos últimos anos de Hegel (como a sua crítica da Lei da Reforma inglesa) denunciam um receio de mais desenvolvimento que afirme a liberdade «abstrata» da sociedade civil à custa da unidade orgânica do Estado e que abra caminho a mais violência revolucionária.(5) Porque é que Hegel recuou aqui? Porque é que não ousou seguir a sua regra dialética básica, adotando corajosamente a negatividade «abstrata» como a única via para um estádio superior de liberdade?

Isto conduz-nos à terceira figura do excesso de negatividade abstrata: a guerra como loucura social. Hegel pode parecer celebrar o carácter *prosaico* da vida num Estado moderno bem organizado em que as perturbações heroicas são superadas na tranquilidade dos direitos privados e na segurança da satisfação das necessidades: a propriedade é garantida, a sexualidade é limitada ao casamento, o futuro é seguro... Nesta ordem orgânica, a universalidade e os interesses particulares parecem conciliados: o «direito infinito» da singularidade subjetiva é reconhecido, os indivíduos já não veem a ordem objetiva do Estado como um poder externo que se intromete nos seus direitos, reconhecem nele a substância e o quadro da sua própria liberdade. Gérard Lebrun levanta aqui a questão fatídica: «O sentimento do Universal pode ser dissociado deste apaziguamento?»(6) Contra Lebrun, a nossa resposta deve ser: sim, e é por isso que a guerra é necessária — na guerra, a universalidade reafirma o seu direito contra e sobre o apaziguamento concreto-orgânico na vida social prosaica. A necessidade da guerra não é, pois, a prova decisiva de que, para Hegel, qualquer conciliação social está condenada a fracassar, que

(5) Hegel morreu um ano depois da revolução francesa de 1830.

(6) Gérard Lebrun, *L'Envers de la dialectique: Hegel à la lumière de Nietzsche*, Paris: Éditions du Seuil, 2004, p. 214.

nenhuma ordem social orgânica pode conter efetivamente a força da negatividade abstrata-universal? É por isso que a vida social está condenada à «infinidade espúria» da oscilação eterna entre a vida cívica estável e as perturbações do tempo de guerra — a noção de «permanecer com o negativo» adquire aqui um significado mais radical: não só de «passar pelo» negativo, mas também de persistir nele. Na vida social, isto significa que a paz universal de Kant é uma esperança vã, que a *guerra* continua a ser para sempre uma ameaça de disrupção total da vida do Estado organizado; na vida subjetiva individual, a *loucura* espreita sempre como uma possibilidade.

Também é assim que devemos reinterpretar a fórmula bastante infeliz do jovem Marx sobre a reconciliação entre o homem e a natureza: o devir-homem da natureza e o devir-natureza do homem (*Menschwerdung der Natur und Naturwerdung des Menschen*). O sentido de Marx é bastante simples e humanista: no comunismo, quando a autoalienação e a divisão de classes da humanidade forem abandonadas, não só a natureza perderá o seu carácter ameaçador de força externa e será totalmente humanizada, como também a humanidade será totalmente naturalizada, harmoniosamente imersa na natureza. A nossa leitura é radicalmente diferente: a humanidade «reconcilia-se» com a natureza quando percebe que os seus próprios antagonismos, o seu próprio distanciamento da natureza e dos seus processos, são «naturais», que continuam, num nível mais elevado, os antagonismos e desequilíbrios que definem a própria natureza — em suma, o homem está unido à natureza precisamente por aquilo que parece o seu distanciamento da natureza, a sua perturbação da ordem natural.

Outra lição desta persistência da abstração é que não há nada mais estranho a Hegel do que o lamento da riqueza que a realidade perde quando procedemos à sua apreensão conceptual — recordemos a clara celebração já-citada do poder absoluto do Entendimento no seu Prefácio à *Fenomenologia*: «A atividade do separar é a força e o trabalho do *entendimento*, o poder maior e mais maravilhoso, ou antes, o poder absoluto.» Esta celebração não é de modo algum competente, ou seja, a questão de Hegel não é que este poder seja depois «superado» num momento subordinado da totalidade unificadora da Razão. O problema do Entendimento é que não usa todo esse poder até ao fim, vê-o como externo à própria coisa — como, na passagem atrás citada da *Fenomenologia*, a ideia tradicional de que é apenas o *nosso*

Entendimento («mente) que divide na sua imaginação aquilo que na «realidade» está junto, de maneira que o «poder absoluto» do Entendimento é apenas o poder da nossa imaginação que de modo algum diz respeito à realidade da coisa assim analisada. Passamos do Entendimento para a Razão, não quando esta análise, esta divisão, é superada numa síntese que recupera a riqueza da realidade, mas sim quando esse poder de «divisão» é deslocado da «nossa mera mente» para as próprias coisas, como o seu poder inerente de negatividade.

Tendo em conta o papel essencial da imaginação transcendental em Kant (e em todo o idealismo alemão), também devemos ousar reabilitar a ideia lacaniana de Imaginário. Na tríade RSI, o Imaginário, como regra, é reduzido a um sítio de ilusões: as identificações imaginárias ofuscam a causalidade estrutural simbólica que rege as nossas vidas. (Esta afirmação foi elaborada por Althusser na sua teoria da ideologia: a ideologia como o sítio do falso reconhecimento imaginário da estrutura complexa de sobredeterminação.) Assim, com a mudança de ênfase do Simbólico para o Real, a própria simbolização surge como uma formação de defesa, como uma tentativa de ofuscar o Real traumático que resiste à simbolização; o Imaginário e o Simbólico são aqui condensados numa única entidade, a sua diferença já não é fundamental. Com a leitura lacaniana da imaginação transcendental, a dimensão do Imaginário regressa ao seu papel fundamental, não como o sítio de identificações imaginárias e de autorreconhecimento, mas como um nome (possível) para o ato violento de desmembramento (a produção do *corps morcelé* com os seus *membra disjecta*), que desmembra qualquer unidade orgânica. Ainda mais longe de Kant, a imaginação é afirmada não só como uma síntese, mas também como uma «análise», a atividade de separar o que parecia estar junto. Hegel formulou este processo no seu «Jenaer Realphilosophie», onde escreve sobre a «Noite do Mundo»:

> O ser humano é essa noite, esse nada vazio, que contém tudo na sua simplicidade — uma riqueza infindável de muitas representações, imagens, nenhuma das quais pertencentes a ele, ou que não lhes estão ainda presentes. Nessa noite, o interior da natureza, que existe aqui — eu puro — em representações fantasmagóricas, tudo ao redor está escuro, surge aqui então uma cabeça sangrenta, ali

> outra aparição branca, e desaparecem também de repente. É essa noite que se percebe quando se olha bem nos olhos de um homem — uma noite que se torna terrível.([7])

Não nos deixemos cegar pela força poética desta descrição — devemos lê-la de forma rigorosa. A primeira coisa a observar é como os objetos que flutuam livremente em redor desta «noite do mundo» são *membra disjecta*, objetos parciais, objetos separados do seu Todo orgânico — não há aqui um eco estranho entre esta descrição e a descrição de Hegel do poder negativo do Entendimento capaz de abstrair uma entidade (um processo, uma propriedade) do seu contexto substancial e de tratá-la como se tivesse uma existência própria? «Mas que o acidental como tal, o unido e só efetivo na sua conexão com outro, separado do seu contorno, consiga um ser-aí próprio e uma liberdade isolada, é o tremendo poder do negativo [...]»([8]) É então como se, no cenário sinistro da «noite do mundo», encontrássemos algo como *o poder do Entendimento no seu estado natural*, espírito como *protoespírito* — esta é, talvez, a definição mais precisa do terror: quando um estado superior de desenvolvimento se inscreve violentamente no estado inferior, na sua base/pressuposto, onde só pode parecer uma confusão monstruosa, uma desintegração da ordem, uma combinação terrível e não natural de elementos naturais.

Este ponto também se aplica à noção propriamente dialética de abstração: a «universalidade concreta» de Hegel torna-se infinita porque *inclui «abstrações» na própria realidade concreta, como os seus constituintes imanentes*. Ou seja, para Hegel, qual é a ação elementar da filosofia a respeito da abstração? Abandonar a ideia empirista comum da abstração como um distanciamento da riqueza da realidade empírica concreta com a sua multiplicidade irredutível de características: a vida é verde, os conceitos são cinzentos, dissecam, mortificam, a realidade concreta. (Esta noção comum até tem a sua versão pseudodialética, segundo a qual essa «abstração»

([7]) G. W. F. Hegel, «Jenaer Realphilosophie», in *Frühe politische Systeme*, Frankfurt: Ullstein, 1974; tradução citada de Donald Phillip Verene, *Hegel's Recollection*, Albany; Suny Press, 1985, pp. 7–8. Na *Encyclopaedia*, Hegel também refere o «abismo noturno no qual um mundo de imagens e apresentações infinitamente numerosas é preservado sem estar na consciência» (*Encyclopaedia*, Par. 453). A fonte histórica de Hegel, aqui, é Jacob Böhme.

([8]) *Phenomenology of Spirit*, pp. 18–19. [*Prefácios*, pp. 51–52.]

é uma característica do mero Entendimento, enquanto a «dialética» recupera a riqueza da realidade.) O verdadeiro pensamento filosófico começa quando nos tornamos conscientes de como *esse processo de «abstração» é inerente à própria realidade*: a tensão entre a realidade empírica e as suas determinações conceptuais «abstratas» é imanente à realidade, é uma característica das «próprias coisas». É aqui que reside o tom antinominalista do pensamento filosófico — por exemplo, a ideia básica da «crítica da economia política» de Marx é que a abstração do valor de uma mercadoria é o seu constituinte «objetivo». É sem teoria que a vida é cinzenta, apenas uma realidade plana e estúpida — só a teoria a torna «verde», realmente viva, trazendo ao de cima a rede subjacente e complexa de mediações e tensões que a anima. Esta abordagem dá um novo tom à leitura de Hegel: a reconciliação hegeliana não é um estado pacífico no qual todas as tensões são superadas ou mediadas, mas uma reconciliação com o excesso irredutível da própria negatividade.

Como fazer palavras com coisas

Esta posição estratégica da persistência da negatividade abstrata e do sujeito como a figura decisiva da abstração imanente à realidade permite-nos lançar uma luz crítica sobre a última palavra nas abordagens contemporâneas à multiplicidade, a teoria do agrupamento (*assemblage/agencement*), uma luz crítica que, porém, subscreve totalmente a sua principal descoberta. Comecemos com as determinações básicas do agrupamento:

1. Os agrupamentos são relacionais, são ordenamentos de diferentes entidades reunidas para formar uma nova totalidade. Consistem em relações de exterioridade e esta exterioridade implica uma certa autonomia dos termos (pessoas, objetos, etc.) a respeito das relações entre eles; as propriedades das partes componentes também não podem explicar as relações que constituem uma totalidade.

2. Os agrupamentos são produtivos: produzem novas organizações territoriais, novos comportamentos, novas expressões, novos atores e novas realidades.

3. Os agrupamentos são heterogéneos: não há limites *a priori* para o que pode ser relacionado — humanos, animais, coisas e ideias — nem há uma entidade dominante num agrupamento. Assim, os agrupamentos são sociomateriais, ou seja, escapam à divisão natureza-cultura.

4. Os agrupamentos implicam uma dinâmica de desterritorialização e de reterritorialização: estabelecem territórios à medida que emergem e se reúnem, mas também se alteram, transformam-se e separam-se constantemente.

5. Os agrupamentos são desejados: o desejo emparelha constantemente fluxos contínuos e objetos parciais que, por natureza, são fragmentários e fragmentados.

Nesta perspetiva, o mundo é concebido como múltiplo e performativo, ou seja, moldado por práticas, em oposição a uma única realidade preexistente. É por isso que, para Bruno Latour, a política deveria tornar-se material, uma *Dingpolitik* que gira em torno de coisas e temas de preocupação, e não em torno de valores e crenças. As células estaminais, os telemóveis, os organismos geneticamente modificados, os patogénicos, as novas infraestruturas e as novas tecnologias de reprodução geram públicos preocupados, que criam diversas formas de conhecimento sobre essas questões e diversas formas de ação — para além das instituições, dos interesses políticos ou das ideologias que delimitam o domínio tradicional da política. Chame-se política ontológica, *Dingpolitik* ou cosmopolítica, esta forma de política reconhece o papel fundamental dos não-humanos, em situações concretas, que cocriam diversas formas de conhecimento que devem ser reconhecidas e incorporadas, e não silenciadas. A atenção tem-se concentrado na organização mais central para os geógrafos políticos: o Estado. Em vez de se conceber o Estado como um ator unificado, deve-se abordá-lo como um agrupamento que leva a que questões heterogéneas — particularidades geográficas, étnicas, linguísticas, morais, económicas e tecnológicas — se apresentem em uníssono. Enquanto tal, o Estado é mais um efeito do que a origem do poder, e devemos concentrar-nos em reconstruir a base sociomaterial do seu funcionamento. O conceito de agrupamento questiona a naturalização dos agrupamentos hegemónicos e abre--os à contestação política expondo a sua contingência.(9)

A autonomia relativa dos elementos de um agrupamento também permite a sua recontextualização radical. No domínio da política, seria interessante analisar o movimento Trump como um agrupamento — não um movimento populista consistente e *sui generis*, mas um agrupamento precário de elementos heterogéneos que lhe permite exercer hegemonia: o protesto furioso e populista contra o sistema, a proteção dos ricos com impostos reduzidos, a moralidade cristã fundamentalista, o patriotismo racista, etc. — estes elementos não têm nada que ver uns com os outros, são heterogéneos e podem ser combinados num conjunto totalmente diferente (por exemplo, o protesto furioso contra o sistema também foi aproveitado por Bernie Sanders; a redução de impostos para os ricos é normalmente defendida em termos puramente económicos por liberais [económicos] que desprezam o populismo, etc.). A lógica do agrupamento também deve ser levada em conta quando lidamos com os grandes lemas esquerdistas e emancipadores como «a luta contra a islamofobia e a luta pelos direitos das mulheres são uma só» — sim, são objetivos, mas, na confusão da política atual, são duas lutas separadas que não só podem ser feitas independentemente de uma da outra, como também podem funcionar uma contra a outra: a luta das mulheres contra a opressão muçulmana das mulheres, a luta anticolonial que ignora os direitos das mulheres como uma conspiração ocidental para destruir a vida comunitária muçulmana tradicional, etc.

O conceito de agrupamento também abre caminho para a questão fundamental da reorganização comunista da sociedade: como estruturar de maneira diferente organizações de grande escala que regulam o fornecimento de água, a saúde, a segurança, etc.? Devemos colocar aqui a questão de como a ideia de agrupamento se relaciona com a ideia de Ernesto Laclau da cadeia de equivalências, que também implica uma combinação de elementos heterogéneos que podem ser combinados com outros diferentes

(9) Esta descrição foi descaradamente retirada de Martin Müller, «Assemblages and Actor-networks: Rethinking Socio-material Power, Politics and Space», citado de http://onlinelibrary.wiley.com/doi/10.1111/gec3.12192/pdf.

(por exemplo, a ecologia pode ser anarquista, conservadora, capitalista — acreditar que as regulações e a fiscalidade do mercado são as medidas certas —, comunista, com intervenção estatal...). Aquilo que distingue a «cadeia de equivalências» de Laclau é que uma tal cadeia não monta apenas elementos heterogéneos numa disposição, monta-as como parte da luta antagónica de Nós contra Eles, e o antagonismo é algo que atravessa todos estes elementos a partir de dentro.([10])

É por isso que não devemos conceber o agrupamento como uma combinação de elementos preexistentes em busca de uma espécie de unificação: cada elemento é já atravessado por uma universalidade que o penetra como um antagonismo/inconsistência universal, e é este antagonismo que leva os elementos a unirem-se, a formarem agrupamentos. O desejo-de-agrupamento é assim prova de que uma dimensão de universalidade já opera em cada elemento de um agrupamento como negatividade, como um obstáculo que lhes perturba a autoidentidade. Por outras palavras, os elementos não desejam o agrupamento para se tornarem parte de um Todo maior, mas sim para se tornarem eles próprios, para atualizarem a sua identidade. No entanto, na perspetiva da teoria do agrupamento, a limitação fatal da noção de hegemonia de Laclau é que se refere apenas a elementos ideológicos («ideologemas») cujo «agrupamento» forma uma cadeia de equivalências: ignora os elementos materiais não-ideológicos (epidemias, movimentos de populações, invenções tecnológicas, novas formas de sexualidade, etc.) que compõem uma complexa «política das coisas».

No entanto, embora seja fácil afirmar em princípio a unidade-na-diferença dos dois aspetos, expressivo e material, permanece a questão de como, concretamente, se combinam/interagem: como,

---

([10]) É claro que há modalidades diferentes de antagonismo. Quando János Kádár chegou ao poder na Hungria em 1956, depois de o Exército Soviético ter esmagado a revolta anticomunista, adotou o lema «quem não é contra nós é por nós» para assinalar uma governação mais suave, permitindo que as pessoas recuassem para a passividade. Deste modo, fez a mudança do totalitarismo para o regime autoritário. No totalitarismo, diz-se que «quem não é por nós é contra nós», ou seja, não se tolera a falta de apoio ativo, toda a gente tem de participar no ritual do poder, o antagonismo é absoluto, não há terceira opção; por outro lado, um Estado autoritário não tolera a oposição direta, mas prospera na passividade indiferente — o antagonismo é aqui suavizado, a neutralidade é admitida pelo poder.

exatamente, é que a linguagem está integrada num mundo-da-vida material da prática? É claro que, embora faça sempre parte dele, não pode ser simplesmente reduzida a uma das suas componentes — envolve sempre uma diferença, uma distância. Esta distância enigmática, esta posição ambígua da linguagem dentro e fora da realidade, conduz-nos ao cerne da questão, o estatuto ontológico do sujeito. É fácil demonstrar como aquilo a que Stephen Jay Gould chamava «exaptação» é imanente a uma estrutura simbólica (os elementos recebem continuamente novas funções, são retirados do seu contexto, incluídos em novas totalidades, retotalizados em novos campos de sentido), e há mais um passo a ser dado, a passagem da exaptação para um corte subjetivo. Aquilo que falta na ontologia plana os agrupamentos não é uma totalidade contínua que as une, mas um desacordo radical; que tipo de desacordo? Levi Bryant inverte a fórmula de Badiou de «sujeito sem objeto» para a de «objeto sem sujeito», afirmando que a sua finalidade não é abolir o sujeito, mas abrir espaço para «um pensamento do objeto que não é um correlato do sujeito ou a postulação do sujeito», e, portanto,

> abrir um espaço onde podemos pensar o papel que os seres materiais desempenham na vida social e política, exercendo todos os tipos de poder e de coação sobre nós (além do papel mais tradicional que agências semiológicas como a ideologia, as práticas e o significante desempenham na nossa vida).([11])

Lacan, porém, não aceita a premissa de Badiou; para ele, não há sujeito que não esteja correlacionado com um objeto, *objet a*. Há uma anedota conhecida sobre judeus que confessam as suas fraquezas numa reunião na sinagoga. Um rabi poderoso diz: «Perdoa-me, Deus, não sou nada, não mereço a tua atenção!». Depois, vem um mercador rico e diz: «Perdoa-me, Deus, não sou nada, não valho nada.» Em seguida, um judeu pobre e comum avança e diz: «Perdoa-me, Deus, eu também não sou nada...» O mercador rico murmura para o rabi: «Quem pensa ele que é, este tipo miserável, que também diz que não é nada?» Esta piada tem uma lição profunda: «tornar-se nada» requer o esforço supremo

([11]) Citado de https://larvalsubjects.wordpress.com/2016/11/21/zizek-on-the-democracy-of-objects-2/#more-8789.

da negatividade, de nos retirarmos da imersão numa rede de determinações particulares. Esta elevação sartreana do sujeito a um vazio, a um nada, não é uma verdadeira posição lacaniana (ou hegeliana): Lacan mostra como, para se fazer isto, temos de encontrar um suporte num elemento particular que funciona como um «menos que nada» — Lacan chama-lhe *objet a*. Consideremos um exemplo político. A proibição politicamente correta de afirmar a identidade particular do homem branco (como o modelo de opressão dos outros), ainda que se apresente como a admissão da sua culpa, confere-lhe uma posição central: esta mesma proibição de afirmar a sua identidade particular faz dele o meio universal-neutro, o lugar a partir do qual a verdade sobre a opressão dos outros é acessível. E é por isso que os liberais brancos aceitam tão bem a autoflagelação: o verdadeiro objetivo da sua atividade não é ajudar os outros, mas o *Lustgewinn* gerado pelas suas autoacusações, o sentimento da sua superioridade moral sobre os outros. O problema da autonegação da identidade branca não é ir longe de mais, mas não ir suficientemente longe: embora o seu conteúdo anunciado pareça radical, a sua posição de enunciação continua a ser a de uma universalidade privilegiada. Sim, declaram-se como «nada», mas esta própria renúncia a um algo (particular) é sustentada pelo gozo acrescentado da sua superioridade moral, e podemos imaginar facilmente a cena da anedota judaica aqui repetida: quando, por exemplo, um tipo negro diz «eu também não sou nada!», um branco murmura para o seu vizinho (branco): «Quem é que este tipo pensa que é para dizer que também não é nada?» Mas podemos passar facilmente da imaginação para a realidade. Há cerca de uma década, numa mesa redonda em Nova Iorque onde predominavam esquerdistas politicamente corretos, recordo-me de ver alguns «pensadores críticos» em atos de autoflagelação, culpando a tradição judaico-cristã pelos nossos males, pronunciando vereditos duros contra o «eurocentrismo», etc. Depois, inesperadamente, um ativista negro entrou no debate e fez as mesmas observações críticas sobre as limitações do movimento muçulmano negro; ao ouvirem isto, os «pensadores críticos» brancos trocaram olhares incomodados cuja mensagem era mais ou menos esta: «Quem é que este tipo pensa que é para também dizer que não é nada e não vale nada?»

O *objet a* é paradoxal, um objeto que preenche o vazio, um buraco na própria textura da realidade; é este objeto que, de facto, rasga a textura uniforme da realidade e substitui esse buraco. Longe de elevar a realidade a uma totalidade, o «sujeito» só pode ocorrer quando há um buraco radical na textura da realidade, quando a realidade não é uma coleção «plana» de objetos, mas implica uma fenda radical — no fundo, *o próprio sujeito* é *o rasgo na realidade, aquilo que rasga a sua textura uniforme*. Assim, quando dizemos que o sujeito se identifica com o seu sintoma para evitar a sua própria crise ontológica, para resolver o impasse da sua inexistência, para complementar a sua falta de um firme suporte ontológico, devemos levar a afirmação ao seu extremo e dizer que o sujeito é em si mesmo uma crise ontológica, uma fenda no edifício ontológico da realidade. Ou, por outras palavras, o sujeito não só se relaciona constitutivamente com algum trauma, não só é assombrado por algum trauma primordial, mas o sujeito *é* o trauma, um corte traumático na ordem do ser. Esta inversão autorreflexiva do atributo ou da propriedade para o ser é fundamental: o sujeito não se relaciona nem é assombrado por X, o sujeito *é* este X.

Esta fenda desaparece no conceito de práxis, da atividade empenhada que sustenta um mundo-da-vida coletivo. Recordemos a ideia (elaborada por diferentes autores, desde Bakhtin até ao segundo Wittgenstein) da linguagem como um momento orgânico de práxis social, como um momento ativo de um mundo-da-vida. O alvo decisivo desta abordagem é a ideia alegadamente «idealista» da linguagem como um meio de designação da realidade, como a sua reflexão e não como parte dela e uma intervenção ativa nessa realidade. A linguagem é, desde logo, uma forma de interagir no mundo, de alcançar um objetivo, por exemplo, seduzir uma amante, exercer domínio, reger a colaboração, convencer outros, e não apenas um meio passivo de o designar. A linguagem, o trabalho e outras formas de interação humana formam o Todo vivo da práxis. No entanto, mais uma vez, de um ponto de vista estritamente lacaniano, a alternativa da linguagem que serve para falar da realidade à distância ou da linguagem como um momento orgânico da prática da vida esquece (ou melhor, pressupõe) algo: a própria abertura do fosso que (potencialmente) separa os mundos das coisas. Por outras palavras, a verdadeira questão é: como é que a fenda que permite que um ser falante se distancie da realidade surge dentro da própria realidade? Antes de funcionar como um modo de intervenção ativa na realidade, a linguagem realiza uma retirada da imersão direta na atividade do mundo-da-vida. Antes da distância segura, há, portanto, um processo violento de distanciamento, de rasgo da realidade — é a isto que Lacan se refere quando fala de «castração simbólica». Durante décadas, ouvimos que a linguagem é uma atividade e não um meio de representação que denota um estado de coisas independente, mas uma prática de vida que «faz coisas», que constitui novas relações no mundo. Não chegou a hora de colocar a questão inversa? Como pode uma prática totalmente integrada num mundo-da-vida começar a funcionar de um modo representativo, subtraindo-se do seu enredamento no mundo-da-vida, adotando uma posição distanciada de observação e denotação? Hegel louvou este «milagre» como o poder infinito do Entendimento, o poder de separar — ou, pelo menos, de tratar como separado — aquilo que na vida real está junto. Os místicos celebram a paz interior que se obtém quando nos retiramos da imersão na louca dança eterna da realidade, onde tudo está preso num movimento incessante; Hegel e Lacan tornam visível o anverso violento desta paz interior. A linguagem nunca se «encaixa» na realidade, é a marca de um desequilíbrio radical que impede, para sempre, que o sujeito se localize dentro da realidade.(12)

Esta fenda da negatividade leva-nos a pensar de outra maneira na tríade universalidade-particularidade-singularidade. Quando a teoria do agrupamento quer pensar os indivíduos fora da tríade aristotélica tradicional do universal-particular-individual, como pode explicar a regularidade e a estabilidade das características dos entes individuais? Algo tem de ser acrescentado para desempenhar o papel que os géneros e as espécies desempenham na ontologia aristotélica. Estas regularidades «podem ser explicadas acrescentando um diagrama ao agrupamento, ou seja, concebendo o espaço de possibilidades associado às suas disposições como sendo estruturado por singularidades»(13). Em vez do género de um agrupamento, precisamos assim da «estrutura virtual dos espaços de possibilidade que constituem o seu diagrama»; no caso de um animal, «isto envolve uma conceptualização de um *animal*

(12) Resumo aqui a linha de pensamento do meu «Marx as a Reader of Object-Oriented-Ontology», in Agon Hamza, Frank Ruda e Slavoj Žižek, *Reading Marx,* Cambridge: Polity Press, 2018.

(13) Manuel DeLanda, *Assemblage Theory,* Edimburgo: Edinburgh University Press, 2016, p. 142.

topológico que pode ser dobrado e esticado numa multidão de diferentes espécies animais que povoam o mundo»([14]), ou, para citar Deleuze e Guattari, um «único Animal abstrato para todos os agrupamentos que o efetuam»:

> Um plano único de consistência ou de composição para o cefalópode e para o vertebrado; para que o vertebrado se torne um Polvo ou um Choco, tudo o que precisaria de fazer seria dobrar-se em dois com rapidez suficiente para fundir os elementos das metades das suas costas, levando a sua pélvis até à parte de trás do pescoço e juntando os seus membros numa das suas extremidades.([15])

Estas transformações topológicas «não podem, obviamente, ser feitas em animais adultos: só os embriões desses animais são suficientemente flexíveis para suportá-las»([16]). Assim, não temos aqui a universalidade abstrata do Animal, mas uma matriz de todas as variações e permutações que também não é uma estrutura atemporal (como em Lévi-Strauss), mas um diagrama do seu devir-individuação, de todos os processos genéticos possíveis. O diagrama de um agrupamento é a sua dimensão transcendental, no sentido de Deleuze.

Neste nível abstrato (da distinção entre uma singularidade e o seu diagrama, o seu quadro transcendental), podemos definir uma revolução como uma mudança transcendental em que este fundo virtual da singularidade é transformado e aquilo que era impossível se torna possível. Nada tinha de «mudar realmente» numa revolução — para regressarmos ao nosso exemplo de *Ninotchka*, uma revolução muda uma chávena de café sem leite numa chávena de café sem natas. Do mesmo modo, no erotismo, as novas «potencialidades» do prazer sexual são aquilo que um ou uma boa amante gera em nós, ele/ela vê-as em nós quando não tínhamos consciência delas. Não são um puro Em-si que já lá estava antes de ser descoberto; são um Em-si que é gerado por uma relação com o outro (amante). O mesmo vale para um bom

---

([14]) *Ibid.*, p. 151.

([15]) Gilles Deleuze e Félix Guattari, *A Thousand Plateaus*, Mineápolis: University of Minnesota Press, 1987, p. 155.

([16]) De Landa, *op. cit.*, p. 151.

professor ou líder que «confia em mim» e, deste modo, permite que eu desenvolva potenciais inesperados: é demasiado simples dizer que, antes de terem sido descobertos, esses potenciais já estavam latentes em nós como o nosso Em-si. É aqui que discordo de Graham Harman: aquilo que um objeto é em si mesmo, para além das suas relações e interações com os outros, não é imanente a ele independentemente das suas relações com os outros; é dependente dessas relações. Quando uma chávena de café é posta em relação com leite, o café-sem-leite torna-se uma parte do seu diagrama, um «fracasso próximo» de leite.

É por isso que Graham Harman tem razão quando, no seu *Immaterialism*, sublinha que o fracasso é a chave da identidade: aquilo que as coisas *são* (em excesso em relação às suas ações) são os seus fracassos registados na sua dimensão virtual. Como Harman diz na sua Regra 4, «conhece-se um objeto melhor pelos seus fracassos próximos do que pelos seus sucessos»; os fracassos próximos são «fracassos vizinhos que não foram uma conclusão precedente», e «também dão origem a objetos "fantasma" que alimentam especulações contrafactuais intermináveis, nem todas inúteis» ([17]). A identidade de um objeto, o seu Em-si, reside no seu diagrama, em possibilidades das quais só algumas são atualizadas. Aqui, porém, temos de introduzir outra distinção: na panóplia dos fracassos (ou de potenciais não-atualizados), devemos distinguir aqueles cuja não-atualização é efetivamente um facto acidental daqueles, muito mais interessantes, cuja não-atualização parece acidental, mas é efetivamente essencial para a identidade do objeto em questão — parece que algo podia ter acontecido, mas a sua ocorrência arruinaria a identidade do objeto. O conceito de DeLanda de «diagrama» (a matriz de todas as variações possíveis de um objeto-agrupamento, o seu eco virtual) deve ser assim emendado: não basta dizer que algumas variações são atualizadas enquanto outras permanecem uma possibilidade. Algumas variações são *essencialmente não-realizadas*, ou seja, embora pareçam possibilidades, têm de permanecer meras possibilidades — se forem acidentalmente atualizadas, toda a estrutura de um diagrama desintegra-se. São o ponto do impossível-real de uma estrutura, e isto é crucial para identificá-las. Consideremos o capitalismo atual como um sistema

([17]) Graham Harman, *Immaterialism*, Cambridge: Polity Press, 2016, pp. 116–117.

global: a sua hegemonia é sustentada pela ideia liberal-pragmática de que podemos resolver os problemas de forma gradual, um a um («há pessoas a morrer agora no Ruanda, esqueçamos então a luta anti-imperialista e vamos impedir o massacre»; ou, «temos de combater a pobreza e o racismo aqui e agora, sem esperar pelo colapso da ordem capitalista global»). O problema aqui é a premissa «utópica» subjacente de que é *possível* alcançar tudo isto dentro das coordenadas do capitalismo global atual. E se as disfunções particulares do capitalismo não forem apenas perturbações acidentais, mas estruturalmente necessárias? E se o sonho de resolver os problemas um a um for um sonho de universalidade (a ordem capitalista universal) sem os seus sintomas, sem os seus pontos críticos em que a sua «verdade reprimida» se articula?

A visão inumana

Podemos agora abordar a questão ontológica fundamental: a teoria o agrupamento defende uma ontologia plana em que os sujeitos humanos são reduzidos a apenas um dos múltiplos e heterogéneos actantes (para usar o termo de Bruno Latour), o que nos leva de volta à questão da visão inumana (para a qual, nós, humanos, aparecemos como um entre os actantes). Como aceitar o carácter subversivo desta ideia de «visão inumana» sem regressar ao realismo ingénuo? Tomemos como ponto de partida *A Gatinha Esquisita* (*Das merkwürdige Kätzchen*), de Ramon Zürcher, o primeiro filme-agrupamento em que os humanos são apresentados como actantes entre outros actantes:

> Quando a família se reúne — filhos, filhas, pais, uma avó doente e um casal de tios —, conversam entre si e andam pela cozinha. Os monólogos continuam e as pessoas entram e saem da cozinha, passam pelo corredor escuro e o apartamento começa a ganhar vida própria. Os objetos começam a revoltar-se contra as suas funções específicas. Os botões caem das camisas das pessoas. As bebidas entornam-se. O aquecedor faz um eco estranho. A máquina de lavar roupa avaria-se. Uma garrafa de vidro gira em cima do fogão. Uma bola voa pela janela da cozinha, atirada do pátio em baixo, um momento alarmante em que a redoma da dinâmica da família é quebrada por um intruso. Mais

> tarde, no jantar da família, uma das salsichas gordas da mesa esguicha gordura quando alguém a corta, gerando um momento hilariante.([18])

Esta «recusa dos objetos em comportarem-se adequadamente e a fazerem o que deviam fazer» indica que também são actantes e que os humanos são apenas alguns dos actantes. A questão que se levanta é a seguinte: dado que há tantos actantes no filme, quem é o sujeito, a mãe ou a gata? Poder-se-ia dizer que a mãe é o sujeito puro (na maior parte do tempo, olha apenas para os acontecimentos sem qualquer atividade relevante), enquanto a gata se move pela casa, mediando entre outros actantes, provocando acontecimentos. A mãe e a gata representam assim o par $ (sujeito barrado) e *a* (objeto-causa do desejo), e a principal cena do filme apresenta um confronto estranho das duas: a mãe está junto ao lava-loiça, com o pé levantado pouco acima da gata deitada no chão, como se tentada a esmagá-la, mas o pé fica imobilizado no ar. (Esta cena faz eco a um incidente no cinema contado pela mãe, que também se refere à imobilidade do pé da mãe: sentada na sua cadeira, sentiu a pessoa que estava ao seu lado, um homem desconhecido, que pôs o seu pé em cima dela, pressionando-lhe o pé com a perna; ela não conseguia mover o pé.) E a gata? Perto do fim do filme, a avó desmaia (morre?) num cadeirão e o plano dela é seguido por um grande plano inesperado da cabeça da gata, um plano que, de forma estranha, subjetiviza a gata. A gata é representada como, de alguma maneira, ligada à morte da avó, ainda que não seja diretamente responsável por isso — será ela o anjo da morte? Não admira que Zürcher «tenha descrito o seu filme como "um filme de terror sem terror", embora também seja uma comédia sem piadas»([19]). Temos de ler literalmente estas expressões, no sentido kantiano (Kant define a beleza como a finalidade sem fim): terror formal puro, que, como tal, coincide com a comédia.

Podemos agora ver em que consiste o potencial verdadeiramente subversivo da ideia de agrupamento: surge quando a aplicamos para descrever uma constelação que também inclui

---

([18]) Sheila O'Malley, citado de www.rogerebert.com/reviews/the-strange-little-cat-2014.

([19]) Citado de http://variety.com/2014/film/festivals/film-review-the-strange-cat-1201148557/.

humanos, mas a partir de um ponto de vista «inumano», de maneira que os humanos aparecem nela como actantes entre outros. Recordemos a descrição de Jane Bennett de como os actantes interagem num monte de lixo poluído: como não só os humanos, mas também o lixo putrefacto, os vermes, os insetos, as máquinas abandonadas, os detritos químicos, etc., desempenham (nunca de forma puramente passiva) cada um o seu papel.([20])

Há uma autêntica visão teórica e ético-política nesta abordagem. Quando os Novos Materialistas se opõem à redução da matéria à mistura passiva de partes mecânicas não estão, obviamente, a afirmar a velha teleologia direta, mas uma dinâmica aleatória imanente à matéria: surgem «propriedades emergentes» de encontros não-previsíveis entre vários tipos de actantes, e a ação de qualquer ato particular é distribuída por vários tipos de corpos.([21]) A ação torna-se assim um fenómeno social, em que os limites da sociabilidade são expandidos para incluírem todos os corpos materiais que fazem parte do agrupamento relevante. Por exemplo, um público ecológico é um grupo de corpos, alguns humanos, a maioria não-humanos, que estão sujeitos a lesões, definidas como uma redução da capacidade de ação. A implicação ética desta posição é que devemos reconhecer o nosso entrelaçamento com agrupamentos maiores: devemos ser mais sensíveis às exigências desses públicos, e o sentido de interesse próprio reformulado apela a que respondamos à sua situação. A materialidade, normalmente concebida como substância inerte, deve ser repensada como uma pletora de coisas que formam agrupamentos de atores humanos e não-humanos (actantes) — os humanos são apenas uma força numa rede potencialmente ilimitada de forças.

Não devemos recear levar esta abordagem ao seu extremo: pensemos em Auschwitz como um agrupamento: não eram apenas os carrascos nazis que estavam envolvidos como seus agentes, mas também os judeus, a rede complexa de comboios, fornos de gás, a logística da alimentação dos prisioneiros, de separação e distribuição de roupa, os dentes de ouro, os cabelos, as cinzas...

([20]) Jane Bennett, *Vibrant Matter*, Durham: Duke University Press, 2010, pp. 4–6.

([21]) Devemos ter sempre em mente a força científica do chamado reducionismo: a ciência não é mais forte quando explica como uma qualidade «superior» emerge das «inferiores»?

O objetivo desta interpretação de Auschwitz como agrupamento não é fazer jogos vulgares e de mau-gosto, mas mostrar o carácter verdadeiramente subversivo da abordagem do agrupamento, o que significa olhar para Auschwitz com olhos inumanos, ou, como Deleuze diria, praticar a propósito de Auschwitz «uma perceção como era antes dos homens (ou depois)... livre das suas coordenadas humanas»([22]): devemos ser suficientemente fortes para sustentar a visão de Auschwitz como parte do «caos iridescente de um mundo antes do homem»([23]). A abordagem realista tradicional visa descrever o mundo, a realidade, o modo como existe aí, independentemente de nós, sujeitos observadores. Mas nós, sujeitos, fazemos parte do mundo; por isso, o realismo consequente deveria incluir-nos na realidade que descrevemos, de maneira que a nossa abordagem realista deveria descrever-nos a nós mesmos «a partir de fora», independentemente de nós, como se nos observássemos a nós mesmos através de olhos inumanos. O resultado desta inclusão-de-nós-mesmos não é um realismo ingénuo, mas algo muito mais estranho, uma mudança radical na atitude subjetiva por meio da qual nos tornamos estranhos para nós próprios.

É fundamental ver a ligação entre a visão através de «olhos inumanos» da realidade como um agrupamento objetivo e a visão radicalmente subjetivizada do ponto de vista ético comprometido. Regressando ao caso de Auschwitz: Auschwitz como um agrupamento neutro em que os humanos são parte dos actantes, ao lado dos fornos de gás, dos vermes, etc., é uma visão terrível que só pode provocar escândalo moral (como dizem, face a tal terror, a realidade deveria ter-se desintegrado, o Sol deveria eclipsar-se). Só a experiência devastadora da impossibilidade (ética) de tal «visão inumana» dá origem a uma posição ética adequada. Por conseguinte, há aqui um duplo paradoxo. Em primeiro lugar, esse ponto de vista «inumano» a partir do qual os humanos surgem apenas como um agente entre outros implica um sujeito puro (cartesiano), o único capaz de ocupar essa posição. Segundo paradoxo (ou melhor, uma questão): quando vemos uma situação «a partir de fora», podemos perceber um sujeito nela? Haverá um sujeito para uma visão de fora, ou será que de fora só vemos «objetividade morta»? De forma mais radical, o sujeito (ou até a vida) não

([22]) Gilles Deleuze, *L'Image-mouvement*, Paris: Minuit, 1993, p. 122.
([23]) *Ibid.*, p. 81.

é sempre uma pressuposição, uma hipótese? Vemos uma coisa, imputamo-la à subjetividade, mas nunca podemos ter a certeza se a subjetividade está mesmo ali — e se for uma máquina apenas a representar subjetividade? Aqui, devemos dar mais um passo: mas a subjetividade *é*, em certo sentido, a sua própria representação, algo que aparece a si mesmo, enquanto a sua «base material» é apenas um aparelho neuronal-biológico... Devemos ter sempre em mente que a visão «objetiva» da natureza como um mecanismo «frio» que continua a funcionar numa indiferença total aos nossos males é estritamente correlativa à subjetividade moderna (o sujeito «vazio» cartesiano). O mundo pré-moderno de cuja ordem «holística» hierárquica fazemos parte é muito mais antropocêntrico: ainda que nós, humanos, sejamos o seu momento subordinado, a visão completa do Todo da natureza já está profundamente marcada pelo ponto de vista humano.

É assim que devemos responder a esta questão: como pode um sujeito sair de si mesmo e adotar essa «visão inumana»? A resposta lacaniana é a seguinte: precisamente como sujeito puro, como o *cogito* cartesiano, que deve ser estritamente distinguido de qualquer tipo de humanismo, da «riqueza da personalidade». O *cogito* é o sujeito reduzido a uma pura pontualidade impessoal de um vazio, uma fenda na textura da realidade; como tal, não é um sujeito puro sem objetividade — é sustentado por um objeto paradoxal que positiviza uma falta, aquilo a que Lacan chamava *objet a*.

O facto de não haver sujeito sem objeto — ou seja, o facto de a subjetividade vazia se basear num objeto específico que sustenta a sua própria abstração de todo o conteúdo particular — introduz a historicidade no vazio a-histórico que é o $: este objeto, *objet a*, apesar de não passar de um pseudo-objeto, um envelope de um vazio, adquire em cada época uma forma específica. É apenas no capitalismo que o objeto que sustenta o sujeito, o homólogo objetal do sujeito, aparece tal como é: não o derradeiro objeto de desejo que nos espera fora do nosso alcance, mas a forma objetal do próprio excedente, uma entidade virtual fugaz que dá corpo ao excesso em relação a qualquer objeto determinado, e que, como tal, pode sustentar o sujeito na sua forma mais pura, o *cogito* cartesiano vazio. A homologia de Lacan entre mais-gozo e mais-valia adquire aqui todo o seu peso.

É por isso que devemos também rejeitar o óbvio argumento marxista tradicional contra a nossa reafirmação do sujeito vazio eximido de toda a objetividade, o argumento que pode ser assim apresentado: os sujeitos efetivos estão sempre presos numa rede concreta de relações sociais historicamente específicas. O seu próprio aparecimento como sujeitos «vazios» abstratos eximidos de toda a objetividade é um resultado de relações sociais concretas que só podem aparecer no capitalismo, no qual reina a abstração do mercado e onde todas as ligações substanciais são dissolvidas.([24]) Devemos responder a esta crítica em dois níveis. Em primeiro lugar, a historicidade não é o mesmo que a ideia de que todas as coisas são historicamente específicas e de que estão presas num processo de mudança eterna: a historicidade implica sempre uma tensão entre um núcleo traumático a-histórico (antagonismo, tensão) e as suas configurações historicamente específicas (que são outras tantas tentativas de resolver a tensão). Derrida disse-o a respeito do *cogito* cartesiano vazio; o seu gesto interpretativo fundamental é o de

> separar, dentro do Cogito, *por um lado*, hipérbole (que eu defendo que não pode ser encerrada numa estrutura história factual e determinada, pois é o projeto de exceder qualquer totalidade finita e determinada), e, *por outro*, aquilo que na filosofia de Descartes (ou na filosofia que apoia o Cogito agostiniano ou o Cogito husserliano) pertence a uma estrutura histórica factual.([25])

A tese principal de Derrida aqui é, portanto, que «a historicidade própria da filosofia é localizada e constituída na transição, o diálogo entre hipérbole e a estrutura finita, [...] na diferença entre história e historicidade»([26]), na tensão entre o Real — o excesso hiperbólico — e a sua simbolização (sempre falhada). Também devemos dizer que estas configurações históricas não estão ao mesmo nível: na própria historicidade, há sempre uma configuração na qual a universalidade trans-histórica aparece como tal. O *cogito* só aparece como tal com a modernidade (e até em Descartes é imediatamente ofuscado pela *res cogitans* substancializada). Esta

---

([24]) Para uma versão deleuziana deste argumento, ver Franck Fischbach, *Sans objet*, Paris: Vrin, 2009.

([25]) Jacques Derrida, «Cogito and the History of Madness», *Writing and Difference*, Chicago: The University of Chicago Press, 1978, p. 60.

([26]) *Op. cit., ibid.*

dialética propriamente histórica foi descrita por Marx na conhecida passagem sobre o trabalho nos seus *Grundrisse*:

> O trabalho parece ser uma categoria muito simples. A conceção do trabalho nesta forma geral — o trabalho enquanto tal — também é incomensuravelmente antiga. No entanto, quando é economicamente concebido nesta simplicidade, o «trabalho» é uma categoria tão moderna quanto as relações que criam esta simples abstração. [...] Para Adam Smith, foi um enorme passo em frente livrar-se de todas as especificações limitadoras da atividade de criação de riqueza — não só a manufatura ou o trabalho comercial ou agrícola, mas também os outros, o trabalho em geral. Com a universalidade abstrata da atividade de criação de riqueza, temos agora a universalidade do objeto definido como riqueza, o produto como tal ou o trabalho como tal, mas o trabalho como passado, objetivado [...] A indiferença em relação a qualquer tipo específico de trabalho pressupõe uma totalidade muito desenvolvida de tipos reais de trabalho, dos quais já nenhum é predominante. Em regra, as abstrações mais gerais só surgem no meio do desenvolvimento concreto mais rico possível, onde uma coisa aparece como comum a muitas, a todas. Depois, deixa de ser pensável numa só forma particular. Por outro lado, esta abstração do trabalho como tal não é o mero produto mental de uma totalidade concreta de trabalhos. A indiferença em relação aos trabalhos específicos corresponde a uma forma de sociedade em que os indivíduos podem transferir-se facilmente de um trabalho para outro e em que o tipo específico é, para eles, uma questão de acaso — daí a indiferença. Não só a categoria, o trabalho, mas também o trabalho na realidade se tornou aqui o meio de criar riqueza em geral, e deixou de estar ligado organicamente a indivíduos particulares em qualquer forma específica. Este estado de coisas está mais desenvolvido na forma mais moderna de existência da sociedade burguesa — nos Estados Unidos. Aqui, pela primeira vez, o ponto de partida da economia moderna, nomeadamente, a abstração da categoria «trabalho», «trabalho como tal», trabalho puro e simples, torna-se verdadeiro na prática. A abstração mais simples, portanto, que a economia moderna coloca no topo das suas discussões, e que expressa uma relação incomensuravelmente antiga válida em todas as formas de sociedade, alcança, porém, a verdade prática enquanto abstração apenas como uma categoria da sociedade mais moderna [...] Este

> exemplo do trabalho mostra de forma impressionante como até as categorias mais abstratas, apesar da sua validade — precisamente por causa do seu carácter abstrato — para todas as épocas, são, no carácter específico desta abstração, um produto de relações históricas e só possuem a sua validade plena para e dentro dessas relações. [27]

Vale exatamente o mesmo para a ideia de sujeito, que, «apesar da sua validade — precisamente por causa do seu carácter abstrato — para todas as épocas, é, no carácter específico desta abstração, ela mesma um produto de relações históricas, e só possui a sua validade plena para e dentro dessas relações» — ou, mais precisamente, o *cogito* «só se torna verdadeiro na prática» na modernidade capitalista quando os indivíduos se experienciam como indivíduos «abstratos» não presos a qualquer forma substancial concreta. No entanto, significará isto que, com a eventual superação dessa abstração do mercado, o sujeito «vazio» também irá desaparecer e a subjetividade voltará a ser percebida e experienciada como integrada numa rede de relações concretas? Esta conclusão é errada por um motivo preciso: a modernidade capitalista é uma ordem social singular. É uma exceção (em relação a outros modos de produção), ou seja, é a única ordem que envolve um desequilíbrio estrutural, que prospera pela superação contínua de crises — aquilo que, para outros modos de produção, é um ponto crítico, uma ameaça de decadência, para o capitalismo é o seu estado normal. No entanto, precisamente enquanto exceção, o capitalismo revela a verdade universal escondida de todos os outros modos de produção, e é por isso que o seu efeito não pode ser anulado. Após o capitalismo, não há regresso à ordem substancial pré-moderna, por muito esforço que todos os tipos de fundamentalismo façam com esse fim. Aquilo que virá depois do capitalismo só pode ser uma coisa totalmente diferente, um princípio radicalmente novo.

Como Deleuze diria, o sujeito não é uma megassubstância ou um mega-actante, mas uma superfície estéril, basicamente impotente. O $ é um agente que só existe a agir, não tem substância. É claro que tem de ter alguma base material (neuronal, corpórea), mas «não é isso» — todos conhecemos a surpresa do investigador:

---

[27] Karl Marx, *Grundrisse*, Londres: Penguin e New Left Review, 1973, pp. 36–38.

«Como pode isto — a carne morta do nosso cérebro — ser isso (o nosso pensamento)?» O «Si-mesmo» representa o modo como um organismo humano se experiencia a si mesmo, como aparece a si mesmo, e não há *ninguém* atrás do véu da autoaparência, nenhuma realidade substancial:

> A ilusão é irresistível. Atrás de cada rosto há um eu. Vemos o sinal da consciência num olho brilhante e imaginamos algum espaço etéreo atrás da abóboda do crânio, iluminado por padrões variáveis de sentimento e pensamento, carregados de intenção. Uma essência. Mas o que é que encontramos nesse espaço atrás do rosto quando olhamos?
>
> O facto bruto é que não há nada senão substância material: carne, sangue, ossos e cérebro [...] Olhamos para uma cabeça aberta, vemos o cérebro a pulsar, vermos o cirurgião a puxar e a sondar, e percebemos com uma convicção absoluta que não há mais nada. Não há ali ninguém.([28])

Como é possível uma entidade que funciona como a aparência de nada para si mesma? A resposta é clara: tal entidade não--substancial tem de ser puramente relacional, sem suporte positivo próprio. Aquilo que acontece na passagem da substância para o sujeito é, portanto, uma espécie de inversão reflexiva: passamos do núcleo secreto de um objeto inacessível aos outros objetos para a inacessibilidade como tal — $ é apenas a sua própria inacessibilidade, o seu fracasso em ser substância. É aqui que reside o feito de Lacan: a teoria psicanalítica tradicional concebe o Inconsciente como uma substância psíquica de subjetividade (a famosa parte escondida do *iceberg*) — toda a profundidade dos desejos, das fantasias, dos traumas, etc. —, enquanto Lacan dessubstancializa o Inconsciente (para ele, o *cogito* cartesiano é o sujeito freudiano), levando assim a psicanálise ao nível da subjetividade moderna. (É aqui que devemos ter em mente a diferença entre o Inconsciente freudiano e os processos cerebrais neurológicos «inconscientes»: estes formam a «substância» natural do sujeito, ou seja, o sujeito só existe na medida em que é sustentado pela sua substância biológica; no entanto, a substância não é o sujeito.)

([28]) Paul Brooks, *Into the Silent Land: Travels in Neuropsychology*, Londres: Atlantic Books, 2003, p. 17.

O sujeito não é de algum modo mais actante que os objetos, um mega-actante que postula ativamente todo o mundo de objetos fundamentalmente passivos, de maneira que, contra esta húbris, devemos afirmar o papel ativo de todos os objetos. O sujeito é fundamentalmente um certo gesto de passivização, de não-fazer, de retirada, de experiência passiva. O sujeito é *«ce que du réel pâtit du signifiant»* (Lacan), a sua atividade é uma reação à sua característica básica. Assim, não se trata de a ontologia orientada para o objeto (OOO) levar em conta a subjetividade, reduzindo-a meramente a uma propriedade ou qualidade de um entre outros objetos: aquilo que a OOO descreve como sujeito não satisfaz os critérios do sujeito — não há lugar para o sujeito na OOO.

Isto significa que também não há lugar para a fantasia na OOO — não no sentido simples de que a riqueza da vida interior representada na fantasia seja uma característica básica da subjetividade, mas quase num sentido oposto: a fantasia como dessubjetivada, separada do sujeito do qual é fantasia, inacessível ao sujeito.

Recordemos o momento mágico no início de *A Mulher que Viveu Duas Vezes*, quando, no restaurante de Ernie, Scottie vê Madeleine pela primeira vez([29]): depois de Madeleine e Elster se levantarem da mesa e se dirigirem de Scottie à saída, Scottie vê que estão cada vez mais perto e, para não denunciar a sua missão, desvia o olhar para o espelho atrás do bar, espreitando apenas por cima dos ombros. Quando Madeleine, aproximando-se dele, se detém um momento (enquanto o marido paga ao empregado), vemos o seu perfil misterioso (e o perfil é sempre misterioso — só vemos metade, enquanto a outra metade pode ser uma cara repugnante e desfigurada — ou, de facto, a «verdadeira» cara comum de Judy, a rapariga que, como saberemos depois, se faz passar por Madeleine).

Precisamente na medida em que o perfil de Madeleine *não* é o ponto de vista de Scottie, o plano do seu perfil é totalmente subjetivado, mostrando não aquilo que Scottie vê efetivamente, mas o que ele imagina, ou seja, a sua visão interior alucinada (recordemos como, enquanto ele vê o perfil de Madeleine, o vermelho da parede do fundo do restaurante parece tornar-se ainda

([29]) Recorro aqui a Jean-Pierre Esquenazi, *Hitchcock et l'aventure de Vertigo*, Paris: CNRS Éditions, 2001, pp. 123–126.

mais intenso, quase ameaçando explodir numa chama vermelha e amarela — como se a sua paixão se inscrevesse diretamente no pano de fundo). Assim, não admira que, embora Scottie não veja o perfil de Madeleine, aja como se estivesse misteriosamente cativado por ele, profundamente afetado por ele. Aquilo que obtemos nestes dois planos que são subjetivados sem serem atribuídos a um sujeito é precisamente o *fenómeno assubjetivo puro*. O perfil de Madeleine é uma aparência pura, permeada por um investimento libidinal excessivo — de certo modo, precisamente *demasiado subjetiva*, demasiado intensa, para ser assumida pelo sujeito.

Assim, que nos diz isto sobre o Novo Materialismo? A «visão inumana» da realidade exemplarmente apresentada por Bennett é uma fantasia neste sentido, uma fantasia separada de um sujeito, mas que continua a pressupô-lo — e Bennett está consciente disso quando fala de uma «antropomorfização cuidadosa» que a sua visão implica. O Novo Materialismo recua para a ingenuidade pré-moderna (que não pode ser vista por nós, modernos, como tal), cobrindo o fosso que define a modernidade e reafirmando a natureza na sua vitalidade e no seu propósito: «O trabalho cuidadoso de antropomorfização pode ajudar a revelar essa vitalidade, ainda que resista à tradução plena e exceda o meu alcance de compreensão.» Note-se a incerteza desta afirmação: Bennett não está apenas a preencher o fosso, permanece suficientemente moderna para registar a ingenuidade do seu gesto, admitindo que a ideia da vitalidade da natureza está para além da nossa compreensão e que nos movemos numa zona obscura.

A ideia de uma fantasia que não pode ser subjetivada leva-nos de volta à «repressão primordial» como constitutiva do sujeito lacaniano, e a «repressão primordial» também nos permite explicar a diferença que separa a noção lacaniana do sujeito «barrado» ($) da noção de subjetividade de Judith Butler — atentemos na sua crítica ao conceito de sujeito de Lacan. O seu ponto de partida é que tanto a teoria de Lacan como a dela subscrevem a premissa de que o processo de interpelação (identificação simbólica) do sujeito é incompleto; no entanto, o estatuto exato desta incompletude é diferente. Para Butler, a parte da subjetividade excluída ou ignorada pela interpelação é historicamente variável e, por isso, sujeita a possíveis mudanças (a parte ignorada ou excluída pode ser reintegrada na identidade simbólica do sujeito). Segundo esta interpretação, a barra de Lacan que divide o sujeito só pode aparecer como um *a priori* a-histórico/transcendental indiferente às lutas políticas pela hegemonia, pois é a sua condição formal:

> a ideia do sujeito incompleto ou barrado parece garantir uma certa incompletude da interpelação: «Podes chamar-me isso, mas aquilo que sou escapa ao alcance semântico de qualquer esforço linguístico para me capturar.» Será esta fuga à chamada do outro realizada pela instalação de uma barra como a condição e estrutura de toda a constituição do sujeito? Será que, no que toca à incompletude da formação do sujeito requerida pela hegemonia, o sujeito-em-processo é incompleto precisamente por ser constituído através de exclusões que são politicamente relevantes, não estruturalmente estáticas ou fundacionais? E se esta distinção é errada, como devemos pensar essas exclusões constitutivas que são estruturais e fundacionais em conjunto com as que consideramos politicamente relevantes para o movimento de hegemonia? Por outras palavras, a incompletude da formação do sujeito não deveria estar ligada à contestação democrática sobre os significantes? Poderá o recurso a-histórico à barra lacaniana ser conciliado com a questão estratégica colocada pela hegemonia, ou será uma limitação quase transcendental em todas as formações do sujeito e estratégias possíveis, e, portanto, fundamentalmente indiferente ao campo político que deveria condicionar? ([30])

O sujeito de que Butler fala aqui continua a ser o sujeito liberal, o sujeito envolvido no processo de expansão contínua do conteúdo das suas identificações: «O meu entendimento da hegemonia é que o seu momento normativo e otimista consiste precisamente nas formas de expansão das possibilidades democráticas para os termos fundamentais do liberalismo, tornando-os mais inclusivos, mais dinâmicos e mais concretos.» ([31]) A «barra» que exclui é, portanto, definida pelas normas sociais dominantes que podem ser modificadas para incluir o que é excluído e negociar uma universalidade mais ampla. O caso exemplar que Butler refere repetidamente é, claro, o da heterossexualidade normativa, que

---

([30]) Judith Butler, Ernesto Laclau e Slavoj Žižek, *Contingency, Hegemony, Universality*, Londres: Verso Books, pp. 12–13.

([31]) *Op. cit.*, p. 13.

exclui outras formas de sexualidade ou redu-las a desvios secundários ou patologias: a luta pela hegemonia permite que os sujeitos expandam a noção de sexualidade de maneira que inclua também outras formas (homossexual e lésbica, transgénero...). Esta ideia da luta hegemónica para negociar formas cada vez mais amplas de universalidade confirma que o projeto de Butler permanece no quadro do liberalismo: a barra não está inscrita na própria noção de sujeito, assinala a incompletude como uma série de exclusões contingentes que podem ser gradualmente anuladas, mesmo que isto signifique um processo infindável... Embora Butler sublinhe sempre a historicidade, a ideia do sujeito com «o seu momento normativo e otimista» — como um agente envolvido numa expansão gradual das suas liberdades — enraíza-se claramente num contexto histórico particular, o do liberalismo progressista, que defende a expansão gradual dos direitos e das liberdades. O mesmo vale para o conceito de universalidade de Butler: apesar de toda a sua ênfase no estatuto frágil de qualquer universalidade, que é um resultado precário do trabalho complexo de tradução, não há um antagonismo imanente à universalidade enquanto tal, esta continua a ser um horizonte sempre inatingível de inclusão cada vez maior de todos os conteúdos particulares. Quando uma universalidade exclui um conteúdo particular, isto significa apenas que foi hegemonizada por algum do seu conteúdo particular. Um exemplo (retirado da própria Butler): quando um homem considera a ideia de realizar alguns atos homossexuais totalmente inaceitável e repulsiva, totalmente estranha à sua identidade, isto significa que a sua noção de sexualidade não é capaz de incluir práticas homossexuais.

Para Lacan, a barra não é aquela de que Butler fala, a que separa a parte reconhecida da identidade do sujeito dos seus potenciais não-reconhecidos (excluídos). É a barra que exclui o sujeito de todo o domínio da objetividade, do conteúdo objetivo, a barra que separa algo (não de outro algo) de nada, o nada/vazio que «é» sujeito. Não exclui algo, exclui o próprio nada/vazio. A barra significa apenas que o sujeito não é um objeto. Neste sentido, a barra é constitutiva da subjetividade, é o nome que Lacan dá à *Ur-Verdrängung* de Freud, a repressão primordial, não a repressão para-o-inconsciente de qualquer conteúdo determinado, mas a abertura do vazio que pode então ser preenchido por conteúdos reprimidos. Dito de forma sucinta, o sujeito (futuro) é interpelado, a interpelação fracassa e o sujeito é o resultado deste fracasso. O sujeito é o vazio do seu próprio fracasso-em-ser.

O sujeito enquanto o vazio que escapa à objetivação não é, porém, a última palavra de Lacan — se fosse a última palavra, não estaríamos a lidar com o sujeito lacaniano, mas com o sujeito sartreano enquanto vazio autonegador. O sujeito lacaniano é «descentrado» não no simples sentido neurobiológico de que a vida psíquica é determinada pelos processos neurológicos dos quais não está por definição consciente, mas num sentido muito mais estranho: como já vimos, o sujeito só existe, só conserva a sua identidade, na medida em que faz parte do seu conteúdo psíquico — o seu núcleo traumático — aquilo a que Freud chama a sua «fantasia fundamental» — é-lhe inacessível, não pode ser subjetivado, aceite por ele, integrado no seu universo simbólico. Se o sujeito chegar demasiado perto dele, desintegra-se. Isto significa que o sujeito lacaniano não é sem objeto: só existe enquanto separado do seu homólogo objetal, da sua fantasia fundamental. Regressamos assim àquilo que Butler rejeita, a ideia de uma barra trans-histórica (divisão entre o sujeito e a sua fantasia fundamental) que não pode ser superada? Não: a premissa de Lacan é que podemos — não integrar/subjetivar a fantasia fundamental, mas — suspendê-la, suspender o seu poder estruturador, e a este processo radical ele chama «atravessar a fantasia». É claro que o preço deste processo é elevado: envolve aquilo a que Lacan chama a «destituição subjetiva», que não é o desaparecimento do sujeito, mas a sua redução a um ponto zero, a desintegração de todo o seu universo simbólico e, depois, o seu renascimento. Este corte é muito mais forte do que a expansão gradual do conteúdo subjetivado descrita e defendida por Butler como o modelo do progresso emancipatório: altera a própria medida e o padrão daquilo que conta como progresso. Talvez (e assim se espera) algo assim esteja a acontecer agora com a mudança radical na relação entre sexos, cujo sinal visível é o movimento MeToo: esta mudança é muito mais do que um progresso na história moderna da emancipação, pois suspende a «fantasia (ideológica) fundamental» que sustentava a ideia de diferença sexual desde (talvez) os tempos pré-históricos até à atualidade.

A «repressão primordial» da fantasia fundamental não é, pois, uma barra a-histórica; pelo contrário, serve de base a (ou melhor, abre o espaço para) um modo específico de historicidade. Por exemplo, a historicidade do progresso liberal descrita por Butler só pode emergir depois do corte radical entre a Europa medieval e a modernidade europeia: com este corte, surgiu um novo modo de historicidade e de subjetividade que não pode ser caracterizado como progresso em relação aos tempos medievais, pois instituiu novos padrões normativos. A transformação permanente implicada na noção de hegemonia não é uma continuação direta do facto de tudo na natureza e na realidade em geral estar em mudança permanente; a dialética do processo hegemónico descrita por Laclau (em que a universalidade é simultaneamente impossível e necessária/inevitável) introduz uma tensão entre a particularidade e a universalidade na qual a universalidade é «para-si-mesma», postulada como tal, e não apenas o meio abstrato dos elementos particulares. Cada particularidade só postula a sua própria universalidade no espaço simbólico, de maneira que a luta hegemónica não é a luta entre particularidades, mas a luta das próprias universalidades. E, para que isto aconteça, uma barra tem de afetar a própria universalidade, uma barra que a torne impossível e que, deste modo, abra o espaço da luta hegemónica.

O Em-si aqui tão próximo

Apesar da sua crítica do transcendentalismo kantiano como não-histórico, e apesar da sua insistência em que «os corpos importam» (o título de um dos seus primeiros livros), a teoria de Butler continua a ser o caso extremo daquilo a que se poderia chamar historicismo transcendental: as práticas discursivas são concebidas como o horizonte intransponível da nossa experiência. Deste modo, a sua teoria é o oposto da ontologia orientada para o objeto com o seu regresso ao realismo pré-crítico: a OOO como uma reação direta ao relativismo historicista discursivo — no entanto, ambos partilham a exclusão daquilo a que Freud chamava a «repressão primordial». Para esclarecer este ponto fundamental, temos de regressar ao tópico do nosso primeiro Teorema, o fosso que separa o nosso mundo fenoménico do modo como a realidade é em si mesma, a linha que separa o conhecido do desconhecido, a realidade fenoménica acessível do domínio transcendente do Em-si. Assim, recapitulemos a passagem de Kant para Hegel. A grande limitação de Kant tem que ver com a sua ideia do Em-si:

apesar do seu ceticismo da possibilidade de nós, sujeitos finitos, conhecermos as coisas tal como são em si mesmas, traça uma linha clara de separação entre este Em-si (que é o além transcendente, fora de alcance) e a realidade fenoménica (constituída por mim enquanto sujeito transcendental), que é domesticada, acessível, sujeita a regras *a priori*. O que é dispensado do ceticismo é esta distinção muito clara entre a experiência direta de si-mesmo do sujeito, a sua realidade fenoménica, e a realidade numénica inacessível que persiste aí, fora do meu alcance — «Eu estou aqui e o Em-si inacessível está aí.» Num sentido mais profundo (muito bem percebido por Hegel), Kant faz aqui batota: enquanto age como se quisesse desesperadamente entrar em contacto com o Em-si que, infelizmente, lhe escapa, na verdade tem medo de chegar demasiado perto dele — ou, no domínio da razão prática, embora diga que nunca podemos ter a certeza de que os nossos atos são realmente éticos (realizados por dever e não por alguma razão patológica), tem de facto medo de que os nossos atos possam ser realmente atos de liberdade. Isto significa que, na ética kantiana, a verdadeira tensão não é entre a ideia de que o sujeito age apenas por dever e o facto oculto de haver efetivamente alguma motivação patológica por detrás (a psicanálise vulgar); a verdadeira tensão é exatamente a oposta: a ação livre no seu abismo é insustentável, traumática, de tal maneira que quando realizamos um ato livre, e para o podermos sustentar, experienciamo-lo como condicionado por alguma motivação patológica. Somos tentados a recorrer aqui ao conceito kantiano fundamental de esquematização: um ato livre não pode ser esquematizado, integrado na nossa experiência; por isso, para o esquematizarmos, temos de o «patologizar». E o próprio Kant, como regra, interpreta erradamente a verdadeira tensão (a dificuldade de aceitar e assumir um ato livre) como a tensão normal do agente que nunca pode ter a certeza de que o seu ato foi efetivamente livre, não motivado por ímpetos patológicos ocultos. Assim, a respeito da distinção entre Poder e Dever, o famoso «*Du kannst, denn du sollst*!» não deve ser traduzido como «Podes porque deves!», mas antes, de forma mais tautológica, como «Podes porque *não podes não fazê-lo!*» Kant confunde o Real como o impossível que *acontece* (aquilo que «eu não posso não fazer») com o Real como o impossível-de-acontecer (aquilo que «eu nunca posso realmente fazer»). É claro que isto não significa que, quando ajo livremente, eu seja totalmente transparente para mim mesmo; a questão é que, precisamente quando realizo um ato livre, deparo-me com a impenetrabilidade que Kant, confortavelmente, externaliza para o Em-si transcendente no próprio centro do meu Eu:

> Existe algo em mim que excede o meu alcance: há outro lado do pensamento dentro do próprio pensamento — não um absoluto incognoscível, mas um saber secreto (ou desconhecido) no centro do saber. O saber absoluto é a articulação desta exterioridade imanente do pensamento na sua forma mais extrema.([32])

Encontramos aqui uma das determinações mais pertinentes daquilo a que Hegel chama o Saber Absoluto: não «saber tudo (o que há para saber)», mas a transposição do obstáculo externo ao saber do sujeito para o centro do próprio sujeito. No Saber Absoluto, a ignorância não é abolida; é apenas, em certo sentido, totalmente interiorizada. Por outras palavras, quando a busca do Em-si fora do domínio fenoménico (a busca das coisas tal como são em si mesmas, independentemente da nossa subjetividade) é levada ao extremo, deparamo-nos de novo com um fenómeno puro. Quando Deleuze apresenta a sua ideia da «visão inumana», recorre abertamente à linguagem de Kant, falando do acesso direto às «coisas (tal como são) em si mesmas»; no entanto, a sua questão é precisamente que devemos subtrair a oposição entre fenómenos e coisas-em-si-mesmas, entre o nível fenoménico e o numénico, do seu funcionamento kantiano onde os númenos são coisas transcendentes que escapam sempre ao nosso alcance. Aquilo a que Deleuze se refere como «coisas em si mesmas» é, de certo modo, ainda mais fenoménico do que a nossa realidade fenoménica partilhada: é o fenómeno impossível, o fenómeno que é excluído da nossa realidade simbolicamente constituída.

O que isto significa para o fosso que separa o transcendental (a realidade transcendentalmente constituída) do Em-si transcendente é que, quanto mais tentarmos isolar a realidade tal como é em si mesma, independentemente do modo como nos relacionados com ela, mais este Em-si recua para o domínio do transcendentalmente constituído. Em suma, movemo-nos aqui

---

([32]) Rebecca Comay e Frank Ruda, *The Dash: The Other Side of Absolute Knowing*, Cambridge (Ma.): MIT Press, 2018, p. 47.

em círculo, cada figura do Em-si como já sempre presa no círculo transcendental. Mas este círculo pode ser quebrado — o Em-si não está «aí», é discernível nos próprios cortes que separam diferentes esferas da realidade transcendentalmente constituída, é aquilo que torna qualquer figuração da «realidade externa» inconsistente, entravada, não-toda; e estes cortes são os sítios da intervenção da subjetividade na realidade. A ontologia orientada para o objeto diz que o sujeito é um objeto entre os objetos, mas o nosso horizonte está transcendentalmente limitado à nossa subjetividade, não porque o sujeito seja um objeto privilegiado, mas porque *é* o nosso ponto de vista. Em suma, o sujeito não é um tipo de megaobjeto que alicerça o ser de todos os outros objetos: o sujeito é precisamente aquilo que torna esta afirmação impossível, pois tal afirmação implica um ponto de vista objetivo a partir do qual podemos comparar-nos como objetos a outros objetos. Não podemos fazê-lo porque não falamos e agimos a partir de uma posição neutra no ar, eximidos da realidade: estamos limitados ao nosso ponto de vista — é isto, e não o nosso superpoder, que torna o sujeito excecional. O facto de qualquer noção de realidade ser já mediada pelo nosso horizonte transcendental é a marca indelével da nossa limitação.

Assim, como podemos sair disto? Não será abstraindo-nos da nossa subjetividade e tentando isolar como as coisas são em si mesmas, independentemente de nós — todas estas tentativas fracassam porque a realidade a que acedemos deste modo, como Lacan observou, baseia-se sempre numa fantasia que cobre o corte do Real. Só acedemos ao Real quando refletimos sobre como nos integramos na realidade dos objetos em nosso redor. Esta realidade é inconsistente, atravessada por cortes, e estes cortes na realidade são sítios da inscrição do sujeito. Dito de forma mais direta, a visão da «democracia dos objetos», em que todos os objetos ocupam a mesma posição ontológica([33]), ou a visão «inumana» de um agrupamento apresentada por Jane Bennett([34]), só são possíveis a partir do ponto de vista de um sujeito (vazio). Na medida em que o sujeito é um entre objetos, só posso ver a realidade a partir

([33]) Ver Levi R. Bryant, *The Democracy of Objects*, Ann Arbor, MI: Open Humanities, 2011.

([34]) Ver Jane Bennett, *Vibrant Matter*, Durham: Duke University Press, 2010.

do seu ponto de vista particular, a sua visão é deformada pelas coordenadas particulares da sua situação e dos seus interesses específicos. Só a abstração violenta da nossa particularidade que define o sujeito é que nos permite adotar a visão sobre a realidade na qual os humanos são um entre os objetos.

Na medida em que a «visão inumana» nos confronta — não com a coisa numénica, mas — com um fenómeno impossível, um fenómeno que não pode ser subjetivado, assumido pelo sujeito, integrado no seu universo de sentido, a mudança na relação com o Em-si (da ideia realista do Em-si enquanto o modo como as coisas são independentemente de nós para a ideia do Em-si como o fenómeno impossível) pode ser apresentada nos termos da mudança da posição masculina para a posição feminina (no sentido das fórmulas de sexuação de Lacan). A abordagem kantiana é masculina: o Em-si é a exceção às leis universais (transcendentais) que regem a nossa realidade fenoménica, e podemos então entrar no jogo epistemológico de como eliminar as nossas lentes deformadoras e apreender as coisas tal como são independentemente de nós. Para Kant, o Em-si está fora de alcance; para Locke, as propriedades de uma coisa que percecionamos só com um sentido são subjetivas, enquanto as propriedades que podemos percecionar com mais de um sentido (como a forma que podemos ver e tocar) são propriedades da coisa em si mesma; para grande parte da ciência moderna, o Em-si da realidade só pode ser aprendido pela formalização matemática. A partir da posição «feminina» hegeliana, o campo dos fenómenos é não-todo. Não tem exceção, não há Em-si exterior, mas este campo é, ao mesmo tempo, inconsistente, atravessado por antagonismos. Assim, não há nada que não seja de alguma maneira subjetivamente distorcido, mas podemos discernir o Em-si através dos cortes e das inconsistências nos campos dos fenómenos. Por outras palavras, há um ponto de impossibilidade, do Em-si, em cada campo de fenómenos, mas este ponto — a «mancha na imagem» — não é um sinal da transcendência que escapa ao sujeito, mas o próprio substituto do sujeito, a inscrição do sujeito na imagem. O paradoxo, portanto, é que, embora o sujeito não esteja preso no seu círculo, embora possa aceder ao Em-si, o contacto privilegiado com este Em-si é o próprio sujeito, a fenda na realidade que é o ponto da inscrição do sujeito nela. Para aceder ao Em-si, o sujeito não deve apagar todos os seus vestígios e tentar perceber como as coisas são «em si mesmas», fora da intervenção do sujeito — ao fazer isto, o sujeito gera cada vez mais construções abstratas (como as fórmulas matemáticas na física) que são as suas construções intelectuais puras. Aqui, mais uma vez, dito em termos hegelianos, o problema é a sua própria solução: o real (o «Em-si») localiza-se nas próprias distorções da «realidade objetiva» causadas pela presença do sujeito, ou seja, o excesso que não se enquadra na «realidade objetiva» é, no fundo, o próprio sujeito.

O argumento da ontologia orientada para o objeto contra o pensamento transcendental é que a abordagem transcendental eleva ilegitimamente o sujeito a um superobjeto privilegiado que engloba todos os outros, ou seja, em certo sentido, é constitutivo de toda a realidade. No entanto, o sujeito transcendental não é, como a ontologia orientada para o objeto pressupõe, um objeto (entre outros objetos do mundo) elevado de uma forma ilegítima a uma posição central ou todo-poderosa em que constitui toda a realidade; o sujeito é um ponto de vista, o apoio pontual de uma perspetiva sobre a realidade da qual não nos podemos abstrair. Como Kant, autor da noção moderna de subjetividade transcendental, torna claro, o poder «constitutivo» do sujeito transcendental designa basicamente a sua limitação fatídica, a sua incapacidade de superar o quadro transcendental e de ter acesso à realidade numénica. Numa passagem estranha das últimas páginas da *Crítica da Razão Prática*, Kant supõe que, se o sujeito obtivesse acesso à realidade numénica, ao modo como as coisas são «em si mesmas», perceberia que é uma marioneta privada de toda a liberdade. Em suma, a nossa liberdade é o anverso da nossa ignorância: experienciamo-nos como seres livres autónomos porque a nossa realidade nos é inacessível. (Isto, obviamente, não significa que não sejamos efetivamente livres, que a liberdade seja apenas a nossa «ilusão de utilizador»: a maneira de salvar a liberdade é transpor a limitação que pertence à noção do transcendental para a própria coisa, ou seja, postular que a realidade é em si mesma ontologicamente incompleta.)

A ideia da ontologia orientada para o objeto é que a relação entre o sujeito e o objeto é uma das relações entre objetos: os objetos também estão parcialmente retraídos uns dos outros, a sua relação mútua e interação são sempre limitadas: quando um animal pesado pisa uma pedra, a pedra só é afetada pela pressão do animal; quando uma ave nos vê, aos humanos, a falar, não discerne qualquer sentido nas nossas vozes e nos nossos gestos; etc. Nesta esteira, Graham Harman([35]) propõe um paralelismo entre o discurso indireto em todos os seus aspetos entre os humanos (usamos metáforas que não podem ser parafraseadas no discurso literal sem uma perda, contamos piadas, etc.) e a comunicação limitada entre objetos: quando digo «estou a ver uma vela ao longe» (e quero dizer claramente um barco à vela), não estarei, de um modo geral, a fazer o mesmo que um caracol que só vê o meu grande pé a aproximar-se dele (e provavelmente a esmagá-lo num segundo)? No entanto, há uma diferença clara entre os dois casos: no caso dos animais a interagirem, a parte de retração (aquilo que um animal não percebe no outro, ou em si mesmo) está realmente ali, fora do alcance do animal, a parte invisível, enquanto no caso da interação humana indireta, poética ou metafórica, o sentido de retração não existe em si mesmo, precedendo a sua expressão metafórica. Quando parafraseio uma metáfora (quando a traduzo no seu sentido literal), o que obtenho deste modo *não é* o seu verdadeiro sentido — o «verdadeiro sentido» perde-se. Um exemplo de *O Padrinho* que toda a gente conhece (pelo menos nas nossas sociedades): há muito mais na famosa frase «Fiz-lhe uma oferta que ele não podia recusar» do que em qualquer uma das suas paráfrases. É por isso que Harman não tem razão em associar esta retração dos objetos ao conceito de Heidegger de *Entzug*: para Heidegger, o *Selbst-Entzug des Seins* não significa que a parte do Ser permanece escondida do nosso alcance. O que é «retraído» do Ser é totalmente imanente à sua revelação, é, em certo sentido, a própria forma desta revelação, de maneira que Heidegger até pode dizer que o Ser não é mais do que a sua retração: o Ser revela os entes pela sua retração. (Não temos aqui espaço para demonstrar que o mesmo vale para o Inconsciente: se lermos bem Freud, podemos ver claramente que o Inconsciente não é apenas a substância de um sujeito humano, o seu suporte psíquico objetivo retraído. Como Lacan mostrou, não devemos «substancializar» o Inconsciente — este é também um dos sentidos da afirmação de Lacan de que «não há grande Outro»: o Inconsciente é totalmente imanente à subjetividade, o seu estatuto é virtual do mesmo modo em que o sentido de uma

---

([35]) Graham Harman, na sua intervenção na conferência Parallax, Munique, 2 de dezembro de 2018.

metáfora é totalmente imanente a esta e não existe fora dela, à espera de ser aludido pelo discurso humano.)

O nosso contra-argumento, portanto, deve ser que a ontologia orientada para o objeto fala de uma posição privilegiada de enunciação, a partir da qual o sujeito é visto como apenas outro entre objetos, ou seja, pretende efetivamente sair de si mesmo, como se subisse aos seus próprios ombros. Pelo contrário, é a abordagem transcendental que atribui à nossa abordagem à realidade uma limitação insuperável, a do ponto de vista a partir do qual abordamos a realidade e que é limitado pela nossa posição dentro da realidade. O transcendental é a impossibilidade de me localizar plenamente, a minha posição de enunciação, no espaço de realidade que se abre diante de mim: sim, como Lacan diz, eu estou sempre na imagem, mas estou inscrito nela como uma mancha, como algo que não se enquadra na imagem.

Isto significa que o Real lacaniano está ao lado da virtualidade contra a «realidade real». Consideremos o caso da dor: há uma relação íntima entre a virtualização da realidade e a emergência de uma dor física infinita e infinitizada, muito mais forte do que a normal: a biogenética e a realidade virtual, combinadas, não abrem novas possibilidades «aprimoradas» de tortura, novos horizontes nunca vistos de aumento da nossa capacidade de suportar a dor (pelo aumento da nossa capacidade sensorial de aguentar a dor e, acima de tudo, pela invenção de novas formas de infligir dor atacando diretamente os centros cerebrais da dor, contornando a perceção sensorial)? Talvez a derradeira imagem sadeana de uma vítima «não-morta» de tortura, que pode aguentar uma dor infindável sem ter à sua disposição a fuga na morte, também se possa tornar realidade. Nesta constelação, a derradeira dor real/impossível já não é a dor do corpo real, mas a dor «absoluta» virtual-real causada pela realidade virtual em que me movo (e, obviamente, o mesmo vale para o prazer sexual). Uma abordagem ainda mais «real» é aberta pela perspetiva da manipulação direta dos nossos neurónios: embora não «real» no sentido de fazer parte da realidade em que vivemos, esta dor é impossível-real. E o mesmo não vale para as emoções? Recordemos o sonho de Hitchcock da manipulação direta das emoções: no futuro, um realizador já não terá de inventar narrativas intrincadas e de filmá-las de uma forma convincente e dilacerante para gerar no espectador a reação emocional pretendida; terá à sua disposição um teclado ligado diretamente ao cérebro do espectador, de maneira que, premindo nos botões certos, o espectador sentirá tristeza, terror, empatia, medo — experienciará isto *verdadeiramente*, num nível nunca igualado pelas situações «na vida real» que evocam medo ou tristeza. É especialmente crucial fazer uma distinção entre este processo e a realidade virtual: o medo é gerado, não pela criação de imagens e sons virtuais que provocam medo, mas por meio de uma intervenção direta que contorna todo o nível da perceção. *Isto*, e não o «regresso à vida real» vindo do ambiente virtual artificial, é o Real gerado pela própria virtualização radical. E o mesmo não se aplicará à sexualidade? O Real do prazer sexual gerado pela intervenção neuronal direta não ocorre na realidade dos contactos físicos, mas é «mais real do que a realidade», mais intenso. Este Real, portanto, mina a divisão entre objetos na realidade e os seus simulacros virtuais: se, na realidade virtual, eu encenar uma fantasia virtual, posso experienciar nela um gozo sexual «artificial» que é mais «real» do que tudo o que possa experienciar na «realidade real».

Se isto vale para a sexualidade, porque não valerá também para a sua parente próxima, mas repudiada, a religião? Na neuroteologia, o estudo da religião alcançou o ponto extremo do reducionismo: a sua fórmula «(a nossa experiência de) Deus é o (o produto de processos neuronais no) nosso cérebro» faz um eco claro à fórmula hegeliana da frenologia: «O Espírito é um osso.» Hegel chama a esta coincidência do superior e do inferior o «juízo infinito» que afirma a identidade do superior e do inferior, e não admira que a neuroteologia seja geralmente rejeitada como uma nova versão da frenologia — mais refinada, é verdade, mas que defende basicamente a mesma correlação entre os processos ou as formas da nossa cabeça e os processos psíquicos. As limitações desta abordagem são óbvias e as linhas de ataque são claramente previsíveis:

- não tem verdadeiro poder explicativo científico, pois baseia-se num paralelismo vago entre acontecimentos no nosso cérebro medidos por aparelhos e a relação do sujeito com as suas experiências religiosas (místicas, etc.), sem que haja uma ideia precisa de como os primeiros podem causar a segunda (ou vice-versa); deste modo, expõe-se à linha clássica de ataque de David Chalmers, que escreveu que «mesmo que conhecêssemos todos os pormenores da física do universo — a configuração, a causação e a evolução entre todos os campos e partículas na multiplicidade espaciotemporal —, *essa* informação não nos levaria a postular a existência da experiência consciente» ([36]). Em suma, nunca podemos dar o salto dos processos neuronais objetivos «cegos» para o facto da autoconsciência que emerge magicamente deles, de maneira que alguma forma de consciência tem de ser uma *característica* primordial e irredutível da matéria;

- além disso, mesmo que rejeitemos este dualismo cartesiano explícito, ainda existe uma linha de ataque mais complexa usada, entre outros, por Francisco Varela: a religião (tal como qualquer processo de pensamento) não pode localizar-se simplesmente no nosso cérebro porque é um produto de práticas sociossimbólicas nas quais os processos biológicos e a interação simbólica, a vida interior e a vida exterior, os organismos e o seu mundo-da-vida, estão inextricavelmente interligados;

- e, obviamente, também há tentativas (ainda que raras) de dar ao resultado da neuroteologia uma volta religiosa: e se a causalidade funcionar ao contrário e o paralelismo entre os processos neuronais e as experiências religiosas indicar como deus interveio no nosso corpo para nos dar espaço de recetividade à sua mensagem?

Ainda que estas reações críticas à neuroteologia tenham algum peso (algumas mais, outras menos), deparam-se sempre com uma pedra dura: se for provado que, pela manipulação dos neurónios de um sujeito, podemos efetivamente gerar nele algum tipo de estado místico, e que, deste modo, podemos experimentalmente induzir uma experiência religiosa, isto não indicará que a nossa experiência religiosa é, em certo sentido, causada por processos neuronais no nosso cérebro? A forma específica desta experiência, obviamente, depende do seu contexto cultural e da densa rede de práticas sociossimbólicas, e é claro que a causalidade exata

---

([36]) David Chalmers, *The Conscious Mind*, Nova Iorque: Oxford University Press, 1997, p. 101.

permanece obscura, mas — como Lacan diria — encontramos aqui um pouco do real que permanece o mesmo em todos os universos simbólicos.

Onde entra aqui a subjetividade? A ideia comum de «visão subjetiva» é a da distorção parcial do estado de coisas objetivo: a nossa abordagem subjetiva distorce o equilíbrio de como as coisas são realmente e privilegia um elemento em detrimento de outros, permitindo-lhe projetar a sua «cor específica» sobre eles. No processo marxista clássico, temos de aceitar que a pura universalidade abstrata é impossível de alcançar — qualquer universalidade com que lidemos já é sobredeterminada por algum conteúdo particular que é privilegiado em relação a todos os outros, um conteúdo particular que, como Marx diria, fornece a cor específica da universalidade em causa. Neste espaço convoluto, há um «cordão umbilical» irredutível pelo qual qualquer universalidade fica presa (colorida, «sobredeterminada») a um conteúdo particular *a posteriori*. Dito de forma mais franca: sim, a forma conceptual universal impõe a necessidade à multiplicidade do seu conteúdo contingente, mas fá-lo de uma maneira que ela própria fica marcada por uma mancha irredutível de contingência — ou, como Derrida diria, o próprio quadro é sempre uma parte do conteúdo enquadrado. A lógica, aqui, é a da «determinação oposicional» (*gegensätzliche Bestimmung*) hegeliana, na qual o género universal se encontra entre as suas espécies particulares-contingentes. O exemplo clássico de Marx: entre as espécies de produção, há sempre uma que dá a cor específica à universalidade da produção num dado modo de produção. Nas sociedades feudais, a produção artesanal é estruturada como outro domínio da agricultura, enquanto, no capitalismo, a agricultura é «industrializada», ou seja, torna-se um dos domínios da produção industrial.

A questão fundamental, aqui, é ver a ligação entre esta estrutura da determinação oposicional e a subjetividade. A definição de Lacan do significante como aquilo que «representa o sujeito por outro significante»: nem todos os significantes estão no mesmo nível — dado que nenhuma estrutura é completa, dado que, numa estrutura, há sempre uma falta, esta falta é preenchida, sustentada até, remarcada, por um significante «reflexivo» que é o significante da falta do significante. Identificando o sujeito com a falta, podemos então dizer que o significante reflexivo da falta representa o sujeito para os outros significantes. Se isto parece abstrato, recordemos os numerosos exemplos da história da ciência, desde o flogisto (um pseudoconceito que denunciava a ignorância dos cientistas sobre como a luz realmente viaja) até ao «modo de produção asiático» de Marx (que é uma espécie de classificação negativa — o único verdadeiro conteúdo deste conceito é «todos os modos de produção que não entram na categorização normal de Marx dos modos de produção»). Esta estrutura mínima permite-nos gerar a noção de sujeito sem qualquer referência ao nível imaginário: o «sujeito do significante» não envolve experiência vivida, consciência, ou quaisquer outros predicados que normalmente associamos à subjetividade. A operação básica de sutura é que 0 é contado como 1: a ausência de uma determinação é contada como uma determinação positiva própria, como na famosa classificação dos cães por Borges, onde se incluem, como espécie, todos os cães não incluídos na espécie anterior, ou seja, a «parte de parte nenhuma» do género *cão*.

Regressando à nossa argumentação original, podemos agora perceber como a ideia comum da «limitação subjetiva de uma perspetiva» (vemos sempre a realidade a partir de um ponto subjetivo que a distorce) se baseia na estrutura da reflexividade pela qual uma estrutura é subjetivada: não só o sujeito percebe a realidade a partir do seu ponto de vista distorcido/parcial «subjetivo», como também ele mesmo só emerge se uma estrutura for «distorcida» pelo privilégio de um elemento particular hegemónico que confere uma cor específica de universalidade. É assim que devemos interpretar a afirmação de Hegel de que a substância tem de ser concebida também como sujeito: não há uma ordem objetiva «equilibrada» cuja perceção é distorcida quando vista a partir de um ponto de vista subjetivo — as distorções subjetivas estão inscritas na própria ordem «objetiva» como a sua distorção imanente. Esta ligação entre sujeito e antagonismo também nos permite abordar de uma nova maneira a velha questão: como podemos ir além das aparências e aceder ao Em-si? Não é um outro mundo para além dos fenómenos — as coisas «em si mesmas» são parecidas com o que parecem ou como as vemos/construímos nas ciências, não há aqui nenhum grande mistério. O excedente do Em-si em relação à realidade fenoménica somos nós próprios, a diferença da subjetividade.

*

Para concluir, resumamos os resultados da nossa incursão em quatro pontos. Em primeiro lugar: a realidade consiste em agrupamentos múltiplos, mas cada agrupamento é construído em redor da sua impossibilidade imanente. Por exemplo, para compreendermos o capitalismo, temos de analisar como este agrupamento de elementos incoerentes (económicos, legais, ideológicos, políticos) é, porém, estruturado em redor de um antagonismo central.

Em segundo, se um agrupamento é estruturado em redor de um antagonismo central, isto significa que é definido por uma impossibilidade constitutiva, uma barreira que indica que algo não pode ser feito (sem arruinar o sistema), mesmo que pareça possível dentro das coordenadas do sistema. É aqui que entra a ideologia: a função da ideologia não é apenas matar a esperança — ofuscar as possibilidades de mudança radical —, mas também alimentar esperanças ilusórias (ainda que estruturalmente necessárias). No capitalismo global atual, a ideologia diz-nos que qualquer mudança radical só nos traria caos ou novos totalitarismos, mas, em simultâneo, a mesma ideologia alimenta a ilusão de que o quadro democrático permite mudanças radicais (na direção do Estado social) se a maioria votar nelas... Em suma, para compreendermos o que realmente acontece, temos de incluir o que poderia ter acontecido (mas não aconteceu) — as esperanças traídas fazem parte de uma revolução.

Em terceiro, os primeiros dois pontos — antagonismo e (im)possibilidade — indicam que o agrupamento implica subjetividade. Neste nível zero, o sujeito é uma entidade que é a sua própria possibilidade pura, a qual, por definição, permanece não-atualizada (no momento em que é atualizada, é «substância» e não «sujeito»). O sujeito é uma pseudoentidade que só «existe» como resultado do fracasso da sua atualização.

Quarto ponto fundamental: se não há agrupamento sem um sujeito, então até a descrição mais «assubjetiva» de um estado de coisas a partir de uma visão inumana na qual os humanos são apenas parte dos actantes implica um sujeito. Na visão da nossa realidade como um campo de horrores no qual nós, humanos, somos apenas um dente da engrenagem, o sujeito já está aqui como o ponto de referência do horror. Com qualquer visão inumana da realidade, coloca-se a questão: que tipo de sujeito a sustenta? A resposta é: o *cogito* cartesiano vazio.

COROLÁRIO 4

Ibi Rhodus, ibi saltus!

Quem segue as especulações espirituais-cosmológicas obscuras já terá certamente ouvido falar de um dos tópicos mais populares deste domínio: quando três corpos celestes (normalmente a Terra, a Lua e o Sol) estão no mesmo eixo, ocorre algum cataclismo, toda a ordem do universo sai momentaneamente dos seus gonzos e tem de recuperar o equilíbrio (como deveria ter acontecido em 2012). Isto não se aplicará ao ano de 2017? Isto porque foi um triplo aniversário: em 2017, celebrou-se não só o centenário da Revolução de Outubro, mas também o 150.º aniversário da primeira edição de *O Capital* de Marx (1867) e o 50.º aniversário da chamada Comuna de Xangai, quando, no momento culminante da Revolução Cultural, os residentes de Xangai decidiram seguir literalmente o apelo de Mao e tomaram diretamente o poder, derrubando o governo do Partido Comunista (foi por isso que Mao resolveu rapidamente restaurar a ordem e enviar o exército para esmagar a Comuna). Estes três acontecimentos não marcarão os três estádios do movimento comunista? *O Capital* de Marx delineou as bases teóricas da revolução comunista, a Revolução de Outubro foi a primeira tentativa de sucesso de derrube de um Estado burguês e construir uma nova ordem social e económica, enquanto a Comuna de Xangai constituiu a tentativa mais radical de realizar imediatamente o aspeto mais arrojado da visão comunista, a abolição do poder estatal e a imposição do poder direto do povo organizado numa rede de comunas locais. Então, o que correu mal neste ciclo? Talvez a resposta deva ser procurada no quarto aniversário: 2017 também foi o 500.º aniversário de 1517, quando Martinho Lutero publicou as suas 95 Teses. É provável que ainda seja a referência ao protestantismo aquela que fornece as coordenadas de uma ética que se adequa ao espaço não-orientável, uma ética para um sujeito preso na caverna de Platão.

A liberdade protestante

O nosso conceito comum de liberdade envolve uma ambiguidade bem conhecida. (1) Sou livre quando faço o que quero, quando não sou contrariado por obstáculos externos. Este modo de liberdade não é incompatível com o determinismo: as minhas ações podem ser totalmente determinadas por condições objetivas (neuronais, biológicas, sociais, etc.); o que as torna livres é o facto de não serem contrariadas por obstáculos externos. (2) O outro modo de liberdade é a liberdade como autocontrolo: sou verdadeiramente livre quando não sucumbo irremediavelmente à tentação (dos objetos externos ou da minha natureza interna), mas consigo resistir-lhe, decidir contra a tentação. Na medida em que nós, humanos, agimos «livremente» no sentido de seguir espontaneamente as nossas inclinações naturais, não somos realmente livres, mas antes escravos da nossa natureza animal. Já vemos esta linha de pensamento em Aristóteles, que, referindo-se à escravatura como um exemplo para ilustrar um aspeto ontológico geral, escreveu que, entregues a si próprios, os escravos são «livres» no sentido em que só fazem o que querem, enquanto os homens livres seguem o seu dever — e é esta mesma «liberdade» que faz dos escravos escravos:

> Todas as coisas estão de certo modo ordenadas em conjunto, mas nem todas do mesmo modo: peixes, aves e plantas; e o ordenamento não ocorre de modo que uma coisa não tenha relação com outra, mas de modo a haver algo de comum. De facto, todas as coisas estão ordenadas em conjunto para um único fim. Assim, numa casa, aos homens livres não cabe agir ao acaso; pelo contrário, todas ou quase todas as suas ações são ordenadas, enquanto a ação dos escravos e dos animais, que agem ao acaso, pouco

> contribui para o bem comum, pois este é o princípio que constitui a natureza de cada um.(1)

Apesar de todos os elementos problemáticos desta citação, não haverá alguma verdade nela? Esta caracterização dos escravos não fornecerá uma boa determinação da escravatura consumista atual em que temos a liberdade de agir ao acaso e «fazer o que quisermos», mas, exatamente por isso, somos escravos dos estímulos do consumo? No entanto, surge aqui esta complicação: o que me leva a resistir às minhas inclinações naturais (ou mediadas)? Para Kant, quando os meus motivos estão livres de conteúdo empírico, sou motivado pela lei moral (pelo sentido de dever). Mas poderá o bem ser uma tentação a resistir, ou seja, poderá a liberdade do autocontrolo estender-se também à minha resistência a seguir a pressão interna da lei moral? Por outras palavras, poderá haver uma escolha pura do mal não motivada por interesses empíricos/ /patológicos? Se negarmos esta possibilidade, caímos naquilo a que se pode chamar um «atalho moralista»: se agir livremente significa seguir a lei moral, então «o efeito da moralidade que interpreta o sentido positivo do "livre" será tornar o "não-livre" equivalente a imoral; se o não-livre é imoral, as ações imorais livres não são possíveis»(2). No entanto, se não somos livres para cometer atos imorais, não deixaremos também de ser responsáveis por esses atos? Será que, pelo menos, escolhemos livremente entre a liberdade e a escravidão (submissão aos nossos interesses patológicos) verdadeiras?

(3) Isto conduz-nos ao terceiro modo de liberdade, o de uma escolha que não deve ser determinada por qualquer linha preexistente de causalidade e, por isso, não é redutível a nenhum tipo de determinação objetiva. Se podemos fazer essa escolha, o que a motiva? A resposta de Lacan a esta questão é clara: o objeto-causa não-patológico do desejo a que chama *objet a*. Este objeto não impõe qualquer limitação à nossa liberdade porque não é mais do que o próprio sujeito no seu modo objetal, um objeto que não existe antes do desejo, mas que é por este postulado.

---

(1) Aristóteles, *Metafísica*, XII, 10.

(2) Markus Gabriel e Anders Moe Rasmussen, prefácio a *German Idealism Today*, Berlim e Boston: Walter de Gruyter, 2017, p. 24.

Ninguém abordou estes paradoxos da liberdade mais vigorosamente que Martinho Lutero. Uma das suas principais referências é a afirmação de Jesus de que uma árvore boa não dá frutos maus (ou seja, uma árvore boa só produz frutos bons), e, daí, concluiu que as «boas ações não fazem um homem bom, mas um homem bom faz boas ações». Devemos assumir o aspeto «estático» e passivo (ou antipascaliano) desta conclusão: não nos criamos pelos meandros da nossa vida-prática; na nossa criatividade, revelamos o que já somos. Não é «age como se fosses bom, faz boas ações e tornar-te-ás bom», mas sim «só se fores bom é que podes fazer boas ações». A maneira fácil de ler esta afirmação é interpretá-la como uma «ilusão necessária»: aquilo que sou é efetivamente criado pela minha atividade, não há essência preexistente ou identidade essencial exprimida ou atualizada nas minhas ações; no entanto, percebemos (mesmo que erradamente) espontaneamente as nossas ações como exprimindo ou atualizando aquilo que (já) somos em nós mesmos. Contudo, a partir de um ponto de vista dialético, não basta dizer que a autoidentidade preexistente é uma ilusão necessária; temos aqui um mecanismo mais complexo de (re)criação da própria identidade eterna. Expliquemos este mecanismo com um exemplo. Quando acontece algo muito importante, mesmo que aconteça de forma inesperada, costumamos ter a impressão de que isso *tinha de* acontecer, que, se não acontecesse, violaria alguma ordem superior. De forma mais precisa, quando isso acontece, vemos que tinha de acontecer — mas podia *não* ter acontecido. Consideremos o caso do amor desesperado: estou profundamente convicto de que o meu amor não é correspondido e resigno-me silenciosamente a um triste futuro de desespero; no entanto, se, de repente, descobrir que o meu amor é correspondido, sinto que isto tinha de acontecer e nem sequer posso imaginar o desespero da minha vida se isso não tivesse acontecido. Ou consideremos uma decisão política difícil e arriscada: embora simpatizemos com ela, somos céticos, não confiamos na maioria assustada; mas quando, como que por milagre, essa decisão *é* tomada e implementada, sentimos que estava destinada a acontecer. As ações políticas autênticas ocorrem assim: nelas (naquilo que aconteceu), o (que era considerado) «impossível» acontece e, por acontecer, reescreve o seu próprio passado e emerge como necessário e até «predestinado». É por isso que não há incompatibilidade entre a predestinação e as nossas ações livres. Lutero percebia bem como a ideia (católica) de que a nossa redenção depende das nossas ações introduz uma dimensão de negociação na ética: as boas ações não são feitas por dever, mas sim para obter a salvação. Se, porém, a minha salvação está predestinada, isto significa que o meu destino já está decidido e as minhas boas ações de nada servem — assim, se as fizer, é por puro dever, um ato realmente altruísta:

> Este reconhecimento de que é só depois de nos libertarmos da necessidade paralisante de nos servirmos a nós próprios que as ações se tornam altruístas foi um dos contributos mais positivo de Lutero para a ética social cristã. Permitiu-lhe ver as boas ações como fins em si mesmos e nunca como meios para a salvação […] Lutero percebeu que um amor que não procura recompensa tende mais a servir os desamparados, os impotentes, os pobres e os oprimidos, pois a causa destes oferece menos perspetivas de ganhos pessoais. ([3])

Mas terá Lutero retirado todas as consequências ético-políticas desta ideia? O seu grande discípulo e adversário Thomas Müntzer acusou Lutero de traição: a sua crítica básica à ética social de Lutero diz respeito à

> aplicação perversa da distinção entre Lei e Evangelhos. O uso legítimo da lei era levar «destruição e doença aos sãos» e o dos Evangelhos levar «conforto aos necessitados». Lutero inverteu esta aplicação ao defender os governantes arrogantes e tirânicos com as palavras bondosas dos Evangelhos, enquanto usava a dureza implacável da lei contra os pobres tementes a Deus e os camponeses oprimidos. O resultado foi um abuso total das Escrituras. «Assim, o tirano ímpio diz ao devoto, "Tenho de te torturar. Cristo também sofreu. Portanto, não deves resistir-me." [Mateus, 5] Isto é uma grande perversão […] Devemos perdoar com os Evangelhos e o Espírito de Cristo, para o cumprimento e não para a obstrução dos Evangelhos.» ([4])

([3]) Paul P. Kuenning, «Luther and Muntzer: Contrasting Theologies in Regard to Secular Authority within the Context of the German Peasant Revolt», disponível online em http://academic.oup.com/jcs/article-abstract/29/2/305/844191/Luther-and-Muntzer-Contrasting-Theologies-in.

([4]) *Ibid.*

Com esta perversão, «os eleitos já não eram vistos como instrumentos diretamente ativos ou poderosos dessa retribuição» contra os que violavam o espírito dos Evangelhos.

Esta crítica a Lutero é clara, mas parece abrir-se ao perigo de sucumbir à posição perversa de nos vermos como o instrumento direto da vontade do grande Outro. Como evitar este perigo? Comecemos pelo princípio, com a tríade ortodoxia, catolicismo e protestantismo.

Uma das ideias centrais da tradição ortodoxa é o conceito de *theosis*, de o homem tornar-se (semelhante a) deus, ou, para citar Santo Atanásio de Alexandria: «Ele foi encarnado para que nos pudéssemos tornar deus.» Aquilo que, de outro modo, pareceria absurdo — o homem pecador tornar-se santo tal como deus é santo — é tornado possível por meio de Jesus Cristo, que é deus encarnado. São Máximo, o Confessor, escreveu: «Uma garantia segura para ter esperança na deificação da natureza humana é fornecida pela Encarnação de Deus, que faz do homem Deus ao mesmo nível que o Próprio Deus se torna homem [...] Tornemo-nos a imagem do Deus completo, nada tendo de terreno em nós mesmos, recebendo de Deus a nossa existência como deuses.» ([5]) A fórmula ortodoxa «Deus tornou-se homem para que o homem se tornasse Deus» é totalmente errada: deus tornou-se homem e *é só isso*, já não acontece mais nada, o que deve ser acrescentado é apenas uma nova perspetiva sobre isto. Não se segue uma nova ressurreição, o Espírito Santo já *é* ressurreição. Só o protestantismo nos permite pensar a encarnação como um acontecimento em deus, como a *sua* transformação profunda: Ele foi encarnado para Ele se tornar deus, ou seja, Ele só se tornou plenamente deus pela sua autodivisão em deus e homem. Isto pode parecer paradoxal, pois deus é um Além desconhecido, *Deus absconditus*. Assim, parece que temos três posições incompatíveis: deus é um Além absolutamente impenetrável; deus é o senhor absoluto do nosso destino, por ele predestinado; deus deu-nos a liberdade e, assim, tornou-nos responsáveis pelas nossas ações. O grande feito do protestantismo foi ter conjugado estas três posições: tudo está predestinado por deus, mas como deus é um Além impenetrável para mim, não posso saber qual é o meu destino e, por isso, posso

---

([5]) Citado descaradamente de https://en.wikipedia.org./wiki/Theosis_(Eastern_Christian_theology).

fazer boas ações sem qualquer calculismo ou sem ter ganhos em vista, ou seja, em total liberdade.

A verdadeira liberdade não é uma liberdade de escolha feita a uma distância segura, como escolher entre um bolo de morango ou um bolo de chocolate; a verdadeira liberdade coincide com a necessidade, fazemos uma escolha verdadeiramente livre quando a nossa escolha põe em causa a nossa própria existência — fazemos isso porque, simplesmente, «não podemos deixar de o fazer». Quando o nosso país está sob ocupação estrangeira e um líder da resistência apela a que nos juntemos à luta contra os ocupantes, a razão invocada não é «tens a liberdade de escolher», mas: «não vês que é a única coisa que podes fazer se quiseres conservar a tua dignidade?» É por isso que os atos radicais de liberdade só são possíveis sob a condição da predestinação: sabemos que estamos predestinados, mas não sabemos como, ou seja, quais das nossas escolhas estão predeterminadas, e esta situação terrível em que temos de decidir o que fazer, sabendo que a nossa decisão está decidida de antemão, é talvez o único caso de verdadeira liberdade, do peso insustentável de uma escolha realmente livre — sabemos que aquilo que faremos está predestinado, mas temos de correr um risco e escolher subjetivamente o que está predestinado.

A liberdade de ação desaparece se colocarmos um ser humano na realidade objetiva, como sua parte, como um entre os outros objetos — neste nível, não há simplesmente espaço para a liberdade. Para a localizarmos, temos de passar do conteúdo enunciado (aquilo de que estamos a falar) para a nossa posição de enunciação (a do falante). Se um cientista demonstrar que não somos livres, que implica isto para a posição a partir da qual ele (e nós) fala? Esta referência ao sujeito de enunciação (revelada pela ciência) é irredutível: diga eu o que disser, sou eu que estou a dizê-lo, pelo que, a respeito de qualquer redução científica à realidade objetiva (o que me torna uma máquina biológica) levanta-se uma questão do horizonte a partir do qual vejo e digo isto. Não é por isso que a psicanálise é o grande exemplo da nossa difícil situação? Sim, somos descentrados, estamos presos numa rede alheia, sobredeterminados por mecanismos inconscientes; sim, sou «falado» mais do que falo, o Outro fala através de mim, mas assumir simplesmente este facto (no sentido de rejeitar qualquer responsabilidade) também é falso, engano-me a mim mesmo — a psicanálise torna-me ainda mais responsável do que a moralidade tradicional, torna-me até responsável por aquilo que está para além do meu controlo (consciente).

Esta solução funciona sob uma condição: o sujeito (crente) é absolutamente delimitado pelo horizonte intransponível da sua subjetividade. Aquilo que o protestantismo proíbe é a ideia de que um crente pode assumir uma posição fora/acima de si mesmo e olhar para si mesmo como uma pequena partícula da vasta realidade. Mao Tsé-Tung estava errado quando apresentava a sua visão olímpica reduzindo a experiência humana a um pormenor minúsculo e pouco importante: «Os Estados Unidos não podem aniquilar a nação chinesa com o seu pequeno arsenal de bombas atómicas. Mesmo que as bombas atómicas americanas fossem de tal modo potentes que, se lançadas sobre a China, fizessem um buraco a atravessar a Terra, ou que até a fizessem explodir, isto representaria pouco para o universo como um todo, embora pudesse ser um acontecimento importante para o sistema solar.» ([6]) Há uma «loucura inumana» neste argumento: o facto de a destruição do planeta Terra representar «pouco para o universo como um todo» não será um consolo fraco para a extinção da humanidade? O argumento só funciona se, de um modo kantiano, pressupusermos um sujeito transcendental puro não afetado por esta catástrofe — um sujeito que, embora não existente na realidade, *é* operativo como ponto de referência virtual (recordemos o sonho negro de Husserl nas suas *Meditações Cartesianas*, de como o *cogito* transcendental não seria afetado por uma praga que eliminasse toda a humanidade). Em contraste com esta posição de indiferença cósmica, devemos agir como se todo o universo fosse criado como os bastidores da luta de emancipação, exatamente da mesma maneira que, para Kant, deus criou o mundo para servir de campo de batalha para a luta ética da humanidade: é como se o destino de todo o universo fosse decidido na nossa luta singular (e, do ponto de vista cósmico global, marginal e insignificante).

O paradoxo é que, embora a subjetividade (humana) não esteja obviamente na origem de toda a realidade, embora seja um evento local contingente no universo, o caminho para a verdade universal não passa pela abstração da subjetividade, no sentido

---

([6]) Mao Tsé-Tung, *On Practice and Contradiction*, Londres: Verso Books, 2007.

de «imaginemos como é o mundo independentemente de nós», a abordagem que nos conduz a uma estrutura objetiva «cinzenta» — esta visão de um mundo «sem sujeito» é, por definição, apenas uma imagem negativa da própria subjetividade, a sua visão do mundo na sua ausência. (O mesmo vale para todas as tentativas de apresentar a humanidade como uma espécie insignificante num pequeno planeta à beira da nossa galáxia, ou seja, vê-la como vemos uma colónia de formigas.) Por sermos sujeitos, limitados ao horizonte da subjetividade, devemos antes concentrar-nos naquilo que o facto da subjetividade implica para o universo e para a sua estrutura: o acontecimento do sujeito descarrila o equilíbrio, tira o mundo dos seus gonzos, mas este descarrilamento *é* a verdade universal do mundo. Isto também implica que o acesso à «realidade em si mesma» não exige que suplantemos a nossa «parcialidade» e alcancemos uma visão neutra acima das nossas lutas particulares — só somos «seres universais» nos nossos combates parciais. Este contraste é claramente visível no caso do amor: contra o amor budista do Todo ou contra qualquer outra ideia de harmonia com o cosmos, devemos afirmar o amor radicalmente exclusivo pelo Um singular, um amor que desfaz o equilíbrio tranquilo das nossas vidas.

É também por isso que a ideia de sacrifício é estranha ao protestantismo. No catolicismo, espera-se que obtenhamos a salvação por meio de sacrifícios terrenos, enquanto o protestantismo vai para além desta lógica da troca: não há necessidade de sacrifício externo, um crente como sujeito vazio ($) *é* sacrifício (de todo o conteúdo substancial, ou seja, emerge daquilo a que os místicos e Sade chamam a segunda morte). É isto que o catolicismo não vê: não se ganha nada em troca do sacrifício, dar *é* já receber (ao sacrificar todo o seu conteúdo substancial, o crente ganha-se a si mesmo, emerge como sujeito puro).

Saltar aqui e saltar ali

É também por isso que, num protestantismo consequente, não há segunda vinda, não há inversão final — como Hegel diz, reconciliação significa que temos de reconhecer o coração na cruz do presente, ou, como ele escreve numa passagem famosa do Prefácio ao seu *Filosofia do Direito*:

> Este tratado [...] na medida em que contém a ciência do Estado, não deve ser outra coisa senão a tentativa *para conceber e apresentar o Estado como um racional em si*. Como escrito filosófico, tem de estar maximamente afastado de construir *um Estado como ele deve ser*; o ensinamento que nele possa residir não pode levar a ensinar ao Estado como ele deve ser, mas antes como ele, o universo ético, deve ser conhecido.
>
> *Hic Rhodus, hic saltus.*
>
> Conceber *o que é* é a tarefa da filosofia, pois *o que é* é a razão. No que diz respeito ao indivíduo, cada um é, aliás, um *filho do seu tempo*; assim, a filosofia é também *o seu tempo captado em pensamentos*. É justamente tão insensato julgar que uma filosofia qualquer passaria por cima do seu mundo presente como julgar que um indivíduo saltaria por cima do seu tempo, saltaria por cima de Rodes. Se a sua teoria vai de facto mais além, se constrói um mundo *como ele deve ser*, ele existe certamente, mas só no seu opinar — num elemento mole em que se pode imaginar o que se quiser.
>
> Com uma pequena alteração, aquela expressão diria:
>
> *Aqui* está a rosa, dança *aqui*.
>
> O que fica entre a razão como espírito consciente de si e a razão como realidade efetiva presente, o que separa aquela razão desta e não deixa encontrar nela a satisfação, é o grilhão de um abstrato que não se libertou para o conceito. Reconhecer a razão como a rosa na cruz do presente e, desse modo, alegrar-se com este, esta intelecção racional é a *reconciliação* com a realidade efetiva [...](7)

Estas «reconciliação» refere-se a Lutero, cujo emblema era precisamente uma rosa numa cruz. Lutero entendia isto de um modo cristão (a libertação [rosa] só ocorre pelo sacrifício de Cristo), enquanto Hegel a concebe de forma mais conceptual: o emblema de Lutero era a cruz negra no centro de um coração rodeado de rosas, enquanto, para Hegel, a Razão é apreendida como a rosa na cruz do presente. No entanto, para percebermos bem o que Hegel aqui visa, temos de dar mais um passo e inverter a fórmula habitual *Hic Rhodus, hic saltus* a que Hegel se refere: *Ibi Rhodus, ibi saltus!* Aqui não, *ali* está Rodes, salta *ali*! Estamos preparados

(7) Citado de www.marxists.org/reference/archive/Hegel/works/pr/preface.htm. [*Prefácios*, p. 198]

para saltar aqui de qualquer maneira, para nos envolvermos, para lutar... na condição de que possamos confiar em alguma forma de grande Outro que garanta a consistência disso tudo. Muitos intelectuais de esquerda perseguem a sua carreira académica *aqui*, reforçados pela segurança de que uma verdadeira revolução está a acontecer algures *ali*; as pessoas religiosas vivem (e participam) no caos brutal *aqui*, reforçadas pela sua crença de que há uma ordem superior de Justiça *ali* no Céu... E algo de semelhante ocorre na sexualidade — como diz o ditado, *hic Rhodus, hic saltus*, não fiques pelas palavras, mostra-me aqui, na minha cama, como és bom a saltar para cima de mim... E o contrário também vale: estamos todos dispostos a ceder ao ceticismo total, à distância cínica, à exploração dos outros «sem quaisquer ilusões», às violações de todos os constrangimentos éticos, às práticas sexuais extremas, etc. — protegidos pela consciência silenciosa de que o grande Outro ignora tudo isso:

> o sujeito está disposto a fazer muita coisa, a mudar radicalmente, desde que permaneça inalterado no Outro (no simbólico como o mundo externo no qual, para usar os termos de Hegel, a consciência de si mesmo do sujeito é encarnada, materializada como algo que ainda não se conhece como consciência). Neste caso, a crença no Outro (na forma moderna de crer que o Outro não sabe) é precisamente aquilo que ajuda a manter o mesmo estado de coisas, independentemente de todas as mutações e permutações subjetivas. O universo do sujeito só mudaria realmente no momento em que soubesse que o Outro sabe (que não existe).([8])

A solução, portanto, não é «não saltes aqui» — estamos aqui, não há outro lugar para saltar. A solução é: salta aqui, mas de tal maneira que não precises de confiar em qualquer figura do grande Outro.

É também assim que devemos ler a fórmula de reconciliação de Hegel — eu (o sujeito) devo alcançar a reconciliação «reconhecendo-me na minha Alteridade (na substância alienada que me determina). Esta fórmula é profundamente ambígua: pode ser lida no modo subjetivista tradicional (devo reconhecer esta Alteridade

---

([8]) Alenka Zupančič, «Die Sexualität innerhalb der Grenzen der bloßen vernunft» (manuscrito).

como o meu próprio produto, não como algo estranho), ou, mais subtilmente, como a afirmação de que devo reconhecer-me, o núcleo do meu ser, nesta mesma Alteridade, ou seja, devo perceber que a Alteridade do conteúdo substancial é constitutiva do meu Eu: só sou na medida em que me confronto com uma Alteridade evasiva que também é descentrada em relação a si mesma. *Ibi Rhodus, ibi saltus* significa: superar a nossa alienação no Outro reconhecendo que o próprio Outro não possui o que nos falta.

Assim, o que representa *Ibi Rhodus, ibi saltus* nos nossos verdadeiros impasses éticos? É aqui que entra a teologia negativa — como um obstáculo à autoinstrumentalização que pressupõe o grande Outro cujo intérprete e instrumento privilegiado é o agente revolucionário. Müntzer faz parte desta linha, e até lhe deu as bases; estava errado ao ver o espírito revolucionário autêntico na lei natural (ou uma versão teológica disso): para ele, um verdadeiro crente é capaz de decifrar o Outro (a sua ordem) e de o realizar, de ser o instrumento da sua realização. Lutero tinha razão em denunciar Müntzer como *der Schwärmer* que fingia conhecer a mente divina. Lutero adverte contra esta *Majestätsspekulation*, contra a tentativa de discernir a vontade de deus, do *deus absconditus*: devemos abandonar as tentativas de conhecer o que o Outro quer de nós e assumir a nossa posição neste mundo, vendo o Outro como um «buraco» nesta posição, uma subtração dela. Deus introduz o corte do Absoluto no universo aristotélico ordenado (tornando-o assim, obviamente, contingente), e a tensão entre os dois não pode ser resolvida pela exclusão de um lado nem pela ideia de um *pactum* ou de uma relação histórica-dialética entre os dois, mas apenas pensando um (o Absoluto divino) como a subtração, o buraco no Outro. Contudo, para sustentar a realidade teológica e estatista que afirmou, Lutero não podia sustentar o radicalismo desta solução, que vai muito mais longe que a de Müntzer. Embora a ideia de Müntzer de atividade revolucionária implique que a nossa luta pela libertação é um processo que ocorre em deus, a sua autoinstrumentalização do agente revolucionário como um agente da vontade divina permite-lhe evitar a abertura radical da luta, o facto de o destino de deus ser decidido na nossa atividade revolucionária.

No entanto, mais tarde, o próprio Lutero recuou nesta posição radical, não só por motivos pragmáticos e oportunistas («eu preciso do apoio do Estado como proteção contra a contrarreforma, por isso não é prudente apoiar uma revolta que, de qualquer modo, irá falhar»), mas também a um nível puramente teológico: enquanto «professor de teologia do Antigo Testamento», como era caracterizado, começa a praticar aquilo a que Lacan chamava o «discurso da Universidade» e retira-se para o campo seguro tomista-aristotélico: «recua para uma posição que evita o "buraco", a "subtração" que o desejo do Outro (a sua incognoscibilidade constitutiva) rasga no tecido do mundo ordenado (causal)». Assim, voltamos a um universo hierárquico racionalmente ordenado em que «cada um tem o seu posto e é pecado superar e transgredir esse posto»; a revolta camponesa é rejeitada porque perturba este universo bem ordenado.

É claro que Lutero não regressa simplesmente a Aquino — mantém-se na linhagem nominalista e conserva a distinção entre *Deus absconditus* e *Deus revelatus* geralmente relacionada com a diferença ente *potentia Dei absoluta* e *potentia Dei ordinata*. Na tradição tomista, deus foi racionalizado ao ponto de quase se tornar inteligível nos termos das leis da natureza, o que resultou numa espécie de imposição do todo ordenado no Criador. Em resposta a estas dificuldades, os teólogos nominalistas introduziram uma distinção entre o poder absoluto de deus (*potentia Dei absoluta*) e o poder ordenado de deus (*potentia Dei ordinata*). Sendo absolutamente transcendente e misterioso, deus podia fazer tudo; no entanto, também entrou numa aliança com o seu povo, vinculando-se livremente a esta aliança. Assim, do ponto de vista do poder ordenado de deus, ele é inteligível, o que não é obviamente o caso da *potentia Dei absoluta*, que implica o corte de relações do Criador com a sua criação.

Dado que o *Deus absconditus* está para além da nossa compreensão racional, a tentação é privilegiar a experiência mística como o único contacto com ele. Na leitura predominante, o jovem Lutero era um místico, mas, mais tarde, depois de ter lidado com os elementos radicais da Reforma, mudou de posição. No entanto, há uma continuidade básica no seu pensamento a respeito do misticismo: Lutero não rejeita o «alto misticismo» como impossível, mas adverte contra os seus perigos — para ele, o *accessus* tem prioridade sobre o *raptus*, ou seja, a justificação pela fé através da Palavra encarnada e crucificada tem prioridade sobre o *raptus* por uma palavra não-criada (este era caracterizado pelas especulações perigosas não ligadas à Palavra).

Embora Lutero empregue o conceito de *potentia ordinata* de deus, tão característico da teologia nominalista, confere-lhe um carácter cristológico em vez do seu significado epistemológico primário: para ele, a *potentia ordinata* não é sobretudo a ordem estabelecida pelo deus livre impenetrável que poderia muito bem ter estabelecido outra ordem, mas a ordem da redenção em Jesus Cristo, estabelecida a partir da piedade de deus para dar aos homens pecadores um refúgio do perigo.([9]) Mas esta noção de *potentia ordinata* não estará demasiado próxima da noção tradicional de um deus transcendente virado sobre si mesmo que depois decide revelar-se aos humanos, tornar-se deus-para-nós, através da Palavra divina que confere uma ordem e sentido à nossa existência? E se arriscarmos a abordagem oposta e concebermos a *potentia absoluta* não como um deus transcendente e impenetrável do Além, mas como o milagre «irracional», um buraco na realidade — em suma, como a própria encarnação/revelação? É o deus aristotélico que é em si mesmo e para nós, ou seja, a nossa representação do Em-si, enquanto a Revelação não é o *logos* (*logos* é a ordem aristotélica), mas a quebra do Absoluto em *logos*. Quando falamos de deus-em-si-mesmo, devemos recordar o que Hegel diz sobre a nossa busca do sentido das obras de arte egípcias (pirâmides, Esfinge):

> Ao decifrar esse sentido, costumamos na verdade ir demasiado longe porque, de facto, quase todas as formas se apresentam diretamente como símbolos. Da mesma maneira que tentamos explicar este sentido a nós próprios, podia ser claro e inteligível como sentido para a visão dos próprios Egípcios. Mas os símbolos egípcios, tal como os vimos no início, contêm muito implícito, e nada explícito. Em certas obras, houve a tentativa de as tornar claras para eles mesmos, mas estas tentativas não vão além do que é absolutamente evidente. Neste sentido, vemos as obras de arte egípcias como contendo enigmas cuja solução não é alcançada, não só por nós, como também, geralmente, por aqueles que criaram esses enigmas.([10])

([9]) Esta linha de pensamento é parafraseada de http://lutherantheologystudygroup.blogspot.si/2011/05/luther-and-potentia-ordinata-of-god.html.

([10]) G. W. F. Hegel, *Lectures on Fine Arts*, Parte II: Capítulo I. C. 3. b., citado de www.marxists.org/reference/archive/hegel/works/ae/part2.htm#c1-c-3.

É neste sentido que Hegel fala de «enigma objetivo»: uma esfinge não é um enigma para a nossa mente finita, mas sim em si e para si mesma, «objetivamente», e o mesmo vale para o *Deus absconditus* cujo mistério impenetrável é um mistério para o próprio deus. Chesterton viu isto claramente — na sua «Introdução ao Livro de Job», louvou-o como o «mais interessante dos livros antigos. Quase se poderia dizer do livro de Job que é o mais interessante dos livros modernos.» ([11]) O que explica a sua «modernidade» é o modo como toca um acorde dissonante no Antigo Testamento:

> De resto, todo o Antigo Testamento regozija verdadeiramente com a obliteração do homem em comparação com o propósito divino. O livro de Job destaca-se definitivamente porque pergunta: «Mas qual é o propósito de Deus? Valerá o sacrifício da nossa humanidade miserável? É claro que é fácil eliminar as nossas vontades insignificantes em nome de uma vontade maior e mais bondosa. Mas será maior e mais bondosa? Que Deus use os Seus instrumentos; que Deus quebre os Seus instrumentos. Mas que está Ele a fazer e porque são partidos?» ([12])

No fim, o livro de Job não fornece uma resposta satisfatória para este enigma:

> Não termina de um modo convencionalmente satisfatório. Não é dito a Job que as suas desgraças se deviam aos seus pecados ou que faziam parte de um plano para o seu aperfeiçoamento... Deus aparece no fim, não para responder a enigmas, mas para propô-los. ([13])

E a «grande surpresa» é que o livro de Job

> mostra Job subitamente satisfeito com a mera apresentação de algo impenetrável. Em termos verbais, os enigmas de Javé parecem mais negros e mais desolados que os de Job; no entanto, Job não estava reconfortado antes do discurso de Javé e, depois, fica reconfortado. Nada lhe foi dito, mas sente a atmosfera terrível e

---

([11]) G. K. Chesterton, «Introduction to the Book of Job», www.chesterton.org/gkc/theologian/job.htm.

([12]) *Ibid.*

([13]) *Ibid.*

crepitante de algo demasiado bom para ser dito. A recusa de Deus em explicar o seu Desígnio é ela mesma um indício claro do Seu desígnio. Os enigmas de Deus são mais satisfatórios do que as soluções do homem. ([14])

Em suma, deus faz aqui aquilo a que Lacan chama um *point de capiton*: resolve o enigma suplantando-o com um enigma ainda mais radical, redobrando o enigma, transpondo o enigma da mente de Job para «a própria coisa» — ele próprio partilha o espanto de Job ante a loucura caótica do universo criado: «Job exprime uma nota de interrogação; Deus responde com uma nota de exclamação. Em vez de provar a Job que é um mundo explicável, Ele insiste que é um mundo mais estranho do que Job pensava.» ([15]) Assim, longe de dar alguma explicação satisfatória para o sofrimento imerecido de Job, o aparecimento de Deus no fim é pura jactância, um espectáculo de horror com elementos grotescos — um puro apelo à autoridade baseado numa impressionante exibição de poder: «Vês tudo o que posso fazer? Podes fazer isto? Quem és tu então para te queixares?» Assim, o que temos aqui não é nem o deus bom que diz a Job que o seu sofrimento é apenas uma provação para testar a sua fé, nem um deus negro para além da Lei, o deus do puro capricho, mas antes um que age como alguém preso no momento de impotência, ou de fraqueza, e tenta escapar à sua situação por meio de soberba vazia. Deus-o-Pai, portanto, literalmente não sabe o que está a fazer, e Cristo é aquele que sabe, mas está reduzido a um observador compassivo impotente, que se dirige ao pai com «Pai, não vês que ardo?» — ardendo conjuntamente com todas as vítimas da ira do pai. Só descendo à sua própria criação e movendo-se por ela como um observador impassível é que deus pode perceber o horror da sua criação e o facto de ele, o grande Legislador, ser também o Criminoso supremo (como Chesterton viu claramente em *O Homem Que Era Quinta-feira*).

Devemos ser aqui muito precisos: a morte de Cristo não é a morte do deus real transcendente e a sua superação num deus simbólico, um que só existe como entidade virtual/simbólica mantida «viva» pela prática dos crentes — esta «superação» já ocorre no

---

([14]) *Ibid.*

([15]) *Ibid.*

judaísmo, e no cristianismo acontece algo muito mais estranho: deus tem de morrer uma segunda vez. Aquilo que morre na cruz não é o deus real, mas o grande Outro, a entidade ideal/virtual, ou, como Lacan diria, o grande Outro simbólico. É por isso que deus tem de ser repersonalizado na reencarnação, não como o Ser absoluto majestoso, mas como o seu oposto, a figura miserável e cómica de Cristo, na sua aparência de homem vulgar como os outros. (Em suma, Cristo é como o Monarca na filosofia do direito de Hegel: um humano vulgar que, na própria arbitrariedade da sua presença, fornece o «ponto de estofo» para o Estado como a ordem ideal-espiritual da sociedade e torna assim o Estado uma entidade efetiva — se o Monarca for deposto, o Estado desintegra-se.) A função de Cristo é, em termos lacanianos, preencher o buraco no grande Outro, fornecer *le peu de réel* que sustenta a ordem simbólica/virtual, de maneira que, quando Cristo morre, o grande Outro simbólico também se desintegra. É por isso que o Espírito Santo não é uma nova figura do grande Outro virtual, mas o espírito de uma comunidade (de crentes) que aceita a não-existência do grande Outro.

A escolha definitiva é, pois, a seguinte: será deus o grande Outro, um garante do sentido (acessível a nós ou fora do nosso alcance) ou uma fenda do Real que rasga a textura da realidade? Em relação ao tópico da teologia e da revolução, esta escolha significa: será deus um ponto de referência transcendente que legitima a nossa instrumentalização (permitindo-nos dizer que agimos em seu nome), ou será o garante da abertura ontológica que, precisamente, impede essa instrumentalização? Nos termos de Badiou, a referência a deus na teologia política será sustentada pela lógica da purificação (uma destruição niilista de tudo o que possa contradizer a mensagem divina), ou pela lógica da separação — que significa não só a nossa separação de deus por meio da qual deus permanece impenetrável para nós, humanos, mas sobretudo uma separação no centro do próprio deus? A encarnação é a separação de deus de si mesmo e para nós, humanos, sermos abandonados por deus, entregues ao abismo da nossa liberdade, sem o seu cuidado protetor, é quando somos um com deus, o deus separado de si mesmo.

Numa anedota sobre Auschwitz que circula entre os judeus, alguns dos que foram queimados no campo estão sentados num banco no Paraíso a falar do seu sofrimento, gozando com o assunto.

Um deles diz: «Davis, lembras-te de ter escorregado a caminho da câmara de gás e de como morreste antes sequer de o gás ter chegado a ti?», etc. Passeando pelo Paraíso, deus aproxima-se, escuta-os e queixa-se de não ter entendido a piada; um dos judeus aproxima-se dele, põe-lhe uma mão no ombro e conforta-o: «Não fiques triste. Não estavas lá, por isso é claro que não podes entender a piada!» ([16]) A beleza desta resposta reside na forma como se refere à famosa afirmação de que deus morreu em Auschwitz, de que não havia aí deus: «não há deus em Auschwitz» não implica que deus não possa compreender o horror daquilo que ali aconteceu (deus pode fazê-lo facilmente, é a sua função), mas que não pode entender o humor gerado pela experiência de Auschwitz.

No entanto, talvez o cristianismo forneça aqui uma solução — a única resposta cristã consistente com as questões críticas eternas: deus estava em Auschwitz? Como pode ele ter permitido tanto sofrimento? Porque é que não interveio para o impedir? A resposta não é que devemos aprender a ignorar as nossas vicissitudes terrenas e identificar-nos com a paz abençoada de deus que está acima das nossas infelicidades, tomando consciência da nulidade das nossas preocupações humanas (a resposta pagã convencional), ou que deus sabe o que está a fazer e que, de alguma maneira, compensar-nos-á pelo nosso sofrimento, curará as suas feridas e castigará os culpados (a resposta teleológica convencional). A resposta encontra-se, por exemplo, na cena final de *Shooting Dogs*, um filme sobre o genocídio do Ruanda, na qual um grupo de Tutsis refugiados numa escola cristã sabe que será massacrado em breve por uma multidão de Hutus; um jovem professor britânico da escola cede ao desespero e pergunta a uma figura paterna, o padre mais velho (papel desempenhado por John Hurt), onde está a agora Cristo para impedir o massacre; a resposta do padre é a seguinte: Cristo está agora presente aqui mais do que nunca, está aqui a sofrer connosco...

Mas havia outro deus vivo em Auschwitz — o deus pré-simbólico do Real, o deus do terror sagrado. O crescente fundamentalismo atual leva-nos a inverter a tese de Lacan de que deus esteve sempre morto, só que não sabia disso (ou, mais precisamente, nós, os crentes que o mantinham vivo com as suas orações, não sabíamos disso). Hoje, deus está outra vez vivo (no seu real mais aterrador,

---

([16]) Devo esta anedota a Udi Aloni.

no fundamentalismo), mas não sabemos disso — e não queremos sabê-lo. Habermas foi um dos filósofos ateus que percebeu isto há duas décadas.

Quatro gestos éticos

Uma contraquestão ingénua: mas, afinal de contas, porque é que precisamos de deus? Porque é que os humanos não vivem num mundo aberto e contingente? Aquilo que falta nesta imagem é a experiência teológica mínima descrita por Rowan Williams, a de estar deslocado neste mundo. Numa leitura primitiva deste nosso deslocamento neste mundo, há outro mundo verdadeiro. Numa leitura mais radical, existimos porque deus está fora de si mesmo — e é só no protestantismo que esta dimensão se torna visível. A tríade ortodoxia, catolicismo e protestantismo parece assim corresponder à tríade lacaniana Imaginário-Simbólico-Real: o horizonte da ortodoxia é o da fusão imaginária entre o homem e deus; o catolicismo foca-se na relação simbólica entre os dois polos; o protestantismo afirma o deus «subtraído» da intrusão do Real.

O protestantismo, portanto, é totalmente incompatível com a crítica *New Age* da húbris da chamada subjetividade cartesiana e da sua atitude dominante mecanicista em relação à natureza. Segundo o lugar-comum *New Age*, o pecado original da civilização ocidental moderna (ou já da tradição judaico-cristã) é a húbris do homem, a sua presunção arrogante de que ocupa o lugar central no universo e/ou de que está dotado do direito divino de dominar todos os outros seres e de explorá-los em seu benefício. Esta húbris que perturba o equilíbrio dos poderes cósmicos obrigará mais tarde ou mais cedo a natureza a restabelecer o equilíbrio: a crise ecológica, social e psíquica atual é interpretada como a resposta justificada do universo à presunção do homem. A nossa única solução, portanto, consiste na mudança do paradigma global, adotando uma nova atitude holista na qual assumimos humildemente o nosso lugar limitado na Ordem do Ser global... Em contraste com este lugar-comum, devemos afirmar o excesso de subjetividade (aquilo a que Hegel chamava a «noite do mundo») como a única hipótese de redenção: o verdadeiro mal não reside no excesso de subjetividade como tal, mas na sua «ontologização», na sua reinscrição numa moldura cósmica global. Em Sade, a crueldade excessiva já é ontologicamente «coberta» pela ordem da natureza como o «Ser Supremo do Mal»; tanto o nazismo como o estalinismo envolviam a referência a alguma Ordem do Ser global (no caso do estalinismo, a organização dialética do movimento da matéria).([17]) A verdadeira arrogância é, pois, o contrário da admissão da húbris da subjetividade: reside na falsa humildade, ou seja, surge quando o sujeito afirma falar e agir em nome da Ordem Cósmica Global, afirmando-se como o seu humilde instrumento. Em contraste com isto, toda a posição ocidental era antiglobal: não é só o cristianismo que envolve a referência a uma Verdade superior que atravessa e perturba a velha ordem pagã do Cosmos articulado em Sabedorias profundas; até o idealismo de Platão pode ser visto como a primeira elaboração clara da ideia de que a «Cadeia do Ser» cósmica global não é «tudo o que existe», que há outra Ordem (das Ideias) que mantém em suspenso a validade da Ordem do Ser.

A questão que temos de manter aqui em mente é a ambiguidade absoluta do conceito de mal: até aquilo que é normalmente visto como o derradeiro mal do nosso tempo, os assassínios em massa frios e burocráticos em campos de concentração, está dividido em dois, o Holocausto nazi e o gulag, e todas as tentativas de decidir «qual é o pior» envolvem-nos necessariamente em escolhas moralmente muito problemáticas (a única saída parece ser o paradoxo dialético de que o terror estalinista era de certo modo «pior» — ainda mais «irracional» e ameaçador — precisamente porque era «menos mau», ou seja, o resultado de um autêntico movimento de libertação).

Hoje, a tarefa ética fundamental talvez seja romper o círculo vicioso destas duas posições, fundamentalista e liberal — e o nosso último exemplo já mostra a saída: a verdadeira universalidade ética nunca reside no distanciamento quase neutral que tenta fazer

([17]) Existe, obviamente, uma diferença no funcionamento básico dos dois universos. Um pequeno marcador desta diferença é a atitude em relação ao antissemitismo: Hitler simplesmente concentrou e matou o maior número possível de judeus, enquanto Estaline, quando preparou a deportação dos judeus para uma determinada zona na Sibéria, teve o cuidado de fazer parecer que estava apenas a aceitar um pedido dos próprios judeus. Segundo algumas fontes, a polícia secreta que planeava a deportação obrigou os grandes representantes da cultura judaica (das ciências, artes, etc.) na URSS a assinarem uma petição ao Estado soviético para os instalar num território na Sibéria...

justiça a todas as fações em causa. Assim, se — contra os fundamentalismos que assentam o compromisso ético na identidade étnica ou religiosa, excluindo as outras — insistirmos no universalismo ético, também devemos insistir incondicionalmente que qualquer posição ética autêntica, por definição, combina paradoxalmente o universalismo com a tomada de partido na luta que se desenrola. Hoje, mais do que nunca, devemos sublinhar que uma verdadeira posição ética combina a afirmação do universalismo com uma posição militante e divisiva de quem está envolvido numa luta: os verdadeiros universalistas não são os que pregam a tolerância global das diferenças e uma unidade que englobe tudo, mas os que estão envolvidos numa luta fervorosa pela afirmação da Verdade com que se comprometem. Assim, para concluir, especifiquemos os contornos de uma ação ética autêntica com quatro exemplos:

- Dar um passo para fora: *The Children's Hour*. A peça de Lillian Hellman, filmada por duas vezes (ambas realizadas por William Wyler), oferece, talvez, o exemplo mais claro, quase de laboratório, deste «drama das falsas aparências». Como se sabe, a primeira versão — *Três Corações Iguais* (*These Three*) de 1936 — forneceu a ocasião para um dos grandes ditos de Sam Goldwyn, o produtor: quando foi avisado de que o filme incluía lésbicas, terá respondido: «Tudo bem, transformamo-las em americanas!» Aquilo que efetivamente aconteceu foi que o alegado caso amoroso lésbico em torno do qual a história gira foi realmente transformado num caso amoroso heterossexual.([18]) O filme desenrola-se numa escola privada fina para raparigas dirigida por duas amigas, a austera e dominante Martha e a calorosa e afetuosa Karen, que está apaixonada por Joe, o médico da localidade.([19]) Quando Mary Tilford, uma pré-adolescente indomável, é

([18]) O ponto interessante é que, embora nesta segunda versão a distorção causada pela censura tenha desaparecido, a primeira versão é normalmente considerada superior ao seu *remake* de 1961, sobretudo por estar repleta de erotismo reprimido; não o erotismo entre Martha e Joe, mas o erotismo entre Martha e Karen — ainda que a acusação da rapariga diga respeito ao alegado caso amoroso entre os primeiros, Martha está ligada a Karen de uma forma muito mais fervorosa do que a Joe, com o seu amor bastante convencional.

([19]) O resumo dos filmes foi descaradamente retirado de https://en.wikipedia.org/wiki/The_Children%27s_Hour_(film).

censurada por Martha por causa das suas más ações, retalia dizendo à sua avó que, certa noite, viu Joe e Martha (não Karen, a sua noiva) a fazerem amor num quarto perto dos aposentos das alunas. A avó acredita nela, em especial depois de esta mentira ter sido corroborada por Rosalie, uma rapariga fraca que Mary aterrorizava; assim, retira Mary da escola e aconselha todos os outros pais a fazerem o mesmo. A verdade acaba por ser revelada, mas o mal já estava feito: a escola está fechada, Joe perde o seu emprego no hospital e até a amizade entre Karen e Martha termina depois de Karen admitir que também tinha suspeitas sobre Martha e Joe. Joe abandona o país para assumir um cargo em Viena, onde Karen se junta a ele mais tarde. A segunda versão, *A Infame Mentira* (o título original é o mesmo da peça), de 1961([20]), é uma representação fiel da peça: quando Mary retalia, conta à avó que viu Martha e Karen a beijarem-se, a abraçarem-se e a segredarem, implicando que não compreende totalmente o que testemunhou, apenas que deve ter sido algo «pouco natural». Depois de todos os pais terem retirado os filhos da escola, quando as duas mulheres se encontram sozinhas no grande edifício, Martha percebe que, de facto, ama Karen de um modo não apenas amigável; incapaz de aguentar a culpa que sente, enforca-se. A mentira de Mary é finalmente exposta, mas agora é demasiado tarde: na cena final do filme, Karen sai do funeral de Martha e passa altivamente pela avó de Mary, por Joe e por toda a gente da cidade que foi enganada pelas mentiras de Mary.

A história gira em torno da maliciosa espectadora (Mary) que, por meio da sua mentira, realiza o desejo inconsciente do adulto: o paradoxo, obviamente, é que, antes da acusação de Mary, Martha não estava consciente dos seus anseios lésbicos — é esta acusação externa que a torna consciente de uma parte repudiada de si mesma. *Mendace veritas*, como se

([20]) Devemos mencionar duas escolhas maravilhosas de atrizes em papéis secundários. O papel da mãe de Martha é desempenhado por Miriam Hopkins, que fez de Martha na versão anterior, e o papel da fraca Rosalie é desempenhado por Veronica Cartwright, que, mais tarde, entrou em *Os Pássaros* de Hitchcock, foi a heroína do *remake* de Kaufman de *Invasão dos Violadores* e representou um pequeno papel no *Alien* de Scott.

diz em latim: «Na falsidade, a verdade.» O «drama das falsas aparências» ([21]) é assim levado à sua verdade: a «visão prazerosamente aberrante» da maliciosa espectadora externaliza o aspeto reprimido do sujeito falsamente acusado — como Lacan diz, a verdade tem a estrutura de uma ficção. A chave para o «drama das falsas aparências» é que, neste, o menos sobrepõe-se ao mais. Por um lado, o processo convencional de censura é não mostrar diretamente o acontecimento (proibido: assassínio, ato sexual), mas o modo como é refletido nos testemunhos; por outro, esta privação abre um espaço que é preenchido por projeções fantásticas, ou seja, é possível que o olhar que não vê claramente o que acontece veja *mais*, e não *menos*...

Ainda que isto testemunhe um certo interesse teórico, a verdade é que Wyler (cujo estilo exemplifica o realismo psicológico na sua forma mais pura) está hoje meio esquecido, e sem dúvida fora de moda. Na perspetiva atual, é fácil imaginar uma versão mais «radical» de *The Children's Hour* — por exemplo, e se Karen e Martha admitissem o seu lesbianismo partilhado e partissem para começar juntas uma vida nova? No entanto, *The Children's Hour* vai muito para além do quadro convencional em que tão perfeitamente parece encaixar-se; a prova é um certo desconforto nas principais reações críticas ao filme. Como um caso exemplar da interpretação errada do filme, ver a crítica de Bosley Crowther (publicada em *The New York Times*):

> Não nos dão a saber o que a jovem sussurrou à avó que a fez gritar de indignação alarmante e correr para o telefone [...] E não nos deixam entrar no tribunal onde foi julgado o decisivo processo por calúnia. Relataram o julgamento e o veredicto apenas numa frase rápida. Assim, este drama, que deveria ser tão inovador e ousado por causa do seu tema silenciado, é bastante irrealista e escandaloso de uma forma afetada e pedante.([22])

([21]) Para esta noção, ver Martha Wolfenstein e Nathan Leites, *Movies: A Psychological Study*, Nova Iorque: Atheneum, 1977.

([22]) Igualmente citado de https://en.wikipedia.org/wiki/The_Children%27s_Hour_(film).

Estas duas críticas (que dizem que o filme não vai até ao fim e que é «pedante») passam totalmente ao lado da questão essencial: aquilo que não é dito nem mostrado tem de se manter não-dito e não-mostrado para não nos distrair do foco do filme, que não é sobre os pormenores indecentes do lesbianismo (tal como fantasiado por Mary) — não há aqui um segredo a revelar. Aquilo que Mary sussurrou ao ouvido da avó e aquilo que foi dito no tribunal é totalmente irrelevante, o que importa são apenas os efeitos desses rumores falsos. «Afetado e pedante» não é o filme, mas sim a sociedade fechada que descreve, e a revelação dos pormenores indecentes só confirmaria as proibições existentes nessa sociedade, em vez de lhes escapar. O fim do filme culmina no gesto heroico de Karen de saída deste espaço social fechado — como é que o faz? Para isso, temos de ver com atenção os últimos vinte minutos do filme.

Comecemos pelo momento em que a senhora Tilford, a avó de Mary, fica a saber da falsidade perpetrada pela rapariga; profundamente abalada, visita as duas professoras, pede-lhes desculpa e diz-lhes que a decisão do tribunal será revertida e haverá uma indemnização pelos danos. Karen rejeita o gesto da senhora Tilford — e tem razão em fazê-lo. Esse gesto é falso, uma saída fácil, pois a injustiça do seu ato não pode ser desfeita. Se o arrependimento da senhora Tilford fosse sincero, teria demasiada vergonha até para pedir desculpa — talvez a única reação apropriada fosse matar-se. O pedido de desculpas da senhora Tilford, insincero, é assim o primeiro ato de traição disfarçado de ato ético.

Depois vem a cena em que Karen insiste que Joe lhe diga se acredita ou não que havia uma relação lésbica entre ela e Martha. Joe diz-lhe que acredita que não é verdade, mas, por insistência de Karen, acaba por lhe perguntar se é ou não verdade, e ela diz-lhe depois que nunca aconteceu nada de sexual entre elas. A pressão dela sobre Joe para fazer a pergunta foi, obviamente, uma armadilha: a única resposta apropriada teria sido Joe não fazer a pergunta. Karen repete então a armadilha, dizendo-lhe que não pode continuar com o seu noivado e pedindo-lhe que a deixe temporariamente — mais uma vez, uma armadilha, uma oferta para ser recusada. Quando Joe concorda em ir embora, é claro para Karen que isso significa a traição final dele, que nunca regressará — um belo momento de descobrir numa pequena decisão (ir embora durante algum tempo, até Karen resolver a crise com Martha) a traição eterna... a pergunta de Joe é o segundo ato de traição disfarçado, mais uma vez, de gesto ético.

A traição seguinte ocorre quando Karen diz a Martha que Joe não regressará: apesar das garantias de Karen em contrário, Martha sente-se responsável por arruinar as vidas de ambos e está perplexa com os seus sentimentos em relação a Karen. Segue-se então outro momento psicológico refinado: de repente, Martha cansa-se da conversa, deita-se num sofá e diz a Karen que precisa de dormir uma sesta; Karen deixa-a e vai dar uma volta pela escola — ao fazer isto, está bem ciente de que Martha quer ficar sozinha para se matar e aceita a sua decisão. Não há hipocrisia na decisão de Karen, nenhuma satisfação silenciosa no sentido de «tudo bem, vou livrar-me da minha companheira irritante», é apenas uma retirada respeitosa que permite que a outra concretize a sua decisão fatídica. Assim, alguns minutos depois, quando a tia Lily pergunta a Karen onde está Martha, já que a sua porta está trancada, Karen não só suspeita, como sabe o que aconteceu. Horrorizada e chocada, mas não surpreendida, Karen corre de volta para casa, quebra o trinco da porta com um candelabro e descobre Martha enforcada no quarto. Embora seja sem dúvida um ato de desespero sincero, o suicídio de Martha é o terceiro ato de traição — uma fuga à verdade do seu desejo que ela evita ao matar-se.

Após estas três traições — da senhora Tilford, de Joe e de Martha —, vem o único verdadeiro gesto ético. No funeral de Martha, depois de realizada a curta homenagem, Karen vai-se embora sozinha, enquanto Joe, com os membros da comunidade que arruinaram as vidas de Martha e Karen, a olha à distância. Ignorando todos os outros, o rosto de Karen exprime uma libertação quase alegre, como o rosto de Barbara Stanwyck ao sair da cena no último plano de *O Pecado das Mães* (*Stella Dallas*). O seu andar final não é uma representação para impressionar os outros, para lhes mostrar como os despreza, mas sim um ato autónomo, uma decisão não-patológica no sentido kantiano. Se Karen e Joe ficassem juntos, o cenário seria o de um casal criado por meio do afastamento da intrusa lésbica — mas não é isto que acontece: Karen também ignora Joe, embora ela não seja lésbica, e o que a motiva não é uma qualquer economia sexual secreta, mas a pura posição ética, «o dever pelo dever». No entanto, depois de termos feito esta retirada, como é que voltamos a entrar e a intervir?

- Ato de compaixão: *Departamento Q: Uma Conspiração de Fé*. Perto do fim deste *noir* dinamarquês de 2016 (título original *Flaskepost* — «Mensagem numa Garrafa»), realizado por Hans Petter Moland, há um diálogo impressionante entre Carl Mørck, um detetive esgotado e com uma «depressão terminal», e Johannes, um assassino em série de crianças, louro e bem-parecido, que quer destruir a fé dos seus pais raptando-lhes os filhos. O confronto final ocorre numa cabana solitária junto ao mar, onde Johannes mantém acorrentados como prisioneiros Mørck e as crianças raptadas, um rapaz e uma rapariga. Depois de se apresentar como um dos filhos do diabo, cuja tarefa é destruir a fé, Johannes diz a Mørck: «E agora [...] vou retirar-te a fé.» Mørck responde de imediato: «Estás a perder o teu tempo. Não acredito em Deus. Não acredito em nada.» Quando Johannes leva o rapaz para o mar e lhe enfia a cabeça debaixo de água, Mørck, em desespero, grita: «Escuta. Leva-me no lugar dele.» Johannes replica: «Estás a salvar pessoas que não conheces. É claro que tens fé. Nunca conheci ninguém com tanta fé como tu.» Mørck: «Leva-me!» Johannes: «Gostavas que Deus te desse poderes para me travar?» Quando o rapaz já parece morto, Johannes conclui: «Acho que vais lembrar-te deste dia. Estiveste aqui e isso não fez diferença nenhuma. E Deus... não apareceu.» Vira-se então para a irmã mais velha do rapaz, corta-lhe as cordas com uma tesoura, põe-lhe a tesoura nas mãos e diz-lhe: «Agora tens isto... E depois terás a tua vingança. Serás então dele, serás livre. Espeta-me a tesoura e serás livre.» A rapariga recusa, abanando a cabeça em silêncio. Johannes diz-lhe: «Desiludes-me.» Em seguida, vira-se para Mørck e diz: «Agora viste. Agora deves viver.»

É claro que devemos rejeitar a ideia ridícula de Johannes de agir como o filho do diabo, uma ideia que só tem sentido no universo teológico onde há um conflito entre deus e o diabo. Se aceitarmos a visão de T. S. Eliot de que a maior tentação do diabo é a referência ao próprio bem — «a mais alta forma de traição: fazer a ação certa pela razão errada», como diz no seu *Assassínio na Catedral* —, então é o próprio Mørck que é o verdadeiro filho do diabo. O principal trunfo do diabo não é «entrega-te à tua ânsia de poder, goza a vida, abandona a quimera dos valores éticos superiores!», mas sim «faz todas as ações nobres que o teu coração te diz para fazer, vive a mais elevada vida ética e lembra-te de que não há necessidade de referência a deus em nada disto, é a tua própria natureza que é aqui o teu guia, segues a lei do teu coração!» — esta posição não é personificada na disposição ateia de Mørck para se sacrificar pelos outros?

Ainda que esta leitura possa parecer óbvia, devemos rejeitá-la. É verdade que Mørck é um ateu autêntico, enquanto Johannes continua a acreditar num grande Outro — quando deus falhou (não apareceu na sua crise para o ajudar), o diabo ajudou-o, estava lá quando Johannes precisou dele. No entanto, Johannes está errado quando diz que, ao afogar a criança, deus não apareceu: deus apareceu duas vezes, quando Mørck se ofereceu para morrer no lugar da criança e quando a rapariga recusou vingar-se e golpear Johannes. Mas que deus aparece aqui? Não é um agente transcendente todo-poderoso que acaba por cuidar de nós, mas sim uma testemunha impotente ao estilo de Cristo, que oferece a sua compaixão e solidariedade, exibindo pura bondade face a um mundo sem sentido e indiferente. É aqui que está o núcleo do ateísmo cristão: temos de reunir a energia para ver o mundo com um olho inumano, em toda a sua indiferença cruel e falta de sentido, sem grande Outro como a derradeira garantia de uma ordem ou sentido superiores — a bondade só pode emergir neste ponto.

A questão essencial é, portanto, o enigma do ateísmo e da ética: pode uma pessoa ser totalmente ética, ao ponto de estar disposta a sacrificar-se por outras, sem acreditar num deus? Arriscando dar mais um passo, e se *só* um ateu puder ser real e incondicionalmente ético? Não se trata de atribuir aos ateus uma crença mais profunda e demasiado pura para ser articulada em dogmas explícitos: não só o *cristianismo* (cujo núcleo é negado pela sua prática institucional) *é o único ateísmo realmente consequente*, como também *os ateus são os únicos verdadeiros crentes*. Neste fio da navalha, ocorre a derradeira inversão da fita de Möbius: aceitando o Real brutal em toda a sua indiferença desprovida de sentido, somos empurrados para o pleno comprometimento político-ideológico. Consideremos o «documentário escatológico» *After the Tribulation* (Paul Wittenberger, 2012), um ataque longo e feroz aos que defendem o arrebatamento antes da tribulação. O conflito entre os pré-tribulacionistas e os pós-tribulacionistas é estritamente interno ao fundamentalismo cristão americano, pois ambos partilham um conjunto de pressupostos: a «tribulação» (o horror do Armagedão) está a chegar, haverá grande sofrimento, muitos morrerão, apenas uma minoria será salva pela segunda vinda de Cristo; antes do verdadeiro segundo advento, o Anticristo aparecerá como o líder do governo do novo mundo e muitos serão enganados, crendo que ele é Cristo, o último Messias esperado por todas as grandes religiões (cristãos, judeus, muçulmanos, budistas...):

> Na visão futurista da escatologia cristã, a Tribulação é um período relativamente curto em que toda a gente sofrerá dificuldades em todo o mundo, desastres, fome, guerra, dor e sofrimento, que eliminará mais de 75 por cento de toda a vida da Terra antes de ocorrer a Segunda Vinda. Alguns pré-tribulacionistas acreditam que os que escolherem seguir Deus serão arrebatados antes da tribulação, escapando assim a este fenómeno. Por outro lado, alguns pós-tribulacionistas (cristãos que acreditam que o arrebatamento é sinónimo da ressurreição que ocorre após a tribulação) creem que os cristãos devem sofrer a tribulação como teste à sua fé.([23])

Como seria de esperar em debates teológicos, há diferentes versões sobre quando, precisamente, ocorrerá o arrebatamento após a tribulação:

([23]) Descaradamente citado de https://en.wikipedia.org/wiki/Great_Tribulation.

- Os tribulacionistas pré-ira acreditam que o Arrebatamento ocorrerá durante a tribulação, no meio ou depois, mas antes das sete taças da ira de Deus.
- Os meio-tribulacionistas acreditam que o Arrebatamento ocorrerá no meio da Tribulação, mas antes da sua pior parte. O período de sete anos é dividido ao meio — o «começo das dores» e a «grande tribulação».
- Os pós-tribulacionistas acreditam que os cristãos não serão levados para o Céu para a eternidade, mas serão recebidos e reunidos no ar por Cristo, para descerem juntos a fim de estabelecer o Reino de Deus na Terra no fim da Tribulação. ([24])

Mas a principal distinção é clara: o arrebatamento ocorrerá *antes* da tribulação (como afirma LaHaye, etc.) ou *após* a tribulação? Porquê este investimento apaixonado neste ponto de discussão? As coisas tornam-se claras quando olhamos para as implicações deste conflito:

> Os pré-tribulacionistas acreditam que todos os cristãos justos (mortos e vivos) serão fisicamente levados para o Céu (o arrebatamento) antes do início da Tribulação. Segundo esta crença, qualquer verdadeiro cristão alguma vez existente durante toda a era cristã será instantaneamente transformado num corpo perfeitamente ressuscitado e, assim, escapará às penas da Tribulação. Os que se tornarem cristãos após o Arrebatamento viverão (ou perecerão) na Tribulação. Após a Tribulação, Cristo regressará para estabelecer o seu Reino de Mil Anos. ([25])

Os críticos da posição pré-tribulacionista afirmam que, se acreditarmos que o arrebatamento ocorrerá antes da tribulação, e se nos considerarmos verdadeiros cristãos, não teremos de nos preocupar com o Armagedão — desapareceremos da Terra e encontraremos abrigo seguro em deus antes dos seus horrores, portanto não temos de nos preparar para a tribulação... Em suma, os pré-tribulacionistas são

---

([24]) *Op. cit.*
([25]) *Op. cit.*

agentes do diabo que querem impedir que nos preparemos para a tribulação. Mas têm razão num ponto (ainda que sem intenção): o Armagedão não será uma batalha travada entre os partidários de Cristo e as forças do Anticristo, mas entre os que são «deixados para trás», entre os seguidores de Cristo ainda não totalmente fiéis e as forças do Anticristo — significará isto que os «arrebatados» não são os verdadeiros heróis, mas sim as belas almas demasiado «puras» para participarem na grande batalha? Em suma, os críticos da pré-tribulação têm razão, mas num sentido muito menos radical do que pensam: os crentes fiéis e puros são oportunistas inúteis que jogam pelo seguro. Só os desconfiados «impuros» — os que *não* creem totalmente em Cristo, ou seja, os ateus cristãos não-arrebatados — poderão travar a batalha por Cristo.

- Suspender o ritual: *Parsifal.* Mas o que é que, precisamente, nos empurra para este compromisso quando nenhuma figura do grande Outro lhe serve de garantia? A resposta óbvia parece ser a seguinte: a compaixão que surge quando me confronto com o sofrimento de outro e que me motiva a aliviar esse sofrimento. Não é isto que motiva Mørck a oferecer-se para tomar o lugar da criança que é afogada? No entanto, olhando com mais atenção, as coisas complicam-se, pois confrontamo-nos de imediato com o paradoxo básico: a implicação da ética da compaixão não é precisarmos do sofrimento (dos outros) para fazer (e sentir) o bem? Wagner enfrentou estas ambiguidades no seu último drama musical, *Parsifal*, muitas vezes visto como uma confusão impenetrável de elementos cristãos e budistas. Como entender isto?

Trabalhos historicistas recentes tentam explicar o «verdadeiro sentido» contextual de várias personagens e tópicos wagnerianos: o pálido Hagen é, na verdade, um judeu masturbador; a ferida de Amfortas é, na verdade, sífilis, etc. Wagner, dizem eles, servia-se de códigos históricos conhecidos por toda a gente do seu tempo: quando uma pessoa tropeça, canta em notas altas e estridentes ou faz gestos nervosos, «toda a gente» sabia que se tratava de um judeu — assim, Mime de *Siegfried* é a caricatura de um judeu; a doença na virilha contraída por relações com uma mulher «impura» era, por causa da sífilis, uma obsessão na segunda metade do século XIX e, assim, era claro para toda a gente que Amfortas contraiu sífilis de Kundry... O primeiro problema destas interpretações é que, embora certas, não contribuem muito para uma compreensão pertinente da obra. Para entendermos bem *Parsifal*, temos de nos *abstrair* destas trivialidades históricas, *descontextualizar* a obra, retirá-la do contexto em que estava originalmente integrada. Há mais verdade na estrutura formal de *Parsifal*, que permite contextualizações históricas diferentes, do que no seu contexto original. Nietzsche, o grande crítico de Wagner, foi o primeiro a fazer essa descontextualização, propondo uma nova figura do compositor: já não o Wagner poeta da mitologia teutónica, da grandeza heroica majestosa, mas o Wagner «miniaturista», o Wagner da feminilidade histérica, das passagens delicadas, da decadência da família burguesa.

Em vez de historicizar Wagner, uma abordagem mais produtiva seria transpor brutalmente o cenário dos seus dramas musicais para o nosso mundo contemporâneo. Imaginemos, nesta esteira — o meu sonho privado —, um *Parsifal* que se desenrola numa megalópolis moderna, com Klingsor como um chulo impotente que gere um bordel; usa Kundry para seduzir membros do círculo Graal, um gangue rival de drogados. O Graal é liderado pelo ferido Amfortas cujo pai, Titurel, está em delírio constante induzido pelo excesso de drogas; Amfortas está sob uma pressão terrível dos membros do seu gangue para «realizar o ritual», ou seja, distribuir-lhes a dose diária de droga. Foi «ferido» (infetado de sida) por Kundry, sofrendo uma dentada no pénis quando Kundry lhe fazia um felácio. Parsifal é um jovem inexperiente, filho de uma mãe sem-abrigo, que não percebe o objetivo das drogas; «sente a dor» e rejeita os avanços de Kundry enquanto esta lhe faz um felácio. Quando Parsifal assume o controlo do gangue do Graal, estabelece uma nova regra para a sua comunidade: distribuição gratuita de drogas...

O primeiro resultado desta leitura é que uma característica fundamental de *Parsifal* se destaca claramente: a verdadeira figura maléfica não é Klingsor, mas Titurel, pai de Amfortas. Recordemos a relação traumática entre Amfortas e Titurel, que espelha o diálogo entre Alberich e Hagen em *O Crepúsculo dos Deuses*. O contraste entre os dois confrontos de pai e filho é claro: em *O Crepúsculo*, a dinâmica (agitação nervosa durante grande parte da conversa) está no lado do pai, com Hagen, durante a maior parte do tempo, apenas a ouvir esta aparição obscena; em *Parsifal*, Titurel é uma presença opressiva imóvel que raramente quebra o silêncio com a injunção do superego «Revela o Graal!» (que significa, obviamente, «Goza!»), enquanto Amfortas é o agente dinâmico que dá voz à sua recusa de realizar o ritual. Se ouvirmos com atenção este diálogo de *Parsifal*, não será claro que a verdadeira presença obscena, a derradeira causa do declínio da comunidade do Graal, não é Klingsor, que é evidentemente um mero aldrabão, mas sim o próprio Titurel, uma aparição morta-viva obscena, um velho perverso que está tão imerso no gozo do Graal que perturba o ritmo regular da sua revelação? A autoridade do superego de Titurel é uma verdadeira perversão ou, como Lacan gostava de dizer, *père-version*, a «versão do pai», o lado negro e obsceno da autoridade do pai. A oposição ente Alberich e Titurel, portanto, não é a oposição entre a humilhação obscena e a dignidade, mas sim entre os dois modos da obscenidade propriamente dita: entre o pai-*jouissance* forte e opressivo (Titurel) e o pai humilhado, agitado e fraco (Alberich).

E que dizer de outro lugar-comum historicista: a demanda do «judeu» na obra de Wagner? Quem é o judeu em *Parsifal*? É o par Kundry e Amfortas, esta última figura do judeu eterno na longa série da obra de Wagner que começa com o *Holandês Voador*, o «judeu errante do oceano». Kundry como homóloga de Amfortas é um dos derradeiros retratos da mulher histérica. Embora haja uma grande tradição de mulheres histéricas em finais do século XIX e inícios do século XX — a começar com Kundry em *Parsifal* de Wagner, passando por *Salomé* e *Electra* de Strauss, bem como a Escolhida em *A Sagração da Primavera* de Stravinsky —, em todos estes casos, o tema da mulher louca e histérica é «camuflado com as vestes exóticas da antiguidade (clássica, bíblica, primitiva) [...], distanciando-a da sua relevância contemporânea desconfortável. Schönberg e Pappenhein deram-lhe um tratamento cru e sem embelezamentos que tornou clara a sua mensagem social e psicológica.» ([26])

Lacan apresentou a divisão que caracteriza o sujeito feminino histérico numa fórmula concisa: «Exijo que rejeites a minha exigência, pois isto não é isso.» Quando, por exemplo, a Kundry de Wagner seduz Parsifal, ela quer, na verdade, que ele resista aos seus avanços — esta obstrução, esta sabotagem da sua própria intenção, não testemunha uma dimensão nela que resiste ao domínio do Falo? O medo masculino da mulher, que marcou tão profundamente o *Zeitgeist* na viragem do século, desde Edvard Munch a August Strindberg e Franz Kafka, revela-se assim como o medo da inconsistência feminina: a histeria feminina, que traumatizou esses homens (e também marcou o local de nascimento da psicanálise), confrontava-os com uma multidão inconsistente de máscaras (uma mulher histérica passa de imediato das súplicas desesperadas para a troça cruel e vulgar, etc.). Kundry encarna a autocontradição de uma posição histérica: foi um instrumento da doença de Amfortas e quer curá-lo (levando-lhe bálsamos do Oriente); quer seduzir Parsifal e ser por ele redimida... O problema dela é que fica presa nestas contradições, incapaz de ver a identidade dos opostos — quer curar a ferida e não percebe que a ferida só pode ser curada pela lança que a causou.

Kundry quer destruir Parsifal por ter um presságio da sua pureza; em simultâneo, quer que Parsifal não desista, que aguente a provação, pois sabe que a sua única hipótese de redenção reside na resistência de Parsifal aos seus encantos sedutores. Parsifal resiste aos avanços de Kundry graças à sua identificação com a ferida de Amfortas: no momento do beijo de Kundry, afasta-se do seu abraço, grita «Amfortas! A ferida!» e agarra nas suas coxas (o sítio da ferida de Amfortas): como foi demonstrado pela análise incisiva de Elisabeth Bronfen ([27]), este gesto comicamente patético de

([26]) Richard Taruskin, *Music in the Early Twentieth Century*, Oxford: Oxford University Press, 2010, p. 327.

([27]) Ver Elisabeth Bronfen, «Kundry's Laughter», *New German Critique*, n.º 69 (outono de 1996).

Parsifal é o da identificação histérica, ou seja, uma entrada no teatro histérico. A verdadeira histérica da ópera é, obviamente, Kundry, e é como se, ao rejeitá-la, Parsifal fosse contaminado com a histeria.

A principal arma e o indicador da histeria de Kundry é o seu riso e, por isso, é fundamental perceber as suas origens: a cena primordial do riso é a Via Sacra, onde Kundry observava Cristo a sofrer e ria-se dele. Este riso repete-se uma e outra vez a propósito de todos os senhores que Kundry serviu (Klingsor, Gurnemanz, Amfortas...): ela mina a posição de cada um deles por meio do excedente de conhecimento contido no seu riso obsceno histérico, que revela o facto de o senhor ser impotente, uma sombra de si mesmo. Este riso é, pois, profundamente ambíguo: significa não só troçar do outro, mas também o desespero em relação a si mesma, ou seja, o seu fracasso repetido em encontrar um apoio fiel no Senhor. A questão que devemos levantar aqui é a do paralelismo entre as feridas de Amfortas e as de Cristo: que têm elas em comum? Em que sentido é que Amfortas (que foi ferido quando sucumbiu à tentação de Kundry) ocupa a mesmo posição de Cristo? A única resposta consistente é, obviamente, que o próprio Cristo não era puro no seu sofrimento: quando Kundry o observou na Via Sacra, detectou a sua *jouissance* obscena, ou seja, a forma como se «excitava» com o seu sofrimento. Aquilo que Kundry procura tão desesperadamente nos homens é, pelo contrário, alguém capaz de resistir à tentação de converter a sua dor num gozo perverso. Assim, o riso de Kundry não é o riso cínico que troça simplesmente do ritual: o seu alvo é o outro lado obsceno do ritual que ela vê claramente. No caso do ritual do Graal, ela visa o *gozo* obsceno encarnado na monstruosidade incapacitada e desfigurada de Titurel. E o paradoxo é que, no momento em que rejeita os avanços dela, Parsifal identifica-se com ela, «efeminiza-se» (Syberberg viu isto: na sua versão cinematográfica da ópera de Wagner, um rapaz que representa o papel de Parsifal retira-se e é substituído por uma rapariga fria). A rejeição de Kundry por Parsifal é mais ambígua do que parece: não é uma mera rejeição, mas a recusa de formar um casal com ela, a rejeição sustentada por uma identificação muito mais profunda com ela. As palavras de Parsifal neste momento de identificação merecem uma leitura atenta:

> Amfortas! A ferida! A ferida! / Arde-me de lado! Ah, o pranto! O pranto! / Um pranto terrível / Grita das profundezas do meu coração. / Ah! Ah, desgraçado! Miserável! / A ferida que vi sangrar, / e agora sangra em mim! / Aqui, aqui! / Não! Não! Isto não é a ferida. / Que o seu sangue jorre em correntes!

Devemos ter o cuidado de não passar ao lado do corte no meio desta passagem: Parsifal começa por sentir a ferida como a origem de um «pranto terrível», o facto de «sangrar em mim» torna-o miserável. Mas, de repente, muda a sua posição em relação à ferida: «Não! Não!», a ferida «não é a ferida», ainda que continue a sangrar, essa ferida é o jorro de algo a que podemos chamar energia vital criativa, de maneira que o seu desejo é que esse sangue «jorre em correntes»... Que acontece aqui? Em que se baseia esta inversão? O grande feito de Wagner é reunir três aspetos do recipiente do qual o sangue jorra: a ideia pagã do Graal como a fonte mítica da energia vital divina; a ideia cristã da taça na qual o sangue de Cristo foi recolhido; a ideia da ferida como o signo eterno de corrupção, como a inscrição no corpo em sofrimento da sua capitulação às forças da decadência. Esta última ideia é especificamente wagneriana, pois refere-se à ferida como aquilo que me torna imortal, condenado ao sofrimento eterno. Não é a ferida da mortalidade, mas a da imortalidade.

Como é bem sabido, o mito do Graal é o caso exemplar da «exaptação» (para usar um termo desenvolvido por Stephen Jay Gould a propósito da sua crítica do darwinismo ortodoxo) religiosa-ideológica: reinscreve no domínio cristão a ideia pagã de um objeto mágico que traz a abundância e gera o renascimento e a regeneração sazonais. Parece que, em *Parsifal*, Wagner realiza o mesmo processo ao contrário: interpreta a morte de Cristo e o milagre da Sexta-feira Santa como um mito pagão da morte e renascimento sazonais. Este gesto é profundamente anticristão: ao romper com a ideia pagã de Justiça e Equilíbrio cósmicos, o cristianismo também rompe com a ideia pagã do círculo de morte e renascimento da divindade — a morte de Cristo *não* é o mesmo que a morte sazonal do deus pagão, designa antes a rutura com o movimento circular de morte e renascimento, a passagem para uma dimensão totalmente diferente do Espírito Santo. Somos tentados a dizer que, por este motivo, Parsifal é o modelo de todos os cristãos «fundamentalistas» atuais, que, ao quererem regressar aos valores cristãos autênticos, fazem exatamente o contrário e traem o núcleo subversivo do cristianismo.

Mas será que Wagner faz realmente isto? A intervenção de Parsifal não interrompe o funcionamento normal do poder que se legitima pela posse de um segredo revelado de vez em quando num ritual sagrado? Num mundo novo do reino de Parsifal, o Graal permanece revelado e, por isso, livremente acessível a toda a gente, sem necessidade de cerimónias de iniciação. Assim, que faz Parsifal quando — para dizê-lo cruamente — depõe Amfortas e toma o poder na comunidade do Graal? Não é apenas um novo rei que substitui o anterior: faz algo muito mais importante: altera radicalmente o modo de funcionamento do poder. As suas últimas palavras — «Nunca mais ficará fechado: revelai o Graal, abri o santuário!» — assinalam que, a partir de agora, sob o seu reinado, o Graal ficará aberto. É também assim que as enigmáticas palavras finais de *Parsifal* — «*Redenção* para o *Redentor*!» — devem ser lidas: na nova ordem imposta por Parsifal, não há necessidade de um redentor, o guardião do segredo sagrado que se sacrifica a si mesmo.

A ferida está curada quando já não é experienciada como uma ameaça e o sangue jorra livremente dela. A ferida é a nossa imortalidade, é aquilo que nos impede de morrer — é graças à ferida que não somos animais. A ferida é a própria vida excessiva, a «imortalidade» brutalmente inscrita no nosso corpo biológico, e é experienciada como uma ferida apenas na medida em que o nosso ponto de vista é o do corpo biológico. A vida humana nunca é «apenas vida», é sempre sustentada por um excesso de vida que, em termos fenoménicos, surge como a ferida paradoxal que nos torna «mortos-vivos», que nos impede de morrer: quando esta ferida é tratada, o herói pode morrer em paz. Além das feridas de Tristão e de Amfortas em *Tristão e Isolda* e *Parsifal* de

Wagner, a figura decisiva desta ferida encontra-se em «Um Médico de Aldeia» de Kafka — e é crucial ligar a ferida de Amfortas à descrição que Kafka faz da ferida do rapaz:

> No seu lado direito, na zona da anca, uma ferida do tamanho de uma palma da mão aberta. Cor-de-rosa, de tons muito diferentes, escura no meio, mais clara nas extremidades, delicadamente granulada, com manchas irregulares de sangue, aberta à luz como uma mina. É assim que parece à distância. Quem poderia olhar para aquilo sem assobiar de fininho? Vermes, grossos como o meu dedo mindinho, também cor-de-rosa e manchados de sangue, movem os seus corpos brancos com muitos membros desde o fundo da ferida até à luz. Pobre jovem, não te posso ajudar. ([28])

Mas Wagner não aponta apenas para Kafka; como já vimos, inverte esta imortalidade maléfica-obscena (a ferida como a carne decadente «morta-viva» que quer desaparecer na morte, mas está condenada à vida eterna) na origem da felicidade eterna:

> Oh, que milagre de felicidade absoluta! / Disto que curou a tua ferida, / Sangue sagrado vejo a jorrar / Ansiando pela sua fonte irmã, / que flui aqui no fundo do Graal. / Que não mais seja fechada: / Revelai o Graal — abri o santuário!

Devemos insistir na identidade, revelada numa série de deslocações, entre a ferida de Cristo e a ferida de Amfortas (apresentada como uma vagina sangrenta, um objeto parcial na versão de Syberberg), que implica que a ferida decisiva é o próprio Graal, a taça da qual flui eternamente o sangue da redenção. Aqui reside a identidade especulativa de Parsifal: a ferida de Amfortas, o corte repugnante e sangrento infligido por Klingsor, o sinal do pecado que cometeu ao sucumbir aos avanços de Kundry, é o mesmo que a Chaga mais elevada, a ferida de Cristo infligida pela lança de um soldado romano. É esta identidade do superior e do inferior que pode fundamentar a outra proposição

([28]) Citado de www.kafka-online.info/a-country-doctor-page5.html.

especulativa famosa de Parsifal: «Uma arma basta — / A ferida só é curada pela Lança / Que a causou [*Die Wunde schliesst der Speer nur, der sie schlug*].» *Isto* — a ferida só é curada pela lança que a causou — é o que Parsifal aprende, *isto* é o «poder do conhecimento mais puro» dado ao «tolo tímido» que é Parsifal.

A lógica desta mensagem final de *Parsifal* é profundamente hegeliana, ou seja, Hegel diz o mesmo, embora com o acento na direção oposta: o Espírito é a ferida que ele tenta curar, ou seja, a ferida é autoinfligida.([29]) Ou seja, o que é o «Espírito» no seu nível mais elementar? A «ferida» da natureza: o sujeito é o poder imenso — absoluto — da negatividade, de introduzir uma diferença/corte na unidade substancial dada e imediata, o poder de *diferenciar*, de «abstrair», de separar e de tratar como autónomo aquilo que, na verdade, faz parte de uma unidade orgânica. É por isso que a ideia da «autoalienação» do Espírito (o Espírito que se perde na sua alteridade, na sua objectificação, no seu resultado) é mais paradoxal do que parece: deve ser lida em conjunto com a afirmação de Hegel do carácter totalmente não-substancial do Espírito: não há *res cogitans*, não há uma coisa que (como sua propriedade) também pensa, o Espírito é apenas o processo de superação do imediatismo natural, do cultivo deste imediatismo, da retirada-para-si-mesmo ou de «afastar-se» dele, de — porque não? — se alienar dele. O paradoxo, portanto, é que não há um Si-mesmo que precede a «autoalienação» do Espírito: o próprio processo de alienação cria/gera o «Si-mesmo» do qual o Espírito se aliena e ao qual regressa. (Hegel inverte aqui a ideia convencional de que uma versão falhada de X pressupõe este X como a sua norma/medida: X só é criado, o seu espaço só é delineado, pelos repetidos fracassos em alcançá-lo.) A autoalienação do Espírito é o mesmo que, ou coincide com, a sua alienação do seu Outro (natureza), porque se constitui pelo seu «regresso-a-si-mesmo» da sua imersão na Alteridade natural. Por outras palavras, o regresso-a-si-mesmo do Espírito cria a própria dimensão à qual regressa. (Isto vale para todos os «regressos às origens»: quando, a partir do

([29]) G. W. F. Hegel, *Aesthetics*, vol. 1, Oxford University Press, 1998, p. 98.

século XX, os nossos Estados-nação se constituíram na forma da Europa Central e Oriental, a sua descoberta e regresso às «antigas raízes étnicas» gerou essas raízes.) Isto significa que a «negação da negação», o «regresso-a-si-mesmo» da alienação, não ocorre onde aparenta: na «negação da negação», a negatividade do Espírito não é relativizada, subsumida numa positividade englobante; pelo contrário, é a «simples negação» que permanece ligada à alegada positividade que negou, a alegada Alteridade da qual se alienou, e a «negação da negação» é apenas a negação do carácter substancial desta própria Alteridade, a admissão plena do abismo da autorrelação do Espírito que, retroativamente, postula todos os seus pressupostos. Por outras palavras, quando estamos na negatividade, nunca a deixamos nem recuperamos a inocência perdida das Origens; pelo contrário, é apenas na «negação da negação» que as Origens são realmente perdidas, que a sua perda é perdida, que são privadas do estatuto substancial daqui que foi perdido. Não admira que um dos casos supremos desta lógica seja que só a lança cura a ferida: a ferida do colonialismo. Todos os combatentes radicais do colonialismo sabiam que *die Wunde schliesst der Speer nur, der sie schlug* — a própria desintegração das formas tradicionais da vida comunitária abre o espaço da libertação. Como era claro para Nelson Mandela e para o ANC, a supremacia branca e a tentação de regressar às raízes tribais são duas faces da mesma moeda. E, por último mas não menos importante, esta identificação dos opostos fornece a última palavra sobre o antissemitismo: sim, os judeus são «a ferida da humanidade», alienados, sem lar, sem raízes, errantes, mas não há redenção sem eles, ou seja, só por meio de uma identificação absoluta com eles é que todos podemos ser livres.

Kafka é *o* escritor da burocracia, e a burocracia também é uma ferida do corpo social num sentido duplo: inflige feridas nos corpos humanos, torturando-os interminavelmente (ver «Na Colónia Penal» de Kafka), e é em si mesma um resultado canceroso do corpo social. Num certo sentido, *Parsifal* é um drama sobre a mudança burocrática: no fim do drama, e por detrás de todas as frases amáveis sobre a compaixão, Parsifal diz basicamente a Amfortas: «Desaparece, pois agora sou eu quem dirige o teu gabinete [*denn ich verwalte jetzt dein Amt*]!»... No entanto, Parsifal não é apenas um novo administrador: quando assume a liderança da comunidade do Graal, já não há gabinete para dirigir, já não há ritual para oficiar. Será que isto significa que a nova comunidade também não precisa de rituais? Aqui, as coisas são mais ambíguas: e se um ritual sobreviver, mas como uma espécie de ritual vazio, um que já não funciona como uma revelação controlada de um tesouro secreto/sagrado?

- Ritual vazio: *Terra Selvagem* (*Wind River*). Imaginemos um ritual substancial de luto que, gradualmente, no processo de secularização, perde o seu conteúdo e surge como um gesto vazio e sem sentido; o milagre é que precisamente assim, como um ritual vazio, pode continuar operativo de um modo mais autêntico que nunca. Este caso ocorre no fim de *Terra Selvagem* (Taylor Sheridan, 2017), a história de Natalie Hanson, uma rapariga nativa americana encontrada violada e gelada no meio do inverno numa reserva desolada do Wyoming. Cory, um caçador cuja filha também desapareceu há três anos, e Jane, uma jovem agente do FBI, tentam desvendar o mistério. Na cena final, Cory vai à casa dos Hansons, onde encontra Martin, o pai de Natalie, desesperado, sentado fora de casa com um «rosto de morte», uma mistura de tinta azul e branca na cara. Cory pergunta-lhe como aprendeu a fazer aquilo, ao que Martin responde: «Não aprendi. Improvisei. Já não há mais ninguém para o ensinar.» Informa Cory que só queria desistir e morrer quando o telefone tocou — o seu filho Chip (um delinquente) telefonara-lhe, dizendo que fora libertado da prisão e pedindo-lhe que o fosse buscar à estação de autocarros. Martin diz que irá «assim que lavar esta porcaria da minha cara: devo ir lá buscá-lo. Sente-se aqui por um momento. Tem tempo para se sentar comigo?» Cory diz que sim, sentam-se em silêncio e surge uma tela a dizer que se fazem estatísticas de todos os grupos de pessoas desaparecidas, menos das mulheres nativas americanas. Ninguém sabe quantas estão desaparecidas. A beleza sucinta deste final é ligeiramente prejudicada por estas palavras finais no ecrã (dizem o óbvio e, por isso, introduzem um elemento de objetividade falsa num drama existencial extremo). O problema subjacente é o de um ritual de luto que nos permite sobreviver a uma perda traumática insuportável, e o vislumbre de esperança apresentado no fim é que Martin e Cory poderão sobreviver graças a um ritual mínimo (ou ficando apenas sentados em silêncio). Não devemos ver a frase de Martin — «assim que lavar esta porcaria da minha cara» — como baseada no facto de o seu rosto de morte não ser feito da maneira antiga e autêntica, mas apenas improvisado por ele: continuaria a ser «porcaria» mesmo que tivesse sido feito da maneira autêntica. Martin já perdeu irremediavelmente a sua antiga substância étnica, é um sujeito moderno incapaz de praticar o rosto de morte com plena imersão; no entanto, o milagre é que, embora saiba e reconheça tudo isto, improvisar um rosto de morte e ficar sentado funciona como autêntico na sua própria improvisação artificial — pode ser uma porcaria, mas a porcaria funciona no seu gesto mínimo de retirada da participação na vida.

Jamil Khader([30]) levantou duas questões importantes a propósito desta interpretação de *Terra Selvagem*:

1. Por que razão é sempre responsabilidade ética dos oprimidos e colonizados dar o primeiro passo para a destituição subjetiva, subvertendo a tradição «autêntica» e substituindo-a pela nova identidade universal, o X ou a nova falta de identidade «desconhecida», e porque é sua a responsabilidade ética de mostrar ao colonizador o seu fracasso em seguir esses ideais iluministas? Não estaremos a regressar à tradicional queixa multicultural das minorias colonizadas norte-americanas, das quais se espera que «ensinem» ao outro privilegiado o seu sofrimento e a sua opressão?

2. O final de *Terra Selvagem*, na sua reconstituição do motivo homossocial (não homossexual) americano dos laços entre companheiros (Huck e Jim), pode ser lido como uma resolução romântica, comercializada e

([30]) Comunicação pessoal.

> mítica dos antagonismos. O momento de solidariedade é apresentado como um «acontecimento milagroso», em que os dois homens partilham o mesmo espaço intersubjetivo de luto, reenquadrando a referência história traumática ao abuso sexual de mulheres indígenas numa relação homossocial.

A respeito do primeiro ponto, a alternativa — brancos liberais a ensinarem aos oprimidos como se devem libertar — não será muito pior? A questão não é o ensinar, mas sim o facto de os oprimidos estarem na posição privilegiada de representar a universalidade autêntica, em contraste com a universalidade falsa defendida pela ideologia hegemónica. Aquilo que devemos ter sempre em mente é que o conflito aqui não é entre duas particularidades, duas identidades particulares, mas entre duas universalidades, a universalidade hegemónica, por exemplo, da civilização ocidental e a universalidade autêntica encarnada nos que estão deslocados da ordem hegemónica. No que diz respeito ao segundo ponto, no contexto do filme, é verdade que a cena final apresenta uma ligação homossocial; no entanto, esta ligação não funciona como uma «resolução romântica, comercializada e mítica dos antagonismos» — nenhum antagonismo é resolvido, quando muito, os antagonismos são levados a um extremo, pois a ligação consiste no facto de os dois homens partilharem apenas a sua dor e a sua impotência face à violência brutal contra as suas filhas. Não vemos nenhuma autoridade paterna restaurada, vemos apenas a autoridade e os cuidados paternos apresentados em toda a sua impotência.

Devemos ter em mente que Cory é um homem branco que vive numa reserva, e aquilo que Martin lhe pede não é para mostrar solidariedade para com um nativo americano em sofrimento e participar num ritual que nada lhe diz — este respeito condescendente por uma cultura primitiva é uma das versões mais repugnantes do racismo. A mensagem do pedido de Martin é que partilha com Cory a distância que este sente em relação ao ritual nativo americano: a distância de Cory — do homem branco — é já a de Martin, e é esta distância que torna o ritual autêntico, e não parte de uma

> ridícula «imersão na cultura nativa». Não vemos aqui outro exemplo de uma inflexão que caracteriza a fita de Möbius? Quando avançamos da imersão ingénua num ritual para a sua rejeição absoluta como algo ridículo, vemo-nos de repente de volta ao mesmo ritual, e o facto de sabermos que é tudo treta em nada lhe diminui a eficiência.

Os nossos quatro exemplos — *The Children's Hour*, *Departamento Q*, *Parsifal* e *Terra Selvagem* — fornecem a matriz de quatro gestos éticos básicos que podem ser dispostos num quadrado semiótico greimasiano ao longo do duplo eixo negativo *versus* positivo e ritual *versus* ato contingente não-ritualizado. Podem ser combinados em dois pares: saída da comunidade falsa (Karen) e ação por pura bondade (Mørck); suspensão do ritual hegemónico (Parsifal) e participação num ritual vazio (Martin e Cory). Devemos observar como a diferença sexual está aqui em ação: os dois gestos negativos são femininos e os dois atos positivos são masculinos. (Mas será Parsifal feminino? Sim, se aceitarmos a hipótese de Syberberg de que, depois de rejeitar os avanços de Kundry, o Parsifal-rapaz muda para Parsifal-rapariga.) Em cada par, um gesto negativo (retirada, suspensão) é seguido de um ato positivo, mas os dois pares não se podem unir, a diferença que separa o ritual simbólico e o ato é paralático.

No entanto, há uma sucessão lógica imanente que liga os quatro: começa-se com a saída da falsa comunidade fechada; esta distância mínima permite então ao sujeito realizar o ato ético de bondade autêntica e de compaixão; ao fazê-lo, ele percebe que não basta sair do espaço comunitário — é preciso suspender a sua eficiência ideológica (ou, nos termos dos nossos quatro exemplos, temos de passar da compaixão de Mørck para a de Parsifal). Neste ponto, quando nos encontramos no espaço vazio, é preciso encontrar algum ritual para evitar um esgotamento psicótico — mas como o laço com o grande Outro (substância simbólica) está rompido, isso só pode ser um ritual vazio. O momento conclusivo, portanto, é bastante triste, não um ato triunfante, mas a imobilidade do ritual mecânico de cuja falta de sentido os participantes estão bem cientes.

ESCÓLIO 4.1

Linguagem, Lalangue

O facto de a abstração não poder ser reduzida a um momento subordinado de uma totalidade concreta, mas, em certo sentido, vir primeiro, persistir como a fundação de qualquer totalidade concreta, implica que devemos abandonar aquilo que muitos consideram ser o momento fundamental do materialismo, a oposição entre o sítio material concreto de produção e o sítio ideal de sentido como o seu efeito. Há duas grandes versões desta oposição: o marxismo clássico fala do primado da produção sobre a transação e do primado da «base material» sobre os seus efeitos ideológicos; o chamado «materialismo semiótico» fala da prática significante como um processo material que gera sentido como o seu efeito (mais a versão de Althusser, na qual os aparelhos ideológicos e as práticas estatais produzem a experiência de sentido ideológico). A «produção» materialista opõe-se aqui à «expressão» idealista: no idealismo, a linguagem é a expressão do sentido; no materialismo, a linguagem não expressa sentido nem representa a realidade, a representação é sempre um efeito distorcido da produção linguística. Há outras versões desta oposição, como o par de Julia Kristeva do Semiótico (a linguagem na sua dimensão pré-semântica de uma maquinaria de *jouissance*) e do Simbólico (a linguagem como um sistema formal). O primado da abstração significa que a representação não pode ser reduzida a um efeito da produção: está aqui desde o início como um corte na produção, como uma fenda que a produção se esforça por preencher.

Também há uma versão lacaniana desta oposição, o par da linguagem e aquilo a que Lacan chama *lalangue* — pode dizer-se que a fórmula mínima desta oposição é L+, linguagem e o seu excesso. Aqui, porém, deparamo-nos com a limitação deste modelo: vendo mais de perto, depressa se torna claro que estamos a lidar com três termos e não com dois: linguagem, *lalangue* e matema. Estes três termos seguem claramente a lógica do RSI: o Real do matema, o Simbólico da linguagem e o Imaginário da *lalangue*. Ainda que matema e *lalangue* possam parecer opostos (significantes reduzidos a letras de fórmulas *versus* a riqueza das homofonias e outras perturbações «patológicas» e intrusões de obscenidade material), a sua relação é, mais uma vez, a convoluta «coincidência dos opostos» que caracteriza a fita de Möbius: uma homofonia levada ao extremo pode tornar-se um matema. Lacan joga com a homofonia entre o termo alemão *Unbewußte* e o termo francês *une bévue* (um falso reconhecimento); a fim de manter estes dois significados, Lacan condensa os dois termos na fórmula UBV, e este último passo é essencial: a questão não é apenas manter os dois significados, mas superar os dois termos numa fórmula UBV que não pode ser reduzida a um veículo dos dois significados, mas funciona como um matema, como uma fórmula «vazia» que mantém a sua autonomia a respeito dos significados das suas componentes linguísticas e, assim, abre-se a outros significados (o mesmo vale para as outras letras de Lacan, de S_1 a *objet a*).

A relação entre linguagem e *lalangue*, pelo contrário, não é a dos dois lados de uma fita de Möbius, mas a de um corte de paralaxe que separa duas dimensões incompatíveis: o par oferece um exemplo perfeito da fita de Möbius redobrada que nos é dada pelo *cross-cap*. É verdade que a sua relação não é totalmente simétrica, mas esta assimetria *não* nos deve levar a afirmar o primado genético da *lalangue* como a base corpórea da qual a linguagem, essa estrutura diferencial, emerge. Este «materialismo» (cujos vestígios podemos ver claramente até na «viragem joyceana» de Lacan) é profundamente deslocado: o verdadeiro enigma é o corte introduzido pela explosão de uma ordem diferencial. Roman Jakobson (uma referência permanente de Milner) chamou a atenção para o facto de podermos discernir em toda a nossa linguagem vestígios de semelhança direta entre significante e significado (algumas palavras que significam fenómenos vocais parecem soar como aquilo que significam, por vezes até a forma externa de uma palavra assemelha-se à forma do objeto significado, como a palavra «locomotiva», que se assemelha à velha locomotiva a vapor com a cabina elevada e a chaminé); isto, porém, de modo algum mina a prioridade e o primado ontológico do carácter diferencial dos significantes linguísticos (a identidade e o sentido de um significante dependem da sua diferença em relação aos outros significantes e não da sua semelhança com o seu significado). No caso de fenómenos como estes, lidamos com os ecos miméticos secundários dentro de um campo que já é, na sua constituição básica, radicalmente diferente (contingente, composto de relações diferenciais). E o mesmo vale para o *khôra*, para o ritmo imanente da materialidade pré-simbólica que impregna o Simbólico: o que acontece primeiro é o corte violento da abjeção que dá origem ao Simbólico, e aquilo que Kristeva descreve como *khôra* é um fenómeno estritamente secundário, o regresso do mimetismo pré-simbólico (ecos, semelhanças, imitações) dentro do campo da diferencialidade simbólica.

Devemos observar aqui como a própria *lalangue* é convoluta no sentido da coincidência dos opostos. Em primeiro lugar, representa a rede significante como o «aparelho de *jouissance*», a linguagem como o espaço de prazeres ilícitos que desafiam a normatividade: a multidão caótica de homonomias, jogos de palavras, ligações metafóricas «irregulares» e ressonâncias gira em torno do círculo autónomo do gozo-no-sentido (*jouis-sense*), jogando autorreferencialmente com os seus potenciais imanentes, separada do seu «valor de uso» comunicacional (comunicação, apontar para o objeto e para os processos na realidade). Na medida em que a *lalangue* não serve para nada, gerando apenas gozo-no--sentido sem sentido como seu próprio objetivo, como o ganho imanente do seu funcionamento, obedece claramente à injunção do superego «Goza!» — e o mesmo não se aplica à autovalorização capitalista, o movimento circular de dinheiro que gera mais dinheiro, que também é o seu próprio objetivo pois não serve para nada, não serve nenhuma necessidade humana externa? É por isso que a mesma injunção do superego «Goza!» sustenta a tendência capitalista para a autovalorização… No entanto, *lalangue* também representa aquilo a que podemos chamar «linguagem realmente existente» em contraste com a linguagem como estrutura formal pura. Qualquer linguagem está integrada num mundo-da-vida particular, atravessada pelos seus traços: a linguagem não é um quadro transcendental neutro que estrutura a nossa abordagem à realidade, é totalmente penetrada/distorcida por forças históricas contingentes, antagonismos, desejos, que torcem e pervertem para sempre a sua pureza.

As elucubrações de Lacan sobre a *lalangue* («lilinguagem», oposta à *langue*, à linguagem) baseiam-se na premissa de que não é por acaso que *vœu* (voto) também é *veut* (quer), que *non* (não) também é *nom* (nome), que *d'eux* (deles) soa como *deux* (dois): «Não é por acaso nem por arbitrariedade, como diz Saussure [...] É o sedimento, o aluvião, a petrificação [...] do modo como um grupo lida com a sua própria experiência inconsciente.» (1) Milner revela nesta proposição densa dois aspetos. A primeira premissa implícita de Lacan é que

> a homofonia não é uma adição às várias dimensões da linguagem; não é uma superestrutura ornamental que não modifica as fundações do edifício. Pelo contrário, transforma radicalmente tudo o que pode ser teorizado sobre o Inconsciente e a sua relação com o facto da *lalangue* [...] O material da *lalangue* é a homofonia, mas a homofonia não pertence à *langue*. (2)

O «não é por acaso» não implica que as homofonias sejam regidas por alguma necessidade mais profunda; significa que as homofonias, embora se baseiem num encontro contingente, apresentam uma visão para uma ligação entre fenómenos específicos (se lermos o inconsciente como um reconhecimento falso, dá-nos uma pista profunda sobre como funciona) — como num sonho ou outro sintoma em que a homofonia estabeleceu uma ligação entre o sonho-texto e o sonho-pensamento. No entanto, o segundo aspeto de Lacan — a afirmação de que *lalangue* petrifica «o modo como um grupo lida com a sua própria experiência inconsciente» — é ambíguo: será esta experiência inconsciente condicionada pela

---

(1) Jacques Lacan, «La Troisième», *La Cause freudienne*, n.º 79 (2011), p. 20.

(2) Jean-Claude Milner, «Back and Forth from Letter to Homophony», in *Problemi International*, n.º 1 (2017), pp. 84–85. Os números entre parêntesis nesta parte referem-se às páginas deste texto.

textura das homofonias, ou regressamos ao tópico tradicional de uma autêntica experiência de vida exprimida/sedimentada numa textura simbólica? Milner imputa aqui a Lacan uma explicação evolucionista de como a linguagem se desenvolve gradualmente a partir do balbuciar infantil e do jogo com os sons e as palavras:

> Dada a homofonia entre *la langue* e *lalangue*, qual das duas vem primeiro? Aparentemente, o nome *la langue* vem primeiro e a sua homóloga *lalangue* vem em segundo. Do mesmo modo, parece que o sujeito falante começa por aprender *la langue* e chega depois à homofonia pelo seu conhecimento de *la langue*. No entanto, o processo real é bastante diferente. Mesmo do ponto de vista da ontogenia, a criança experimenta com a homofonia e com jogos de palavras antes de ter uma compreensão completa da *la langue*. O seu balbuciar tem mais que ver com *lalangue* do que com *la langue*. De facto, o que faz da criança um ser falante não é nem *la langue* nem *le langage*, mas *lalangue*. Os bebés parecem brincar com os sons da mesma maneira que brincam com a água ou com a areia. As principais formas da sua brincadeira implicam vogais ou consoantes repetidas, como se vê na linguagem dos bebés: bebé, mamã, papá, etc. Mas a repetição de sons é apenas uma subespécie de homofonia. (89)

No entanto, esta explicação não nos conduz de regresso à ideia pré-freudiana do Inconsciente como o domínio primitivo e pré-racional do simbolismo arcaico, oposto ao discurso racional e articulado? Deveremos realmente ler a frase de Lacan «o inconsciente é estruturado como uma linguagem» como «o inconsciente é estruturado como *lalangue*»? Além disso, quando Lacan fala do modo como um grupo lida com a sua experiência inconsciente, não se aproxima perigosamente do tema junguiano do inconsciente coletivo? Milner diz que a tese de Lacan sobre a *lalangue* que resulta das experiências inconscientes de um grupo abre

> caminho a uma nova teoria da cultura. Em vez de ligar cultura e *la langue*, liga cultura e *lalangue*. A inscrição numa dada cultura depende da capacidade de ouvir a homofonia e os seus efeitos. A ideia freudiana de *Unbehagen* (desconforto) deve ser hoje associada à desconfiança óbvia das várias instituições sociais em relação à *lalangue*. Muitos sistemas educativos do mundo ocidental promovem o globês [*globish*], ou seja, a *la langue* privada de *lalangue*.

> Na verdade, a homofonia está em toda a parte, mas tem sido instrumentalizada como uma ferramenta de marketing comercial ou político. (87)

Um exemplo claro desta ligação entre *lalangue* e cultura é a já mencionada homofonia do alemão *Unbewußte* e o francês *une bévue*: o que é necessário para um leitor entender a questão de Lacan é uma familiaridade com «aquilo que em francês se chama habitualmente *culture générale*. Claramente, o declínio das humanidades impossibilitará que a maioria dos leitores entenda este jogo de palavras e as suas implicações.» (88) É por isso que a nova era do «globês» (exemplificado pelo inglês falado em todo o mundo por comerciantes e gestores, mas também em eventos culturais transnacionais) anuncia efetivamente um novo barbarismo universal: se estar preso numa cultura «materna» local é primitivismo, então cortar essas raízes e flutuar no globês é barbarismo. Mas quando, neste universo globês desenraizado, *lalangue* regressa de forma maciça, é demasiado simples dizer que foi simplesmente «instrumentalizada como ferramenta de marketing comercial ou político»: funciona a um nível muito mais básico como o apoio obsceno do discurso público. Uma comunidade militar só se torna «habitável» sobre um pano de fundo de regras não-escritas e rituais obscenos (cânticos de marcha, matanças (*fragging*), insinuações sexuais) em que está integrada — pensemos nos hipnotizantes «cânticos de marcha» do Corpo de Fuzileiros dos Estados Unidos. O seu ritmo debilitante e o seu conteúdo sem sentido e sadicamente sexualizado não é um caso exemplar da autossatisfação consumista ao serviço do Poder? Kafka percebeu isto claramente: há uma continuidade direta entre o balbucio sem sentido de uma criança para provocar os pais, os sons baixos e obscenos na linha telefónica vinda do Castelo e os cânticos de marcha dos fuzileiros americanos… Por conseguinte, há uma ligação oculta entre o balbuciar pré-simbólico «subversivo» da criança e o Poder inacessível que aterroriza o herói kafkiano, entre o superego e o id.

Além disso, *lalangue* está longe de ser proibida ou ignorada no discurso público e filosófico. Platão é geralmente considerado o primeiro filósofo que combateu contra o universo mítico e que seguiu a articulação lógica estrita, mas a parte central do seu *Crátilo* não é um grande exercício de homofonias? Por exemplo, a fim de explicar o termo grego para «homem», *anthropos*, Sócrates segmenta-o em *anathron ha opope*, «aquele que reflete sobre o que viu» (390c) — a única espécie que possui visão e inteligência recebeu um nome que regista esta combinação distintiva.

Todas estas considerações lançam dúvidas sobre a tese central de Milner segundo a qual

> *la langue* e *lalangue* não são feitas do mesmo material. *La langue* é totalmente redutível a relações negativas; cada signo linguístico só existe como oposto a outro; os seus elementos não têm positividade por si mesmos; as suas qualidades sensoriais não têm consequência. Em particular, os qualia fonéticos são dissolvidos e substituídos por características formais. A homofonia, pelo contrário, depende dos qualia. A *lalangue* é integralmente positiva e afirmativa. A afirmação positiva, porém, é pontual. A *lalangue* manifesta-se em jogos de palavras separados; em cada caso de homofonia, a *lalangue* está totalmente envolvida, mas nenhuma homofonia está relacionada com outra. Não há uma rede de pares homófonos, de anagramas, de aliterações, de jogos de palavras que constituiria a *lalangue* como um todo. De facto, a *lalangue* não é um todo, é *pastout*. Não há X que não pertença à *lalangue*, enquanto há pelo menos um X que não pertence à *la langue*. A existência deste limite é o requisito da gramática e da linguística. Por conseguinte, *la langue* é um todo; as suas relações negativas estão ligadas em redes que podem ser exprimidas de várias maneiras, sendo a mais tradicional a regra gramatical. (88–89)

A distinção é clara, mas problemática. O conceito de qualia é contestado por muitos filósofos cognitivos, como Daniel Dennett, que observa que o imediatismo dos qualia é mediado, resultado de uma *bricolage* de perceções fragmentadas, ligações, juízos — e Jakobson não fez algo similar, demonstrando como os fonemas são sempre diferencialmente mediados? Ainda mais problemática é a sexuação da oposição entre linguagem e *lalangue*, de maneira que a linguagem segue a lógica masculina da universalidade baseada na exceção e *lalangue* segue a lógica feminina do não-todo. Milner liga esta sexuação ao papel privilegiado da «língua materna» que, embora seja uma linguagem,

> é a única linguagem cuja primeira forma foi o balbucio. Assim, é a primeira linguagem em que há uma certa continuidade entre a

> *lalangue* precedente e a *la langue* que se seguiu. Em muitos casos, o prazer da homofonia nas suas várias formas (ritmos, aliterações, anagramas) é apenas um eco da primeira infância, quando a língua materna ainda estava integrada no balbuciar. (89–90)

Mas serão as coisas assim tão claras? Consideremos o estranho caso de Hegel, cujo recurso extenso às homofonias e aos sentidos duplos (ou até triplos) abre surpreendentemente o pensamento racional mais especulativo aos caprichos acidentais da *lalangue*. No entanto, observadores perspicazes notaram que este recurso não se baseava no facto de o alemão ser a língua materna de Hegel, mas, pelo contrário, na posição de Hegel de tratar até a sua língua como estrangeira: «Um dos pupilos esquecidos de Hegel, Karl Friedrich Ferdinand Sietze, observou que "qualquer língua lhe parecia estranha". Hegel inventou um "novo conceito de ingenuidade" que lhe permitiu não só "reavivar os tesouros escondidos da linguagem", mas também libertar a energia excecional e morta-viva do discurso vivo.» A inversão contraintuitiva da visão comum apresenta uma verdadeira posição dialética: só a partir de fora podemos perceber a dimensão impressionante de uma língua, os seus fantasmas negros subterrâneos, que ignoramos automaticamente quando nela estamos diretamente imersos.

Milner localiza a diferença sexual numa série de outras oposições: masculino *versus* feminino é como linguagem *versus lalangue*, articulação racional *versus* balbucio infantil, secundário *versus* primordial, etc. Assim, o que resta aqui da luta de Lacan contra a noção do Inconsciente como o domínio dos impulsos caóticos «irracionais»? Deverá a tese de Lacan sobre o Inconsciente como o «discurso do Outro» ser substituída pela tese (pelo menos assim chamada) sobre o Inconsciente como o discurso da *lalangue*? O nosso ponto de partida deve ser que (a rede diferencial de) linguagem e *lalangue* não são duas entidades distintas que possam ser simplesmente postas lado a lado: a maneira de escrever a sua (não-)relação não é L-ll, mas L+ (no sentido de uma classificação em que acrescentamos um + para incluir todas as outras entidades não diretamente mencionadas na nossa lista). A respeito da linguagem, *lalangue* continua a ser um +, uma adição caótica inconsistente. É por isso que o espaço convoluto é diferente em cada um dos dois casos. A convolução primária é a da linguagem cujo sistema síncrono significa que se torna num círculo abismal, pressupondo-se a si mesma como sempre-já aí; *lalangue*, pelo contrário, é apenas a tentativa de eliminar este abismo da linguagem baseando-a em homofonias. No entanto, em *Crátilo*, Platão percebeu que não podia explicar todas as palavras por etimologias que dependem de homofonias, pois esta fundamentação de uma palavra noutra (ou noutras) não pode prosseguir indefinidamente; assim, voltamos a entrar num abismo e, para evitar este abismo, temos de dar mais um passo fatídico das homofonias entre palavras para as «homofonias» entre palavras e coisas. Para sair deste círculo abismal, Platão presume que os sons básicos (nas letras) da nossa linguagem assentam na sua semelhança às coisas — por exemplo, o atribuidor de nomes percebeu que a língua se agitava muito na pronunciação da letra *rho* e, por isso, usou-a em palavras como tremer, quebrar, partir, desmoronar, etc.

Parece muito mais apropriado concentrarmo-nos no fosso que separa a linguagem da *lalangue* e conceber este fosso («castração simbólica») como anterior aos dois termos da oposição. Mais precisamente, os dois termos — linguagem e *lalangue* — não se movem no mesmo nível: a oposição básica é entre a linguagem e aquilo que falta na linguagem (falta que é constitutiva da linguagem), e *lalangue* vem em segundo, preenche o buraco desta falta. Se designarmos esta falta como ( ), então o par não é linguagem-*lalangue*, mas linguagem-(*lalangue*).

Quando um ser humano fica preso numa rede diferencial de relações simbólicas, é afetado de um modo profundamente traumático por aquilo a que Freud chama «pulsão de morte» (que descarrila a reprodução circular da vida) e aquilo a que Hegel chama negatividade absoluta (autorrelativa). Ao longo da sua obra, Lacan varia o motivo de Heidegger da linguagem como a casa do ser: a linguagem não é criação nem instrumento do homem, é o homem que «habita» na linguagem: «A psicanálise deve ser a ciência da linguagem habitada pelo sujeito.» (3) A inflexão «paranoica» de Lacan, o seu toque freudiano adicional, é a sua caracterização desta casa como uma casa de tortura: «À luz da experiência freudiana, o homem é um sujeito cativo e torturado pela linguagem.» (4) Normalmente, vemos o discurso de um sujeito com todas as suas inconsistências como uma expressão

(3) Lacan, *op. cit.*, p. 276.

(4) *Ibid.*

da sua agitação interior, emoções ambíguas, etc.; isto vale até para uma obra de arte literária: a tarefa da leitura psicanalítica deveria ser desenterrar a agitação psíquica interior, que tem a sua expressão codificada na obra de arte. Há qualquer coisa que falta nesta explicação clássica: o discurso não regista ou exprime apenas uma vida psíquica traumática; a entrada no discurso é em si mesma um facto traumático («castração simbólica»). Isto significa que devemos incluir na lista dos traumas o discurso que tenta lidar com o impacto traumático do próprio discurso. A relação entre agitação psíquica e a sua expressão no discurso deve assim ser também invertida: o discurso não exprime/articula simplesmente a agitação psíquica; num certo ponto, a agitação psíquica é uma reação ao trauma de habitar na «casa da tortura da linguagem».

Aquilo a que chamamos «tortura» é, no seu nível mais elementar, uma tentativa de lidar com este trauma. Da mesma maneira que, quando habitamos um horizonte daquilo que vemos, não podemos ver o próprio horizonte, quando habitamos na linguagem, estamos presos no seu círculo autorreferencial, ou seja, a linguagem surge como se estivesse sempre-já aí, as próprias narrativas das suas origens são sempre contadas a partir do ponto de vista da linguagem. Aquilo que não podemos imaginar dentro do horizonte da linguagem não é o seu fora (estamos sempre a fazer isto, é a ilusão consubstancial com a linguagem), mas o próprio corte que a linguagem introduz no real pré-simbólico, ou seja, como a «ferida» da linguagem se ajusta à realidade pré-simbólica. O que rompe o autoencerramento da correlação transcendental não é a realidade transcendente que foge ao alcance do sujeito, mas a inacessibilidade do objeto que «é» o próprio sujeito.

E a principal função das homofonias e de outros mecanismos da *lalangue* é ofuscar esta «ferida» da linguagem, o corte constitutivo da sua emergência, regressando a algum tipo de gozo de vida direto na linguagem. Assim, em vez de falarmos do *Unbehagen* (desconforto, insatisfação) na *lalangue*, apresentado pelo universo da linguagem, como faz Milner, não deveríamos falar de um *Unbehagen* básico na própria linguagem, e conceber *lalangue* como uma defesa contra este desconforto no universo simbólico, como uma tentativa de aliviar este desconforto? Enquanto o sujeito da linguagem é o sujeito do significante de lacaniano, o *cogito* cartesiano vazio, o agente da *lalangue* é *Lust-Ich* (um ego mergulhado nos prazeres das homofonias). Dito de forma ainda mais direta, o sujeito do significante está no lado da morte, submetido à pulsão de morte, distanciado do ciclo da vida, enquanto *lalangue* está no lado da vida e dos seus prazeres.

Devemos retirar uma conclusão mais geral deste primado da linguagem sobre *lalangue* no fosso de paralaxe que separa as duas. Embora os dois espaços/dimensões de um fosso de paralaxe sejam incomensuráveis, isto não significa que a sua exclusividade mútua seja simétrica: uma dimensão é ontologicamente anterior em relação à outra. Este facto contraria a visão comum daquilo que é considerado uma posição «materialista» — quando lidamos com o par de produção e representação, parece óbvio que um materialista deve afirmar o primado da produção, com o palco da representação reduzido a um espelho secundário que reflete de maneira distorcida o processo de produção. E o mesmo parece valer para o par pulsão e desejo: não será o movimento circular imanente da pulsão primordial, e não emergirá o espaço do desejo através de uma autotranscendência da pulsão, quando o círculo vicioso da pulsão é quebrado e a sua causa é projetada num objeto sempre evasivo que torna o nosso desejo sempre não-satisfeito? Do ponto de vista do desejo, podemos, obviamente, afirmar exatamente o contrário: o fosso que torna qualquer desejo não-satisfeito vem primeiro, e a pulsão emerge quando o desejo (condenado a falhar para sempre o seu alvo) encontra satisfação no próprio movimento circular de tentar repetidamente acertar no seu alvo, falhando uma e outra vez... Mas, nos dois casos, o da produção/representação e da pulsão/desejo, a verdadeira posição materialista é que devemos afirmar o primado do segundo termo. Sim, o processo de produção é a causa definitiva da cena de representação, mas a produção (no sentido humano específico) só pode emergir quando o fosso da representação já está aqui, pois o grande objetivo da produção é preencher o fosso aberto pela representação. Sim, a pulsão é a produtividade substancial da nossa vida psíquica, mas o movimento circular da pulsão só pode funcionar contra o pano de fundo da perda que estrutura o desejo — a pulsão emerge quando o fracasso do desejo em alcançar a satisfação se reflete em si mesmo e se torna a própria fonte de satisfação. E podemos dizer exatamente o mesmo para o par *lalangue* e linguagem: sim, *lalangue* é a «base material» substancial da linguagem — mas, enquanto tal, tenta cobrir o fosso aberto pela linguagem.

Assim, para concluir, na medida em que a cultura conserva a ligação à *lalangue*, não é um corte (com a natureza), mas uma reação a este corte. Mais precisamente, há quatro modos básicos da nossa relação com a linguagem. Em primeiro lugar, há aquilo a que chamamos tradicionalmente práxis (e a que o jovem Heidegger chamava «ser-no-mundo»), a nossa existência comprometida com a realidade social, onde nos relacionamos com as coisas e com as outras pessoas como partes dos nossos projetos existenciais. Em segundo, temos *lalangue*: uma regressão àquilo a que Freud chamava o *Lust-Ich* (Ego do Prazer), o ego preso no círculo do jogo prazeroso com o material significante. Em terceiro, temos a posição científica, da pura metalinguagem, que, como Lacan diz, exclui o sujeito: o discurso científico é enunciado a partir de uma posição abstrata que apaga toda a especificidade da enunciação. As três evitam/rejeitam/negam o corte (diferença no sentido heideggeriano de *Unter-Schied*, a sua *Schmerz*, dor), cada uma à sua maneira. Este corte só é abordado no funcionamento mais radical do pensamento *discernível* na filosofia (Hegel, Heidegger), na poesia (da ansiedade) ou no misticismo. Por conseguinte, aqui, devemos corrigir Milner: a autêntica poesia de modo nenhum pode ser reduzida à *lalangue*; ao invés, envolve uma tentativa desesperada de tornar palpável o próprio corte em que se baseia a entrada humana no Simbólico. Não só a poesia, mas também todo o nosso modo de relação com a realidade é afetado quando levamos em conta esse corte. Num nível mais formal, podemos ver outra vez como esta estrutura convoluta da subjetivação não pode ser explicada em termos do *cross-cap* e do ponto de estofo: é necessário um modelo mais complexo que explique a viragem-para-si-mesmo, a inversão da externalidade no ponto de subjetivação, um modelo fornecido pela garrafa de Klein.

ESCÓLIO 4.2

As viagens de Prokofiev

Se, numa situação desesperada, realizar um ritual vazio não é uma fuga, mas sim um gesto com sentido (que, paradoxalmente, de modo algum ofusca a absoluta falta de sentido), será esta a única maneira de o fazer? Haverá outras maneiras de sobreviver num mundo corrupto e/ou sem sentido?

Em vez de refletirmos nesta questão ingénua, mas urgente, saltemos diretamente para um exemplo: Philippe Petit, um artista francês de equilibrismo que caminhou num arame entre as Torres Gémeas do World Trade Center em Nova Iorque, na manhã de 7 de agosto de 1974. Para o seu feito não-autorizado a 400 metros de altura — a que ele se referiu como «*le coup*» —, usou um cabo de 200 quilos e uma vara de equilíbrio personalizada de 9 metros de comprimento e 25 quilos de peso. Caminhou durante 45 minutos, fazendo oito passagens pelo arame. Na semana seguinte, festejou o seu 25.º aniversário. Todas as acusações contra ele foram arquivadas na condição de dar um espectáculo no Central Park para as crianças... Devemos ter em mente não só o próprio feito espectacular, mas também as preparações meticulosas de que necessitou: Petit precisou de seis anos de planeamento, durante os quais aprendeu tudo o que podia sobre os edifícios e a sua construção. Petit teve de entender questões como a oscilação das altas torres devido ao vento, algo que fazia parte da sua conceção; os efeitos do vento e das condições climatéricas no arame a essa altitude; como montar um cabo de aço de 60 metros de comprimento ao longo da distância de 43 metros entre as torres (a uma altura de 417 metros) e como entrar com os seus colaboradores, primeiro para averiguar as condições e, depois, para montar o projeto. Tiveram de levar equipamento pesado para os telhados.([1])

O espectáculo de Petit foi um ato de coragem em que a tensão extrema se transforma magicamente em paz interior e beleza. Quando caminha no arame, entra noutra dimensão, o planeamento nervoso e as preocupações desaparecem, a calma e a concentração reinam, como se ocorresse algum tipo de «destituição subjetiva». Que domínio é esse em que Petit entra quando caminha num arame? É, de certo modo, o domínio do «morto-vivo», de libertação do peso material da vida-substância encarnada em som. Quando caminha lá em cima, está num domínio do silêncio — seria um erro estúpido acompanhar uma filmagem dele a caminhar no arame com uma banda sonora romântica e grandiosa, e enfatizar a natureza dramática daquilo que está a fazer. Georges Balanchine encenou uma pequena peça orquestral de Webern (são todas pequenas) em que, depois de a música ter terminado, os bailarinos continuam a dançar durante algum tempo em silêncio absoluto, como se não tivessem reparado que a música que fornece a substância da sua dança já acabou — como o gato dos desenhos animados que continua a andar após a beira do precipício, ignorando já não ter solo debaixo dos pés... Os bailarinos que continuam a dançar depois de a música ter acabado são como os mortos-vivos que habitam um interstício de tempo vazio: os seus movimentos, a falta de suporte musical, permitem-nos ver não só a voz, mas também o próprio silêncio. Petit é como um dos bailarinos que dançam em silêncio. É um ato louco e inumano: enquanto caminha no arame, o seu rosto adquire uma espécie de calma inumana, em contraste com a humanidade obviamente nervosa e preocupada dos seus companheiros. Por que razão o fez? Tal como ele próprio respondeu, por nenhuma razão, só porque

---

([1]) Resumido de https://en.wikipedia.org/wiki/Philippe_Petit. Em 2009, *Man on Wire*, um documentário realizado por James Marsh sobre a caminhada de Petit entre as torres, recebeu merecidamente vários prémios — é muito melhor do que a versão ficcional *The Walk* (2015, realizada por Robert Zemeckis).

sim — aqueles gestos abismais que combinam simplicidade com planeamento meticuloso são representações.

Um dos domínios privilegiados destas representações é, obviamente, a arte. Como pode a arte combinar o êxtase estético com a sua função de meio de verdade? Como criar beleza num mundo em que a beleza é uma máscara de horror? Será o modernismo dissonante a única forma? Por vezes, Adorno parece dizer isto: a única verdade é uma dissonância que reflexivamente admite o seu próprio fracasso. Mas até Adorno viu uma dimensão autêntica num conservador como o maestro Wilhelm Furtwängler: a sua urgência desesperada em manter a tradição viva num tempo de decadência e horror.(2) Em que medida esta urgência redime a sua obra? Embora Furtwängler tenha conduzido muitas das obras-primas de Stravinsky, observou, a propósito de *A Sagração da Primavera*, que mostrava a limitação da espiritualidade russa: exulta em brilhantes explosões rítmicas mecânicas, mas não alcança a unidade viva orgânica que caracteriza a espiritualidade alemã. A primeira ironia é que os mesmos compositores a que Furtwängler se referia eram vistos pelos tradicionalistas russos como modernizadores ocidentais que colocavam em perigo a herança orgânica russa. Sergei Prokofiev parece um modelo dessa arte não-orgânica: após um período de experimentação modernista superficial (sem o rigor febril de Schönberg), regressou à «nova simplicidade» das suas obras soviéticas. Terá sido este regresso apenas um fracasso criativo, reduzindo a arte a uma mistura de beleza ingénua e falsa e de servidão ideológica, demonstrando assim que a composição de obras de bela simplicidade numa era de terror equivale à derradeira servilidade ideológica? Ou será a questão mais complexa, e esta beleza simples não funcionará como um contraste ao horror social, como um espelho de desespero social, de modo a evocar aquilo de que tenta escapar?

Esbocemos uma resposta a esta questão com um desvio por Hollywood. *A Quimera do Riso* (*Sullivan's Travels*), de Preston Sturges, narra a história de John Sullivan, um jovem realizador de Hollywood que realizou uma série de comédias lucrativas, mas superficiais; está insatisfeito com o seu trabalho e decide que o seu próximo projeto deve ser um estudo sério da situação

---

(2) Ver Theodor W. Adorno, *Towards a Theory of Musical Reproduction*, Cambridge: Polity Press, 2006.

difícil dos desfavorecidos e, assim, veste-se de pedinte e faz-se à estrada. Devido a uma confusão, é confundido com um criminoso e sentenciado a seis anos num campo de trabalhos forçados, onde aprende a importância do riso nas vidas tristes dos seus companheiros reclusos quando os autorizam a assistir a uma exibição dos desenhos animados *Playful Pluto* de Walt Disney. Sullivan acaba por compreender que a comédia pode fazer mais pelos pobres do que os dramas sociais respeitosos; assim, quando a confusão é esclarecida e ele é libertado, decide continuar a realizar comédias estúpidas, e o filme termina com uma montagem de rostos felizes e risonhos que assistem ao seu novo filme... É claro que *A Quimera do Riso* pode ser visto como uma defesa do escapismo cego, como uma condenação da inutilidade pretensiosa da arte socialmente comprometida — no entanto, há algo que se destaca deste quadro, que é *o próprio filme como uma representação narrativa.* Isto significa que o filme mostra diretamente a miséria e o desespero dos vagabundos sem-abrigo e dos prisioneiros de classe baixa — se o filme levasse a sua mensagem a sério, não poderia ter sido filmado.

A diferença entre a viagem de Sullivan e as viagens de Prokofiev é óbvia: Prokofiev não foi para a União Soviética para descobrir a miséria da vida real (como fez Sullivan); foi para lá com uma crença mais ou menos sincera de que a mudança ajudaria a sua carreira e criatividade (e, por acaso, nisto estava basicamente certo, pois a maioria das suas obras que ainda são hoje representadas é do seu período soviético). No entanto, viu-se numa situação semelhante à de Sullivan no fim do filme: compôs obras de beleza simples para dar satisfação às pessoas vulgares que viviam na miséria... Contudo, o que é aqui essencial é a loucura absoluta da decisão de Prokofiev: o seu regresso à União Soviética em 1936 foi, de facto, a sua caminhada no arame. Também devemos observar que não foi o único a tomar essa decisão: fez o que outros também pensavam fazer — basta mencionar Wittgenstein, que, exatamente na mesma altura, pensou mudar-se para a União Soviética, não para fazer o seu trabalho filosófico, mas para se tornar trabalhador manual ou enfermeiro; aquilo que o atraía era a austeridade da vida. (A sua intenção era séria: visitou Ivan Maisky, embaixador soviético no Reino Unido, que o tentou demover das suas intenções.)

A primeira coisa a observar aqui é que a mudança de Prokofiev da experimentação pseudomodernista para a «nova simplicidade» segue uma lógica imanente (recordemos que a sua primeira sinfonia já apresenta um regresso à simplicidade clássica). Assim, Richard Taruskin estava basicamente certo quando criticou mordazmente os trabalhos que Prokofiev compôs nos anos 1920 no Ocidente como «feridos ou podres, justificadamente rejeitados e irrecuperáveis» na sua modernidade superficial; deveria competir com Stravinsky, mas fracassou. No entanto, a sua opinião sobre o período soviético de Prokofiev é mais problemática: segundo Taruskin, quando Prokofiev percebeu que não podia competir com Stravinsky, recuou para a Rússia estalinista, onde as suas obras forram arruinadas pelo «carreirismo» e por uma «indiferença talvez culpável... camuflada pela sua fachada apolítica». Na União Soviética, Prokofiev começou por ser um serviçal de Estaline e depois sua vítima, mas, no fundo, havia sempre o «vazio perfeito» de um músico «absoluto» que «apenas escrevia música», ou melhor, que escrevia «apenas música» ([3]). Por muito injustos que sejam, estes juízos apontam para uma espécie de atitude quase psicótica de Prokofiev: em contraste com outros compositores soviéticos apanhados na turbulência das acusações estalinistas (Chostakovitch, Khachaturian e outros), em Prokofiev não há dúvidas internas, histeria, ansiedade — resistiu à campanha antiformalista de 1948 com uma serenidade quase psicótica, como se não lhe dissesse respeito. O destino das suas obras durante o regime de Estaline não deixa de ser irónico: a maioria das que seguiam as linhas do partido foi criticada e rejeitada como pouco sincera e fraca (o que era verdade), enquanto recebeu prémios Estaline pelas suas obras de música de câmara intimistas e «dissidentes» (sonatas de piano 7 e 8, primeira sonata de violino, sonata de violoncelo). Esta ironia é visível no primeiro parágrafo da entrada da Wikipédia sobre a Sonata n.º 1 para violino, que a caracteriza como «uma das mais negras e inquietantes obras do compositor. Prokofiev ganhou o prémio Estaline de 1947 por esta composição.» ([4]) De interesse especial é a justificação ideológica (obviamente sincera) da sua obediência total às exigências estalinistas: a sua adesão ao estalinismo era uma continuação da sua adesão à ciência cristã. No universo gnóstico da ciência cristã, a realidade material é

([3]) Richard Taruskin, «Prokofiev, Hail... and Farewell?», *New York Times*, 21 de abril de 1991.

([4]) Citado de http://en.wikipedia.org/wiki/Violin_Sonata_No._1_(Prokofiev).

apenas uma aparência — devemos ascender acima dela e entrar na beatitude espiritual pelo trabalho árduo e pela renúncia. Prokofiev transpôs esta mesma posição para o estalinismo, lendo as principais normas da estética estalinista — simplicidade, harmonia, alegria — através destas lentes gnósticas. Usando o termo proposto por Jean-Claude Milner([5]), poder-se-ia dizer que, embora o universo de Prokofiev não fosse homogéneo em relação ao estalinismo, era definitivamente «homogeneizável» com ele — Prokofiev não se ajustou oportunisticamente à realidade estalinista. E esta mesma questão deve hoje ser colocada: ainda que fosse estúpido dizer que a espiritualidade budista e o capitalismo global são homogéneos, é sem dúvida verdade que são homogeneizáveis. Lidamos aqui com um edifício que tem a sua própria coerência e grandeza artística (ou espiritual), de maneira que não pode ser imanentemente reduzido à sua função ideológica — mas isto não será a ideologia no seu aspeto mais eficiente e perigoso?

No entanto, vendo mais de perto, as coisas parecem mais complexas. Façamos outro desvio: o dueto das *Bodas de Fígaro* de Mozart em *Os Condenados de Shawshank* (*Shawshank Redemption*) (a versão cinematográfica de Frank Darabonf, 1994), que fornece um caso exemplar do efeito do sublime quando assenta no contraste entre a pobreza e o horror da vida real e a intrusão súbita deste Outro Espaço. O condenado negro (Morgan Freeman) comenta que não sabe sobre o que estão a cantar as duas senhoras, e talvez seja melhor não saber, mas todos os homens que ouvem o dueto se tornaram livres por um momento... Aquilo que temos aqui é o efeito do sublime na sua forma mais pura: a suspensão temporária de sentido que transpõe o sujeito para outra dimensão na qual o terror da prisão perde o seu poder. É profundamente significativo que o dueto seja de Mozart (por acaso, um dueto muito trivial em relação ao seu conteúdo: o dueto do Ato III em que a Condessa dita uma carta a Susanna destinada a armar uma cilada ao seu marido infiel) — será possível imaginar um contraste mais claro do que a vida numa prisão americana em meados do século XX e o universo aristocrata da intriga amorosa de finais do século XVIII? O verdadeiro contraste, portanto, não é apenas entre o horror da prisão e a música «divina» de Mozart, mas também, dentro da própria música, entre a sua dimensão sublime e o

---

([5]) No seu *Le Sage trompeur*, Paris: Verdier, 2013.

carácter frívolo do seu conteúdo. Mais precisamente, o que torna a cena sublime é que os pobres prisioneiros, desconhecendo o seu carácter trivial, percebem diretamente a beleza sublime da música... É fácil ver o que pretendemos com este exemplo: será que a música «simples» de Prokofiev da sua época soviética não funciona exatamente como a ária de Mozart subitamente escutada atrás dos altifalantes no pátio da prisão? Lembro-me de, na minha juventude, ver na televisão uma entrevista a Karlo Štajner, um jugoslavo que passou mais de duas décadas no gulag. No fim, pediram-lhe para escolher um filme que ele gostasse que fosse passado depois da entrevista e escolheu a versão de Bergman da *Flauta Mágica* de Mozart — podemos imaginar que a música teve nele o mesmo efeito que a ária de Mozart nos prisioneiros em *Os Condenados de Shawshank*. É demasiado simples ver isto como uma fuga para a felicidade falsa — pelo contrário, isto assinala a consciência de que a miséria do campo prisional não é toda a realidade, que outra dimensão é possível. Não encontramos vestígios da mesma posição nas obras de Prokofiev para as crianças, como no seu popular *Pedro e o Lobo*? Talvez ele pensasse que só o entusiasmo das crianças podia ser uma fuga à miséria estalinista...

Mas, mais uma vez, isto não é tudo: a fuga para a beatitude espiritual não funciona sem encargos, e temos vestígios de uma dimensão muito mais negra, traços de algo como um «Prokofiev negro». Nas suas memórias ([6]), Chostakovitch criticava Prokofiev, o seu grande adversário, por recusar levar a sério os horrores históricos, fazendo-se sempre de «espertalhão». No entanto, para nomear apenas um exemplo supremo, a primeira sonata para violino de Prokofiev (op. 80) demonstra claramente o anverso da famosa/infame «ironia» do compositor:

> Ao longo dos seus quatro movimentos [...] sentimos, no seu âmago, uma luta. No entanto, não é a luta de uma obra contra algo fora de si mesma, mas antes a de algo dentro da obra,

---

([6]) O grande debate — se as memórias de Chostakovitch são autênticas ou falsas, e se Chostakovitch era basicamente um bom cidadão soviético — é falso: e se as suas memórias são autênticas e Chostakovitch era um cidadão soviético típico? Ou seja, e se o seu grande tormento interior e sentimento de culpa de traição registados nas suas memórias o tornaram um cidadão soviético típico, servindo de apoio para lhe permitir sustentar o seu conformismo social?

> não-manifesto, tentando desesperadamente sair e encontrando constantemente a sua saída «bloqueada» pela forma existente e externa, bem como pela linguagem da peça. Este bloqueio de «algo no interior» [...] tem que ver com a frustração de um desejo de libertação catártica num estado de ser supremamente positivo, onde o sentido — musical e supramusical — é transparente, não-ironizável: em suma, o domínio da «pureza» espiritual.([7])

É aqui que Prokofiev paga o preço da sua posição irónica, e são estas passagens que testemunham a sua integridade artística: longe de assinalar qualquer tipo de superioridade intelectual vã, esta posição irónica é apenas o anverso falsamente brilhante do *fracasso da luta constante de Prokofiev em trazer ao de cima a «Coisa do Espaço Interior» (o «algo no interior»)*. O carácter superficial e «lúdico» de algumas das obras de Prokofiev (como a sua popular primeira sinfonia) assinala apenas, de uma forma negativa, o facto de Prokofiev ser o derradeiro anti-Mozart, uma espécie de Beethoven cuja «luta titânica» acabou em desastre: se Mozart foi o génio musical supremo, talvez o último compositor em que a Coisa musical se transpunha para notas musicais num fluxo espontâneo, e se em Beethoven uma peça só alcançava a sua forma definitiva após uma longa luta heroica com a matéria musical, as grandes peças de Prokofiev são monumentos à derrota nesta luta.

Os vestígios desta derrota não são apenas discerníveis nas suas obras-primas de música de câmara. Na versão de *Pedro e o Lobo* de Prokofiev dos anos 1950 narrada por Boris Karloff([8]), as palavras finais (em que o narrador nos informa que o pato engolido pelo lobo está vivo na barriga do lobo porque este, sofregamente, o engoliu inteiro) são (ou pelo menos parecem) pronunciadas com um sarcasmo oculto — não esquecemos que o narrador é Boris Karloff, o grande ator de filmes de terror. Assim, e se lermos estas palavras não como anunciando um final feliz (até o pato será salvo...), mas como um indício do horror de ser enterrado vivo na barriga do lobo? Talvez isto seja mais do que uma história irrelevante — uma pista do que está por detrás da positividade alegre de Prokofiev.

([7]) Ronald Woodley, texto que acompanha o registo impressionante de Martha Argerich e Gidon Kremer (Deutsche Grammophon 431 803–2).

([8]) Disponível online em www.youtube.com/watch?v=IB66bInIXAY.

A propósito, se quisermos salvar Chostakovitch, não é pela hermenêutica antiestalinista (geralmente ridícula), que descobre conteúdos dissidentes nas suas obras «estalinistas» mais populares (a devastadora marcha tipo *Bolero* no primeiro movimento da sua Sétima Sinfonia não é o avanço brutal do exército alemão na União Soviética, mas o não menos brutal controlo comunista da Rússia). Devemos concentrar-nos em elementos formais mais subtis. Nas principais sinfonias de Chostakovitch (5, 8 e 10), o movimento mais longo é sempre o primeiro, cuja lógica interna segue algo muito diferente da forma da sonata: o movimento começa com uma forte Tese, uma orgulhosa afirmação beethoviana de força na dor, que depois se transforma gradualmente numa retirada para outra dimensão espiritual/etérea — paradoxalmente, é esta retirada que gera uma tensão insustentável. Além disso, há um movimento oposto na obra de Chostakovitch: David Hurwitz observou que um dos processos que aprendeu com Mahler foi a «técnica de brutalizar uma melodia lírica anterior» ([9]) — por exemplo, no desenvolvimento do primeiro movimento da sua Quinta Sinfonia, o seu principal tema, uma frase lírica descendente de violinos com acompanhamento de cordas, é repetida como uma marcha grotesca de passo de ganso, com pratos, trombetas, tarola e tímpanos. Esta inversão gradual da autoafirmação heroica numa fúria destrutiva não será uma apresentação formal da inversão do leninismo no estalinismo?

O que é que o trauma de 1935 (a campanha pública contra o seu *Lady Macbeth* desencadeada pelo artigo do *Pravda* intitulado «Confusão em vez de música») fez à sua música? O indicador mais claro da rutura é, talvez, a mudança na função do *scherzo* na obra de Chostakovitch nos anos 1940 e inícios dos anos 1950. Antes de 1935, os seus *scherzi* ainda eram ouvidos como a expressão explosiva de uma nova vitalidade e de uma alegria de viver agressivas e grotescas — há neles algo da força libertadora do carnaval, da loucura do poder criativo que afasta alegremente todos os obstáculos e ignora as regras e as hierarquias estabelecidas. Após 1935, porém, os seus *scherzi* «perderam claramente a sua inocência»: a sua energia explosiva adquire uma qualidade brutal e ameaçadora, há algo de mecânico na sua energia, como os movimentos forçados

---

([9]) David Horwitz, *Shostakovich Symphonies and Concertos*, Milwaukee: Amadeus Press, 2006, p. 25.

de uma marioneta. Representam a energia crua da violência social, dos pogrons de vítimas impotentes, ou se representam a explosão da «alegria da vida» é claramente numa forma sarcástica, ou como uma explosão maníaca e impotente da agressividade da vítima desesperada. Aqui, o «carnaval» já não é uma experiência libertadora, mas a explosão da agressividade frustrada e reprimida — é o «carnaval» dos pogrons racistas e das violações em grupo por bêbedos... (Os casos mais claros são os movimentos 2 e 3 da Oitava Sinfonia, o famoso segundo movimento da Décima Sinfonia («Retrato de Estaline») e, entre os quartetos de cordas, o terceiro movimento do Quarteto n.º 3 (que, hoje, quase soa como a banda sonora de Herrmann em *Psycho*) e o movimento «furioso» do Quarteto n.º 10.) ([10])

([10]) Ver Bernd Feuchtner, *Dimitri Schostakowitsch*, Kassel, Estugarda e Weimar: Barenreiter/Metzler, 2002, pp. 125–126.

ESCÓLIO 4.3

Beckett como o escritor da abstração

Para recapitular, o sujeito cartesiano «vazio» ($) não é apenas o agente da abstração (que separa aquilo que, na verdade, deve estar junto), é em si mesmo uma abstração, ou seja, emerge como resultado do processo de abstração, da retirada de si-mesmo do seu contexto da vida real. É por isso que as exigências do «materialista» para se localizar um sujeito na textura da sua situação histórica «concreta» falham a questão essencial: se fizermos isto, o que desaparece é o próprio sujeito. E, mais uma vez, isto não significa que o sujeito seja uma espécie de ilusão do utilizador que só persiste na medida em que não conhece totalmente as suas condições materiais concretas: a rede de «condições materiais concretas» é em si mesma incompleta, contém fendas e inconsistências que são os pontos da emergência dos sujeitos. Na sua leitura pormenorizada da *Winterreise* de Schubert, Ian Bostridge (1) mostra as implicações do facto de, como vemos nas primeiras linhas da primeira canção, o narrador entrar e sair da casa como um estranho. Nunca sabemos por que razão se vai embora: terá sido posto fora pelo pai de família autoritário, terá sido rejeitado pela rapariga, terá fugido com medo do casamento anunciado pela mãe da rapariga? Esta vagueza que gera ansiedade é uma característica positiva em si

(1) Ver Ian Bostridge, *Schubert's Winter Journey*, Londres: Faber and Faber, 2015.

mesma: define positivamente o narrador como uma espécie de lugar vazio entre parêntesis, como um sujeito barrado no sentido lacaniano de $. Este vazio é constitutivo do sujeito, vem primeiro, não é o resultado de um processo de abstração ou de alienação: o sujeito barrado/vazio não é abstraído do indivíduo «concreto» totalmente integrado no seu mundo-da-vida, é constituído por esta abstração/retirada de todo o conteúdo substancial. A «plenitude» de uma pessoa, a sua «riqueza interior», é aquilo a que Lacan chama o «material do eu» fantasmático, formações imaginárias que preenchem o vazio que «é» o sujeito. Também entra aqui aquilo a que Lacan chama *objet a* (o substituto de uma falta): o correlato objetal do sujeito vazio, aquele que causa ansiedade. Regressemos à *Winterreise*: o *objet a* do narrador não é a razão secreta por que teve de sair de casa, é a própria causa/agente do «esvaziamento» do narrador num estranho cujos verdadeiros motivos são obscuros e impenetráveis. Como tal, o *objet a* é o objeto que teria sido perdido no momento em que soubéssemos a «verdadeira» causa particular da saída do narrador da casa.

A abstração efetuada pelo sujeito não é o resultado final, é o ponto de passagem para uma nova concreção. No *Em Busca do Tempo Perdido*, de Proust, há uma passagem em que Marcel usa um telefone pela primeira vez para falar com a avó; a voz dela, ouvida por si só, separada do seu corpo, surpreende-o — é a voz de uma idosa frágil e não da avó que ele recorda. E a questão é que esta experiência da voz isolada do seu contexto colora toda a perceção que Marcel tem da avó: mais tarde, quando a visita pessoalmente, vê-a de uma nova maneira, como uma idosa estranha e louca mergulhada no seu livro, sobrecarregada com a idade, desgastada, já não a avó encantadora e atenciosa que recordava. É assim que a voz como um objeto parcial autónomo pode afetar toda a nossa perceção do corpo a que pertence. A lição a retirar daqui é que, precisamente, a experiência direta da unidade de um corpo, em que a voz parece ajustar-se ao seu todo orgânico, envolve uma mistificação necessária; para penetrarmos a verdade, temos de destruir esta unidade, temos de nos concentrar num dos seus aspetos isolados e depois permitir que este elemento colore toda a nossa perceção. Esta «retotalização» baseada na abstração violenta é aquilo a que deveríamos chamar «abstração concreta», abstração que funda a sua própria totalidade concreta.

Outro caso de retotalização violenta é o dos atores de cinema que, em regra, são identificados com uma certa *persona*: não as personagens que representam num filme nem o que são realmente como pessoas «reais» privadas, mas uma certa personalidade que transpira pelos múltiplos papéis como o «tipo» que um ator representa uma e outra vez. Humphrey Bogart representou sempre a mesma personagem cínica e magoada mas honesta, Gary Cooper representou sempre um tipo lacónico, abrupto e corajoso, Cary Grant representou sempre um tipo frenético e hiperativo, etc. No entanto, nas suas carreiras, há normalmente pelo menos um filme em que representam um tipo oposto à sua *persona* do cinema. Henry Fonda representou sempre uma personagem rigorosamente honesta e de moral firme, mas, mais tarde na sua carreira, fez uma exceção — decidiu desempenhar o papel do homem mau, um assassino sádico e brutal que trabalha para a companhia ferroviária em *Era uma Vez no Oeste*, de Sergio Leone. O interessante é como este papel (e Fonda desempenha-o com um prazer óbvio!) alterou retroativamente a nossa perceção da sua *persona* tradicional e permitiu que os espectadores percebessem fendas nela — por exemplo, discernir traços de brutalidade e de arrogância na maneira como representou as grandes figuras heroicas, desde Abraham Lincoln ao coronel Thursday em *Forte Apache* de John Ford, que provoca o massacre dos seus soldados quando os chefia num ataque precipitado.

Consideremos o caso de Ben Kingsley; o papel que definiu a sua *persona* foi o de Gandhi na «obra-prima» bastante aborrecida de Attenborough — um homem chato e dado a sermões dedicado a promover a justiça, a igualdade e a independência indiana. No entanto, alguns anos depois, Kingsley brilha em *Sexy Beast*, onde representa um mafioso brutal de espírito malévolo e irónico. Assim, o facto de os dois grandes papéis cinematográficos de Ben Kingsley serem o de Gandhi e o de um *gangster* inglês ridiculamente agressivo podem demonstrar uma afinidade mais profunda: e se a segunda personagem for a atualização plena dos potenciais ocultos da primeira? Se voltarmos a olhar para Gandhi nesta perspetiva, somos forçados a ver as características estranhas e muito problemáticas da sua personagem ignoradas pela hagiografia dos *media*... (Há outro papel representado por Kingsley que sai desta dualidade e passa para uma dimensão totalmente diferente: no drama televisivo de 1988 *Lenin: The Train*, Kingsley apresenta um retrato muito simpático de Lenine na sua lendária viagem de comboio de Zurique a Petrogrado na primavera de 1917, com Dominique Sanda a representar o papel de Inessa Armand e a velha Leslie Caron como Nadezhda Krupskaya.)

O nosso último exemplo desta série é Tom Cruise. A sua exceção — a exceção à sua *persona* cinematográfica tradicional — é aquele que considero de longe ser o seu melhor papel, o de Frank Mackey, um orador motivacional que dá um curso de engates a homens, em *Magnólia* de P. T. Anderson. O que impressiona é o prazer óbvio com que representa esta personagem extremamente repulsiva; um tipo extrovertido e intenso que ensina aos seus alunos tudo sobre foder mulheres e dominá-las. (Mais à frente no filme, a sua personagem adquire alguma complexidade, mas temos apenas a vida interior abalada de uma pessoa corrupta vulgar.) Mais uma vez, se olharmos para os seus outros papéis a partir desta perspetiva, podemos discernir facilmente a vulgaridade imanente da sua *persona* cinemática, visível até nos seus papéis «socialmente críticos» como o do ativista antiguerra Ron Kovic na adaptação de Oliver Stone do livro de memórias de Kovic, *Nascido a 4 de Julho*. Podemos ver a vacuidade dos seus sarcasmos arrogantes em *A Cor do Dinheiro* ou em *Uma Questão de Honra*, o pretensiosismo vão de *Vanilla Sky*, até o heroísmo simplório e pouco convincente do seu Stauffenberg em *Valquíria*. A questão não é que esta seja a sua «pessoa real», mas é a realidade por detrás da sua *persona* cinematográfica. Em suma, a velha regra marxista e freudiana também se aplica aqui: a exceção é a única via para a verdade universal.

Contudo, o grande escritor da abstração é Samuel Beckett, e, para um adepto da análise histórica concreta das obras de arte como num marxismo tradicional ao estilo de Lukács, a maneira como pratica a abstração na sua obra só pode parecer resolutamente «antimarxista». Quando descreve a experiência subjetiva do terror, da perda, do sofrimento e da perseguição, não tenta situá-la num contexto histórico concreto (por exemplo, tornando claro que se trata de um momento de terror fascista num país ocupado, ou do terror estalinista contra os intelectuais dissidentes). Beckett faz (quase) exatamente o oposto: coloca formas particulares de terror e perseguição que pertencem a contextos e níveis diferentes (terror fascista, o «terror» da vingança antifascista, o «terror» administrativo da organização do repatriamento de refugiados e prisioneiros) numa série e esbate as suas distinções, construindo uma forma abstrata de terror descontextualizado. Poderíamos até dizer: constrói uma Ideia platónica de terror. Porquê isto? Não deveríamos situar qualquer terror na sua situação histórica concreta e distinguir entre terror fascista, terror revolucionário autêntico, terror estalinista, terror consumista, etc.? Porque é que a abstração de Beckett do contexto social concreto é não só psicologicamente (uma vítima vive a sua situação como abstrata), mas também ontologicamente, em relação à própria totalidade social, mais autêntica do que uma imagem realista «concreta» da totalidade social? Olhemos em pormenor para o procedimento de Beckett. Não apaga simplesmente os ecos da realidade histórica — a abstração, na sua escrita, é um processo e não um estado. Como Emilie Morin observou perspicazmente,

> à superfície, há pouco nas suas personagens indigentes que possa sugerir uma aspiração à teorização política ou à ação política. No entanto, funcionam parcialmente como metonímias políticas: a ordem política a que pertencem, esboçada nas sombras e reentrâncias do texto, materializa-se enquanto se debatem em ruínas, lama, paisagens desertas, quartos vazios e outros resíduos de um horror histórico que escapa à categorização.(2)

Beckett é frequentemente visto e celebrado como o exemplo do escritor apolítico, que lida com impasses e dilemas existenciais básicos. No entanto, uma leitura atenta das suas obras torna claro que toda a obra de Beckett está impregnada de (vestígios e ecos de) acontecimentos políticos: a agitação política na Irlanda por volta de 1930, a luta entre o fascismo e o antifascismo nos anos 1930, a resistência contra a ocupação fascista, a luta da emancipação dos negros contra o *apartheid* (a sua única doação financeira para um partido político foi para o ANC), a guerra de independência argelina (a propósito da guerra colonial francesa na Argélia, cunhou o termo «humanitarismo assassino» para designar a verdade do colonialismo «civilizador» francês), a guerra do Vietname, a resistência palestiniana, a defesa dos escritores perseguidos… está tudo lá, mas não diretamente («realisticamente») representado. Há um

---

(2) Emilie Morin, *Beckett's Political Imagination*, Cambridge: Cambridge University Press, 2017, p. 3.

fosso entre os dois níveis que está perfeitamente apresentado por Beckett, que escreveu: «A matéria da experiência não é a matéria da expressão.» «A matéria da experiência» são os dados históricos, os acontecimentos sociais; a «matéria da expressão» é o universo representado no mundo de Beckett; e a passagem de uma para a outra é a abstração. Era neste sentido estrito que Beckett apelava a uma «arte do *empêchement* (impedimento), um estado de privação que é material e ontológica na mesma medida» ([3]): um obstáculo invisível impossibilita a transição contínua da experiência abstrata para a totalidade social concreta. Este obstáculo age como o Real/Impossível lacaniano, que torna a realidade (neste caso, a realidade da totalidade social) incompleta, fendida. A constante falta de liberdade, o desconforto e a deslocação numa sociedade moderna formalmente «livre» só podem ser adequadamente articulados, trazidos à luz, numa arte que já não está limitada ao modelo representativo «realista». O desconforto moderno, a falta de liberdade na própria forma de liberdade formal, a servidão na própria forma de autonomia e, mais fundamentalmente, a ansiedade e a perplexidade causadas por essa própria autonomia vão tão ao fundo das bases ontológicas do nosso ser que só podem ser exprimidos numa forma de arte que destabiliza e desnaturaliza as coordenadas mais elementares do nosso sentido de realidade.

O caso exemplar do processo de abstração de Beckett é, talvez, o seu *Malone Morre*, cujo tema e conteúdo se relacionam claramente com as peripécias francesas durante a ocupação alemã e o seu rescaldo: o controlo dos nazis e dos colaboracionistas, o terror e a opressão, a vingança contra os colaboracionistas e a maneira como os refugiados eram tratados quando regressavam a casa e recuperavam. Aquilo que confere tanta força ao romance é precisamente o facto de estes três domínios estarem condensados numa única experiência sufocante de um indivíduo perdido na rede de medidas policiais, psiquiátricas e administrativas. No entanto, o processo de abstração de Beckett atinge o seu auge nas suas duas curtas obras-primas de teatro tardias, *Eu Não* e *Catástrofe*. Em *Eu Não*, um monólogo dramático de vinte minutos de 1972, não há «pessoas», a intersubjetividade é reduzida ao seu esqueleto mais elementar, o do locutor (que não é uma pessoa, mas um objeto

([3]) Morin, *op. cit.*, p. 239.

parcial, uma Boca sem rosto que fala — um «órgão sem corpo»), e um Auditor, uma testemunha do monólogo que nada diz durante toda a peça; tudo o que o Auditor faz é, num «gesto de compaixão impotente» (Beckett), repetir quatro vezes o gesto simples de levantar os braços lateralmente e deixá-los cair. A constelação básica da peça é, portanto, o diálogo entre o sujeito e o grande Outro, onde este par é reduzido ao seu mínimo: o Outro é uma testemunha silenciosa e impotente que falha no seu esforço de servir de veículo da Verdade do que é dito, e o sujeito que fala está privado do seu estatuto dignificante de «pessoa» e reduzido a um objeto parcial.

Catástrofe (1982), uma peça curta que parece violar as suas regras, é uma peça «realista» que apresenta o ensaio de uma peça de teatro sobre o interrogatório brutal de um prisioneiro sem nome, e assenta descaradamente num paralelismo entre o interrogatório opressivo e o domínio cruel de um encenador sobre os seus atores no ensaio de uma peça. *Catástrofe* pode, pois, ser lida como «uma reflexão solipsista sobre o corpo espoliado; como uma meditação sobre a mecânica do espectáculo teatral; como uma exposição da tirania praticada pelo comunismo soviético; como uma análise da força sólida da dissidência face à opressão»([4]). Todos estes vários níveis são condensados num, a Ideia da mecânica da opressão, e a ambiguidade afeta até a conclusão:

> A peça pode ser vista como uma alegoria sobre o poder do totalitarismo e a luta contra ele, com o protagonista a representar as pessoas dominadas por ditadores (o encenador e a sua assistente). Ao «mexerem nele até que a sua roupa e postura projetem a imagem desejada do desalento miserável», exercem o seu controlo sobre a figura silenciada. «A reificação do Protagonista pelo Encenador pode ser vista como uma tentativa de reduzir um ser humano vivo ao estatuto de um ícone de sofrimento impotente. Mas, no fim da peça, o Protagonista reafirma a sua humanidade e a sua individualidade num único movimento vestigial, mas convincente»([5]) — num ato de desafio, o homem olha para cima em direção ao público (depois de ter passado todo o tempo a olhar para baixo). Numa

([4]) *Op. cit.*, p. 243.

([5]) James Knowlson, *Damned to Fame: The Life of Samuel Beckett*, Londres: Bloomsbury, 1996, p. 679.

> resposta a um crítico que disse que o final era ambíguo, Beckett respondeu zangado: «Não há ali nenhuma ambiguidade. Ele está a dizer: cabrões, ainda não acabaram comigo.» ([6])

Em suma, está a repetir o tema fundamental de Beckett de persistir e resistir: «Tentar outra vez. Falhar outra vez. Falhar melhor.» No entanto, devemos ter em mente que, neste caso, os «cabrões» também são os membros do público que veem o espectáculo, e «ainda não acabaram comigo» também significa: não me resignarei a fazer de vítima sofredora para satisfazer as vossas necessidades humanitárias. Embora Beckett tenha assinado petições em solidariedade com os artistas perseguidos em países «totalitários» (sobretudo comunistas), também estava ciente daquilo «em que se torna a solidariedade sob o imperativo de transformar o sofrimento em espectáculo. A peça censura as expectativas de um público imaginário que assiste a um evento de beneficência, esperando um espectáculo de sofrimento em troca das suas doações». *Catástrofe* foi apresentado pela primeira vez exatamente como parte de um espectáculo público de solidariedade para com Václav Havel (encarcerado na Checoslováquia), de maneira que, no último momento da peça, quando o Protagonista vitimizado levanta a cabeça e olha diretamente para o público, este gesto deve, sem dúvida, ser interpretado como dirigindo ao público esta mensagem: «Não pensem que são muito melhores do que aquilo que é representado na minha breve peça, o procurador anónimo que aterroriza o Protagonista e o Encenador que aterroriza o ator — vocês fazem parte do mesmo jogo hipócrita, apreciam o espectáculo de sofrimento que vos faz sentirem-se bem na vossa solidariedade para com a vítima.» Esta é a arte da abstração, da redução à forma no seu nível mais radical, levada ao extremo autorreferencial: no que diz respeito ao conteúdo, passa metonimicamente do terror do interrogatório totalitário para o terror exercido por encenadores de teatro sobre os atores e daqui para o terror exercido pelo público humanitário benevolente sobre o próprio grupo teatral. Ninguém é simplesmente inocente, ninguém está totalmente isento.

O círculo está assim (quase) fechado: a beneficência humanitária participa do universo que cria vítimas; a ecossustentabilidade

---

([6]) Citado de https://en.wikipedia.org/wiki/Catastrophe_(play).

reproduz os mesmos problemas ecológicos que pretende resolver; as reformas do capitalismo tornam-no mais eficiente… O círculo está *quase* fechado: é impossível sair dele, o que significa que podemos fazê-lo por meio de um ato real-impossível.

Índice